R

RIEMANN
VERLAG

Andrew Zolli
Ann Marie Healy

Die 5 Geheimnisse der Überlebenskünstler

Wie die Welt ungeahnte Kräfte mobilisiert und Krisen meistert

Aus dem Englischen von Richard Barth

RIEMANN
VERLAG

Die amerikanische Originalausgabe erschien 2012 unter dem Titel
»Resilience: Why Things Bounce Back« bei Free Press, einem Imprint
von Simon & Schuster, Inc., New York, N.Y., USA.

Verlagsgruppe Random House FSC® N001967
Das für dieses Buch verwendete FSC®-zertifizierte Papier
Munken Premium Cream liefert Arctic Paper Munkedals AB, Schweden.

1. Auflage
Deutsche Erstausgabe
© 2013 der deutschsprachigen Ausgabe
Riemann Verlag, München
in der Verlagsgruppe Random House GmbH
© 2012 Andrew Zolli
Lektorat: Claudia Alt
Umschlaggestaltung: Martina Baldauf, Herzblut02
Umschlagmotiv: Huan Tran/Ikon Images/Getty Images, München
Satz: EDV-Fotosatz Huber/Verlagsservice G. Pfeifer, Germering
Druck und Bindung: GGP Media GmbH, Pößneck
Printed in Germany
ISBN 978-3-570-50117-7
www.riemann-verlag.de

Für Emilia, Nolan, Benjamin
und Evelyn Louise.
Möge euch eine resilientere Zukunft
beschieden sein.

Inhalt

Einleitung: Warum Resilienz so wichtig ist . . . .　　9

1. Stabil, aber anfällig . . . .　　37
2. Abwarten, Vermehren, Ausschwärmen . . . .　　79
3. Zusammenballung als Erfolgsrezept. . . . .　 119
4. Die resiliente Persönlichkeit . . . .　 151
5. Kooperieren, wenn es darauf ankommt. . . . .　 184
6. Kognitive Vielfalt. . . . .　 246
7. Was Gemeinschaften krisenfest macht. . . . .　 272
8. Vermittelnde Führungspersönlichkeiten . . . .　 298
9. Resilienz auf den Punkt gebracht . . . .　 325

Danksagung . . . .　 349
Von den Autoren geschätzte Organisationen . . . .　 351
Anmerkungen . . . .　 352
Register . . . .　 376

Einleitung:
Warum Resilienz so wichtig ist

Am frühen Morgen des 31. Januar 2007 herrschte in den langen, engen Gassen und auf den breiten Boulevards von Mexiko-Stadt das übliche rege Treiben: Kinder rannten ins Freie, Väter und Mütter machten sich fertig für den Tag, und die Straßenverkäufer bereiteten die ersten Tortillas zu, ein Grundnahrungsmittel in Mexiko.

Aber dieser 31. Januar sollte kein Tag wie jeder andere werden. Denn an diesem Tag stieg der Preis für Mais – der wichtigsten Zutat von Tortillas – auf 27 Cent pro Pfund, eine Rekordmarke, die ein Jahr vorher noch völlig unvorstellbar gewesen wäre.[1] Mais war plötzlich *fünfmal* so teuer wie noch drei Monate zuvor.[2] Da jeder zweite Mexikaner unter der Armutsgrenze lebt, war ein unvermittelter Anstieg in dieser Größenordnung mehr als ein Ärgernis. Er ließ eine humanitäre und politische Krise befürchten.

Als die Sonne höher in den Himmel stieg, machten Zehntausende Bauern und Gewerkschafter ihrem Unmut auf einem zentralen Platz der Stadt lautstark Luft. In den hoch erhobenen Händen hielten sie keine Waffen, sondern Maiskolben. Die sogenannten »Tortilla-Unruhen«, die den ganzen Tag andauerten und mit der Besetzung einer Hauptstraße in der Innenstadt einhergingen, waren für die neu gewählte Regierung unter Präsident Felipe

Calderón eine große Herausforderung. Zu vorgerückter Stunde skandierten die Demonstranten »*Tortillas si, Pan no!*« – eine Anspielung auf Calderóns Partei, die »Partido Acciòn Nacional«, kurz PAN, was auf Spanisch auch Brot heißt – und hielten mit ihrem Verdacht, wer für den Preisanstieg verantwortlich war, nicht hinter dem Berg: die Regierung, die großen Konzerne und die reiche Elite in Mexiko.[3] Gewerkschafter ebenso wie Fernsehstars wetterten gegen Preisabsprachen der Konzerne und warfen den Schweine- und Rinderzüchtern vor, Futter zu horten.

Es ist nachvollziehbar, dass sich der Volkszorn reflexartig gegen Großgrundbesitzer und Politiker richtete, doch in diesem Fall waren sie ausnahmsweise nicht die Hauptschuldigen. Die Wahrheit konnten die Demonstranten nicht ahnen. Die Zündschnur, die schließlich die Explosion des Maispreises auslöste, war anderthalbtausend Kilometer entfernt und bereits mehrere Jahre zuvor entfacht worden – von einem Ereignis, das auf den ersten Blick überhaupt nichts mit Mexiko zu tun hatte: Hurrikan Katrina.

Im August 2005 waren angesichts des herannahenden Wirbelsturms die 2900 Ölbohrinseln, die von Texas bis Louisiana die amerikanische Golfküste säumen, evakuiert und vorübergehend stillgelegt worden.[4] Dadurch fielen mehrere Monate lang 95 Prozent der Ölproduktion im Golf aus.[5] Als der Sturm sich gelegt hatte, schoss der Benzinpreis in den USA in die Höhe, mancherorts an einem einzigen Tag um 10 Prozent.[6] Der hohe Ölpreis ließ Mais – den wichtigsten Rohstoff für die Herstellung des alternativen Kraftstoffs Ethanol – vergleichsweise billig erscheinen, was verstärkte Investitionen in die amerikanische Ethanolproduktion zur Folge hatte. Die Farmer in den USA – mit die effizientesten und am kräftigsten subventionierten der Welt – hatten starke Anreize, anstelle von essbarem Mais Sorten anzubauen, die sich gut für die Ethanolproduktion eignen. Im Jahr 2007 wurde sogar der US-Kongress in dieser Sache aktiv und verabschiedete ein Gesetz, das eine Verfünffachung der Produktion von Biokraftstoffen vorsieht – mehr als 40 Prozent davon sollen aus Mais gewonnen werden.

Inmitten der von dieser Investitionsblase ausgelösten Euphorie dachte kaum jemand an die Auswirkungen auf mexikanische Kleinbauern, die nach der Einrichtung der nordamerikanischen Freihandelszone NAFTA 1994 plötzlich mit internationaler Konkurrenz in Form von gigantischen US-Agrarkonzernen zu kämpfen hatten. Maisproduzenten aus den USA verkauften ihre Ernte auf dem mexikanischen Markt nicht selten zu einem Preis (viele würden eher von einem Dumpingpreis sprechen), der fast 20 Prozent unter den Produktionskosten lag.[7] Da sie damit selbst mithilfe der Subventionen ihrer eigenen Regierung nicht konkurrieren konnten, wechselten viele mexikanische Bauern die Maissorte, bauten etwas anderes an oder gaben ihre Farm ganz auf. Die Unterschicht in Mexiko-Stadt wuchs dadurch weiter an, und Mexiko wurde als Absatzmarkt für Billigprodukte aus den USA noch attraktiver.

Dieser wachsende Markt für Maisimporte wurde seit der Gründung der NAFTA zunehmend von einer kleinen Riege mächtiger multinationaler Konzerne dominiert, die ihren Sitz meist in den USA hatten, wie Cargill, Archer Daniels Midland (ADM) und deren mexikanische Tochtergesellschaften.[8] Der bereits in Gang befindliche Wandel wurde durch diese Konzerne noch beschleunigt, indem sie das taten, was jedes marktbeherrschende Unternehmen instinktiv tut: die eigene Marktmacht stärken und kleinere Firmen aus dem Markt drängen.[9] Mit der Folge, dass Mexiko – das Land, in dem die Maispflanze vor fast 10 000 Jahren domestiziert wurde – alsbald zum Nettoimporteur von Nahrungsmitteln[10] und zum drittgrößten Importeur von landwirtschaftlichen Produkten aus den Vereinigten Staaten wurde.[11]

Vor diesem Hintergrund leuchtet ein, dass es im Jahr nach Katrina, als ein immer größerer Anteil der Ernte in den USA in die

Ethanolproduktion floss, nicht lange dauerte, bis der Maispreis auf Gedeih und Verderb an den Ölpreis gekoppelt war – nicht nur, weil Ethanol und Öl vergleichbare Brennstoffe sind, sondern weil die Maisproduktion eine Menge Düngemittel verschlingt, die aus Öl gewonnen werden. Wenn der Preis für ein Barrel Rohöl stieg, folgte ihm der Preis für einen Scheffel Mais auf dem Fuße. Als Spekulanten den Preis für das Barrel Öl in die Höhe trieben, bis dieser bei fast 140 Dollar lag, explodierte der Maispreis ebenfalls. Und löste etwas aus, was für das 21. Jahrhundert prägend werden könnte: eine Hungerrevolte.

An derartige Geschichten haben wir uns längst gewöhnt. Jede Woche scheint aus dem Dickicht der gesellschaftlichen, politischen, wirtschaftlichen, technologischen und ökologischen Systeme, die unser Leben bestimmen, irgendein unerwartetes Desaster hervorzusprießen. Diese Desaster brechen in unregelmäßigen, aber immer kürzer werdenden Abständen über uns herein, meist aus einer völlig unerwarteten Richtung, und sind notorisch unvorhersehbar. Auf die heftigsten von ihnen verweisen wir mit Schlagwörtern, bei denen jeder sofort weiß, was gemeint ist: Katrina. Haiti. BP. Fukushima. Finanzkrise. Unruhen in London. Schuldenkrise. Hinzu kommen andere, namenlose Desaster, deren negative Auswirkungen durch schleichend zunehmende Anfälligkeiten verstärkt werden: Der wirtschaftliche Wandel zwingt eine Kleinstadt im Mittleren Westen der USA in die Knie, eine Firma wird von der Globalisierung hinweggefegt, eine ökologische Nische wird durch veränderte Umweltbedingungen unbewohnbar, die Sturköpfigkeit von Politikern führt zu einer Schuldenkrise. Wenn Sie das Gefühl haben, dass die Abstände zwischen solchen Desastern immer kürzer werden, dann stehen Sie damit nicht allein: Im Jahr 2011 hatten Naturkatastrophen schon nach *sechs Monaten* mehr Schaden angerichtet als in jedem anderen Jahr seit Beginn der Aufzeichnungen, und Versicherungsgesellschaften führen das eindeutig auf den Klimawandel zurück.[12] Unbeständigkeit in all ihren Schattierungen ist zur Normalität geworden.

Ob wir von der weltweiten Finanzkrise, den geopolitischen Folgen des Irakkrieges oder den überraschenden Auswirkungen einer Naturkatastrophe sprechen: Im Detail sind alle diese Fälle sehr unterschiedlich, aber bestimmte Merkmale sind erstaunlich durchgängig. Kennzeichnend für solche Ereignisse ist, dass sie Abhängigkeiten zwischen Bereichen ans Licht bringen, die meist unabhängig voneinander erforscht und diskutiert werden. Die Tortilla-Krise zum Beispiel hat den Zusammenhang zwischen dem Energiesystem (den Ölplattformen), dem Ökosystem (Hurrikan Katrina), der Landwirtschaft (der Maisernte), dem weltweiten Handel (NAFTA), sozialen Faktoren (Urbanisierung und Armut) und den politischen Systemen von Mexiko und den Vereinigten Staaten aufgezeigt.

Wenn wir solche Geschichten erzählen, wollen wir damit zur Demut gegenüber der unfassbaren Komplexität, Verwobenheit und Unbeständigkeit der modernen Welt aufrufen – einer Welt, in der scheinbar harmlose Ereignisse zu Umbrüchen führen, die sich ohne Vorwarnung ereignen und nahezu absurde, versteckte Zusammenhänge sichtbar werden lassen. Uns erschließen sich diese Zusammenhänge immer erst in der Rückschau, so als würden wir bei einem Kleidungsstück an einem losen Faden ziehen, um es in seine Einzelteile aufzulösen, und erst dadurch erkennen, wie es zusammengefügt war. Selbst wenn wir über die einzelnen Systeme, die von einem solchen Umbruch betroffen sind, sehr genau Bescheid wissen, fällt es uns in der Regel schwer, die Kausalzusammenhänge zu entwirren. Und bei allen Segnungen des so überschwänglich gepriesenen Informationszeitalters: Einfach nur mehr Daten zur Verfügung zu haben bringt uns nicht unbedingt weiter. Denn selbst wenn wir jedes einzelne Datenpaket kennen würden, das durch das Internet gejagt wird, und all die komplexen chemischen Interaktionen, die unser Klima bestimmen – würden wir sie auch *verstehen*? Könnten wir dann wirklich vorhersagen, wie sich diese Systeme langfristig entwickeln und welche merkwürdigen Folgen das möglicherweise entfesselt? Obwohl wir heute mehr wissen als jemals zuvor, bleibt doch der quälende Verdacht, dass wir Gäste einer Party sind, die mitten in einem Minenfeld stattfindet.

Was also ist zu tun?

Den wechselvollen Strom der Veränderungen können wir nicht beeinflussen, aber wir können lernen, seetüchtigere Boote zu bauen. Wir können Organisationen, Institutionen und Systeme so gestalten oder umgestalten, dass sie gegen Störungen weniger anfällig sind, mit einer größeren Bandbreite an Umständen zurechtkommen und leichter von einem Zustand in den nächsten hinübergleiten. Zu diesem Zweck müssen wir uns mit einer neuen Forschungsrichtung befassen: der Erforschung der *Resilienz*.[13]

Überall auf der Welt stellen Wissenschaftler, Politiker, Technologen, Unternehmensführer und Aktivisten, die sich mit so unterschiedlichen Gebieten wie Ökonomie, Ökologie, Politikwissenschaft, Kognitionswissenschaft und Kommunikationstechnologie befassen, die gleichen grundsätzlichen Fragen: Warum brechen manche Systeme zusammen, während andere sich erholen? Wie viel Veränderung kann ein System verkraften und dabei intakt bleiben und weiterhin seinen Zweck erfüllen? Wie muss ein System beschaffen sein, damit es sich schnell an veränderte Bedingungen anpassen kann? Welche Vorkehrungen können wir in einer von permanenten Umbrüchen geprägten Zeit treffen, um uns selbst, unsere Städte, unsere Unternehmen, unsere Wirtschaft, unsere Gesellschaft und unseren Planeten dagegen zu wappnen?

Wie bei einem sich entwickelnden Polaroidfoto kann man derzeit beobachten, wie aus einzelnen Erkenntnissen, Lektionen und Faustregeln eine neue wissenschaftliche Disziplin entsteht. Allmählich zeichnen sich verallgemeinerbare Einsichten ab, wie man gesellschaftliche, wirtschaftliche und technische Systeme so gestalten kann, dass sie für Störungen gerüstet sind, sich bei Beschädigung selbst reparieren können und auch unter völlig veränderten Bedingungen weiterhin funktionsfähig sind.

Überlegen wir uns vor diesem Hintergrund, wie man den mexikanischen Bauern die Schwierigkeiten hätte ersparen können. Natürlich wäre es sinnvoll gewesen, größere Maisreserven anzulegen, auf mehrere unterschiedliche Nahrungsmittel zu setzen, Daten in Echtzeit zu erheben und bessere Modelle dafür zu entwickeln, welche Folgen die Umstellung der Maisproduktion in den USA hat. Auch ein Mechanismus, über den im Krisenfall in kurzer Zeit alternative Lieferanten gefunden werden können, wäre hilfreich gewesen. Oder eine Neuordnung des Marktes, um die Macht der Monopolisten zu schwächen. Oder Investitionen in Sozialprogramme für Arme, die die Auswirkungen des Preisanstiegs hätten abmildern können. Man hätte aber auch an einem ganz andern Punkt der Kausalkette intervenieren können, etwa durch eine Diversifizierung der Energieproduktion in den USA, sodass kein noch so verheerender Hurrikan dazu hätte führen können, dass Mais plötzlich in großen Mengen für die Ethanolproduktion verwendet wird.

Die Strategien, die diesen Interventionen zugrunde liegen – sicherstellen, dass ein System über ausreichend Reserven verfügt; Input diversifizieren; genauere, in Echtzeit ausgewertete Daten über den laufenden Betrieb und die Leistung erheben; einzelnen Bereichen des Systems mehr Autonomie ermöglichen; Schutzmechanismen einbauen, damit bei einer Störung in einem Teilbereich nicht das ganze System ausfällt –, sind im Kern Strategien zur Stärkung der Resilienz. Wie wir zeigen werden, können diese Strategien auf allen Ebenen eingesetzt werden, vom Leben des Einzelnen über Städte und Unternehmen bis hin zu ganzen Kulturen.

Den Begriff »Resilienz« eindeutig zu definieren wird dadurch erschwert, dass er in verschiedenen Bereichen zum Teil unterschiedlich gebraucht wird. Ingenieure meinen damit im Allgemeinen die Fähigkeit eines Bauwerks, etwa eines Gebäudes oder einer Brücke, nach der Einwirkung äußerer Kräfte in seinen Ausgangszustand zurückzukehren. Im Notfallschutz bezieht sich der Begriff auf die Geschwindigkeit, mit der unentbehrliche Systeme nach einem Erdbeben oder einer Überschwemmung wiederhergestellt werden können. Ökologen verwenden ihn, wenn es darum geht, die unwiederbringliche Zerstörung eines Ökosystems zu verhindern. In der Psychologie steht er für die Fähigkeit eines Menschen, sich von einem Trauma zu erholen. In der Wirtschaft wird damit häufig die Installierung von Back-up-Systemen bezeichnet, die das unterbrechungsfreie Funktionieren eines Systems im Falle von Naturkatastrophen oder von Menschen verursachten Krisen gewährleisten. Diese Definitionen setzen zwar unterschiedliche Schwerpunkte, aber sie enthalten alle zwei entscheidende Aspekte von Resilienz: *Kontinuität* und *Erholung* angesichts von Veränderungen.

In diesem Buch beschäftigen wir uns mit der Resilienz von Systemen und von Menschen. Dabei verstehen wir unter Resilienz in Rückgriff auf Ökologie und Soziologie *die Fähigkeit eines Systems, eines Unternehmens oder eines Menschen, sich an dramatisch veränderte äußere Bedingungen anzupassen und dabei funktionsfähig zu bleiben.*

Was damit gemeint ist, kann man sich am besten anhand einer in der Resilienzforschung häufig verwendeten Metapher klarmachen. Stellen Sie sich vor, vor Ihnen läge eine weite Landschaft aus

Hügeln und Tälern, die sich in allen Himmelsrichtungen bis zum Horizont erstrecken. Wie in einer fantastischen Landschaft von Jorge Luis Borges steht jedes Tal in diesem Panorama für eine signifikante Veränderung Ihrer derzeitigen Lebensumstände, für eine alternative Realität mit ihren ganz eigentümlichen Merkmalen, Chancen, Ressourcen und Gefahren.[14] Jeden Hügel in dieser Landschaft müssen Sie sich als *kritische Schwelle* vorstellen, die zwei Welten voneinander trennt – sobald Sie den höchsten Punkt überschritten haben, rollen Sie unaufhaltsam in das benachbarte Existenztal hinab.[15] In manchen neuen Umgebungen finden Sie sich wahrscheinlich problemlos zurecht, in anderen weniger gut, und in manchen sind die Lebensumstände so schwierig, dass eine Anpassung völlig ausgeschlossen erscheint.

Wie im richtigen Leben gibt es in diesem Modell zahlreiche plötzliche und schwerwiegende Störungen, die Sie über die Schwelle und aus Ihren derzeitigen Lebensumständen »katapultieren« können. Das kann eine Überschwemmung sein oder eine Dürre, eine Invasion oder ein Erdbeben. Oder Ihr Tal ist irgendwann zu dünn oder zu dicht besiedelt. Vielleicht erleben Sie mit Ihrem Unternehmen eine Wirtschafts- oder Energiekrise, eine technologische Revolution, verstärkte Konkurrenz oder eine plötzliche Knappheit der Rohstoffe. Oder bisher unberücksichtigte Umweltfaktoren werden plötzlich »eingepreist«. Leider können viele dieser Schwellen nur in einer Richtung überschritten werden: Wenn Sie einmal gezwungen sind, Ihre alten Lebensumstände hinter sich zu lassen, gibt es oftmals kein Zurück – Sie haben einen neuen »Normalzustand« erreicht.

Wenn Sie Ihre Resilienz stärken wollen, müssen Sie an Ihrer Fähigkeit arbeiten, sich zur Wehr zu setzen, wenn etwas oder jemand Sie aus Ihrem bevorzugten Tal vertreiben will, und gleichzeitig die Zahl der Alternativen erhöhen, auf die Sie im Notfall zurückgreifen können. Resilienzforscher sprechen in diesem Zusammenhang von der Stärkung der Anpassungsfähigkeit. In einer von Ungewissheiten und unvorhersehbaren Umbrüchen geprägten Zeit kommt dieser Fähigkeit eine entscheidende Bedeutung zu.

Möglichkeiten, wie Sie Ihr Spektrum an bewohnbaren Nischen erweitern können, gibt es viele. Sie könnten Ihre materiellen Bedürfnisse herunterfahren, um auch in einem ressourcenarmen Umfeld überleben zu können. Sie könnten lernen, eine größere Bandbreite an Ressourcen zu nutzen, damit Sie wie MacGyver mit dem auskommen, was Ihnen vor Ort zur Verfügung steht. Sie könnten eine neue Technologie erfinden und sich dadurch von bestimmten Einschränkungen befreien. Sie könnten ein für eine bestimmte Nische erdachtes Hilfsmittel so modifizieren, dass es Ihnen auch in einer anderen dienlich ist. Oder Sie könnten lernen, mit den Bewohnern der neuen Nische zusammenzuarbeiten, damit Sie nicht auf sich allein gestellt sind.

Das gilt nicht nur für Menschen, sondern auch für Systeme, Unternehmen, Staaten und sogar den ganzen Planeten – sie alle können sich in einer ganzen Reihe von stabilen Zuständen befinden, von denen einige weitaus wünschenswerter sind als andere. Der Resilienzforscher Johan Rockström und seine Kollegen vom Stockholm Resilience Centre haben »Grenzen des Planeten« definiert, Schwellen, die nicht überschritten werden dürfen, wenn die gesamte Biosphäre nicht (mit möglicherweise katastrophalen Folgen) in einen anderen Zustand umschlagen soll. Dazu gehören Faktoren wie die Versauerung der Meere, der Rückgang der Artenvielfalt, die Umgestaltung der Erde durch den Menschen oder die Verfügbarkeit von sauberem Wasser.[16] Von den neun Schwellen, die Rockström und sein Team ausfindig gemacht haben, sind drei bereits überschritten, und weitere vier stehen kurz bevor. Diese Grenzen des Planeten sind wie ineinander schachtelbare Matroschkas: Sie sind Kontext und Rahmen für jegliche menschliche Aktivität, von der Besiedlung und Migration bis hin zu Handel und Konflikt, und die treibende Kraft bei der Entwicklung neuer Technologien und Kommunikationsformen.

Die Resilienz von Ökosystemen, Volkswirtschaften oder Städten kann man auf zweierlei Art stärken. Erstens kann man ihre Fähigkeit verbessern, sich zur Wehr zu setzen, wenn sie Gefahr laufen, eine kritische Schwelle zu überschreiten und dadurch dauerhafte Schäden davonzutragen, und zweitens kann man in einer sich ständig verändernden Welt das Spektrum an Nischen aufrechterhalten oder erweitern, an die das System sich problemlos anpassen kann, wenn es doch aus dem bevorzugten Zustand herauskatapultiert wird.

Strategien, die einem komplexen System dabei helfen können, sich an eine neue Umgebung anzupassen, gibt es im Grunde ebenso viele, wie es neue Umgebungen gibt. Aufgrund der Dynamik unserer Zeit, die geprägt ist vom unablässigen Streben, Unternehmen *noch* effizienter zu machen, vom enormen Stress, unter dem Ökosysteme stehen, und von den Abhängigkeiten, durch die alles mit allem in Beziehung steht, treten bestimmte Ansätze jedoch in den Vordergrund. Auf bestimmte Muster, Themen und Strategien trifft man daher immer wieder, wenn man resiliente Systeme analysiert – im Großen wie im Kleinen.

Muster der Resilienz

Fast alle resilienten Systeme, ob sie nun ökonomischer oder ökologischer Art sind, verfügen über *effektive Feedback-Mechanismen*, damit sie rechtzeitig reagieren können, wenn eine abrupte Veränderung bevorsteht oder eine kritische Schwelle erreicht wird. Wie wir im folgenden Kapitel sehen werden, ändern in einem Ökosystem, etwa einem Korallenriff, bestimmte Arten ihr Verhalten, damit das System nicht in einen weniger wünschenswerten Zustand »umschlägt«. Diese Strategie lässt sich auch auf uns Menschen übertragen – wobei wir in solchen Fällen von einer Vielzahl von Werkzeugen und Technologien unterstützt werden, durch die wir uns ein genaueres Bild der Lage machen können.

So fördert die gute alte Motorkontrollleuchte im Armaturenbrett eines Autos gewissermaßen die Resilienz des Motors (und hoffentlich auch des Fahrers), indem sie den achtsamen Fahrer darüber informiert, dass unter der Motorhaube etwas nicht stimmt und er schleunigst eine Werkstatt aufsuchen sollte. Ähnliches findet derzeit auf einer sehr viel komplexeren Ebene statt, indem immer mehr Systeme, von Unternehmensprozessen bis hin zum Gesundheitswesen und der Entwicklungshilfe, mit Diagnoseinstrumenten ausgestattet werden. Die Feedback-Daten, die solche Sensoren in Echtzeit liefern, können enorm viel dazu beitragen, Leistung und Resilienz eines Systems zu erhöhen, vor allem dann, wenn sie zu den Daten anderer, vergleichbarer Systeme in Bezug gesetzt werden.

Die für Erdbebenwarnungen zuständige US Geological Survey arbeitet beispielsweise an einem »Twitter Earthquake Detector« (TED), der seine Seismografen mit dem Internetdienst vernetzt.[17] Wird ein Erdbeben registriert, so fahndet TED sofort nach Tweets zum Ort und Ausmaß der Schäden und stellt sie in Kartenform dar. Dadurch werden Trends und Muster erkennbar, die eine schnellere und gezieltere Reaktion auf die Katastrophe ermöglichen. In Afrika entwickeln Forscher Modelle, die es ermöglichen, Seuchenausbrüche vorherzusagen. Dazu untersuchen sie Migrationsmuster, die sie aus der Handynutzung ableiten. Indem sie ermitteln, von wo Anrufe getätigt werden, können sie medizinische Ressourcen nicht nur dorthin schicken, wo sie am dringendsten gebraucht werden, sondern dorthin, wo sie *in Zukunft* gebraucht werden.[18] Dabei haben die Wissenschaftler außerdem festgestellt,

dass sie die wirtschaftliche Situation der Menschen ableiten können, indem sie die Größenordnung untersuchen, in der Ge-
sprächsguthaben eingekauft wird. Wenn jemand Gesprächsgutha-
ben in Raten zu 1 Dollar einkauft, steht er wirtschaftlich vermutlich
besser da als jemand, der in 10-Cent-Raten einkauft. Eine derartige, plötzliche Veränderung des Einkaufsverhaltens kann ein
Alarmsignal für drohende wirtschaftliche Schwierigkeiten sein.[19]
All diese Ansätze beruhen darauf, von einem riesigen Netzwerk
an Sensoren erhobene Echtzeit-Daten zu sortieren, zu filtern und
zu korrelieren, um so ein aussagekräftiges Feedback zu erhalten.

Wenn die Sensoren anzeigen, dass eine kritische Schwelle naht
oder bereits überschritten ist, kann ein wirklich resilientes System
einen Ausfall verhindern, indem es die Art und Weise, in der es
seine Funktion erfüllt, *dynamisch anpasst*. Viele resiliente Systeme
verfügen zu diesem Zweck über eingebaute Korrekturmechanismen, die erst im Krisenfall in Aktion treten und die Integrität des
Systems wiederherstellen – wie Antikörper in Ihrem Blutkreislauf.

Eine andere Strategie, die Resilienz eines Systems zu erhöhen,
besteht darin, das System von seinen materiellen Grundlagen zu
entkoppeln oder die Ressourcen zu *diversifizieren*, auf die es zur
Erfüllung einer bestimmten Aufgabe zurückgreifen kann. Manche resiliente Systeme können sich im Notfall sogar vollständig
von ihrem Umfeld *abkoppeln*, ohne Input von außen funktionieren und so ihre Abhängigkeit reduzieren.

Beispielsweise haben viele global operierende Unternehmen
erkannt, dass wir uns aufgrund der konkurrierenden Bedürfnisse
der Landwirtschaft, der Privathaushalte und der Industrie in
puncto sichere Wasserversorgung einer kritischen Schwelle nähern. Nachhaltigkeitsexperten bei Nike haben kürzlich errechnet,
dass zur Produktion eines einzigen T-Shirts aus Biobaumwolle die
unglaubliche Menge von *2500 Litern* Wasser nötig ist.[20] (Denken
Sie daran, wenn Sie demnächst im Kaufhaus mal wieder vor ei-

nem Stapel 5-Euro-T-Shirts stehen.) Kein Wunder, dass Nike und
andere Hersteller mit Hochdruck an weniger wasserintensiven
Produktionsmethoden arbeiten, etwa durch Reduzierung des
Wasserverbrauchs beim Baumwollanbau und der Färbung von
Textilien. Das Ziel besteht darin, die Kleidungsherstellung so un-
abhängig von Wasser zu machen wie möglich.

Voraussetzung für solche Anpassungsprozesse sind bestimmte
Strukturmerkmale resilienter Systeme. Diese erscheinen zwar
nach außen hin als sehr komplex, haben im Kern jedoch eine *modulare* Struktur, bei der die einzelnen Elemente wie Legosteine
zusammengefügt sind und, ebenso wichtig, jederzeit wieder zerlegt werden können. Durch dieses Baukastenprinzip kann das
System im Falle von Störungen im laufenden Betrieb umgestaltet
werden. Sie verhindert, dass ein Ausfall in einem Teilbereich sich
dominoartig im ganzen System ausbreitet, und sorgt dafür, dass
das System je nach Bedarf hoch- und heruntergefahren werden
kann.

Viele resiliente Systeme sind daher an der Peripherie kompliziert, aber *im Kern einfach* aufgebaut. Denken Sie an die DNS einer Zelle oder die Kommunikationsprotokolle, die im Internet
verwendet werden. Diese Spezialsprachen kodieren einen unüberschaubaren Wust an Input und Output, doch die Protokolle
selbst sind ganz schlicht und ändern sich, wenn überhaupt, nur
langsam. Das Stromnetz zum Beispiel »übersetzt« den aus verschiedenen Energiequellen stammenden Strom – ob aus Kern-
energie oder Windkraftwerken – in zahllose Formen der prakti-
schen Anwendung. Im Zentrum dieser riesigen Maschinerie steht
die unveränderliche »Sprache« von Strom, Spannungen und Elek-
tronen. Die Resilienz der Stromversorgung erhöht sich, wenn wir
das Spektrum der eingespeisten Energiequellen vergrößern oder
die Effizienz der Endgeräte steigern, die den Strom verbrauchen,
aber das Protokoll, das dem System zugrunde liegt, bleibt unver-

ändert. (Das gilt natürlich auch umgekehrt: Wie wir am Beispiel der mexikanischen Tortilla-Krise gesehen haben, nimmt die Resilienz des Energiesystems ab, wenn wir die Bandbreite der eingespeisten Energieformen verringern.)

Aufgrund dieser Modularität, Schlichtheit und Interoperabilität können sich die einzelnen Komponenten resilienter Systeme zu einem Schwarm vereinigen, wenn die Bedingungen dafür gegeben sind, und sich in Krisenzeiten voneinander abkapseln. Diese Eigenschaften sind es auch, die so etwas wie »Cloud Computing« möglich machen, bei dem eine Gruppe von vernetzten, redundanten Servern ihre Kapazitäten vereinen, um bestimmte Aufgaben zu bewältigen, je nach Bedarf hoch- oder herunterfahren und den Verbund dann wieder auflösen. Ähnlich koordinierte Ansätze für mehr Resilienz finden sich in ganz unterschiedlichen Bereichen, ob nun bei Krankheitserregern und an Kriegsschauplätzen.

Doch eine solche modulare, auf Einzelkomponenten verteilte Struktur ist nur ein Teil des Erfolgsgeheimnisses. Paradoxerweise wird die Resilienz oft durch *Zusammenballung* gefördert – durch eine Konzentration von Ressourcen. Allerdings handelt es sich dabei um eine ganz bestimmte Form der Zusammenballung, die geprägt ist von der *Konzentration* und der *Vielfalt* von Talenten, Ressourcen, Werkzeugen, Modellen und Ideen. Diese Art der *geballten Vielfalt* ist die Grundlage der Resilienz nicht nur von Innovationszentren wie dem Silicon Valley, sondern auch von Primärwald.

Diese Prinzipien – effektive Feedback-Mechanismen, dynamische Selbstanpassung, eingebaute Korrekturmechanismen, Abkopplung, Diversifizierung, Modularität, Einfachheit, Schwarmbildung und Zusammenballung – spielen für die Resilienz eines Systems eine entscheidende Rolle. Zusammengenommen bilden sie einen sehr guten Analyserahmen, um die Resilienz beziehungsweise Anfälligkeit jener großen Systeme einzuschätzen, die das moderne Leben prägen, wie Städte, Wirtschaftssysteme und die elementare Infrastruktur. Mit Hilfe dieses Analyserahmens können wir uns fragen: Wie können wir für effektivere Rückkopplungsschleifen zwischen unserem Handeln und seinen Auswirkungen sorgen? Wie können wir uns von knappen Ressourcen unabhängiger machen und unsere Infrastruktur modularer gestalten?

All das bedeutet keineswegs, dass resiliente Systeme niemals ausfallen. Für viele Spielarten der Resilienz sind moderate Ausfälle paradoxerweise sogar notwendig, weil so Ressourcen freigesetzt und neu verteilt werden können. So sorgen kleine Waldbrände für eine Umverteilung von Nährstoffen und ermöglichen neues Wachstum, ohne das ganze System zu zerstören. (Das gelingt ihnen paradoxerweise dadurch, dass sie in einem gesunden Wald verhindern, dass feuerresistente Pflanzen von anderen Arten verdrängt werden.) Wenn Menschen in diesen zyklischen Prozess eingreifen und den Ausbruch solcher kleiner, notwendiger Feuer verhindern, kann sich in einem Wald so viel Kleinholz ansammeln, dass ein Funke genügt, um eine Katastrophe auszulösen. Kalifornier können ein Lied davon singen.

Allgemein gesprochen fallen resiliente Systeme auf »elegante« Weise aus – sie verfügen über Strategien, gefährliche Umstände zu vermeiden, Störungen zu erkennen, Schäden an Einzelbestandteilen zu minimieren und zu isolieren, ihren Bedarf an Ressourcen zu diversifizieren, auf Sparflamme zu funktionieren und sich nach einer Störung neu zu organisieren. Solche Systeme sind niemals perfekt, ganz im Gegenteil, denn »perfekte« Systeme sind in der Regel auch am anfälligsten. Resilienz ist wie das Leben: chaotisch, unvollkommen und ineffizient. Aber sie überdauert.

Von Systemen zum Menschen

Ist die erste Hälfte dieses Buches der Resilienz von Systemen gewidmet, so wenden wir uns in der zweiten Hälfte der Resilienz von Menschen zu. Dabei kommen zu den bereits bekannten Themen etliche neue.

Zunächst beschäftigen wir uns mit neuen Forschungsergebnissen zur Resilienz des Einzelnen – der kleinsten Einheit aller sozialen Systeme. Die gute Nachricht lautet: Aktuellen wissenschaftlichen Studien zufolge ist individuelle psychische Resilienz erstens weiter verbreitet als bislang angenommen und zweitens erlernbar. Denn Resilienz beruht nicht nur auf unseren Werten und Überzeugungen, auf unserem Charakter, unseren Erfahrungen und unseren Genen, sondern ganz entscheidend auf unseren *Denkgewohnheiten* – Gewohnheiten, die wir bewusst kultivieren und verändern können.

Wenn wir unseren Blickwinkel erweitern und die Resilienz von Gruppen analysieren, stoßen wir auf neue Themen, insbesondere auf die entscheidende Funktion von *Vertrauen* und *Kooperation* – der Fähigkeit zusammenzuarbeiten, wenn es darauf ankommt. Wir betrachten zwei Fälle genauer, bei denen es um Kooperation auf dem Höhepunkt einer Krise ging und von denen einer spektakulär erfolgreich war und der andere spektakulär gescheitert ist: Haiti und die Wall Street. Daneben beschäftigen wir uns damit, wie man ganz konkret spontane Kooperation fördern und stärken kann.

Wie wir immer wieder sehen werden, ist eine der wichtigsten Bedingungen und Begleiteigenschaften von Resilienz, dass sich die Diversifizierung in einem »Idealbereich« bewegt. Ob es nun um die Artenvielfalt eines Korallenriffs oder die kognitive Vielfalt in einer Gruppe geht – eine möglichst große Vielfalt der Bestandteile eines Systems sorgt im Falle einer Störung für eine besonders breite Palette an Reaktionsmöglichkeiten. Der Trick besteht darin, diese Vielfalt mit anderen Mechanismen auszugleichen, die dafür sorgen, dass die Akteure trotz aller Unterschiede miteinander kooperieren können, wenn die Umstände dies erfordern.

Überall, wo wir im Rahmen unserer Reisen auf ausgeprägte soziale Resilienz trafen, fanden wir starke Gemeinschaften vor. Mit »stark« meinen wir nicht wohlhabend. Die Resilienz einer Gemeinschaft hängt nicht allein von ihren Ressourcen ab (obwohl diese natürlich nützlich sind) und auch nicht ausschließlich von ihren Institutionen (dito). Wir haben vielmehr festgestellt, dass resiliente Gemeinschaften häufig nicht zuletzt auf informelle, von tiefem Vertrauen getragene Netzwerke zurückgreifen, um mit Krisen fertigzuwerden und sie zu überwinden. Bemühungen, Resilienz von oben zu verordnen, sind meist zum Scheitern verurteilt. Wenn die gleichen Bemühungen jedoch authentisch in die Alltagsbeziehungen der Menschen eingebettet sind, kann sich Resilienz entfalten.

Und schließlich stand bei fast allen resilienten Gemeinschaften oder Organisationen, die uns begegneten, ein besonderer Typus der »vermittelnden« Führungspersönlichkeit im Mittelpunkt. Ob alt oder jung, männlich oder weiblich – solche »Brückenbauer« spielen, nicht selten hinter den Kulissen, eine entscheidende Rolle, wenn es darum geht, zwischen verschiedenen Gruppen zu vermitteln und aus unterschiedlichen Netzwerken, Perspektiven und Vorstellungen ein schlüssiges Ganzes zu formen. Diese Führungspersönlichkeiten setzen sich für die *situativ angepasste Führung* ein – die Fähigkeit eines Verbunds aus formellen Institutionen und informellen Netzwerken, gemeinsam an der Lösung einer Krise zu arbeiten.

Diese Faktoren – Überzeugungen, Werte und Denkgewohnheiten; Vertrauen und Kooperation; kognitive Vielfalt; intakte Gemeinschaften; vermittelnde Führungspersönlichkeiten und situativ angepasste Führung – sind der Boden, auf dem soziale Resilienz gedeiht.

Das Konzept der Resilienz gleicht einer Lupe, durch die wir wichtige Themen ganz neu betrachten, von der Unternehmensplanung (Wie können wir unsere Unternehmensstrategie so ausrichten, dass wir mit unerwarteten Umständen gut zurechtkommen?) über Gesellschaftspolitik (Wie können wir die Resilienz in sozialen Brennpunkten stärken?) und Städteplanung (Wie stellen wir sicher, dass die städtische Infrastruktur auch im Falle einer Katastrophe funktioniert?) bis hin zur Sicherung der Energieversorgung (Wie finden wir den richtigen Energiemix, und wie muss das Stromnetz aufgebaut sein, um mit unvermeidbaren systemischen Erschütterungen zurechtzukommen?). Das umfasst auch jenen Bereich, der uns allen am nächsten liegt: unser eigenes Leben (Wie können wir unsere psychische Resilienz stärken, damit wir mit den unvermeidlichen Härten des Lebens besser zurechtkommen?).

In all diesen Kontexten zwingt uns das Konzept der Resilienz, die Möglichkeit – ja, die *Notwendigkeit* – des Scheiterns ernst zu nehmen und die Grenzen unseres Wissens und Weitblicks zu akzeptieren. Das Konzept der Resilienz beruht auf der Annahme, dass wir nicht alles wissen und dass Überraschungen unvermeidlich sowie Fehler vorprogrammiert sind.

Zwar setzen wir uns für Resilienz als erstrebenswertes Ziel ein, doch sollte man darüber nicht aus den Augen verlieren, dass Resilienz lediglich eine Eigenschaft von Systemen und Menschen ist – nicht immer ein Wert an und für sich. Auch Terroristen und kriminelle Vereinigungen sind außerordentlich resilient, oft aus den gleichen Gründen, die wir oben angeführt haben. Wie wir zeigen werden, können wir in puncto Resilienz oft ebenso viel von den »Schurken« lernen wie von den »Guten«.

In den Kategorien der Resilienz zu denken bedeutet jedoch nicht, sich ängstlich von allen Ungewissheiten und Risiken fernzuhalten. Vielmehr kann es für mehr Flexibilität, geistige Beweglichkeit, Kooperation, Zusammenarbeit und Vielfalt sorgen, uns zu einem ganz neuen Lebensgefühl verhelfen und unseren Kontakt zu unseren Mitmenschen vertiefen. Unsere Chancen zu erhöhen, den nächsten Schock zu überleben, ist natürlich ein wichtiges Anliegen – es ist aber beileibe nicht der einzige Vorteil, den eine Ausrichtung an den Prinzipien der Resilienz mit sich bringt.

Es gibt noch weitere Prinzipien, die in diesem Buch immer wieder auftauchen. Das erste davon ist *Ganzheitlichkeit*. Wenn man in einem komplexen System lediglich die Resilienz eines Teils oder einer Organisationsebene stärkt, erhöht man damit bisweilen (unabsichtlich) die Anfälligkeit an einer anderen Stelle und gefährdet unter Umständen das Ganze. Betrachtet man dagegen das Gesamtsystem, kann man sich solche Querverbindungen zunutze machen: Änderungen in einem Teil des Systems können an anderer Stelle mehr Resilienz zur Folge haben.

Die eigentliche Lehre aus dieser Erkenntnis lautet: Wenn wir die Resilienz eines Systems erhöhen wollen, müssen wir häufig bei mehreren Methoden, Bereichen oder Ebenen gleichzeitig ansetzen. Wir müssen Aspekte des Systems berücksichtigen, die sich langsamer oder schneller entwickeln als derjenige, für den wir uns interessieren, und die sich auf lokalerer oder globalerer Ebene abspielen. Nehmen wir die Kräfte, die in unserem Beispiel von den »Tortilla-Unruhen« am Werk waren. Einige davon, wie der Hurrikan Katrina, veränderten sich sehr schnell. Andere, wie die zunehmende Kopplung der Mais- und Ölpreise, veränderten sich weniger schnell. Und wieder andere, wie die wirtschaftliche Konzentration auf den weltweiten Importmärkten, entwickelten sich langsamer. Verschärft wurde die Krise durch die »Scherkräfte« zwischen diesen Faktoren. Ein Lösungsansatz, der dieses Zusammenspiel nicht berücksichtigt, kann bestenfalls kurzfristig Linderung bringen.

Wie Sie sicher schon bemerkt haben, sind Strategien für mehr Resilienz oft ein Destillat aus Prinzipien, die ihre reinste Ausprägung in realen Lebewesen finden – sei es in einzelnen Zellen, einer Art oder einem ganzen Ökosystem. Das ist im Grunde nicht überraschend, denn schließlich ist Resilienz eine Eigenschaft, die viele dynamische, langlebige Systeme gemeinsam haben, und das Leben auf der Erde ist das dynamischste und langlebigste System, das die Welt je gesehen hat.

Damit wollen wir jedoch keineswegs einem einfältigen Naturalismus das Wort reden. Lebende Systeme sind chaotisch, komplex und nicht gerade ein Muster an Effizienz – sie befinden sich im Zustand eines permanenten, dynamischen *Ungleichgewichts*. Jedes dieser Systeme trägt eine große Bandbreite latenter Mechanismen und Strategien in sich, die, wenn überhaupt, äußerst selten abgerufen werden. Dieses Sammelsurium an nützlichen, aber kaum je gebrauchten Mechanismen ist für die Zelle, den Organismus oder das Ökosystem mit realen Kosten verbunden, denn es erhöht seine Komplexität, bremst das Wachstum, verringert die maximale Effizienz und begrenzt auf Kosten des Ganzen die zur Versorgung einzelner Bestandteile zur Verfügung stehenden Ressourcen.

Gleiches gilt, wenn solche Strategien auf das »richtige Leben« übertragen werden sollen; auch das ist alles andere als einfach, zumal für Politiker. Es setzt nämlich voraus, auf kurzfristige Effizienzgewinne zu verzichten, und zwar zugunsten der bloßen *Möglichkeit*, einen *hypothetischen* Notfall in der Zukunft – der vielleicht nie eintreten wird – zu vermeiden oder zu überleben. Bei strahlendem Sonnenschein Regenschirme zu verkaufen ist (wie Ihnen jeder Politiker oder Manager bestätigen wird) selbst unter idealen Bedingungen kein leichtes Geschäft. Noch schwieriger ist es in einer Welt, die auf kurzfristige Gewinne schielt und von ungeduldigen Aktionären, Vierteljahresberichten, kurzen Wahlperioden und knappen Stadtbudgets geprägt ist. Wäre es anders, würden wir in einer weniger krisenanfälligen Welt leben, und niemand würde über einen Probealarm murren.

Ein anderes Merkmal lebender Systeme ist ihre von Grund auf *zyklische* Natur. Der Ökologe C. S. Holling, einer der Begründer der Resilienzforschung, spricht in diesem Zusammenhang von einem »Anpassungszyklus«, der von einer Schleife mit vier verschiedenen Phasen geprägt ist. In der Phase des *schnellen Wachstums* kommen die zugrundeliegenden Ressourcen auf produktive Weise zusammen. Daran schließt sich eine *Konsolidierungsphase* an, in der das System ausreift und immer effizienter darin wird, Ressourcen zu »binden« und zu nutzen – dabei aber auch immer weniger resilient wird. Es folgt, häufig ausgelöst von einer Störung oder einem Zusammenbruch, die *Freisetzungsphase*, in der Ressourcen verstreut werden, und schließlich eine Phase der *Neuorganisation*, woraufhin der Zyklus wieder von vorn anfängt.[21]

Der Anpassungszyklus hilft auch jenseits der Ökologie, die Resilienz von Systemen besser zu verstehen, auch wenn natürlich nicht jedes System genau den gleichen Prozess durchmacht. In der Industrie zum Beispiel ist der Anpassungszyklus allgegenwärtig. Denken Sie nur daran, wie oft sich die folgende Geschichte zuträgt: Ein innovatives Unternehmen bietet ein neues Produkt oder eine begehrte Dienstleistung an. Indem es diese Innovation optimiert und Konkurrenten rigoros aus dem Markt drängt, wächst es sehr schnell. Bald ist das Unternehmen hochprofitabel und hat eine marktbeherrschende Stellung inne. Dann kommt es zu einer Krise, und eben jene Optimierung, die Grundlage für den unternehmerischen Aufstieg war, verhindert plötzlich eine erfolgreiche Anpassung an die neuen Umstände. Der rasche Niedergang ist unvermeidlich. Um den unternehmerischen Zyklus von vorn zu beginnen, wird Personal entlassen und die Firma neu aufgestellt. Wachstum, Konsolidierung, Freisetzung, Neuorganisation –

kommt Ihnen das bekannt vor? Es ist die Geschichte des Aufstiegs und Niedergangs der »Autostadt« Detroit angesichts der Ölkrisen der 1970er Jahre, die Geschichte von Microsoft und dem Wachstum des Internets in den 1990er Jahren und die Geschichte von Sony und Apple im vergangenen Jahrzehnt.

Ein verwandtes Thema der Resilienzforschung ist die Bedeutung von Netzwerken, die in vielen komplexen Systemen als universelle, abstrakte Sprache für die Verbreitung von Informationen, Ressourcen und Verhaltensweisen dienen. Wenn sie über einen gemeinsamen Wortschatz für die Beschreibung ökonomischer und ökologischer Systeme verfügen, können Wissenschaftler zum Beispiel vergleichen, wie grundverschiedene Systeme ähnliche Probleme angehen, etwa wenn es darum geht, eine Epidemie im Keim zu ersticken – egal, ob es sich dabei um ein tatsächliches Virus, eine Panik auf den Finanzmärkten, ein unerwünschtes Verhalten oder ein Umweltgift handelt. Ein gemeinsamer Referenzrahmen ermöglicht es, über Wege nachzudenken, eine in einem Bereich erfolgreich angewendete Taktik auf einen anderen Bereich zu übertragen. Beispielhaft dafür sind neue Forschungsgebiete wie »ökologische Finanzwirtschaft«.

Doch die meisten der drängenden Probleme, vor denen wir heute stehen, spielen sich an einer anderen Schnittstelle ab, nämlich dort, wo Menschen mit technischen, ökologischen, wirtschaftlichen oder sozialen Systemen interagieren. In der Sprache der Systemanalyse sind diese menschlichen und nichtmenschlichen Systeme miteinander »gekoppelt« – sie beeinflussen sich gegenseitig über komplexe Rückkopplungsschleifen, deren Auswirkungen bisweilen schwer nachzuvollziehen sind – so, wie der Maispreis nach dem Hurrikan Katrina an den Ölpreis gekoppelt war. Wie wir sehen werden, neigen die meisten gekoppelten Systeme leider dazu, im Lauf der Zeit »morsch« zu werden – nicht mehr, sondern *weniger* anpassungsfähig. Und wenn das passiert, wird es schwieriger, ein »Umschlagen« des Systems – oft in einen weniger erstrebenswerten Zustand – zu vermeiden.

Die Globalisierung ist in gewisser Weise die »Mutter aller gekoppelten Systeme«. Trotz der mit ihr verbundenen Vorzüge und Segnungen hat sie in vielen Fällen den Verlust der Anpassungsfähigkeit beschleunigt, indem sie den Planeten mit gewaltigen, alle Vorstellungskraft sprengenden Netzen überzogen und so die latenten Abhängigkeiten zwischen weit voneinander entfernten Systemen aller Art erhöht hat. Oftmals hat die Globalisierung uns in die Lage versetzt, eine bestimmte Variable – zum Beispiel die Gewinnung oder den Verbrauch von Ressourcen – zu optimieren und die mit dieser Optimierung verbundenen Auswirkungen auf die Umwelt vorübergehend zu verschleiern oder auf die Zukunft zu verschieben. Gleichzeitig verbindet die Globalisierung Systeme, die einem völlig unterschiedlichen Zeittakt folgen – Finanztransaktionen, die in Millisekunden abgewickelt werden, gesellschaftliche Normen, die sich im Lauf vieler Jahre herausgebildet haben, und ökologische Prozesse, die normalerweise Jahrtausende in Anspruch nehmen. Je enger alles miteinander verflochten ist, desto größer die Anzahl möglicher Ursachen, die Geschwindigkeit und die Folgen einer Krise und desto schmerzhafter die Auswirkungen – auf unser Leben, unsere Städte, unsere Institutionen und unsere Umwelt –, wenn es zu einer solchen Krise kommt.

Risikominderung, Anpassung und Wandel

Angesichts dieser ständig zunehmenden Komplexität und Anfälligkeit hat sich ein ganzes Spektrum von gesellschaftlichen und politischen Lösungsansätzen herausgebildet. Das eine Ende dieses Spektrums bilden die Vertreter des »Phönix-Lagers«, denen zufolge wir den Fußabdruck der Menschheit reduzieren, unser Leben entschleunigen und vereinfachen und lokale Ansätze verfolgen müssen. Manche Aktivisten dieses Lagers planen beispielsweise bereits »Transition Towns« – Städte beziehungsweise Gemeinden, die gegen das zu erwartende schlagartige Versiegen des Ölnachschubs und das ebenso plötzliche Hereinbrechen des Klimawandels gewappnet sind.[22] Ihr Ziel ist es, die Abhängigkeit von der auf fossilen Brennstoffen basierenden Wirtschaft zu verringern, und sie greifen dabei auf so unterschiedliche Strategien wie Gemüseanbau im Hinterhof oder alternative lokale Währungen zurück. Für viele im Phönix-Lager ist der bevorstehende Kollaps kein Grund zur Panik, sondern eine Chance, wird er doch ihrer Meinung nach zu einem ausgeglicheneren, weniger verschwenderischen und lebenswerteren Leben führen.

Die Vertreter des »Schicksals-Lagers« am anderen Ende des Spektrums dagegen sind der Ansicht, dass es für eine Umkehr zu spät ist und uns Menschen nichts anderes übrig bleibt, als den unabwendbaren Problemen mit technischen Lösungen zu begegnen. Das Schicksal der Erde liege, zum Besseren oder zum Schlechteren, in unserer Hand. Angesichts der Milliarden von wohlhabenden Menschen, die den Planeten bevölkern, der Milliarden von Armen, die nur darauf warten, es ihnen gleichzutun, und der Milliarden von Ungeborenen, die in absehbarer Zukunft hinzukommen werden, sei die Ausbeutung der Ressourcen unvermeidlich.

Diese Aussicht gebe zwar Anlass zur Sorge, heißt es im Schicksals-Lager, doch würden zur Neige gehende Ressourcen auch die Entwicklung neuer, immer effizienterer Technologien vorantreiben, die uns in eine nachhaltigere Zukunft führen könnten. Irgendwann, so die Hoffnung, könne die Menschheit so etwas wie ein Gleichgewicht mit ihrem Heimatplaneten erreichen. Bis dahin müssten wir uns unserer Verantwortung stellen und die Ausbeutung des Planeten unter Rückgriff auf heute verfügbare Technologien, so gut es geht, begrenzen.

In diesem Spannungsfeld war die Debatte darüber, wie wir solchen globalen Risiken am besten vorbeugen können, im vergangenen Jahrzehnt im Wesentlichen von der derzeit weit verbreiteten Idee der Nachhaltigkeit geprägt.

Zum Zeitpunkt, als das Prinzip der Nachhaltigkeit (im Sinne eines Gleichgewichts zwischen der Menschheit und unserem Planeten) aufkam, war es ein ebenso einleuchtendes wie wünschenswertes Ziel. Doch als Leitgedanke für die Praxis ist dieses Prinzip mittlerweile ziemlich in die Jahre gekommen. Zu einem gewissen Grad ist das ein ganz natürlicher Vorgang: Die meisten Ideen haben eine begrenzte Lebensspanne und Halbwertszeit, und mit 40 Jahren hat sich die Nachhaltigkeitsbewegung sehr viel länger gehalten als vergleichbare Bewegungen. Mittlerweile wird das Etikett »nachhaltig« allerdings auf so vieles angewandt, dass es zunehmend zu einer leeren Worthülse wird. (Eines unserer Lieblingsbeispiele: Der Lebensmittelkonzern Del Monte bezeichnet seine einzeln in Plastik verpackten Bananen als »nachhaltig«, weil sie dadurch länger frisch blieben und seltener geliefert werden müsse. Wenn es jetzt schon nachhaltig ist, ungeschältes Obst in eine Verpackung zu stecken, die im Wesentlichen aus Öl besteht – was ist dann nicht nachhaltig?)

Aber ganz im Ernst – das Konzept der Nachhaltigkeit hat zwei Schwachpunkte: Erstens widerspricht der Gedanke, man könne ein starres Gleichgewicht finden, der Funktionsweise natürlicher Systeme – das Ziel sollte kein in Stein gemeißeltes, sondern ein dynamisches Gleichgewicht sein. Zweitens liefert die Idee der Nachhaltigkeit kaum praktische Rezepte, wie mit den Katastrophen umzugehen sei, deren Zeuge wir immer häufiger werden. Das Konzept der Resilienz ist demgegenüber ein sehr viel weiter gefasster, dynamischerer, praxistauglicher Ansatz. Da das einzig Beständige offenbar die Unbeständigkeit ist, dürfte die Frage nach der Resilienz die der Nachhaltigkeit schon bald ergänzen und auf längere Sicht möglicherweise komplett ablösen.

Worauf diese Überzeugung gründet, kann man sich anhand folgender Metapher klarmachen:

Nehmen wir an, alle Menschen, die sich wegen einer globalen Bedrohung Sorgen machen – nehmen wir als Beispiel einen unwiderruflichen Wandel des Klimas, man könnte aber auch ein beliebiges anderes Zukunftsrisiko einsetzen –, säßen in einem imaginären Auto. (Lassen wir für den Augenblick alle außen vor, die nicht an den Klimawandel glauben oder der Ansicht sind, er sei kein großes Problem.) Nehmen wir weiter an, das Auto rase mit zunehmender Geschwindigkeit auf eine Klippe zu – auf einen Grad der Erwärmung, von dem an es kein Zurück gibt.

Im ersten Abschnitt der Fahrt wird jene Gruppe die moralische Autorität auf ihrer Seite haben, für die das Gebot der Stunde die *Risikominderung* ist. »Sofort wenden!«, rufen sie. »Wir müssen bremsen oder wenigstens den Fuß vom Gas nehmen!« Zu diesem Zeitpunkt ist das genau das moralisch Richtige und Vernüftige.

Wenn diese Appelle jedoch ungehört verhallen und das Auto sich dem Punkt nähert, an dem es selbst bei einer Vollbremsung in den Abgrund rasen würde, wird die moralische Überlegenheit auf eine andere Gruppe übergehen, die sich für die *Anpassung* an das Risiko ausspricht: »Wir sollten lieber ein paar Airbags und einen Fallschirm einbauen«, sagen sie. »Es könnte nämlich sein, dass wir so oder so in die Tiefe stürzen.« Auch hier gilt: Zu diesem Zeitpunkt ist das der moralisch richtige und vernünftige Vorschlag.

Zwischen diesen beiden Punkten gibt es normalerweise eine Übergangsphase – manchmal in Form eines Generationenwechsels –, in der jene, die sich für die Vermeidung der Gefahr einsetzen, von denen abgelöst werden, die es für sinnvoller erachten, sich auf die Folgen vorzubereiten. Anfangs werfen die »Risikominderer« den »Anpassungsstrategen« vor, die Flinte allzu schnell ins Korn zu werfen. Später dann werfen die »Anpassungsstrategen« den »Risikominderern« vor, beim Versuch, das Unvermeidliche zu verhindern, Zeit und Ressourcen vergeudet zu haben.

Bislang hat sich die Nachhaltigkeitsbewegung (zu Recht) hauptsächlich auf die Risikominderung konzentriert. Doch jetzt, da unumkehrbare globale Veränderungen immer näher rücken, ist ein Wandel hin zur Anpassung zu beobachten, und damit ein wachsendes Interesse am Konzept der Resilienz. Und das gilt nicht nur für die Nachhaltigkeit, sondern für viele Bereiche, in denen es erhebliche Zukunftsrisiken gibt, von der Weltwirtschaft bis zum Gesundheitswesen, von der Armutsbekämpfung bis zur Unternehmensführung.

Das bedeutet keineswegs, dass wir alle Hoffnung fahren lassen und alle Katastrophen als unvermeidlich akzeptieren sollten. Der Resilienz-Ansatz läuft vielmehr darauf hinaus, die Bemühungen um Anpassung zu ergänzen, indem wir unsere Institutionen umbauen, unser Gemeinwesen stärken, Innovationen und Experimente fördern, und den Menschen dabei helfen, Überraschungen zwar vorzubeugen, sich jedoch gleichzeitig dagegen zu wappnen. Dadurch gewinnen wir Zeit, einen langfristigen Wandel anzustoßen – einen Wandel, der, um an die obige Metapher anzuknüpfen, darauf hinausläuft, das Auto neu zu erfinden und der Klippe ihren Schrecken zu nehmen. Verleiht man dem Auto Flügel, so ändert das die Situation von Grund auf – und Bremsen und Fallschirme sind plötzlich überflüssig.

Das setzt jedoch voraus, dass wir verstehen, was Menschen und Systeme anfällig macht. Und damit sind wir beim Thema des ersten Kapitels.

1. Stabil, aber anfällig

Dieses Buch geht der Frage nach, worin das Geheimnis der Krisenfestigkeit liegt.

Wenn die Umstände stimmen, kommen Menschen und Gemeinschaften, Unternehmen und Institutionen, Volkswirtschaften und Ökosysteme mit Krisen problemlos zurecht. Die Stadt, in der Sie wohnen, die Firma, für die Sie arbeiten, und sogar (auch wenn es Ihnen nicht bewusst ist) Sie selbst: all diese Dinge sind auf ihre je eigene Weise mehr oder weniger resilient. Und jedes von ihnen veranschaulicht einen bestimmten Aspekt eines gemeinsamen Reservoirs an Themen und Prinzipien. Wenn wir diese »Muster der Resilienz« verstehen und aus ihnen lernen, können wir an einer krisenfesteren Welt arbeiten und an einem belastbareren Selbst.

Bevor wir verstehen können, wie ein System Krisen erfolgreich meistert, müssen wir zunächst begreifen, was es krisenanfällig macht. Beginnen wir daher mit einem kleinen Gedankenexperiment:

Stellen Sie sich vor, Sie wären Besitzer einer Baumschule und wollten ein bisher ungenutztes Stück Land mit Bäumen bepflanzen.[1] Um Ihr Land möglichst gut zu bewirtschaften, müssen Sie wie jeder Landwirt eine ganze Reihe vorhersehbarer Schwierigkeiten einkalkulieren: schlechtes Wetter, Dürren, schwankende Holzpreise und – nicht zuletzt – Waldbrände.

Zum Glück gibt es allerhand Maßnahmen, mit denen Sie Ihre Baumschule gegen diese potenziellen Gefahren schützen können. Um das Risiko eines Waldbrands zu verringern, können Sie Ihre Setzlinge zum Beispiel in großen, regelmäßigen Abständen von etwa zehn Metern einpflanzen. Wenn Ihre Bäume heranwachsen, werden sich ihre Kronen nicht berühren, und Funken können weniger leicht von einem Baum auf den nächsten überspringen. Dieses Pflanzsystem ist ziemlich sicher, aber auch ziemlich ineffizient: Zwar sinkt die Wahrscheinlichkeit, dass Ihr gesamter Baumbestand abbrennt, doch ist diese Form der Landnutzung nicht sonderlich produktiv.

Stellen Sie sich jetzt vor, Sie setzen irgendwo *zwischen* diesen regelmäßigen Baumreihen weitere Schösslinge ein. Natürlich stehen diese zusätzlichen Bäume näher an ihren Nachbarn, und ihre Kronen werden irgendwann die der anderen Bäume berühren. Dadurch steigt der Ertrag, aber auch das Risiko: Fängt ein Baum Feuer, so ist die Gefahr nun wesentlich größer, dass die Flammen auf die gesamte Baumgruppe übergreifen.

Fügen Sie immer noch mehr Bäume hinzu, so berühren sich ab einer bestimmten Pflanzdichte sämtliche Baumkronen in einem »Mega-Cluster«. (Das ist in der Regel dann der Fall, wenn etwa 60 Prozent des verfügbaren Bodens bepflanzt sind.) Im Vergleich zu Ihrer ursprünglichen Strategie ist das ein enorm *effizientes* Pflanzsystem, zumindest was den Ertrag und die Landnutzung angeht. Aber es ist auch sehr riskant, denn ein einziger Funken könnte nun Ihren gesamten Baumbestand vernichten.

Wenn Sie ein erfahrener Baumzüchter sind, werden Sie Ihre Bäume daher weder in einem lockeren Raster noch in einem dichten »Mega-Cluster« pflanzen. Stattdessen werden Sie einzelne Haine von dicht gepflanzten Bäumen anlegen, zwischen denen Wege verlaufen. Indem Sie die einzelnen Gruppen Ihres Baumbestandes voneinander trennen, dienen diese Wege nicht nur als Zufahrtsstraßen, sondern fungieren auch als Feuerschneisen, da sie das Ganze gegen ein Feuer in einem der Haine absichern.

Diese Sicherheit bekommt man nicht umsonst, denn jede dieser Straßen reduziert die für Pflanzungen verfügbare Fläche und verursacht somit Kosten. Sie müssen also mit Bedacht vorgehen: Zu viele Schneisen sind ebenso problematisch wie zu wenige. Aber wenn Sie etwas herumprobieren und die lokalen geografischen Gegebenheiten wie Klima und Bodenqualität berücksichtigen, finden Sie mit der Zeit ein nahezu perfektes Pflanzsystem für Ihr Land, sodass die Bäume möglichst dicht gepflanzt sind und geschickt angelegte Wege einen effizienten Zugang gestatten. Ihre hervorragend geplante Baumschule wird hin und wieder ausbrechende Feuer problemlos überstehen, ohne dass jemals alle Bäume abbrennen, und wird Ihnen saisonal schwankende, aber langfristig steigende Holzerträge bescheren.

Nun können Sie sich ausmalen, wie entsetzt Sie wären, wenn Sie eines Tages entdecken müssten, dass ein Großteil Ihrer perfekt angelegten Pflanzungen von einer eingeschleppten Käferart befallen ist. Dieser winzige, in einem ganz anderen geografischen Gebiet beheimatete Schädling ist als blinder Passagier aus Übersee in Ihre Region eingewandert und hat es mitten in Ihre Baumschule geschafft, indem er sich an Ihren Stiefelabsatz geheftet hat. Nachdem er sich erst mal eingenistet hatte, machte er sich Ihre geschickte Planung zunutze – eben jene perfekt angelegten Wege, mit denen Sie sich gegen Risiken absichern wollten, die Sie als gefährlich eingestuft hatten.

An diesem Punkt in unserem kleinen Gedankenspiel müssen Sie also die schmerzliche Erfahrung machen, dass Ihre Baumschule systemisch ausgedrückt »stabil, aber anfällig« ist (engl. *robust yet fragile*). Dieser von John Doyle vom California Institute of Technology geprägte Begriff beschreibt komplexe Systeme, die resilient gegen *erwartete* Gefahren (hier: Waldbrände) sind, aber hochsensibel auf *unerwartete* Bedrohungen (hier: Käfer) reagieren.[2]

In den Nachrichten finden sich für dieses Phänomen täglich zahllose Beispiele aus dem wirklichen Leben. Viele der wichtigsten Systeme der Welt – von Korallenriffen über Städte und Firmen bis hin zu Finanzmärkten – folgen einer ähnlichen Dynamik. Mit einer ganzen Reihe »normaler« Störungen können sie mühelos fertig werden, aber sobald sie mit einem seltenen, unerwarteten Problem konfrontiert sind, scheitern sie kläglich.

Wie wir auch am Beispiel der Baumschule gesehen haben, geht es bei stabilen, aber anfälligen Systemen vor allem darum, einen Mittelweg zwischen *effizient, aber anfällig* und *stabil, aber ineffizient* zu finden. Ein auf maximale Effizienz getrimmtes System, wie eine dicht bepflanzte Baumschule, ist zugleich besonders anfällig für Katastrophen aller Art. Ein auf maximale Stabilität ausgerichtetes System, wie die locker bepflanzte Baumschule, ist so ineffizient, dass sie kaum Gewinn abwirft. Durch permanente Optimierung (ob diese nun von Menschenhand erfolgt oder durch natürliche Auslese) finden stabile, aber anfällige Systeme irgendwann einen Mittelweg zwischen diesen beiden Extremen, die im jeweiligen Umfeld richtige Balance zwischen Effizienz und Stabilität – in unserem Beispiel die ideale Anordnung von Hainen und Zugangswegen.

Ein Nebenprodukt dieses Balanceakts ist die Komplexität des auf diese Weise entstandenen Sicherungssystems (hier: des Netzwerks von Zugangswegen). Je komplexer ein solches Sicherungssystem im Lauf der Zeit wird, desto mehr entwickelt es sich paradoxerweise *selbst* zu einem Einfallstor für Probleme. Irgendwann ist ein kritischer Punkt erreicht, an dem schon die kleinste Störung (sofern sie an der richtigen Stelle auftaucht) das ganze System in die Knie zwingen kann. Kein stabiles, aber anfälliges System ist daher jemals »perfekt«, denn jede denkbare Absicherungsstrategie hat eine Kehrseite und kann, wenn auch im Ausnahmefall, zu mehr Anfälligkeit führen. In einem stabilen, aber anfälligen System ist die Gefahr von »schwarzen Schwänen« – unwahrscheinlichen Ereignissen mit katastrophalen Folgen – sozusagen *eingebaut*.

Ein besonders anschauliches Beispiel für ein solches widerstandsfähiges und zugleich anfälliges System ist das Internet. Als das Internet in den 1960er Jahren mit Mitteln des Militärhaushaltes aufgebaut wurde, sollte es in erster Linie ein ganz bestimmtes Problem lösen: Es sollte im Katastrophenfall dafür sorgen, dass die Kommunikation nicht abreißt. Damals befürchteten Militärstrategen, durch einen nuklearen Erstschlag der Sowjetunion gegen amerikanische Kommunikationsschaltstellen könnte die Befehlskette unterbrochen werden, sodass der von einem Kommandobunker aus gegebene Befehl zum Gegenschlag niemals bei den Adressaten in den Raketensilos von North Dakota ankommen könnte. Also wiesen sie die Architekten des Internets an, ein System zu entwickeln, das auf im Falle eines solchen Angriffs unvermeidliche Serverausfälle reagieren und Datenströme automatisch umleiten konnte.

Die Methode, mit der das Internet diese Aufgabe meistert, ist ebenso simpel wie genial. Es zerlegt jede E-Mail, jede Internetseite und jedes Video in kleine »Informationspakete« und überträgt diese über ein labyrinthähnliches Netzwerk von »Routern«, spezialisierten Computern, die in der Regel mit mehr als einer anderen Schaltstelle des Netzwerks verbunden sind. Jeder Router folgt einer regelmäßig aktualisierten Routingtabelle, die einem Zugfahrplan gleicht. Trifft bei einem Router ein Datenpaket ein, so konsultiert der Router diesen »Fahrplan« und schickt das Paket in Richtung des Adressaten weiter. Ist der kürzeste Weg blockiert, überlastet oder beschädigt, so wird die Routingtabelle entsprechend aktualisiert und das Paket in eine andere Richtung umgeleitet. Auf diese Weise trifft es beim nächsten Router ein, und der Prozess beginnt von vorn. Wenn Sie eine Ihrer Lieblingsseiten im Internet aufrufen, so passieren die Datenpakete in Sekundenschnelle unter Umständen Dutzende von Internetroutern und werden dabei an Datenstaus ebenso vorbeigeleitet wie an Computern, die gerade offline sind.

Durch die Verteilung des Datenverkehrs auf viele einzelne Router ist die Wahrscheinlichkeit gering, dass das Netzwerk insgesamt in Mitleidenschaft gezogen würde, wenn ein einzelner, zufällig ausgewählter Computer von einem Hacker mutwillig außer Gefecht gesetzt oder gar physisch zerstört würde. In einem solchen Fall würden einfach die Routingtabellen der benachbarten Router aktualisiert, damit sie den Datenstrom um den betroffenen Computer »herumleiten«. Das Internet ist also so gebaut, dass es im *vorhersehbaren* Fall eines Computerausfalls stabil bleibt.

Extrem verwundbar ist das heutige Internet dagegen im Falle von Angriffen, die zum Zeitpunkt seiner Entstehung unvorhersehbar waren. Solche Angriffe nutzen die »offene« Architektur des Internets nicht, um beschädigte Router zu umgehen, sondern um das Netz mit sinnlosen Informationen zu überschwemmen.[3] Beispiele dafür sind Spam-Mails, Computerviren, Botnets und DDoS-Angriffe. Bei Letzteren wird das Netz mit »leeren« Informationspaketen bombardiert, und zwar oft gleichzeitig von mehreren Rechnern aus. Bei einer solchen Bombardierung werden die im Grunde vorteilhaften Eigenschaften des Netzes ausgenutzt, um das System zu verstopfen und einen einzelnen Computer, einen zentralen Knotenpunkt oder gar das ganze Netzwerk lahmzulegen.

Gut zu beobachten waren diese Strategien Ende 2010, als die auf die Veröffentlichung geheimer Dokumente spezialisierte Organisation Wikileaks ihren Schatz von geheimen, an das US-Außenministerium gerichteten Depeschen veröffentlichte. Um sich vor absehbaren Vergeltungsmaßnahmen der amerikanischen Regierung zu schützen, sorgte Wikileaks mithilfe seiner Unterstützer dafür, dass auf *tausenden* von Servern im ganzen Netz Kopien der Depeschen verfügbar waren, und zwar in Form einer verschlüsselten »Sicherheitskopie« mit möglicherweise noch brisanteren Informationen.[4] Selbst wenn die USA theoretisch dazu berechtigt und technisch in der Lage gewesen wären, all diese Informationen abzufangen, wäre das praktisch unmöglich gewesen. Gleichzeitig lancierte ein unabhängiger, loser Zusammenschluss von Wikileaks-Unterstützern mit dem Namen Anonymous DDoS-Attacken auf die Internetseiten von Unternehmen, die sich von Wikileaks distanziert hatten. Durch diesen koordinierten Protest waren die Websites von Firmen wie PayPal oder MasterCard vorübergehend offline.[5]

Beide Organisationen, sowohl Wikileaks als auch Anonymous, machten sich Eigenschaften des Internets zunutze – Redundanz und Offenheit –, die das Netzwerk einst vor der (mittlerweile überholten) Gefahr schützen sollten, aufgrund derer es überhaupt erfunden wurde: die Gefahr eines Raketenangriffs der Sowjetunion. Vier Jahrzehnte später nutzten sie mit ihren unkonventionellen »Angriffen« (so die Sicht der US-Regierung) eben jene Eigenschaften des Netzes aus, die ursprünglich als Prävention gegen konventionelle Angriffe entwickelt wurden. Dabei erwiesen sich die angreifenden Organisationen als höchst resilient. Um Wikileaks mundtot zu machen und die Angriffe von Anonymous abzuwehren, hätte die amerikanische Regierung das Internet komplett abschalten müssen – ein Ding der Unmöglichkeit.

Eine ganz ähnliche Dynamik, so John Doyle, sei im Falle des menschlichen Immunsystems zu beobachten: »Denken Sie an die Krankheiten, von denen der moderne Mensch geplagt wird, wie Fettleibigkeit, Diabetes, Krebs und Autoimmunkrankheiten. Solche Krankheiten sind bösartige Fehlfunktionen von lebenswichtigen Kontrollprozessen im menschlichen Körper – etwa der Fettablagerung, der Insulinresistenz, der Gewebeneubildung oder von Entzündungsprozessen –, die so grundlegend sind, dass wir die meiste Zeit gar nicht über sie nachdenken. Diese Kontrollprozesse haben sich im Lauf der Evolution so entwickelt, dass sie den Bedürfnissen unserer Vorfahren entsprachen, Jäger und Sammler, die in langen Phasen, in denen sie nichts zu essen hatten, Energie speichern, den Zuckerspiegel im Gehirn konstant halten und gleichzeitig ihre Muskeln mit Energie versorgen mussten. Diese biologischen Prozesse verliehen ihnen eine hohe Widerstandsfähigkeit. Doch in unserer Zeit des kalorienreichen Fastfoods beschleunigen ebendiese im Grunde überlebenswichtigen Systeme Krankheiten und Verfall.«

Um zu verhindern, dass das Internet von Spammern, Hackern und Aktivisten verstopft wird, statten Internetentwickler ihre Router mit ausgeklügelter Filtersoftware aus, die ein- und ausgehende Pakete auf verräterische Anzeichen für böswillige Absichten überprüfen. Auf allen Ebenen der Internet-Infrastruktur, vom zentralen »Rückgrat« des Netzes bis zu privaten Laptops, installieren Firmen und Nutzer Firewalls und Antiviren-Software. Internetprovider schaffen enorme Überkapazitäten, damit das Netzwerk auch im Fall von Angriffen noch funktioniert.

»Verteilte Intelligenz« und Redundanz in einem System mögen ausreichen, um einige vorhersehbare Bedrohungen mehr oder weniger erfolgreich in Schach zu halten. Doch die grundsätzliche Anfälligkeit des Systems wird damit nicht aus der Welt geschafft, sondern lediglich verlagert. Früher oder später wird sie aus einer anderen, unvorhersehbaren Richtung wieder auftauchen. Und was noch schlimmer ist: Wie bei allen Systemen, die stabil, aber anfällig sind, wird die Komplexität der Sicherungssysteme – der Antivirensoftware, Firewalls und so weiter – so lange zunehmen, bis sie selbst eine Quelle möglicher Probleme werden. Wer jemals erfahren musste, dass eine wichtige E-Mail in einem Spam-Filter hängen geblieben ist, weiß das nur allzu gut.

Paradoxerweise wird die immanente, eingebaute Anfälligkeit eines stabilen, aber anfälligen Systems dadurch verschleiert, dass es mit alltäglichen Störungen bestens zurande kommt, bis ein kritischer Punkt erreicht ist und es – scheinbar aus dem Nichts – zur Katastrophe kommt. Bevor es so weit ist, scheint alles wunderbar, und das System verkraftet selbst heftige, aber vorhersehbare Störungen mit Bravour, ganz so, wie man es von ihm erwartet. Die Tatsache, dass das System weiterhin seinen Dienst verrichtet, vermittelt ein Gefühl der Sicherheit. Das Internet zum Beispiel funktioniert trotz des einen oder anderen unvermeidlichen Serverausfalls, unser Körper verdaut die eine oder andere Fastfood-Mahlzeit, ohne dass wir einen Insulinschock erleiden würden, Unternehmen überstehen den zyklischen Wechsel von Auf- und Abschwung, und die Weltwirtschaft verkraftet so manche Erschütterung. Und dann wird eine kritische Schwelle überschritten, oftmals durch einen eher unscheinbaren Impuls, und plötzlich ist die Hölle los.

Wenn es zu einem solchen Zusammenbruch kommt, stellen viele Leute ob der weitreichenden Folgen bestürzt fest, dass diese Systeme über keinerlei Sicherungsmechanismen verfügen, etwa wenn eine große Bank Bankrott macht oder Öl aus einem Bohrloch in der Tiefsee ausströmt.

Zur Erklärung solcher Katastrophen flüchten wir uns daher gern in vereinfachende, moralisierende Geschichten, in denen comicartige Bösewichte die Hauptrolle spielen. In Wirklichkeit sind solche Desaster jedoch meist die Folge von tausend kleinen Entscheidungen vieler Einzelner. Jede dieser Entscheidungen hatte eine so geringe Tragweite, dass sie völlig harmlos erschien, doch in ihrer Gesamtheit haben sie schleichend die Pufferzonen und die Anpassungsfähigkeit des Systems ausgehöhlt. Ein Sicherheitsprüfer tut jemandem einen Gefallen und schaut ausnahmsweise nicht so genau hin, ein Politiker setzt eine Regulierungsbehörde unter Druck, damit sie einem Unternehmen aus seinem Wahlkreis einen Strafnachlass gewährt, eine Managerin versucht den Ausstoß zu maximieren, indem sie ihr Team zu Überstunden antreibt, ein Konzernchef verschiebt dringend notwendige Investitionen auf die Zukunft, um die Quartalszahlen aufzubessern.

Keiner dieser Akteure ist sich bewusst, was diese Entscheidungen in der Summe bewirken. Die Fehlertoleranz wird kaum merklich geringer, und das System, innerhalb dessen sie arbeiten, wird unaufhaltsam immer labiler. Jeder Akteur verhält sich aus seiner beschränkten Perspektive heraus absolut rational. Er lässt sich von starken sozialen Anreizen leiten und handelt im Interesse eines Freundes, eines Wählers oder eines Aktionärs. Sein Vorgehen bringt erhebliche Vorteile für ihn und ein geringes Risiko für das System mit sich. Aber allmählich verändern seine Entscheidungen die kulturellen Normen des Systems. Da problematische, die Sicherheit gefährdende Entscheidungen ohne Konsequenzen bleiben, erscheint es vertretbar, höhere Risiken einzugehen. Was zunächst die gelegentliche Ausnahme war, wird zur Regel. Wer sich für die traditionelle Herangehensweise einsetzt, gilt als dumm oder paranoid, als Spielverderber, der nicht den geringsten Sinn für die neue Realität hat, oder, schlimmer noch, als Feind des Wachstums, der zum Schweigen gebracht werden muss. Das System als Ganzes nähert sich ganz allmählich einer möglichen Katastrophe, es bewegt sich auf eine kritische Schwelle zu – Systemforscher sprechen von »selbstorganisierter Kritikalität«.

Diese Dynamik – und erste Hinweise darauf, wie wir die Resilienz von Systemen erhöhen können – lässt sich an zwei sehr unterschiedlichen Systemen studieren, die stabil, aber anfällig sind: an Korallenriffen und dem weltweiten Finanzsystem. Dank neuer analytischer Methoden sind Forscher heute in der Lage, wichtige Erkenntnisse vom einen auf das andere zu übertragen.

Von Fischen und Finanzen

In den 1950er Jahren fanden sich vor den Küsten Jamaikas prächtige Korallenriffe wie aus dem Hochglanzprospekt, auf denen zahllose Schwämme und Blumentiere in allen Farben und Formen gediehen.[6] Die Riffe waren ein bevorzugter Lebensraum von hunderten von Fischarten, darunter große Raubfische wie Haie, Schnapper, Zackenbarsche und Makrelen. Für die Bevölkerung der Insel waren diese Fischarten seit Urzeiten eine verlässliche Nahrungsquelle, die von Kleinfischern genutzt wurde.

Auf den ersten Blick hatte sich an dieser Szenerie in den 1970er Jahren kaum etwas geändert. Allerdings war die jamaikanische Bevölkerung innerhalb von 20 Jahren um ein Drittel angewachsen, und die Fischer hatten Mühe, alle hungrigen Mäuler zu stopfen. Daher waren sie auf motorisierte Kanus umgestiegen, mit denen sie nun nicht nur Jagd auf Raubfische, sondern auch auf kleinere, pflanzenfressende Fische machten, wie Doktor- und Papageienfische. Dennoch schienen die Riffe nach wie vor intakt. Vor allem Seeigel gediehen prächtig, mussten sie nun doch nicht mehr mit den pflanzenfressenden Fischen um Algen konkurrieren, ihre Hauptnahrungsquelle.

Doch dann brach am 6. August 1980, nach fast vier Jahrzehnten ohne größere Unwetter, einer der heftigsten Karibikstürme seit Menschengedenken über die Insel und ihre Korallenriffe herein, Hurrikan Allen. Winde mit einer Geschwindigkeit von mehr als 280 Stundenkilometern peitschten das Meer zu einer 13 Meter hohen Sturmflut auf, die sich über die Riffe hinwegwälzte.[7] Die Korallen in seichterem Gewässer wurden auf der Stelle vernichtet, doch ihre Artgenossen, die in tieferen Gewässern weit unter der Meeresoberfläche lebten, blieben weitgehend unbeschadet. Einige Monate nachdem der Hurrikan zugeschlagen hatte, stellte man fest, dass in größeren Tiefen zahlreiche junge Korallen nachwuchsen. Im Lauf der folgenden drei Jahre nahm der Korallenbewuchs allmählich wieder zu.

Die Meeresbiologen waren sich zu diesem Zeitpunkt einig, dass die jamaikanischen Riffe sich von den Verwüstungen durch den Hurrikan Allen erstaunlich gut erholt hatten. Die Daten legten den Schluss nahe, dass die Ökosysteme der Riffe intakt waren und in den tieferen Gewässern um die Insel herum allem Anschein nach sogar prächtig gediehen.

Doch dann geschah 1983 unter der Meeresoberfläche vor den Küsten Jamaikas etwas Entsetzliches. Unter der Population der Diademseeigel Jamaikas wütete ein unbekannter Krankheitserreger.[8] Die Tödlichkeit und Geschwindigkeit der Epidemie war ohne Beispiel. Wenige Tage nach dem Auftreten der ersten Symptome, so ein Beobachter, »konnte man an Riffen, die einst schwarz vor Seeigeln gewesen waren, stundenlang entlangschwimmen, ohne ein einziges lebendes Exemplar zu Gesicht zu bekommen«.[9] Im Februar 1984 war der Seeigel aus seinem angestammten Verbreitungsgebiet fast vollständig verschwunden – das umfassendste und schwerwiegendste Massensterben eines Meeresorganismus, das jemals dokumentiert wurde.

Da die anderen einheimischen Fischarten durch Überfischung schon seit Langem immer weiter dezimiert worden waren, hatte das Seeigelsterben für die Riffe Jamaikas katastrophale Folgen. Ohne Seeigel – oder andere Feinde – breiteten sich die Algen innerhalb kürzester Zeit bis in die letzte Ecke der Riffe aus, bis sie 92 Prozent der Oberfläche überwuchert und alle Korallen erstickt hatten. Mit den Korallen starben auch die wenigen noch verbliebenen Fische. Riffe, die seit Jahrtausenden ein Lebensraum für hunderte von Arten gewesen waren, verwandelten sich scheinbar über Nacht in lebensfeindliche Algenwüsten.

Bei einem intakten Riff hätte ein neuer Krankheitserreger, der eine einzige Art (wie den Seeigel) dezimiert, vermutlich keine so gewaltigen Folgen gehabt, denn eine für das Riff überlebenswichtige Aufgabe – wie zum Beispiel die Algen in Schach halten – hätte von mehr als einer Art erfüllt werden können. Beim stark mitgenommenen jamaikanischen Riff jedoch hing der Fortbestand des gesamten Ökosystems davon ab, dass eine einzige Art diese Aufgabe weiterhin erledigte. Das Seeigelsterben, das unter anderen Umständen kein großes Problem gewesen wäre, führte daher praktisch über Nacht zum Zusammenbruch des gesamten Ökosystems.

Hätte man 1982 einen Meeresforscher um eine Einschätzung zu diesem Riff gebeten, so wäre seine Prognose vielversprechend ausgefallen. Das Riff hatte sich angesichts schwerer Erschütterungen, von Hurrikanen bis hin zur extensiven Fischerei, als *stabil* erwiesen. Es gab keinerlei eindeutige Anzeichen für seine verborgene *Anfälligkeit*, die durch den schleichenden Rückgang der Artenvielfalt immer größer wurde.

Im Rückblick liegt das klar auf der Hand. Aber bedenken Sie, wie schwierig es zum damaligen Zeitpunkt war, ein solches System realistisch einzuschätzen. Die Interaktionen zwischen den verschiedenen »Akteuren«, die Einfluss auf die Stabilität des Riffs hatten, waren nur lückenhaft erforscht und nichtlinear. Kleine Veränderungen konnten eine große Wirkung haben und umgekehrt. Teilweise lagen die Zusammenhänge zwischen diesen Akteuren im Verborgenen: Vor dem Verschwinden der Seeigel konnte man nur schwer feststellen, ob der Schwund bei den pflanzenfressenden Fischen signifikante Folgen hatte oder vielleicht gar keinen Unterschied machte. Außerdem lehrte die Erfahrung, dass sich das System von einer Erschütterung vom Ausmaß eines Hurrikans erholen konnte. Im Übrigen gibt es auch bei einem intakten Riff enorme Schwankungen. Fischbestände unterliegen einem ständigen Auf und Ab – wie soll man da »normale« Schwankungen von einem sich ankündigenden Kollaps unterscheiden?

Solche Fragen begegnen uns überall, wo es um das Management komplexer Systeme geht, deren Bestandteile wechselseitig voneinander abhängen. Ob es sich nun um Fisch- oder Aktienbestände handelt – wenn wir die Resilienz eines Systems insgesamt verbessern wollen, brauchen wir zuallererst Messinstrumente, mit denen wir nicht nur den Zustand einzelner Teile, sondern des *gesamten* Systems feststellen können. Zumindest, wenn wir auch in Zukunft Fisch essen wollen.

Im gleichen Jahrzehnt, in dem unsere Geschichte in Jamaika begann, den 1950er Jahren, erlitt auch die kalifornische Sardinenindustrie einen gewaltigen Einbruch. Mitte der 1930er Jahre, in denen John Steinbecks Roman *Die Straße der Ölsardinen* spielt, belief sich der kommerzielle Fang von Sardinen vor den Küsten Kaliforniens auf 790 000 Tonnen. Im Jahr 1953 war diese Zahl auf weniger als 15 000 gefallen – ein Rückgang um 98 Prozent.[10]

Zur Erklärung dieses Einbruchs zeichneten sich zwei konkurrierende Hypothesen ab: schlichte Überfischung oder der »La-Niña-Strom«, der für eine Abkühlung des kalifornischen Meereswassers sorgte. Doch George Sugihara, einem Mathematiker und theoretischen Ökologen von der Scripps Institution of Oceanography, gelang 2006 nach Auswertung von Daten über Sardinenlarven aus mehr als 50 Jahren der Nachweis, dass *beide* Theorien falsch waren.[11] Der Sardinenbestand war nicht zusammengebrochen, weil die Fischindustrie zu viele kleine Fische gefangen hatte, sondern weil sie zu viele große Fische gefangen hatte.

Dieses Ergebnis überrascht. Schließlich kennt jeder Hobbyangler den Grundsatz, man solle die kleinen Fische ins Wasser zurückwerfen. Und genau das taten die kalifornischen Sardinenfischer. Doch ältere, größere Fische haben in der Regel mehr Nachwuchs als ihre jungen Artgenossen, und sie können sich besser auf Veränderungen ihrer Umwelt einstellen. Wie Sugihara feststellte, waren die kalifornischen Fangmethoden so effizient auf ausgewachsene Fische ausgerichtet, dass sie die Altersstruktur des gesamten Bestandes verändert hatten. Mangels genügend ausgewachsener Tiere hatte die deutlich verjüngte Sardinenpopulation in den Jahren 1949 und 1950 nicht gelaicht, und als natürliche Stressfaktoren hinzukamen, brach der Bestand urplötzlich zusammen.

Hätte man sie eine Weile in Ruhe gelassen, hätte sich die Sardinenpopulation von diesem totalen Zusammenbruch vielleicht von allein wieder erholt – von Zeit zu Zeit sind solche Schwankungen in Ökosystemen ganz normal. Leider fanden solche natürlichen Einbrüche in den damaligen Ansätzen zum Management von Fischbeständen selten Beachtung. Über weite Strecken des 20. Jahrhunderts (und in vielen Weltgegenden bis heute) hielt man sich beim Management von Fanggründen an das Konzept des »höchstmöglichen Dauerertrags«, also der maximalen Menge an Fisch, die man dem Bestand einer Fischart dauerhaft entnehmen kann, ohne dass er zusammenbricht.

Dieser Ansatz basiert auf der Annahme eines linearen Systems mit stabilen Gleichgewichtspunkten. Da es sich immer nur auf eine Fischart bezieht und alle anderen Variablen als feste, unveränderliche Größen betrachtet, war nach dieser Philosophie keine Zurückhaltung seitens der kommerziellen Fangflotten in Kalifornien nötig, als der Bestand an Sardinen zurückging. Vielmehr verstärkten viele Fischer ihre Anstrengungen, um dem erhöhten wirtschaftlichen Druck aufgrund der geringeren Fangmengen zu begegnen. Damit überdehnten sie die Regenerationsfähigkeit des Ökosystems so weit, dass eine Erholung nicht mehr möglich war. Das System des »höchstmöglichen Dauerertrags« gleicht einem Auto ohne Bremsen. Und es ist nach wie vor weit verbreitet. Es ist mitschuldig am weltweiten Rückgang der Fischbestände. Mittlerweile sind 63 Prozent aller kommerziell genutzten Fischarten überfischt und gefährdet[12], 29 Prozent sind bereits zusammengebrochen, das heißt, die Fangmenge liegt wie bei den Sardinen mindestens 90 Prozent unter dem historischen Maximum.[13] Sollte dieser Trend anhalten, so hat ein internationales Forscherteam unter der Leitung von Boris Worm von der Dalhousie University in Kanada 2006 errechnet, dann wird der kommerzielle Fischfang im Jahr 2048 weltweit zum Erliegen kommen – weil es schlicht und einfach keine Fische mehr geben wird.[14]

Um eine derartige Katastrophe zu verhindern, setzen sich Sugihara und andere für einen ganzheitlicheren Ansatz ein, das sogenannte »ökosystembasierte Fischereimanagement«. Dieses *systemische* Modell wurzelt in der Erkenntnis, dass Ökosysteme schwer in Modellen zu erfassen sind und ihre Entwicklung schwer vorherzusagen ist, weil sich ihre Toleranzgrenzen ständig verschieben. Wird die Toleranzgrenze überschritten (wie im Fall der kalifornischen Sardinenpopulation), kann das System zusammenbrechen oder sich völlig neu organisieren. Ökosystembasiertes Fischereimanagement wirkt dem entgegen, indem es wann und wo immer möglich als zentrales Ziel den *Erhalt der Artenvielfalt* in den Mittelpunkt rückt, und zwar auf allen Ebenen, von kleinen Nischen bis zu ganzen Meeresregionen.

Die Voraussetzung dafür ist ein ganz anderes System, mit dem erfasst wird, was in einem für den Fischfang genutzten Ökosystem vor sich geht. Im Falle des höchstmöglichen Dauerertrags sammelten und analysierten die Verwalter von Fischgründen in erster Linie Informationen über die Art, die befischt wurde; darüber hinaus interessierte sie nur wenig. Beim ökosystembasierten Fischereimanagement dagegen müssen sie auch über die Arten Daten sammeln, die gar nicht befischt werden. Zudem müssen sie viele weitere Faktoren überwachen und berücksichtigen, sogenannte »Ökosystemindikatoren«, wie zum Beispiel den »küstennahen Auftrieb«. Gemeint sind damit die Wind- und Wasserbewegungen, die dafür sorgen, dass in Küstennähe kühles, nährstoffreiches Wasser an die Oberfläche kommt. Das bildet die Nahrungsgrundlage für Plankton, und dieses wiederum steht am Anfang der Nahrungskette. Ein weiterer entscheidender Punkt ist, dass beim ökosystembasierten Fischereimanagement nicht nur die Vorgänge im Wasser festgehalten werden. Gleichzeitig werden diese mit gesellschaftlichen Entwicklungen an Land in Beziehung gesetzt und so soziale und ökologische Faktoren miteinander korreliert.

Politisch hat ein solcher ganzheitlicher Ansatz, der auf nonlinearen, komplexen Systemen beruht, heute viel Rückhalt, aber die praktische Umsetzung ist nach wie vor eine große Herausforderung. Die wenigsten Fischereibehörden verfügen über ausreichend Expertise, Erfahrung, Mittel und Know-how, um sich von den deutlich einfacheren Gleichgewichtsmodellen zu verabschieden, auf denen der Ansatz des »höchstmöglichen Dauerertrags« beruht.

»Wir betrachten die Welt gern als ein System aus Einzelteilen, die man isoliert und linear erforschen kann, eines nach dem anderen«, erklärt Sugihara. »Und dann kann man die Summe aus den Einzelergebnissen errechnen, um das Ganze zu erfassen. Wissenschaftler haben zu diesem Zweck einen riesigen Fundus an analytischen und statistischen Methoden entwickelt, der sich für die Erforschung einfacher Systeme als unendlich wertvoll erwiesen hat. Das Problem ist, dass wir diese Methoden auch dann anwenden, wenn es um komplexe, nichtlineare Systeme geht. Damit gleichen wir dem sprichwörtlichen Betrunkenen, der unter der

Straßenlaterne sucht, obwohl er weiß, dass er seinen Schlüssel im Dunkeln verloren hat.«

Um mehr Fanggebiete für den neuen Ansatz zu gewinnen, arbeiten Ökologen nun daran, die Umsetzung des ökosystembasierten Fischereimanagements zu vereinfachen. Zu diesem Zweck haben sie ein zentrales Konzept aus der Finanzwirtschaft entlehnt: das Portfolio-Konzept. Die miteinander interagierenden Arten eines Ökosystems werden als korrelierende »Vermögenswerte« betrachtet, und wie bei einem Portfolio in der Finanzwelt wägen Fischereibehörden bei ihren Entscheidungen die Risiken und Ertragsaussichten gegeneinander ab. Nach der Portfolio-Methode sollte man eine Art nicht isoliert betrachten, sondern auf Grundlage dessen, wie viel sie zum Gesamtertrag des Ökosystems beisteuert – ähnlich wie ein bestimmtes Wertpapier seinen Anteil am Gesamtwert eines breit gestreuten Fonds hat. In beiden Fällen geht es nicht um den »intrinsischen« Wert des Wertpapiers beziehungsweise der Art. Entscheidend ist vielmehr der Kontext.

Richtet man so das Augenmerk auf ganze Gruppen miteinander interagierender Arten, so ergibt sich ein vereinfachtes Bild von eigentlich sehr komplexen und nichtlinearen Abhängigkeiten. Der Portfolio-Ansatz verlagert den Fokus weg von den absoluten Zahlen und hin zu den Beziehungen zwischen den Arten. Dadurch werden komplexe Faktoren wie Schwankungen von Umweltbedingungen oder die Verbreitung neuer Fangmethoden viel besser berücksichtigt, und gleichzeitig treten die potenziellen Risiken sehr viel deutlicher zutage. Außerdem kann ein Portfolio mit mehreren Arten neu kalibriert werden, wenn sich die Bedingungen in einem lokalen Ökosystem verändern, so wie ein Finanzberater das Portfolio eines jungen, risikofreudigen Anlegers in einer ganz bestimmten Weise zusammenstellen, dieses aber ganz anders ausrichten wird, wenn der Anleger zum risikoscheuen Rentner wird.

Der Portfolio-Ansatz birgt auch noch andere Vorteile. Auf dem Finanzmarkt können Investoren für geringere Schwankungen ihrer Gewinne sorgen, wenn sie in mehrere Vermögenswerte investieren, und damit die Verlässlichkeit dieser Gewinne erhöhen. Ein gut austariertes Portfolio beruht auf verschiedenen Strategien und Schutzwällen, die Höhen und Tiefen abmildern helfen. Wenn Sie Ihre Aktien von Unternehmen in Wachstumsbranchen mit Anlagen in Rohstoffe mischen, verhindert das zwar in Boomzeiten, dass Sie sich von Ihrem Gewinn einen Ferrari kaufen können; es bewahrt Sie im Falle einer Rezension aber auch vor dem Armenhaus. Genauso kann der Verwalter eines Fischfanggebietes mithilfe eines ausgeglichenen »Arten-Portfolios« die Schwankungen in der jährlichen Fangmenge reduzieren – was für Fische und Fischer gleichermaßen ein großer Vorteil ist – und dadurch mehr Stabilität erreichen. In einer Studie in der Chesapeake Bay haben die ökologischen Ökonomen Martin Smith und Douglas Lipton festgestellt, dass die dortige Fischereibehörde in den 40 Jahren zwischen 1962 und 2003 mit einem Portfolio-basierten Ansatz den finanziellen Ertrag durch den Fischfang erhöhen und gleichzeitig Schwankungen bei der jährlichen Fangmenge hätten verringern können – eine echte Win-win-Situation.[15]

Egal, ob es um Fische oder um Finanzen geht: Portfolio-basierte Ansätze eröffnen uns *Wahlmöglichkeiten*. Wenn wir einen ganz bestimmten Ertrag anstreben, können wir das Portfolio so gestalten, dass es ebendiesen Ertrag abwirft und dabei die Risiken so weit wie möglich minimiert. Umgekehrt können wir uns für ein bestimmtes Risikoniveau entscheiden, das wir einzugehen bereit sind, und dann das Portfolio so anpassen, dass der Ertrag maximiert wird.

Ökologie für Banker[16]

Konzepte aus der Finanzwelt dienen als Vorbild für neue Strategien, um die Resilienz ökologischer Systeme zu erhöhen, beispielsweise von Fischfanggebieten. Doch dieser Wissenstransfer ist keine Einbahnstraße. Eine neue Generation von Ökonomen und Finanzexperten versucht wichtige Lehren aus der Erforschung von Ökosystemen für die Erhöhung der Resilienz der globalen Finanzwirtschaft fruchtbar zu machen. Auf der Grundlage der so gewonnenen Erkenntnisse entsteht derzeit eine ganz neue Forschungsrichtung, die »ökologische Finanzwirtschaft«.

Schauen wir uns einen Augenblick lang die Parallelen zwischen dem oben beschriebenen Zusammenbruch der Korallenriffe vor Jamaika und dem weltweiten Finanzcrash an. Genau wie das Sterben der Seeigel war auch der Auslöser der Finanzkrise – der Bankrott der 600 Milliarden Dollar schweren Investmentbank Lehman Brothers Mitte September 2008 – vor dem Hintergrund einer Weltwirtschaft, die 70 Billionen Dollar jährlich umfasst, ein vergleichsweise geringfügiger Vorfall. Ähnlich wie die jamaikanischen Riffe den Hurrikan Allen überstanden hatten, so hatten auch die Finanzmärkte zuvor ein ganzes Jahrzehnt voller heftiger Störfälle überstanden, ohne instabil zu werden, etwa die Dotcom-Blase, Ölpreissteigerungen und die Kriege im Nahen Osten. Doch die Entscheidung, Lehman Pleite gehen zu lassen (auf die wir weiter unten in diesem Buch noch im Detail eingehen), hat epidemieartige Angst und Ungewissheit ausgelöst, was sämtliche Kapitalmärkte der Welt zum Erliegen brachte.

Genau wie bei der über Jahrzehnte hinweg schwindenden Artenvielfalt in den Korallenriffen vor Jamaika, so wurzelte auch der Zusammenbruch der Finanzmärkte in einer Reihe von ganz allmählichen strukturellen Veränderungen des Marktumfelds, die dem Crash den Boden bereiteten. Und als die Anfälligkeit des Systems schließlich offen zutage trat, wurden die Folgen durch eben jene Eigenschaften des weltweiten Finanzsystems verstärkt, die unter normalen Umständen positiv sind, wie etwa seine Struktur, sein Umgang mit Risiken, seine Rückkopplungsmechanismen, seine Transparenz und seine innovativen Produkte – genau wie wir es bei anderen stabilen, aber anfälligen Systemen gesehen haben, etwa dem menschlichen Körper oder dem Internet.

Im Jahr 2008 veröffentlichte der Ökologe George Sugihara, der die Gründe für den Zusammenbruch der Sardinenbestände vor der kalifornischen Küste aufgedeckt hat, gemeinsam mit seinen Kollegen Simon Levin und Robert May in der Zeitschrift *Nature* einen Aufsatz mit der Überschrift »Ökologie für Banker«. Darin lieferten die Autoren eine Anleitung, wie man die Grundsätze des ganzheitlichen, ökosystembasierten Managements auf den Finanzmarkt übertragen kann. Beide Systeme wurden ursprünglich auf das Ziel des maximalen Ertrags getrimmt – zulasten ihrer Komplexität und Anfälligkeit (wie eine dicht bepflanzte Baumschule). Und beide waren mit ähnlichen Methoden für den Umgang mit Risiken ausgestattet: So wie der Ansatz des höchstmöglichen Dauerertrags auf einzelne Fischarten ausgerichtet war, war es auf dem Bankensektor üblich, Risikoanalysen einzelner Banken durchzuführen, ohne auch nur einen Blick auf die Verflechtungen im Gesamtsystem zu werfen. Hinzu kam, dass Finanzunternehmen Risiken in der Regel additiv kalkulieren, das heißt, um zu einem Gesamtbild ihres potenziellen Verlustes zu kommen, schätzen sie das Risiko jeder einzelnen Transaktion ab und addieren dann die Einzelrisiken. Derartige Modelle lassen das Finanzsystem viel sicherer erscheinen, als es tatsächlich ist, denn in Wirklichkeit ist die Finanzwelt, ähnlich einem marinen Ökosystem, ein nichtlineares System, in dem sich Risiken multiplizieren.

Bestimmte Verluste vervielfachen daher das Risiko weiterer Verluste. »Die Wirtschaft wird in der Regel nicht als ein globales, systemisches Problem betrachtet«, erklärt Sugihara. »Investmentbanken sind für eine Art Tunnelblick bekannt, der sich auf das Risikomanagement auf der Ebene des einzelnen Unternehmens konzentriert und dabei die schwierige und kostspielige systemische Perspektive ausblendet. Die Analyse des ökosystemartigen Netzwerks von Unternehmen und ihrer miteinander verwobenen Bilanzen gehört nicht zu den gängigen Aufgaben von Risikomanagern. Aber gerade diese gegenseitigen Verbindlichkeiten und Abhängigkeiten haben Finanzunternehmen daran gehindert, Risiken zu erkennen und adäquat zu bewerten, und genau das hat die jüngste Finanzkrise dramatisch verschärft.«

Vorausgegangen war dem Aufsatz in *Nature* eine hochkarätig besetzte Tagung im Jahr 2006, die von der Federal Reserve Bank of New York, der amerikanischen Academy of Sciences und dem National Research Council gefördert wurde, um neue Denkansätze zu systemischen Risiken anzustoßen. Sugihara und Levin führten die teilnehmenden Banker in das Konzept des »Nahrungsgeflechts« ein, die Art und Weise, wie die Arten eines Ökosystems über Energie- und Nahrungskreisläufe miteinander verbunden sind.

Vom Prinzip her kennen Sie dieses Konzept wahrscheinlich aus dem Biologieunterricht. Wasserpflanzen wandeln die Sonnenenergie in Zucker um, die Pflanzen werden von kleinen Fischen gefressen, die kleinen Fische von größeren. Wenn Fische und Pflanzen absterben, dienen ihre Überreste kleineren Organismen als Nahrung und werden so vom System wiederverwertet. Ein Nahrungsgeflecht ist die detaillierte Darstellung dieses Energieflusses.

Mit einem ähnlichen Ansatz lässt sich auch der Transfer von Werten in einem Finanzsystem analysieren. Doch während das

Erstellen ausführlicher Nahrungsgeflechte in der Ökologie weit
verbreitet ist, sind ähnlich detaillierte Darstellungen für große Fi-
nanzsysteme sehr viel weniger üblich. Um das zu ändern, gab die
Federal Reserve Bank of New York 2006 eine Studie zur Topologie
des Zahlungsverkehrs zwischen Banken innerhalb des Systems
»Fedwire« in Auftrag – des Mechanismus, mit dem amerikanische
Banken untereinander Geld übertragen.[17] Fedwire ist das Rückgrat des US-Finanzsystems. Im Durchschnitt wird darüber täglich
die erstaunliche Anzahl von fast 500 000 Zahlungen von einer
Bank an eine andere abgewickelt, was im Jahr 2010 (neuere Zahlen lagen zum Zeitpunkt der Entstehung dieses Buches nicht vor)
einem täglichen Transaktionsvolumen von 2,4 Billionen Dollar
entsprach.[18] Diese Zahlungen sind gewissermaßen das Äquivalent
für Energie und Nährstoffe, die im finanziellen »Ökosystem« zwischen den verschiedenen »Arten« (sprich: Geldhäusern) übertragen werden.

Die in der Studie untersuchte Stichprobe umfasste circa
700 000 Transaktionen zwischen etwas mehr als 5000 Banken an
einem durchschnittlichen Handelstag. Das sich daraus ergebende
Bild ist höchst überraschend. Waren die meisten Banken nur an
einer kleinen Anzahl von Transaktionen beteiligt, so waren es bei
einigen wenigen »Zentren« *Tausende*. Im Kernbereich des Netzwerks entfielen auf lediglich 66 Banken 75 Prozent des täglichen
Transaktionsvolumens.[19] Noch bezeichnender ist, dass der Topologie des Netzwerks zufolge 25 Prozent der größten Banken so eng
miteinander verflochten waren, dass der Bankrott einer dieser
Banken sehr wahrscheinlich alle anderen mit in den Abgrund ge-
rissen hätte – sie waren im wahrsten Sinne des Wortes »zu groß,
um Pleite zu gehen«, sprich: systemrelevant.[20]

Was für den Kern des amerikanischen Finanzsektors gilt, trifft
zunehmend auch auf internationaler Ebene zu. Wie eine Analyse
der Verflechtungen zwischen 18 nationalen Finanzmärkten zeigt,

sind globale Finanzzentren wie London oder Hongkong innerhalb der letzten 20 Jahre um das *Vierzehnfache* ihrer ursprünglichen Größe gewachsen, und gleichzeitig haben sich die Verbindungen zwischen ihnen versechsfacht.[21]
Dass das Finanzsystem insgesamt größer und vernetzter geworden ist und die Kapitalströme angeschwollen sind, ist nichts
immanent Schlechtes. In besseren Zeiten wurde dadurch sichergestellt, dass Kapital dorthin fließen konnte, wo (und wann) es am
dringendsten gebraucht wurde. Das sorgte für höhere Gewinne
und ausreichend Liquidität im System. In der Zeit vor dem Crash
wurde dieser Vernetzungsgrad begrüßt, weil Risiken so verteilt
wurden und weniger konzentriert waren.

Ganz ähnlich wie im Falle des Internets senkte die engmaschige
Vernetzung des Marktes die Wahrscheinlichkeit, dass ein Ausfall
einer der zahllosen Banken auf der Welt zu Problemen im System
führen würde, denn statistisch betrachtet liegt die große Mehrheit
der Banken an der »Peripherie« und ist mit einer sehr begrenzten
Anzahl von Zentren verbunden. Kommt jedoch (aufgrund eines
seltenen, gefährlichen Ereignisses) eines dieser Finanzzentren aus
dem Gleichgewicht, so geraten wahrscheinlich nicht nur tausende
von Banken in Schieflage, die unmittelbar mit diesem Zentrum in
Beziehung stehen, sondern auch die anderen Finanzzentren, sowie tausende weiterer Institutionen, die wiederum von diesen
Zentren abhängig sind. Es ist wie beim Geschicklichkeitsspiel Jen-
ga: Zieht man einen beliebigen Baustein heraus, tut das der Stabilität des Turms mit großer Wahrscheinlichkeit keinen Abbruch.
Erwischt man jedoch den falschen, so stürzt das stabile, aber anfällige Bauwerk in sich zusammen.

Und genau so kam es. Jahrzehntelang hatte das Finanzsystem
regelmäßig auftretende kleine, und auch gelegentliche größere
Kalamitäten, von der Dotcom-Blase bis hin zu Ölpreis-Schocks,
bestens verkraftet. Und mit jeder überstandenen Krise stieg das

Vertrauen in die Krisenfestigkeit des Gesamtsystems. Doch dann, als eines der Zentren ins Trudeln kam, machte sich im ganzen Netzwerk Panik breit, und bald gerieten die Finanzströme ins Stocken. »Die Finanzzentren«, so Levin, »waren nicht ›zu groß, um Pleite zu gehen‹, sie waren zu eng miteinander *verflochten*, als dass man sie hätte Pleite gehen lassen können.« Als das Unheil über die Finanzwelt hereinbrach, gab es keine Möglichkeit, dieses Geflecht zu entwirren.

Die verräterischen Anzeichen für ein Umschlagen des Systems

George Sugihara zufolge gibt es bei komplexeren Systemen verräterische Warnsignale, wenn ein kritischer Übergang oder ein Umschlagen des Systems bevorsteht; auch vor dem Ausbruch der Finanzkrise gab es entsprechende Anzeichen. Ein solches Warnsignal ist eine »*kritische Verlangsamung*«: Systeme neigen dazu, instabil zu werden, wenn sie sich ihrem Umschlagpunkt nähern. »Ist ein System starken Belastungen ausgesetzt, ist es leichter aus dem Gleichgewicht zu bringen, und es dauert länger, bis es sich wieder erholt. Wenn die Regenerationszeit nicht lang genug ist, können sich kleine Störungen immer weiter aufschaukeln, bis das System außer Kontrolle gerät oder auch plötzlich von einem stabilen Zustand in einen anderen übergeht – wie ein See, der sprunghaft zwischen zwei Zuständen hin und her wechselt und mal klar und sauerstoffreich, mal algenverseucht und sauerstoffarm ist, oder wie ein Auto, das auf einer vereisten Brücke übersteuert.«

Kurz bevor es aus dem Gleichgewicht gerät, kann ein System paradoxerweise völlig synchronisiert wirken, weil die Akteure innerhalb des Systems kurzzeitig im Gleichschritt agieren, ehe plötzlich Chaos ausbricht. Ein solcher Synchronismus ist beispielsweise in den Gehirnzellen von Epileptikern zu beobachten, kurz vor einem Anfall, und ähnlich war es auf den Finanzmärkten kurz vor dem Zusammenbruch. Auf dem Höhepunkt des Kreditbooms, zwischen 2004 und 2007, war bei der Kursentwicklungen quer durch alle Sektoren des Finanzsystems eine Korrelation von mehr als 90 Prozent zu beobachten, was zeigt, dass die verschiedenen Marktteilnehmer sich hinter der Fassade glichen wie ein Ei dem anderen.[22] »Das war ein früher, eindeutiger Hinweis, dass Gefahr im Verzug war«, sagt Sugihara.

»Diesen Synchronismus kann man immer dann beobachten, wenn die einzelnen Akteure aufgrund von Anreizen oder Zwängen im Gleichschritt handeln und ähnliche Entscheidungen treffen«, fügt Levin hinzu. »In nicht synchronisierten Populationen gedeihen manche Individuen prächtig, während andere auf dem absteigenden Ast sind; in synchronisierten Populationen führt ein Zusammenbruch an einem Ort zu einem Zusammenbruch im gesamten System.«

In einem »gesunden« Finanzsystem wirken Verflochtenheit, Risikomanagement, Diversifizierung und innovative Produkte in der Regel als *Puffer*, indem sie Risiken verteilen und die Auswirkungen unvermeidlicher Ausfälle abmildern. Aber im Vorfeld der Krise nahm die Vielfalt auf den Märkten allmählich ab, die Marktteilnehmer handelten zunehmend synchron, und ihre gegenseitigen Abhängigkeiten wurden völlig unüberschaubar. Dann tauchte mit dem Zusammenbruch von Lehman, ähnlich wie bei den Seeigeln vor Jamaika, ein Virus von bislang ungekannter Tödlichkeit und Geschwindigkeit auf, das die wichtigste Ressource des Systems hinwegraffte: Vertrauen. Als das Vertrauen dahin war, verwandelten sich die *Puffer* des Systems in *Verstärker* – an Stelle eines Gefühls von Sicherheit verbreiteten sie nunmehr das Gefühl der Ungewissheit.

Die Banker reagierten so, wie es in einer derart ungewissen Lage vernünftig erschien: Sie horteten Bargeld und versuchten verzweifelt, die entwerteten Posten in ihren Geschäftsbüchern abzustoßen. Da die meisten Banken jedoch vor der Krise exakt die gleiche Geschäftsstrategie verfolgt hatten, waren auch ihre völlig rationalen Reaktionen nahezu identisch. Massenhaft angewandt, sorgten diese beiden Reaktionen der Banken in jenem dicht geknüpften Netzwerk aus lauter Klonen dafür, dass sich die Lage für alle noch verschlechterte. Das Horten von Bargeld führte zu einer Liquiditätskrise, die es allen Banken – einschließlich derer, die besonders eifrig horteten – schwerer machte, ihren Verpflichtungen aus dem Tagesgeschäft nachzukommen. Der massenhafte Verkauf von entwerteten Papieren beschleunigte nur den Wertverfall der in den Geschäftsbüchern verbleibenden Papiere. Darunter litten wiederum die Bilanzen der Banken, die noch etwas besser dastanden, sodass immer mehr Finanzinstitute mit in den Strudel gezogen wurden. Vor diesem Hintergrund ist leicht zu verstehen, warum die Banken trotz der Hunderte Milliarden Dollar schweren Finanzhilfen der US-Regierung nur zögerlich begannen, neue Kredite auszugeben.

Mag sein, dass es gewisse Parallelen zwischen den weltweiten Finanzmärkten und stabilen, aber anfälligen Ökosystemen gibt, aber können wir daraus irgendetwas lernen, um die nächste Krise abzuwenden oder abzumildern? Und wenn ja, was? Wenn Märkte stabile, aber anfällige Systeme sind, heißt das dann nicht, dass das Risiko zukünftiger Krisen quasi systemimmanent ist?

Diese Frage stellen zusehends nicht nur ökologische Ökonomen wie George Sugihara und Simon Levin, sondern Führungspersönlichkeiten, die Einfluss auf die globale Finanzpolitik haben. Zu diesem Personenkreis gehört ein Querdenker in der Welt des Risikomanagements, wie man ihn in einer der traditionsreichsten Finanzinstitutionen der Welt gar nicht vermuten würde: Andrew

Haldane, der oberste Fachmann für Finanzstabilität bei der Bank of England.

Wie Levin und Sugihara führt auch Haldane die Probleme in der Finanzordnung vor der Krise auf die *Komplexität* des Systems zurück – dieses Wespennest der verworrenen Beziehungen zwischen den einzelnen Instituten – sowie auf die *Gleichförmigkeit* der Geschäftspraktiken dieser Institute. Sein Rezept zur Stärkung der Resilienz des Finanzsystems weist auffällige Parallelen zu den Strategien auf, die Ökologen bei Ökosystemen empfehlen:»Wir brauchen umfassendere, ganzheitliche Einschätzungen über den Zustand des Finanzsystems und der Abhängigkeiten zwischen den verschiedenen Finanzinstituten. Wir müssen in Zeiten, in denen das System umzuschlagen droht, die Kommunikation mit der breiten Öffentlichkeit verbessern, und wir müssen Maßnahmen ergreifen, um die ›Biodiversität‹ des Finanzsystems zu erhöhen.«

Das ganze Finanzsystem in den Blick nehmen

Voraussetzung für ein ganzheitlicheres Bild vom Zustand des weltweiten Finanzsystems ist, ähnlich wie beim ökosystembasierten Fischereimanagement, sehr viel mehr Daten zu erheben. »Derzeit erfolgt die Risikoeinschätzung in Finanzsystemen rein ›atomistisch‹ – jedes Institut, jeder Knotenpunkt wird isoliert betrachtet«, so Andrew Haldane. »Nach einem Zusammenbruch des Systems tappen die Politiker daher – genau wie alle anderen – völlig im Dunkeln.«

Um Licht in dieses Dunkel zu bringen, müssen Aufsichtsbehörden und Regierungen die Anzahl, den Umfang und die Art der Verbindungen, Geldströme und Abhängigkeiten zwischen verschiedenen Instituten und Märkten auf einen Blick erfassen können. Sie brauchen »Finanzobservatorien«, die *permanent* Daten im Stil der Fedwire-Studie erheben, nur im größeren Stil, umfassender, zeitnäher und auf internationaler Ebene.

Dazu wird es nötig sein, im weltweiten Finanzsystem ein dezentralisiertes Netz von Sensoren aufzubauen und viel mehr Transaktionen ans Licht zu bringen. Ansätze dazu gibt es bereits. In den USA zum Beispiel ist im nach dem Finanzcrash von 2008 verabschiedeten Gesetzespaket festgelegt, dass Derivate wie Credit Default Swaps einen Mechanismus durchlaufen müssen, der das Problem des Kontrahentenrisikos entschärfen und für viel mehr Transparenz sorgen soll: sogenannte »Clearinghäuser« oder »zentrale Kontrahenten«.

Ein Clearinghaus agiert als *Mittler* zwischen den Marktteilnehmern. In der Ära vor dem Crash handelte jede Bank direkt und unmittelbar mit allen anderen. Als die Krise hereinbrach, konnte eine Bank deshalb nie sicher wissen, ob ihre Kontrahenten vielleicht mehr Verträge geschlossen hatten, als sie bedienen konnten. Das Clearinghaus sorgt für mehr Transparenz, indem es bei jedem Handel als Mittelsmann auftritt. Es wird für den Verkäufer zum Käufer, dreht sich dann um und spielt für den Käufer den Verkäufer. Muss ein Geschäftspartner Insolvenz anmelden, so steht das Clearinghaus für den Verlust der anderen Partei ein.

Mit diesem Vorgehen, so die Theorie, kann man mehrere Fliegen mit einer Klappe schlagen. Erstens wird es leichter, das komplizierte Beziehungsgeflecht zwischen Finanzinstitutionen nachzuzeichnen, denn das Clearinghaus weiß in seinem Zuständigkeitsbereich über *alle* Transaktionen zwischen einem Käufer und einem Verkäufer Bescheid. »Clearinghäuser komprimieren das vieldimensionale Netz finanzieller Verpflichtungen zu einer Reihe von bilateralen Beziehungen mit dem zentralen Kontrahenten – ein simples Netz aus Naben und Speichen. Die lange Kette der Geschäftsbeziehungen wird auf eine einzige Verbindung reduziert«, erklärt Haldane. Im Fall einer Krise müsste eine Bank sich daher keine Sorgen darüber machen, mit wem ihre Geschäftspartner sonst noch Geschäfte machen – das Clearinghaus wäre gewissermaßen ihr einziger Geschäftspartner. »Vorausgesetzt, dass diese Verbindung sicher ist – dass die Resilienz der Nabe außer Frage steht –«, so Haldane weiter, »kann man so die Ungewissheit in Bezug auf Kontrahenten praktisch ausschalten.«

Außerdem entwirrt ein Clearinghaus auch das Dickicht der Forderungen, die sich gegenseitig ausgleichen. Wenn eine Bank 1 einer Bank 2 aus einem ganzen Dutzend von Derivatverträgen 50 Millionen Dollar schuldet, und die Bank 2 der Bank 1 aus anderen Verträgen einen ähnlichen Betrag schuldig ist, so kann das Clearinghaus diese Posten gegeneinander aufrechnen und streichen. Nach dem Finanzcrash hat man das auf dem CDS-Markt von Hand gemacht und überflüssige Verträge, die sich gegenseitig ausglichen, einfach »zerrissen«, wodurch mehr als 75 Prozent der Verträge aus der Welt geschafft waren.[23] Ein zentrales Clearinghaus hätte das ganz automatisch erledigt.

Ein zentraler Kontrahent stellt darüber hinaus einen Mechanismus dar, der gewährleistet, dass beide Seiten ihren Zahlungsverpflichtungen auch tatsächlich nachkommen können. Das Clearinghaus verpflichtet nämlich beide Vertragspartner dazu, genügend Kapital beiseitezulegen, dass sie ihren Geschäftspartner an jedem beliebigen Tag auszahlen könnten. Man spricht in diesem Zusammenhang von Bilanzierung nach dem Marktbewertungsansatz. Und schließlich senken Clearinghäuser die Wahrscheinlichkeit deutlich, dass eine bestimmte Firma (wie AIG und Lehman) zu hohen Risiken ausgesetzt ist, ohne dass es jemand merkt, denn ein Clearinghaus ist in der Lage, ein solches Problem schon im Ansatz zu erkennen.

Neben diesen zentralen Clearinghäusern ist in den USA noch ein zweiter wichtiger Schritt hin zu mehr Transparenz verpflichtend vorgeschrieben worden: ein offener Handelsplatz für Derivate, der funktioniert wie eine Börse. Der entscheidende Vorteil einer solchen Handelsplattform ist die Festlegung eines Marktpreises. In den Zeiten vor dem Crash, als solche Verträge direkt zwischen Banken geschlossen wurden, wusste niemand, was andere für vergleichbare Verträge bezahlen. Durch die Umstellung auf ein marktbasiertes System kann nun jeder den aktuellen Marktpreis einsehen und sich dagegen wappnen, über den Tisch gezogen zu werden. Mit diesem System sind natürlich nicht alle glücklich. Wenn man den Derivatehandel transparenter macht, werden dadurch die Anlagestrategien von Investmentfirmen sichtbarer, und für den Erfolg vieler dieser Strategien war Geheimhaltung absolute Voraussetzung. Und die Händler an der Wall Street missbilligten den Börsenhandel mit Derivaten noch aus einem anderen, viel einfacheren Grund: Solange niemand wusste, was andere für ihre Derivatverträge bezahlten, konnten sie verlangen, so viel sie wollten. Die Preistransparenz, die mit dem Börsenhandel solcher Verträge einhergeht, schmälert naturgemäß ihre Gewinne.

Im Übrigen ist ein zentraler Kontrahent in Form eines Clearinghauses für den Derivatehandel keineswegs ein Allheilmittel, denn dadurch wird der Anfälligkeit des Finanzsystems keineswegs ein Ende gemacht. Vielmehr hängt diese fortan vom Risikomanagement der zentralen Clearinghäuser ab. Wenn es klug geführt wird, kann ein Clearinghaus das Risiko für den gesamten Markt spürbar senken; wenn nicht, ist es aufgrund seiner wichtigen Funktion prädestiniert, während der nächsten Krise eine Hauptrolle zu spielen.

Jedenfalls ermöglicht ein zentrales Clearinghaus mehr Transparenz bezüglich der Aktivitäten auf dem Markt sowie das Sammeln von sehr viel mehr Informationen. Zusammen mit Daten aus vielen anderen Quellen können diese Informationen die Grundlage für komplexe, das Gesamtsystem erfassende Messgrößen sein, die, wie beim ökosystembasierten Fischereimanage-

ment, nicht nur die Größe und das Marktgebaren von Finanzinstituten sichtbar machen, sondern auch ihre *Verflochtenheit.*

Im Bereich des Gesundheitswesens greifen Ärzte häufig auf informelle Analysen von sozialen Netzwerken zurück, um sogenannte »Super-Spreader« [dt.: »Superverbreiter«] zu identifizieren
und zu impfen, Personen, bei denen das Risiko besonders hoch ist,
dass sie eine Epidemie auslösen oder übertragen. Ähnliches gilt
für die Finanzwelt. »Anfang 2007 dürften die meisten großen Finanzinstitute der Welt über höchstens zwei oder drei Ecken in Geschäfte mit AIG verwickelt gewesen sein«, so Haldane, »und 1998
dürften die wenigsten Großbanken mehr als ein oder zwei Zwi-
schenhändler von Long Term Capital Management getrennt haben, dem Ausgangspunkt der letzten schweren Krise. Hätte man
die Verbindungen in der Finanzwelt nachverfolgt, so hätte man
diese Schwarzen Löcher des Finanzmarktes vielleicht ausfindig
machen können, bevor sie allzu viele Planeten verschlucken.«

Beunruhigenderweise gab es vor dem Crash praktisch keine
Korrelation zwischen der Größe der wichtigsten Finanzinstitute
und der Größe ihrer Reserven zur Deckung potenzieller Zahlungsausfälle. Trotz – oder wohl eher wegen – ihrer vermeintli-
chen Wichtigkeit hatten diese »Mega-Institute« offenbar *weniger*
Reserven als ihre kleineren Konkurrenten. »Wir erklären uns das
damit, dass große Banken dachten, sie seien so diversifiziert, dass
sie größere Risiken eingehen könnten«, so Haldane. »Eine weitere
Erklärung dafür, dass die Märkte diesen Banken ein sehr viel weniger konservatives Geschäftsgebaren durchgehen ließen, ist die
implizite Aussicht auf ein Eingreifen des Staates, falls etwas schief-
gehen sollte. So oder so: Jedenfalls kam keiner auf die Idee, diese
›Super-Spreader‹ der Finanzmärkte gezielt zu impfen.«

Um zu entscheiden, wie viele dieser »Super-Spreader« geimpft
werden sollen, muss man Krisen am besten im Modell durchspielen, *bevor* es so weit kommt. In begrenztem Umfang geschieht das

seit 2009. Damals unterzog die US-Notenbank erstmals Banken, die Staatshilfen erhalten hatten, einem »Stresstest«. Auf diese Weise sollte sichergestellt werden, dass sie über genügend Eigenkapital verfügten, um schwierige Bedingungen wie die anhaltend hohe Arbeitslosigkeit oder weitere Zahlungsausfälle bei Hypothekendarlehen zu meistern. Diese Stresstests lieferten Momentaufnahmen der Verfassung und der Risiken der einzelnen Banken – und schon in der ersten Runde stellte die Regulierungsbehörde fest, dass mehr als die Hälfte der überprüften Banken mehr Kapital benötigte. Doch selbst diese begrenzten Stresstests erfolgen nur einmal im Jahr, vergleichbar einer Buchprüfung, und sie analysieren nicht, wie das System *als Ganzes* betroffen wäre, wenn eine dieser Banken zahlungsunfähig würde. Bei anderen Netzwerken, sei es im Bereich der Stromnetze, des Militärs oder der Luftfracht, sind solche Tests und Simulationen fest etabliert. Sie müssen auch im Finanzsystem gang und gäbe werden, und zwar nicht nur bei einigen Zentren, sondern überall.

Doch sind dies Maßnahmen zur Schadensbegrenzung. Sie mildern die Folgen der Anfälligkeit eines Systems ab, wenn diese deutlich zutage getreten ist, können das System jedoch nicht in den bevorzugten Zustand zurückversetzen. Aber kann man denn gar nichts tun, um die Selbstregulierung der Finanzmärkte zu stärken? Wie es der Zufall will, sind es einmal mehr neueste Erkenntnisse über Korallenriffe, die in dieser Frage interessante Hinweise liefern.

Fledermausfische und die WIR Bank

David Bellwood ist ein Fischnarr. Seine Freunde ziehen ihn gern damit auf, dass jedes Gespräch mit ihm früher oder später beim Thema Fische landet. Schon in seiner Jugendzeit im Norden Englands hatte er ein Meeresaquarium, um Korallenfische beobachten zu können. Angetrieben von dieser Leidenschaft schloss er sein Studium an der University of Bath mit Auszeichnung ab. Nach einer Examensarbeit über die Aquariumindustrie absolvierte er ein Promotionsstudium an der James Cook University im australischen Townsville, wo er nun seit 20 Jahren als Professor lehrt. Das Objekt seiner privaten Leidenschaft ist dabei zugleich sein Spezialgebiet: Papageifische.

Man kann gut verstehen, dass Bellwood von diesen farbenprächtigen Fischen so fasziniert ist. Papageifische sind eine der tragenden Säulen des Ökosystems Korallenriff, und sie weisen eine Reihe von interessanten Besonderheiten auf. So können sie das Geschlecht wechseln – weibliche Papageifische können sich in männliche verwandeln, wenn das Männchen eines Harems stirbt –, und bestimmte Papageifischarten haben die Fähigkeit entwickelt, sich in einen transparenten Kokon aus einer zähflüssigen Substanz zu hüllen, die ein Organ in ihrem Kopf ausscheidet. Dieser »Schlafsack Marke Eigenbau« verdeckt nachts den Geruch der Papageifische und dient so als Schutz gegen nächtliche Angriffe von Raubfischen.

Bellwood interessieren jedoch nicht so sehr diese raffinierten Tricks, sondern vielmehr die *Funktion* der Papageifische für das Riff: Sie fressen Algen, indem sie Korallen abnagen. Papageifische verschlingen Unmengen von Algen – Bellwood nennt sie wahre »Rasenmäher« – und spielen daher auf gesunden Riffen für die Regulierung der Konkurrenz zwischen Algen und Korallen eine entscheidende Rolle. Indem sie das Ökosystem von überschüssigen Algen befreien und es neuen Korallen ermöglichen, sich einen Platz zu erobern, sorgen Papageifische dafür, dass ein von Korallen dominiertes Riff sich kontinuierlich selbst regenerieren kann, ohne in einen von Algen dominierten Zustand umzuschlagen. Vor allem seit den Erfahrungen in Jamaika steht der Schutz von Papageifischen und anderen Pflanzenfressern im Mittelpunkt vieler Strategien, um die Resilienz von Korallenriffen zu verbessern.

Im Lauf seiner Forschungen am Great Barrier Reef hat Bellwood allerdings festgestellt, dass die an der Regulierung des Riffs beteiligten Mechanismen komplexer sind, als Meeresbiologen bislang angenommen haben. Bellwoods Erkenntnisse sind nicht nur für den künftigen Umgang mit Korallenriffen von großer Bedeutung, sondern auch für andere Bereiche.

Im Rahmen von kontrollierten Experimenten bauten Bellwood und seine Kollegen große, offene »Käfige« auf Korallenriffen auf, die jeweils die Größe eines kleinen Büros hatten. Sie variierten die Anzahl der Fische in den einzelnen Käfigen und pflanzten Makroalgengärten an, die ein von Algen dominiertes Korallenriff simulieren sollten – eine Art »All you can eat«-Büfett für Papageifische.

Um festzuhalten, was dann geschah, installierte Bellwoods Team zahlreiche Unterwasserkameras. »Wir dachten, da geht jetzt gleich richtig die Post ab. Schließlich hatten wir 45 Arten von pflanzenfressenden Fischen vor Ort, darunter enorm viele Papageifische. Die Fische hätten sich eigentlich um die Algen reißen sollen.«

Einige Stunden lang warteten die Forscher gespannt, was passieren würde. Doch bald wurde aus Anspannung Verblüffung. Alles, was auf den Bildschirmen zu sehen war, war dichter Algenbewuchs, der in der Strömung hin und her wogte. Von Fischen, geschweige denn Papageifischen, war weit und breit nichts zu sehen.

»Licht! Kamera! Action! Und dann ... nichts. Paarten sich die Fische gerade? Waren sie anderweitig beschäftigt? Schließlich waren diese Fische Pflanzenfresser, und hier gab es drei Meter hohe, wunderbare Algen zu fressen. Die Fische hätten ein Festmahl feiern müssen.«

Im Lauf der nächsten Wochen fiel den Forschern allerdings auf, dass die Algen langsam immer *lichter* wurden. »Sie wissen schon, so ähnlich wie man bei alten Leuten langsam die Kopfhaut durchscheinen sieht. So war es auch bei den Algen. Sie reichten immer noch bis zur Meeresoberfläche, aber in der Mitte wurden sie immer dünner. Am Ende war auf den Aufnahmen nur noch sehr, sehr wenig von ihnen zu sehen.«

Bellwood hatte erwartet, dass die Algen innerhalb von 24 Stunden gierig verschlungen werden würden, hauptsächlich von Papageifischen. Stattdessen wurden die Algen im Lauf von drei Wochen immer lichter, bis sie schließlich einfach in sich zusammenfielen – aber wer oder was nagte an ihnen? Die Ergebnisse waren so überraschend, dass Bellwood und die anderen Wissenschaftler nicht einmal einen Erklärungsansatz hatten, um sie einzuordnen. Ihnen blieb nichts anderes übrig, als sich die Filmaufnahmen immer und immer wieder anzuschauen.

Und dann sahen sie eines Tages etwas völlig Unerwartetes. Aus der Dunkelheit kam ein kleiner schwarzer Fisch mit einem orangefarbigen Saum ins Bild geschwommen, ein Spitzkopf-Fledermausfisch, und begann zur allgemeinen Konsternierung, sich an den Algen gütlich zu tun.

»Wir waren völlig verblüfft, und zwar aus zwei Gründen. Erstens fressen Fledermausfische eigentlich gar keine Algen. Sie ernähren sich nicht von Pflanzen, sondern von Wirbellosen. Und zweitens haben wir sie nie dabei erwischt. Sobald wir ins Wasser gingen, schwammen sie weg. Es war wie in Gary Larsons Cartoon aus *The Far Side*, wo die Kühe beieinanderstehen und sich unterhalten. Dann nähert sich ein Auto, und alle Kühe fangen schnell wieder an zu grasen.«

Bellwoods Forschungsergebnissen zufolge fungieren Papageifische zwar als »Rasenmäher« des Riffs, können diese Rolle aber nur dann ausfüllen, wenn das Riff in einem gesunden Zustand ist und die Korallen überwiegen. Ist jedoch das System umgeschlagen und haben sich die Algen ausgebreitet, so können die Papageifische ihre Funktion nicht mehr wahrnehmen. Und an dieser Stelle kommen die Fledermausfische ins Spiel, die normalerweise gar keine Algen fressen. Sie bringen das Ungleichgewicht wieder ins Lot. Die eine Art verhindert ein Umschlagen des Systems, die andere macht es rückgängig.

Bellwood vergleicht das Riff mit einem Golfplatz. »Unter normalen Umständen braucht man einen Rasenmäher, um das Gras schön kurz zu halten. Die Rasenmäher eines Korallenriffs sind die Papageifische, Doktorfische und andere Arten, die den Rasen abweiden und für ein gleichmäßiges Grün sorgen. Sind die Rasenmäher jedoch aus irgendeinem Grund defekt, so sprießt das Unkraut, und alsbald ist alles überwuchert. Wenn jetzt die Rasenmäher wieder funktionieren, kommen sie gar nicht mehr durch. Stattdessen braucht man ein Buschmesser oder eine Kettensäge. Zu unserer Überraschung haben wir festgestellt, dass die Fledermausfische genau diese Funktion ausfüllen.«

Die Fledermausfische sind Teil einer »sleeping functional group«, wie Bellwood sie nennt. Darunter versteht er eine Art oder eine Gruppe von Arten, die eine ganz bestimmte Funktion wahrnehmen – aber nur unter außergewöhnlichen Umständen.[24]

Das Team um Bellwood reagierte auf die Entdeckung dieser »Schläfergruppen« mit einer Mischung aus Euphorie und Verwirrung. Die gute Nachricht lautete, dass es Fische gibt, die dabei helfen, ein System aus einem von Algen dominierten Zustand in einen von Korallen dominierten Zustand *zurück*zuversetzen. Die schlechte Nachricht ist, dass Wissenschaftler in vielen Fällen keine Ahnung haben, welche Arten dazu in der Lage sind. Da die »Resilienzfunktion« dieser Arten nur unter außergewöhnlichen Bedingungen zum Vorschein kommt, hatte vor Bellwood trotz 50 Jahren Forschung niemand Fledermausfische mit dem

Gleichgewicht zwischen Korallen und Algen in Beziehung gebracht.

Wie könnten solche »Schläfergruppen« – antizyklische Strategien, die innerhalb des Finanzsystems schlummern und erst dann in Aktion treten, wenn das System umschlägt, wie 2008 – im Bereich des Finanzsystems aussehen? Vielleicht hat die Finanzwelt ihren eigenen Fledermausfisch in der Schweiz gefunden, in Gestalt einer einzigartigen Komplementärwährung namens WIR.

Falls Sie im Lauf der letzten Jahrzehnte in der Schweiz Urlaub gemacht haben, ist Ihnen im Schaufenster von Geschäften vielleicht ein Aufkleber aufgefallen, auf dem stand: »Wir nehmen WIR.« Oder Sie haben den WIR-Katalog liegen sehen, in dem auf Hochglanzpapier alle am WIR-System teilnehmenden Firmen aufgelistet sind. Wenn Sie in einem Hotel übernachtet haben, hat Sie die Dame an der Rezeption womöglich sogar gefragt, ob Sie mit WIR bezahlen wollen. Allerdings dürfte sie dieses Angebot schnell zurückgezogen haben, als sie merkte, dass Sie nicht aus der Schweiz stammen.

Worum handelt es sich bei dieser mysteriösen alternativen Währung, und wie funktioniert sie?

Der belgische Ökonom und Nachhaltigkeitsexperte Bernard Lietaer, der seit mehr als 25 Jahren Währungssysteme erforscht, beschäftigt sich seit Langem mit der Schweizer Komplementärwährung. Und da ist er nicht der Einzige. Mittlerweile interessieren sich eine ganze Reihe von Makroökonomen für die Funktionsweise dieses Systems.

Die Geburtsstunde der »Wirtschaftsring-Genossenschaft« schlug während des Tiefpunkts der Weltwirtschaftskrise. Nach dem Börsensturz von 1929 ging der Welthandel drastisch zurück – 1930 um 20 Prozent, 1931 um weitere 29 Prozent, und 1932 um weitere

32 Prozent.[25] Die Zahl der Arbeitslosen stieg in den Industrieländern auf 30 Millionen.[26] Vermögen, die einst als sicher galten, lösten sich in Luft auf, und Banken, an deren Krisenfestigkeit kein Zweifel bestanden hatte, gingen pleite, nachdem Aktien fast 90 Prozent ihres Wertes verloren.[27]

Die Schweiz wurde langsamer von der Krise erfasst als andere Staaten in Europa, aber sie kam auch langsamer wieder aus ihr heraus. Als in den Vereinigten Staaten und in Deutschland bereits erste Anzeichen einer Erholung zu beobachten waren, steckte die Schweiz immer noch in einer tiefen Krise. Die Zahl der Insolvenzen erreichte Rekordniveau, Handel und Tourismus mussten empfindliche Einbrüche hinnehmen. Das Defizit der staatlichen Eisenbahngesellschaft SBB übertraf das des Bundeshaushalts um das Doppelte. Arbeitslosigkeit wurde von der Ausnahme zum Regelfall: Im Jahr 1934 kamen laut offizieller Statistik auf jede freie Stelle 73 Arbeitssuchende.[28]

In dieser schwierigen Lage entschlossen sich 16 Unternehmer zur Selbsthilfe. Ihnen und ihren Kunden war von ihren Banken mitgeteilt worden, dass sie allesamt keine Kredite mehr bekommen würden. Ohne weitere Kredite drohte ihren Unternehmen die Insolvenz. Um den Bankrott abzuwenden, richteten sie ein System ein, über das sie sich gegenseitig Kredit einräumten – eine Komplementärwährung.

Schulden werden innerhalb des WIR-Systems entweder durch Tauschhandel mit einem anderen Teilnehmer des Netzwerks beglichen oder in Schweizer Franken. Im Lauf der Zeit wuchs das Netzwerk so stark an, dass es schließlich ein Viertel aller Schweizer Unternehmen umfasste. Heute ist es ein florierendes Tauschsystem, das in der Schweiz eine anerkannte Komplementärwährung darstellt.

Der Makroökonom James Stodder hat Daten über das WIR aus den letzten 60 Jahren ausgewertet. Das Ergebnis: In Rezessionszeiten nimmt das in dieser inoffiziellen Währung abgewickelte Geschäftsvolumen deutlich zu, was die negativen Folgen von Verkaufseinbußen und gestiegener Arbeitslosigkeit abmildert.[29] In Zeiten des Aufschwungs boomt das in Schweizer Franken abgewickelte Geschäft, und der Marktanteil der inoffiziellen Währung geht im Verhältnis wieder zurück. Bisher hatte man den wirtschaftlichen Erfolg der Schweiz stets auf den von Pragmatismus und Sparsamkeit geprägten Nationalcharakter zurückgeführt. Die Studie von James Stodder lieferte einen überraschenden Hinweis darauf, dass das Geheimnis der legendären wirtschaftlichen Stabilität und Resilienz der Schweiz in der spontanen, antizyklischen Wirkungsweise dieses kleinen, alternativen Währungssystems liegen könnte.

Der WIR Bank kommt genau die gleiche Funktion zu wie Bellwoods Fledermausfisch. Es ist ein Notfallsystem, das aktiviert wird, wenn die Wirtschaft in die Rezession abgleitet oder abzugleiten droht. Bernard Lietaer spricht sich dafür aus, Komplementärwährungen nach dem Vorbild des WIR auch in der EU und in den USA einzuführen. »Beim Stoff, der im Weltwirtschaftssystem zirkuliert – Geld –, haben wir es mit dem Monopol eines einzigen Währungstyps zu tun (mit Geld, das auf Bankschulden beruht und mithilfe von Zinsen geschöpft wird). Stellen Sie sich ein globales Ökosystem vor, in dem nur eine einzige Pflanzen- oder Tierart geduldet und gefördert wird, und in dem jede Manifestation von Vielfalt als unzulässige ›Konkurrenz‹ beseitigt wird, weil die Überzeugung vorherrscht, dass Vielfalt die Effizienz des Ganzen gefährden würde.«

Der Fledermausfisch und das WIR veranschaulichen auf unterschiedliche Weise eine zentrale Strategie vieler resilienter Systeme: Es handelt sich um eingebaute, antizyklische Mechanismen, die mit verhältnismäßigen Mitteln und im richtigen »Takt« auf Störungen reagieren können, noch während diese sich entfalten. Diese Mechanismen sind Teil eines unverzichtbaren Inventars unterschiedlicher Werkzeuge, wie man es in resilienten Systemen häufig antrifft. So wie der Fledermausfisch ein Beispiel für Artenvielfalt ist, ist das WIR-Geld ein Beispiel für wirtschaftliche Vielfalt. Diese Vielfalt ist natürlich mit Kosten verbunden. Und weil solche Mechanismen eines Systems nur *latent* vorhanden sind – sie werden ja erst dann notwendig, wenn es zu einer Krise kommt –, ist es oft schwierig, ihren Wert zu erkennen, solange alles ganz gut läuft. Im Rahmen des unermüdlichen Versuchs, ein System immer noch effizienter zu machen, wird diese Vielfalt allzu oft aufs Spiel gesetzt, ausgehöhlt und schließlich ganz eliminiert, ohne dass ihr jemand eine Träne nachweinen würde – bis es dafür zu spät ist.

Wie die Beispiele in diesem Kapitel deutlich gemacht haben, ist der entscheidende Faktor für die Anfälligkeit oder Resilienz eines Systems seine *Struktur*. Die Komplexität, Verdichtung und Homogenität eines Systems können seine Anfälligkeit erhöhen; richtig verstandene Schlichtheit, Anpassung an lokale Gegebenheiten und Vielfalt können seine Resilienz stärken. Mit Blick auf die Resilienz brauchen wir zum Beispiel ein Finanzsystem, das einfacher, schlanker, besser überwacht und leichter »abkoppelbar« ist, in dem sich wirklich unterschiedliche Marktteilnehmer tummeln und das sich wieder mehr auf seinen eigentlichen Zweck konzentriert – Unternehmen und Individuen mit Liquidität zu versorgen –, anstatt, wie in jüngerer Zeit, Vermögen aus heißer Luft zu destillieren.

Resilienz erfordert jedoch mehr als die richtige Struktur. Sie erfordert Prozesse und Verfahrensweisen, die den Zustand des Gesamtsystems überwachen, wie im Falle des ökosystembasierten Fischereimanagements; die das System im Modell abbilden und Stresstests durchführen, wie es in der Fedwire-Studie geschieht;

die Störungen frühzeitig erkennen und im Ernstfall die richtigen, umfassenden Reaktionen mobilisieren, wie die vorgeschlagenen Mechanismen zur Reglementierung der Finanzmärkte, und die Rückkopplungseffekte und Ausgleichsmechanismen ermöglichen, wie Fledermausfische und das WIR. Vor allem jedoch setzt es voraus, dass das System dynamisch bleibt und flexibel angepasst werden kann. Diese Dynamik werden wir im folgenden Kapitel etwas genauer unter die Lupe nehmen, denn sie ist es, die einem System seine Resilienz verleiht.

2. Abwarten, Vermehren, Ausschwärmen

Resilienz treffen wir nicht nur bei Systemen an, die wir bestaunen, sondern bisweilen auch bei Systemen, die wir verabscheuen. Terrornetzwerke und auch viele Krankheiten könnte man als »penetrant resilient« bezeichnen – sie überleben jeden noch so aufwändigen Versuch, sie auszuschalten, und breiten sich sogar aus. Wie schaffen sie das? Und was könnten wir aus ihren Strategien lernen, um die Resilienz von erwünschten Systemen zu erhöhen?

Wie wir sehen werden, liegt die Antwort oftmals in der *Dynamik* solcher Organisationen und Organismen. Terrornetzwerke und viele infektiöse Bakterien überleben unter anderem dadurch, dass sie ihren »Stoffwechsel« herunter- und wieder hochfahren. Sie reduzieren ihre Aktivitäten über lange Zeiträume hinweg wie in einer Art Winterschlaf und warten ab. Und dann, wenn die Zeit reif ist, vermehren sie sich und gehen in koordinierten Schwärmen zum Angriff über. Auf ganz unterschiedliche Situationen übertragen ist diese Taktik des Abwartens, Vermehrens und Ausschwärmens ein vielversprechender Ansatz, um die Resilienz von Systemen zu stärken, von deren Funktionieren unsere ganze Zivilisation abhängt.

Operation Blutsturz

Im November 2010 tauchte in einigen überaus zwielichtigen Ecken des Internets ein ungewöhnliches Dokument auf: ein digitales, durchgängig farbiges Magazin, das man auf den ersten Blick für eine Werbebroschüre halten konnte.[1] Und in gewisser Weise war es das auch. Es handelte sich um die dritte Ausgabe von *Inspire*, einem Magazin in englischer Sprache, das von »*AQAP*« (al-Qaida auf der Arabischen Halbinsel) herausgegeben wird, einem hauptsächlich vom Jemen aus operierenden Ableger des weltweiten Terrornetzwerks.

Verantwortlich für *Inspire* war Samir Khan, ein radikalisierter Amerikaner, der sich al-Qaida angeschlossen hatte. Gegenstand des Magazins sind verschiedene Formen von Propaganda, die sich an junge Amerikaner und Briten wenden: Werbung für den Dschihad, Rezepte für Terroraktivitäten Marke Eigenbau (Beispiel für eine Überschrift: »Wie Du in der Küche Deiner Mutter eine Bombe bauen kannst«) und schmeichlerische Porträts von Al-Qaida-Anführern. Die Artikel sind in jugendlich-naivem, ernstem Ton verfasst und enthalten subkulturelle Anspielungen, die entfremdete westliche Jugendliche in einer Sprache ansprechen sollen, die sie verstehen.

Die dritte Ausgabe hatte allerdings einen etwas anderen Schwerpunkt, wie schon das Cover andeutete, ein verschwommenes Foto eines UPS-Transportflugzeugs, über dem fett eine einzige Überschrift prangte: »$4200«.

Diese Zahl spielte auf die Gesamtkosten eines Terroranschlags der AQAP namens »Operation Blutsturz« an, bei der zwei amerikanische Transportflugzeuge (eines von UPS, das andere von Fed Ex) in die Luft gesprengt werden sollten. Wie auf den folgenden Seiten des Magazins in allen Einzelheiten beschrieben wird, hatten die Bombenbauer von AQAP sorgfältig Sprengstoff in zwei entleerten Druckerpatronen versteckt. Dann hatten sie die Druckerpatronen mit Zündern versehen und mit Platinen verbunden, die sie aus Mobiltelefonen ausgebaut hatten, und das Ganze mit den Originaldruckern verpackt, sodass sie »fabrikneu« aussahen. Anschließend wurden die Drucker von AQAP-Leuten aus der jemenitischen Hauptstadt Sanaa verschickt. Die Adressaten waren liberale jüdische Gemeinden in Chicago.

Die erfundenen Namen der Adressaten, Reynald Krak und Diego Deza, waren von historischen Persönlichkeiten aus der Zeit der Kreuzzüge beziehungsweise der Spanischen Inquisition abgeleitet. Als zusätzliche literarische Anspielung legten die Bombenbauer ein Exemplar von Charles Dickens' Roman *Große Erwartungen* bei – ein Hinweis auf ihren Optimismus bezüglich des Erfolgs ihres Anschlags und eine Art verschlüsselte Botschaft: Anwar al-Awlaki, der geistige Kopf und religiöse Führer der AQAP, war zum Dickens-Fan geworden, während er in einem jeminitischen Gefängnis einsaß und keine islamischen Texte lesen durfte.[2] (Inzwischen wurde al-Awlaki bei einem Drohnenangriff getötet.)

Doch diese rhetorischen Anspielungen waren natürlich nicht der entscheidende Punkt bei diesem Anschlag. Wie die Sonderausgabe von *Inspire* ausführlich darlegt, hatte Operation Blutsturz zwei zentrale Ziele. Erstens sollten die Bomben als eine Art Versuchsballon dienen, indem sie die aktuellen Sicherheitskontrollen für Luftfracht durchliefen und AQAP damit einen guten Eindruck von der Fähigkeit des Westens vermittelten, Sprengstoffe aufzuspüren. Zweitens sollten sie eine Provokation sein: Die Sorge um die Sicherheit würde den Westen zwingen, Milliarden in neue Sicherheitsmaßnahmen zu investieren:

»Unser Ziel war von Anfang an ein wirtschaftliches [...]. Die Luftfracht ist eine Milliarden Dollar schwere Industrie [...]. Für den Handel zwischen Nordamerika und Europa ist der Lufttransport unverzichtbar.

Wenn wir es schaffen, den Westen zu so strengen Sicherheitsmaßnahmen zu zwingen, dass sie unsere Sprengsätze aufspüren können, wäre das für eine ohnehin stagnierende Wirtschaft eine schwere Belastung.«[3]

Einige Monate zuvor hatte die AQAP mit einem Prototyp der Bomben eine UPS-Frachtmaschine kurz nach dem Start in Dubai zum Absturz gebracht. Beide Piloten an Bord kamen ums Leben, doch den Terrorismusexperten war damals entgangen, dass die AQAP ihre Hände im Spiel hatte. Stattdessen wurde der Absturz auf technisches Versagen zurückgeführt.[4]

Doch dieses Mal bekam der saudi-arabische Geheimdienst gerade noch rechtzeitig Wind von der Sache und verständigte die Behörden in Großbritannien und Dubai, dass die Pakete vom Jemen aus über Europa in die USA unterwegs waren. Daraufhin wurde eine der Bomben von Sicherheitsbeamten des East-Midlands-Flughafens im englischen Nottingham sichergestellt, wo die UPS-Maschine auf dem Weg von Köln nach Chicago einen Zwischenstopp einlegte. Die andere Bombe wurde in einer FedEx-Station in Dubai entdeckt.[5] Einer nicht von unabhängiger Seite bestätigten Aussage des französischen Innenministers zufolge wurde eine der Bomben lediglich 17 Minuten vor der vorgesehenen Explosion entschärft.[6]

Obwohl der Anschlag offensichtlich scheiterte, wertete die AQAP die Operation als großen Erfolg:

»Zwei Nokia-Handys zu je 150 Dollar, zwei HP-Drucker, je 300 Dollar, plus Versand, Transport und andere Ausgaben, das ergibt einen Gesamtbetrag von 4200 Dollar. Mehr hat uns die Operation Blutsturz nicht gekostet. Was den Zeitaufwand betrifft, so haben wir für die Planung und Ausführung der Operation insgesamt drei Monate gebraucht. Amerika und andere westliche Staaten dagegen wird dieser vermeintlich ›vereitelte Anschlag‹, wie unsere Feinde gerne sagen, Milliarden Dollar für neue Sicherheitsmaßnahmen kosten. Das nennen wir Hebelwirkung.«[7]

Diese »Hebelwirkung« ist in der Logik des Terrorismus nach den Anschlägen vom 11. September 2001 unbezahlbar. Um ihr Ziel zu erreichen, musste die AQAP nicht einmal ein Flugzeug in die Luft sprengen. Es genügte, teure Gegenmaßnahmen zu provozieren. Tatsächlich übertraf der Wert der Operation Blutsturz als Medienereignis vermutlich seinen Wert als Instrument des Terrors. Indem die AQAP ihre Methoden offenlegte, betonte sie ihre eigene Unverwundbarkeit gegenüber der Verletzlichkeit derer, die sie sich zum Feind erkoren hatte, und sie ermutigte andere, ihrem Beispiel zu folgen. Gleichzeitig untermauerte sie einmal mehr ihre eigene Interpretation des Konflikts und ihrer Rolle darin, womit sie die Schlacht um die Deutung des Vorfalls eröffnete. An dieser Stelle kommen auch die rhetorischen Anspielungen wie der Dickens-Roman ins Spiel. Es sind solche überraschenden Details, die beim Publikum hängen bleiben, sich wie ein Lauffeuer herumsprechen und neue potenzielle Attentäter anziehen. Hinweise, dass diese Taktik wirkungsvoll ist, gibt es bereits: Als im Dezember 2010 in Großbritannien neun junge Männer verhaftet und beschuldigt wurden, sie hätten Anschläge auf die Londoner Börse, den Big Ben und die amerikanische Botschaft geplant, wurden in ihren Taschen zwei Printausgaben des Magazins *Inspire* gefunden.[8]

In den zehn Jahren seit dem 11. September waren Terrornetzwerke wie AQAP das Ziel eines der größten und ausdauerndsten militärischen Feldzüge der Neuzeit. Eine tausendmal so große konventionelle Armee wäre längst besiegt. Im gleichen Zeitraum jedoch sind trotz des Todes von Osama bin Laden, al-Awlaki und anderen Galionsfiguren in über 60 Staaten auf der ganzen Welt lokale al-Qaida-Ableger entstanden. Der Erfolg von al-Qaida beruht auf der Netzwerkstruktur sowie der Fähigkeit, die »Stoffwechselaktivität« zu regulieren und im richtigen Moment »auszuschwärmen«. Daraus kann man viel für den Aufbau erwünschter resilienter Systeme in ganz anderen Bereichen lernen.

Dr. John Arquilla, Professor für Verteidigungsforschung an der Naval Postgraduate School im kalifornischen Monterey, ist seit Jahrzehnten einer der weltweit führenden Köpfe auf dem Gebiet der Resilienz von Gruppen wie al-Qaida und der realen Dynamik von »Netzkriegen«, einem Begriff, den Arquilla zusammen mit seinem Kollegen David Ronfeldt in den 1990er Jahren geprägt hat, um eine Art von Konflikt zu beschreiben, die ihrer Prognose nach das 21. Jahrhundert prägen wird.[9]

»Die Organisationsform hat einen großen Einfluss auf eine Vielzahl von Unternehmungen im zivilen wie im militärischen Bereich«, so Arquilla. »Unternehmen, die auf Fließbandarbeit beruhen, produzieren zum Beispiel mithilfe bestimmter Prozesse, und ihre Führungsstruktur entwickelt sich zu einem Spiegel dieser Prozesse. Die Hierarchien in der Unternehmensführung der 1950er Jahre waren ein Abbild der Funktionsweise dieser Unternehmen, und das Gleiche gilt für die heutige militärische Führungsstruktur.

Vor ungefähr 20 Jahren wurde deutlich, dass Netzwerke neue Organisationsstrukturen auf dem Schlachtfeld, ja eine ganz andere Art der Kriegsführung möglich machen würden. Das hatte enorme Auswirkungen auf die Struktur und die Geschwindigkeit von Militäreinsätzen, denn daraus, wie Sie und Ihr Feind organisiert sind, ergibt sich, welche Art von Krieg Sie gegeneinander führen.«

Die wichtigste Säule des Erfolgs von al-Qaida ist das Franchise-Modell, durch das dieses Netzwerk immer weniger eine formelle

Organisation und immer mehr ein weltweites Organisationsprinzip und eine ungeschützte Marke geworden ist. Diese Marke hat sich für ganz unterschiedliche lokale Gruppen als attraktiv erwiesen, deren Ziele sich nur teilweise überschneiden. Durch den Eintritt in das Netzwerk wurden diese Gruppen Teil einer größeren Bewegung, womit sie in den Augen der lokalen Bevölkerung an globalem Einfluss und Prestige gewannen. Aus der »Salafistengruppe für Predigt und Kampf« in Algerien, die vormals in erster Linie den Sturz des Regimes zum Ziel hatte, wurde so »al-Qaida des islamischen Maghreb«; aus einer gewaltbereiten islamistischen Splittergruppe in Indonesien wurde »al-Qaida in Malaysia«. Die einzelnen Gruppen verliehen dem Netzwerk globale Reichweite, und sie spezialisierten sich aufgrund ihrer jeweiligen Geschichte, Zusammensetzung und ihrer besonderen Fähigkeiten. So hat sich AQAP zum führenden Anwerber von Amerikanern für die globale Dschihadistenbewegung entwickelt – das Magazin *Inspire* ist für diese Bemühungen nur ein Beispiel.

Diese Dynamik der losen Verbindungen, der Selbstorganisation, Vernetzung und Spezialisierung trifft man nicht nur *innerhalb* von Terrornetzwerken und anderen »asymmetrischen« Kampfverbänden an, sondern auch zwischen diesen Gruppierungen. In derartigen Zusammenschlüssen sind Kleingruppen nicht durch herkömmliche, starke Führungsstrukturen verbunden, sondern durch spontane, redundante und informelle soziale Beziehungen – weniger wie in einer Armee als bei einem spontanen Fußballspiel auf dem Bolzplatz. Die Organisation des Netzwerks in Kleingruppen stellt sicher, dass es flexibel bleibt, und die zahlreichen Verbindungen der Mitglieder untereinander sorgen dafür, dass das Netzwerk als Ganzes auch dann noch funktionsfähig ist, wenn 10 oder 20 Prozent der Mitglieder ausgeschaltet werden. »Wie oft haben wir schon die ›Nummer drei‹ von al-Qaida erwischt? In einem Netzwerk ist jeder Nummer drei«, bemerkt Arquilla trocken.

Der Erfolg von Terrornetzwerken beruht darauf, dass sie »Erfolg auf dem Schlachtfeld« neu und viel bescheidener definieren. Ihr Ziel besteht nicht darin, den Krieg im traditionellen militärischen Sinn zu »gewinnen«, sondern darin, den Feind bloßzustellen und mürbe zu machen. Ein »Unentschieden« gegen einen militärisch haushoch überlegenen Feind gilt als Sieg. Zu diesem Zweck wechseln bei Terrorgruppen lange Phasen der winterschlafartigen Inaktivität mit sporadischen Phasen starker Aktivität (wie die Operation Blutsturz). Das Ziel solcher Operationen ist nicht nur, den Feind empfindlich zu treffen, sondern eine ineffektive Reaktion zu provozieren, die ihn nur noch ohnmächtiger aussehen lässt.

Eine entscheidende Rolle spielte diese Dynamik im Libanonkrieg von 2006, in dem ein- bis zweitausend Hisbollah-Kämpfer sich gegen mehr als hunderttausend israelische Soldaten behaupteten und auch mit unablässigen Luftangriffen nicht zu besiegen waren. »Am ersten Tag des Krieges feuerte die Hisbollah zweihundert Raketen ab«, erklärt Arquilla. »Am letzten Tag des Krieges waren es immer noch zweihundert. Aus Sicht der meisten Israelis und der meisten Beobachter überall auf der Welt hat die Hisbollah den Krieg gewonnen, einfach dadurch, dass sie bis zum Ende durchgehalten hat. Und wie haben die Libanesen das geschafft? Indem sie sich in mehrere hundert Teams aus drei bis vier Soldaten aufgeteilt haben, die ständig in Bewegung waren, versteckte Katjuscha-Raketen abgefeuert haben und dann wieder untergetaucht sind. Wir nennen diese Taktik »Shoot and Scoot« [dt.: »Schießen und Abhauen«]. Es ist eine Taktik, die immer mehr Konflikte prägt – in Afghanistan, im Irak, praktisch überall.«

Wenn sie gerade nicht kämpfen unterscheidet solche unkonventionellen Kämpfer oder Terroristen kaum etwas von Zivilisten, vor allem dann, wenn sie enge kulturelle, religiöse und familiäre Beziehungen mit der Zivilbevölkerung verbindet. Deshalb sind sie so unglaublich schwer aufzuspüren und auszuschalten. Die Fähigkeit, innerhalb kürzester Zeit unterzutauchen, hat aber auch noch weitere Vorteile. Sie reduziert den für den Unterhalt der Gruppe nötigen Aufwand, sichert die zukünftige Kampfkraft und erhöht die Wahrscheinlichkeit, dass die traditionell organisierten gegnerischen Truppen Zivilisten töten oder verletzen – Fehler, die sich in der Schlacht um die Deutung des Konflikts als katastrophal erweisen können.

Trotz der damit verbundenen Gefahren müssen sich Terrorzellen zumindest gelegentlich aus der Deckung wagen und Unternehmen wie Operation Blutsturz durchführen, um der Öffentlichkeit die Schlagkraft der Gruppe zu demonstrieren und potenziellen Rekruten ihre Bedeutung vor Augen zu führen. Noch wichtiger ist jedoch eine weitere Funktion solcher Unternehmen: Sie zwingen den Feind zu ständiger Wachsamkeit, und das ist für die von Terroristen angewandte Form des Konflikts entscheidend.

»Mit sporadischen Aktionen sorgt al-Qaida dafür, dass die zu Feinden erkorenen Staaten niemals zur Ruhe kommen, und hofft dabei, dass wir uns irgendwann ›müdeboxen‹, so ähnlich wie Muhammad Ali es mit George Foreman gemacht hat«, so Arquilla.

In den USA streiten Politiker immer wieder darüber, warum al-Qaida seit dem 11. September keinen »spektakulären« Anschlag auf amerikanischem Boden mehr verübt hat. Doch jetzt, da das Terrornetz die USA in einen zehn Jahre währenden, Billionen Dollar verschlingenden Kampf gegen sie und ihre Verbündeten verwickelt hat, und zwar nach ihren Spielregeln, hat al-Qaida das vielleicht einfach nicht mehr nötig. Die fortgesetzten, fehlerbehafteten Maßnahmen des Westens zur Terrorbekämpfung passen perfekt in ihren langfristigen Plan, uns mürbe zu machen.

Um die Wirkung ihrer Anschläge zu erhöhen, wenden Terrornetzwerke zunehmend eine neue Angriffsstrategie an, die Arquilla als »Ausschwärmen« bezeichnet. Bei diesem Ansatz greifen kleine, unabhängig agierende Teams gleichzeitig nichtmilitärische Ziele an und überwinden dabei eventuell vorhandene Verteidigungsmechanismen, die zur Abschreckung eines einzelnen, schlagkräftigen Aggressors entworfen wurden.»An den Terroranschlägen in Mumbai 2008 waren lediglich zehn Terroristen beteiligt, die in fünf Zwei-Mann-Teams in einer Stadt an fünf unterschiedlichen Orten gleichzeitig zugeschlagen haben. Auf diese Weise haben sie Indien, ein sehr reiches Land mit einer ziemlich gut ausgerüsteten Armee, völlig überrumpelt, eine der größten Städte der Welt zwei Tage lang in Atem gehalten, zweihundert Menschen getötet und ganz Indien zutiefst erschüttert. Diesem Muster werden wir in Zukunft immer öfter begegnen.«

Lernen von der Tuberkulose

Bezüglich der Fähigkeit, sich innerhalb kürzester Zeit zu mobilisieren und zu demobilisieren, weisen Terrornetzwerke erstaunliche Parallelen zu einem ganz anderen, ebenfalls höchst resilienten Phänomen auf: der Pathologie einer Tuberkuloseinfektion im menschlichen Körper. Aus diesen Parallelen lassen sich sowohl Lehren ableiten, wie resiliente Systeme beschaffen sein müssen, als auch mögliche Strategien zur Bekämpfung unerwünschter resilienter Systeme.

TBC gehört zu den weitestverbreiteten Krankheiten der Welt. Jeder dritte Mensch hat Antikörper gegen TBC, ist also irgendwann mit dem Erreger in Berührung gekommen, aber nur bei einem kleinen Teil dieser Menschen – etwa 10 Prozent – bricht die Krankheit tatsächlich aus.[10] Trotzdem ist die Zahl der Opfer erschreckend hoch. Täglich sterben etwa 4700 Menschen, zumeist Afrikaner oder Asiaten aus den ärmeren Schichten, an Tuberkulose.[11] Damit ist TBC unter den Infektionskrankheiten nach HIV die weltweit zweithäufigste Todesursache bei Erwachsenen. Jede Sekunde kommt es zu einer Neuinfektion – während Sie diesen Satz lesen, stecken sich zwei Menschen mit TBC an.[12] Tuberkulosebakterien gelangen über die Atemluft in unsichtbaren, mikroskopisch kleinen Tröpfchen in den Körper, wo sie sich in den Lungenbläschen einnisten. Innerhalb von ungefähr sechs Wochen kommt es bei Infizierten zu kleinen Entzündungen, einer sogenannten Primärtuberkulose, die selten mit Symptomen einhergeht.

Währenddessen geschieht auf der zellulären Ebene etwas Bemerkenswertes. In der Lunge treffen die Tuberkulosebakterien auf Makrophagen (wörtl. »große Esser«), die weißen Blutkörperchen an vorderster Front des Immunsystems, die normalerweise dafür zuständig sind, sich eindringende Krankheitserreger einzuverleiben und diese so auszuschalten. In manchen Fällen scheitert diese Strategie jedoch. Als letztes Mittel werden die Fresszellen dann zum »Suizidkommando«: Sie verschlingen den unbekannten Eindringling, kapseln ihn mit der zellulären Entsprechung von Frischhaltefolie ab, begehen anschließend Selbstmord und töten dadurch auch den Erreger. Bei TBC-Bakterien geschieht mitunter genau das Gegenteil: Das Bakterium *bemächtigt* sich eines Makrophagen, hindert ihn am Selbstmord und verwandelt ihn in einen zombieartigen Inkubator für die Produktion weiterer TBC-Bakterien. Langsam vermehren sich die Bakterien, bis sie ihre Wirtszelle schließlich zum Platzen bringen und sich auf neue Wirtszellen verteilen.

Dieser Prozess ist durchaus fehleranfällig. Viele TBC-Bakterien werden von »unverdorbenen« Makrophagen ausgeschaltet, die ihre mit TBC infizierten Artgenossen an der veränderten chemischen Signatur erkennen und angreifen. Bei mehr als 90 Prozent der Infizierten ist die Immunabwehr gerade eben effektiv genug, dass sie die TBC-Infektion im Zaum halten kann. Sie wird jedoch nicht vollständig eliminiert, und die Krankheit tritt in eine *Latenzphase*, die jahrelang andauern kann.

»Die lange Latenzzeit ist einer der Gründe, weshalb TBC so heimtückisch ist«, sagt die Mikrobiologin Sarah Fortune, eine führende Tuberkuloseforscherin an der Harvard University.»Während der Latenzzeit sind die TBC-Bakterien weitgehend inaktiv, und deshalb kann das gängige Heilmittel, ein Antibiotikum, wenig ausrichten. Schließlich setzen Antibiotika beim Stoffwechsel an. Aber bei einer latenten Tuberkulose wird nicht viel verstoffwechselt.«

Paradoxerweise macht gerade die lange Latenzzeit TBC so gefährlich. Sie sorgt dafür, dass der menschliche Wirt heranwachsen und sich fortpflanzen kann. So wächst eine neue Generation heran, in der die Krankheit sich später ausbreiten kann.»TBC ist wie ein Symbiont, der seinen Wirt nur in Ausnahmefällen tötet«, so Sarah Fortune.»Krankheiten wie Ebola treten im Vergleich viel seltener auf, eben weil sie so schnell zum Tod führen. Innerhalb weniger Wochen sind alle menschlichen Wirte tot, und damit ist auch die Epidemie zu Ende.«

Im Detail sind die biomolekularen Vorgänge noch nicht erforscht, aber das derzeitige Modell zur Pathologie der Tuberkulose geht davon aus, dass die TBC-Bakterien das Immunsystem während der Latenzzeit permanent auf Schwachpunkte hin untersuchen, genau wie die Terrorgruppe AQAP die weltweiten Sicherheitsmaßnahmen auf die Probe stellt.»Wir haben gute Gründe für die Annahme, dass während der Latenzphase manche TBC-Bakterien aktiv sind, der Großteil jedoch inaktiv. Dann wird plötzlich eine kritische Schwelle überschritten, oftmals dann, wenn das Immunsystem durch andere Krankheiten wie HIV, Alkoholismus oder Diabetes geschwächt ist, und die Krankheit tritt in die aktive Phase ein«, erklärt Sarah Fortune.

Von diesem Moment an ist alles anders. In der aktiven Phase wird die TBC-Infektion im gesamten Körper reaktiviert, die Lungen sind jedoch der bevorzugte Ort, an dem die Krankheit angreift. Haben sich die Tuberkulosebakterien einmal eingenistet, so kommt es zu einer gespenstischen Parallele zu Terrornetzwerken: Für die weitere Ausbreitung der Krankheit ist es *Voraussetzung*, dass sie eine Überreaktion des Immunsystems provoziert.

Diese Überreaktion findet ihren Ausdruck in einem *verkäsenden Granulom*. Ein solches Granulom entsteht, wenn eine Ansammlung von TBC-Bakterien und mit TBC infizierten Makrophagen in der Lunge von gesunden Immunzellen attackiert wird. Dabei greifen die Zellen auf eine Standardmethode des Immunsystems zurück: Wie Polizisten, die ein Gebäude umstellen, in dem sich ein Verbrecher versteckt hält, versuchen die Zellen, die TBC-Erreger mit einem fibrösen Wall abzuschotten.

Kleine Granulome sind ein ganz normaler Teil der Immunabwehr. Sie bilden sich während der gesamten Latenzzeit. Entstehen sie dagegen in der aktiven, aggressiven Phase, so kann die Infektion schnell außer Kontrolle geraten. Wenn jetzt nämlich Immunzellen die Ansammlung von mit TBC infizierten Zellen einkreisen, sterben sie ab. Das aber ruft noch mehr Immunzellen auf den Plan, die nun ihrerseits versuchen, die abgestorbenen Zellen abzuschotten. Daraufhin sterben auch sie ab, und dieser Prozess geht immer so weiter, sodass das Granulom sich aufbläht wie ein Ballon.

Innerhalb dieser ständig weiter wachsenden Hülle sitzen die TBC-Bakterien in einer Ansammlung von abgestorbenen Immunzellen. Solche verkäsende Granulome (die Bezeichnung geht auf die Konsistenz des abgestorbenen Gewebes zurück, die an Hüttenkäse erinnert) können in der Lunge die Größe eines Tennisballs erreichen. Während sie weiter wachsen, beginnen sich die abgestorbenen Zellen im Kern zu verflüssigen und bilden den perfektesten Nährboden, den TBC-Bakterien sich nur wünschen können, um sich zu vermehren. Und genau das tun sie auch: Ein einziges, eher kleines Granulom mit zwei Zentimeter Durchmesser kann bis zu 100 Millionen aktive Bakterien enthalten.

Je größer das Granulom wird, desto mehr reizt es das Lungenfell, bis es schließlich platzt und seinen Inhalt in der ganzen Lunge verteilt – die bakteriologische Entsprechung von ausschwärmenden Terroristen, die viele Ziele gleichzeitig angreifen. »Für die TBC-Bakterien ist es eine Überlebensfrage, das Immunsystem zu diesem taktischen Fehler zu veranlassen«, sagt Sarah Fortune. »Die Bemühungen, die Infektion einzudämmen, führen letztlich nur dazu, sie zu konzentrieren und schließlich zu potenzieren.«

Jedes Mal, wenn jemand mit einer aktiven Tuberkulose hustet, gelangen Millionen unsichtbarer TBC-Bakterien in die Luft. Ein durchschnittlich ansteckender Infizierter kann durch Husten bis zu 13 »infektiöse Dosen« pro Stunde freisetzen, ein besonders ansteckender bis zu 60[13] – bis er schließlich stirbt, ein Schicksal, das etwa 50 Prozent aller Infizierten mit einer offenen Tuberkulose ereilt, die nicht medizinisch behandelt werden[14].

Schwärme mit Schwärmen bekämpfen

Sowohl Tuberkulosebakterien als auch Terrornetzwerke bleiben trotz anhaltender Angriffe resilient, indem sie ihren Stoffwechsel beziehungsweise ihre Aktivitäten über lange Zeiträume hinweg reduzieren und in eine Art Winterschlaf verfallen. Dann, wenn die Zeit dafür reif ist, machen sie sich mobil und gehen zum Angriff über. Beide sind auf Mechanismen angewiesen, die Reaktionsfähigkeit ihrer Gegner zu testen und sich dynamisch daran anzupassen. Beide breiten sich aus, indem sie eine Überreaktion ihrer Gegner provozieren. Und beide sind erfolgreich, indem sie zu koordinierten, gleichzeitigen Angriffen ausschwärmen. Aufgrund dieser Parallelen wird im Kampf gegen Terrornetzwerke zusehends auf neue Metaphern gesetzt, die von der Biologie inspiriert sind.

Die beste Antwort auf die Bedrohung durch Terrorgruppen besteht für Arquilla darin, ihre Taktik zu verstehen und nachzuahmen, also dem Netzwerk ein Netzwerk entgegenzusetzen.»Der ›Krieg gegen den Terror‹ ist der erste große Krieg, in dem Staaten gegen Netzwerke kämpfen.

Anfangs gingen die USA und ihre Verbündeten diese Aufgabe mit herkömmlichen Methoden an: mit massivem Truppeneinsatz, militärischer Übermacht und Luftschlägen zur Demoralisierung des Gegners.« Dieser Ansatz glich einer unspezifischen Behandlung mit einem Breitbandantibiotikum. Er reichte aus, den Gegner vorübergehend vom Schlachtfeld zu vertreiben, aber nicht, um ihn zu besiegen. Und deshalb wurde er in einem langsamen, schmerzhaften Prozess durch weniger massive, flexiblere, gezieltere und besser vernetzte Ansätze ersetzt.

Die Strategie, mit der die USA im Einsatz gegen Netzwerke im Irak schließlich Erfolg hatten, ist gewissermaßen die amerikanische Entsprechung zur »Shoot and scoot«-Taktik der Hisbollah. Arquilla nennt sie »Outpost and Outreach« [zu dt. etwa: »Mehr Außenposten und mehr Kontakt«]:»Als sich der Krieg bereits einige Jahre hinzog, verlagerten die Amerikaner ihre Truppen trotz großer Widerstände von riesigen Stützpunkten in hunderte kleine Außenposten mit je 30 bis 50 Mann Besatzung. Damit stieg die Zahl der Knotenpunkte in ihrem Netzwerk dramatisch.« Dadurch verringerte sich die Reaktionszeit. Die amerikanischen Truppen konnten nun schnell, flexibel und angemessen auf Bedrohungen oder Probleme reagieren, und zwar binnen Minuten statt Stunden. Außerdem war es dem Kontakt zur lokalen Bevölkerung zuträglich, und es wurden Verbindungen geknüpft, über die unglaublich viele wertvolle Informationen gesammelt wurden.

Hand in Hand mit der militärischen Umstrukturierung gingen Bemühungen, auf die Iraker zuzugehen und ein soziales Netzwerk aufzubauen. Diese Bemühungen haben nach Ansicht vieler Beobachter den größten taktischen Erfolg des gesamten Krieges hervorgebracht, die Sunnitische Erweckungsbewegung, einen Zusammenschluss sunnitischer Stämme, die überzeugt werden konnten, nicht mehr gegen die Amerikaner zu kämpfen, sondern gegen den lokalen al-Qaida-Ableger. »Was das Blatt konkret und vor Ort wendete, war die *Kombination* aus militärischem und sozialem Netzwerk. Wir hätten das nie bewerkstelligen können, wenn wir nicht gleichzeitig einen effektiven Propagandafeldzug geführt hätten, um für unsere eigene Sicht der Dinge zu streiten.«

Ermutigt vom Erfolg dieses neuen Ansatzes haben die US-Streitkräfte darüber hinaus begonnen, ihrerseits die Taktik des »Ausschwärmens« anzuwenden, um lokale Terrorgruppen komplett zu zerschlagen. Wie die langwierigen, unablässigen Bemühungen, Drogen- und Mafianetzwerke unschädlich zu machen, so beruht auch das Vorgehen gegen Terror und Aufständische auf dem geduldigen Sammeln von Informationen, um so nach und nach die Verbindungen im sozialen Netzwerk der Terroristen aufzudecken. Ist schließlich so viel wie möglich über das Netzwerk in Erfahrung gebracht, schlagen kleine, bewegliche Gruppen von Soldaten zu, indem sie zu einem koordinierten Angriff ausschwärmen.

Ähnlich wie beim gezielten Einsatz von Antibiotika gegen Tuberkulose kommt es bei diesen Angriffen auf Schnelligkeit, Präzision und das richtige Timing an. Da Netzwerke, in denen alle mit allen in Verbindung stehen, von Natur aus sehr resilient sind, wirkt die herkömmliche militärische Strategie des »Kill or Capture«, also feindliche Soldaten entweder gefangen zu nehmen oder zu töten, viel zu langsam, als dass sie jemals Wirkung zeigen könnte. Wenn einzelne Mitglieder ausfallen, so werden Botschaften einfach zu anderen »umgeleitet«, genau wie bei Datenpaketen im Internet, die an abgestürzten Servern vorbeigeschleust werden.

»Von unseren Streitkräften, die traditionell darauf getrimmt sind, möglichst schnell zu zerstören, erfordert das eine neue Kultur und ein gewaltiges Umdenken, das noch nicht abgeschlossen ist«, so Arquilla. »Wir erkennen nur ganz allmählich, dass wir nur dann gewinnen können, wenn wir möglichst viele Informationen sammeln, bevor wir zuschlagen. Das heißt, wir dürfen ein Ziel *nicht* sofort in die Luft jagen, sondern müssen so lange abwarten wie irgend möglich.« In einem Netzkrieg ist wie in der Immunologie der Zeitpunkt des Zuschlagens wichtiger als die eigene Schlagkraft.

Diese Anstrengungen sind zwar effektiv, aber letztlich bauen sie auf bestehenden Militärstrategien auf. Wie würde es aussehen, wenn die US-Streitkräfte das Prinzip der Selbstorganisation ihrer vernetzten Gegner wirklich nachahmen wollten? Arquilla glaubt, das Militär könnte eines Tages die marktbasierte Dynamik von Unternehmen wie eBay übernehmen. Anstatt seitenweise Einsatzbefehle zu verschicken, könnte ein kommandierender General taktische Ziele auf eine Website stellen und ihnen einen bestimmten Punktwert zuweisen: 100 Punkte für diese Brücke, 500 Punkte für das Einnehmen dieser Stadt oder die Gefangennahme jenes feindlichen Kämpfers.

»Die Einheiten des Generals könnten sich dann einloggen, die Liste anschauen und sich für bestimmte Einsätze bewerben. Wenn sich für einen bestimmten Einsatz niemand meldet, könnte der General die Punktwerte erhöhen oder senken. Und wenn am Abend immer noch Ziele übrig geblieben sein sollten, könnte der General ja immer noch jemandem einen Befehl erteilen. Aber ich glaube, dass die einzelnen Einheiten sich dann besser abstimmen würden und Militäreinsätze schneller, anpassungsfähiger und effektiver wären.«

Und wie müssten die Streitkräfte aussehen, damit sie solche Einsätze durchführen könnten? Arquilla schwebt eine Armee aus vielen kleinen Einheiten vor, die bei Bedarf ausschwärmen können. »Ich würde ruhiger schlafen, wenn wir in 20 Jahren nicht nur 10, sondern 100 Armeedivisionen hätten, die zu kleinen Einheiten zusammengefasst wären«, sagt er. Die Einheiten dieser Armee sollten genauso schnell mobilisiert und demobilisiert werden können wie die ihrer Gegner. »Die USA haben derzeit zwei Millionen Soldaten. Meiner Meinung nach könnte man das auf 400 000 aktive Soldaten reduzieren und dafür eine größerer Reserve bilden, die aber wirklich nur eine Reserve sein sollte. Wenn man die Idee von Netzwerken ernst nimmt, könnte man das alles für die Hälfte dessen haben, was die amerikanische Regierung heute ausgibt. Netzwerke aufzubauen ist keine Hexerei.«

Während das US-Militär zu mehr Resilienz und erfolgreicheren Strategien findet, indem es manches von ihren agileren, vernetzten Gegnern übernimmt, werden durch solche dezentralen, hochflexiblen und vernetzten Ansätze auch andere große Systeme völlig umgekrempelt. Nirgends ist das deutlicher zu sehen als beim langsamen Umbau des riesigen amerikanischen Stromnetzes und in den Planungen für das System der Zukunft, das eines Tages an seine Stelle treten wird.

Ein Netz, das atmet

Die National Academy of Engineering hat das nordamerikanische Stromnetz als »die größte Ingenieurleistung des 20. Jahrhunderts« bezeichnet.[15] Es ist genauso komplex wie das Internet, nur größer und weiter verzweigt. Der in Kraftwerken aus unterschiedlichen Energiequellen erzeugte Strom wird in dieses Leitungsnetz eingespeist und auf regionale Netze verteilt, die zum Teil hunderte oder tausende Quadratkilometer große Gebiete abdecken. Dieses »System aus Systemen« durchzieht nicht nur die Vereinigten Staaten von der West- bis zur Ostküste, sondern umfasst auch Querverbindungen nach Kanada und Mexiko.

Elektrischer Strom folgt immer dem Weg des geringsten Widerstands und steht niemals still. Er lässt sich also weniger mit einem Auto vergleichen, das an jeder roten Ampel stehen bleibt, sondern eher mit Wasser, das mit Lichtgeschwindigkeit durch ein Netz aus Schleusenkanälen fließt. (Der Großteil des Stroms ist eine Sekunde, nachdem er erzeugt wurde, schon verbraucht.) Wenn es in einer Leitung einen Stau gibt, wird der Strom auf zum Teil erstaunlich verschlungenen Pfaden zu seinem Bestimmungsort umgeleitet. Wenn zum Beispiel in Portland im Bundesstaat Oregon zur Abendessenszeit die Lichter angehen, kommt ein Teil des Stroms möglicherweise aus Los Angeles und nimmt einen Umweg über Utah, ehe er die Glühbirnen zum Leuchten bringt. Wenn an der Ostküste am Sonntagabend die Fernseher eingeschaltet werden, kann es sein, dass die Energie aus Kanada einen Abstecher nach Ohio oder sogar Virginia einlegt, bevor sie wieder nach Norden fließt, damit die Zuschauer im Bundesstaat New York das Footballspiel genießen können.

Das System, das all diese Elektronenströme koordiniert, ist nicht nur eine technische Meisterleistung. Es beruht auf der engen Zusammenarbeit von Menschen in verschiedenen Organisationen und Unternehmen. Mehr als 3200 Stromversorger, 2000 unabhängige Stromproduzenten und hunderte von anderen Firmen beliefern 120 Millionen Privatkunden, 16 Millionen Firmenkunden und 700 000 Kunden in der Industrie. Der nordamerikanische Kontinent ist allein von 1,1 Millionen Kilometern Hochspannungsleitungen überzogen, die 200 verschiedenen Unternehmen gehören und deren Wert auf mehr als 160 Milliarden Dollar geschätzt wird.[16] Angeschlossen an diese Hochspannungs-Stromautobahnen sind wiederum 8 Millionen Kilometer Mittelspannungsleitungen und 22 000 Verteilerstationen im Besitz von 3200 verschiedenen Unternehmen und mit einem Wert von 140 Milliarden Dollar.[17] Insgesamt ist das System so groß, dass mehr als 20 Prozent aller weltweiten Investitionen in die elektrische Infrastruktur auf die Instandhaltung des nordamerikanischen Stromnetzes entfallen.[18]

Jetzt erst mal tief durchatmen. Haben Sie sich alles gemerkt? Wahrscheinlich nicht. Das System ist so komplex, dass nur wenige es in allen Details durchschauen. Denn die bloße Beschreibung der Verbindungen zwischen den Knotenpunkten dieses gewaltigen Netzwerks erfasst nur einen Teil dessen, was das System zu leisten vermag. Beispielsweise »atmet« das System im Rhythmus der Jahreszeiten, da die elektrische Leitungsfähigkeit der einzelnen Bestandteile des Netzes – und damit die Menge der übertragenen Energie – von Temperaturschwankungen abhängig ist, durch die das Material sich ausdehnt oder zusammenzieht wie ein Zwerchfell.

Tausende von Mitarbeitern sorgen dafür, dass die Lichter nicht ausgehen, indem sie permanent ein System der Stromproduktion und -verteilung von atemberaubender Komplexität mit dem Energiehunger der Bevölkerung und dem Wetter in Einklang bringen. Dazu erfordert es Kenntnisse über tages- und jahreszeitliche Schwankungen, die geografischen Bedingungen in einer Region, große gesellschaftliche Ereignisse (wie ein Rockkonzert im lokalen Stadion) und zahllose weitere Variablen, die unmittelbar mit dem System gar nichts zu tun haben.

Hinzu kommt, dass ein sehr unwahrscheinliches, aber folgenreiches Ereignis wie eine Hitzewelle oder ein Kälteeinbruch den Stromverbrauch innerhalb kürzester Zeit nach oben treiben kann, sodass die Leitungen überlastet sind. Ein durch einen Blitzeinschlag oder einen umgestürzten Baum verursachter technischer Ausfall kann – wenn automatische Systeme oder das Überwachungspersonal nicht rechtzeitig gegensteuern – an anderer Stelle für einen Spannungsstoß sorgen, der in ganzen Regionen das funktionierende Netz gefährdet.

Und genau das geschah am 14. August 2003 kurz nach 16:00 Uhr.[19] Aufgrund der heißen Temperaturen jenes Sommers drehten immer mehr Menschen im Norden und in der Mitte der USA ihre Klimaanlagen und Ventilatoren auf. Gleichzeitig dehnten sich in der Sommerhitze mehrere lokale Stromleitungen in Ohio aus, bis sie durchhingen und die Wipfel von Bäumen berührten, die schon länger nicht mehr geschnitten worden waren. Die Folge: Kurzschluss, sprühende Funken, Stromausfall. An einem normalen Tag wäre das kein großes Problem gewesen. Im Kontrollraum des lokalen Stromversorgers wäre Alarm ausgelöst worden und hätte einen der Techniker vor Ort auf die Störung aufmerksam gemacht. Unter normalen Umständen hätte dieser Techniker den Strom einfach um- und an der betroffenen Stelle vorbeigeleitet und eine Gruppe von Leitungsmonteuren losgeschickt, um den Schaden zu beheben.

Doch der 14. August 2003 war kein normaler Tag. Es fielen nämlich nicht nur einige Leitungen aus, sondern auch noch die Alarmsoftware, die den diensthabenden Techniker normalerweise auf das Problem aufmerksam gemacht hätte. Da sie von der Störung nichts ahnten, schickten alle anderen Techniker, die Strom durch das regionale Stromnetz leiteten, munter weiter Strom durch das betroffene Gebiet, sodass die noch intakten Leitungen hoffnungslos überlastet wurden. Zwei Stunden nach dem ursprünglichen Kurzschluss war die Grenze der Belastbarkeit erreicht, und in ganz Ohio fiel der Strom aus.

Genau wie bei anderen stabilen, aber anfälligen Systemen, die wir bereits beschrieben haben, wuchs sich der Stromausfall in Ohio von einem kleinen Auslöser zu einem Zusammenbruch des gesamten Systems aus. Eine automatische Sicherung nach der anderen wurde ausgelöst, ein Kraftwerk nach dem anderen ging vom Netz, eine Leitung nach der anderen fiel aus. Die Netztechniker wurden eiskalt erwischt, und da ihre Überwachungssysteme völlig überholt und untereinander inkompatibel waren, konnten sie nicht einmal herausfinden, was eigentlich vor sich ging. Innerhalb von acht Minuten waren Schätzungen zufolge 10 Millionen Menschen in Ontario und 45 Millionen Menschen in acht US-Bundesstaaten ohne Strom.[20] Damit war der Stromausfall von 2003 der schlimmste in der nordamerikanischen Geschichte, schlimmer als die großen Blackouts von 1965 und 1977.[21] Als der Tag sich dem Abend neigte, kam der Luft- und Schienenverkehr an der Ostküste zum Erliegen. Cleveland verhängte eine Ausgangssperre für alle unter 18 Jahren.[22] In einigen betroffenen Städten konnte man seit Jahrzehnten zum ersten Mal wieder die Milchstraße sehen.[23]

Und das alles nur wegen eines Astes und einer Reihe von Faktoren, die uns mittlerweile wohlbekannt sind: Komplexität eines Systems, fehlende Transparenz und mangelnde Interoperabilität.

Ein Stromnetz wie ein Schwarm

Die Fähigkeit des Stromnetzes zur Selbstüberwachung war schon immer bestenfalls ausbaufähig. In den späten 1920er und frühen 1930er Jahren kamen die ersten Analogrechner auf, die mithilfe von elektrischen Komponenten Stromnetze in Miniatur nachbildeten. Diese Rechner der ersten Stunde, die groß genug waren, ein ganzes Wohnzimmer auszufüllen, simulierten die Auswirkungen von Netzstörungen. Ab den 1960er Jahren machten innovative digitale Computer ein komplexeres System möglich. Bei den meisten Kraftwerken und Überlandleitungen kommt seither eine Überwachungs- und Steuerungsmethode namens

SCADA (Supervisory Control and Data Acquisition) zum Einsatz. Solche Systeme sammeln über verschiedene in einem Kraftwerk oder entlang einer Hochspannungsleitung verteilte Sensoren Daten und senden diese zur Auswertung an einen Zentralcomputer.

Wie so oft sorgte die Vernetzung, die aus dem Einsatz dieses Standards resultierte, zunächst für größere Effizienz. Doch im Lauf der Zeit, als das Stromnetz und die damit verbundenen Technologien immer komplexer wurden, war SCADA immer weniger in der Lage, ein Gesamtbild des Systems zu liefern. Daher wurde die Resilienz des Stromnetzes durch SCADA nicht erhöht, sondern allmählich ausgehöhlt.

Glaubt man Phillip Schewe vom American Institute of Physics, dann ist diese Technik überholt und den heutigen Anforderungen mittlerweile nicht mehr gewachsen. Es »erfasst oder kontrolliert bei Weitem nicht genügend Komponenten im Umfeld des Netzes. Es ermöglicht zwar eine gewisse Koordination der Stromübertragung zwischen Stromversorgern, aber dieser Prozess ist extrem langsam, und vor allem in Notfällen funktioniert er im Wesentlichen über Telefongespräche zwischen den Technikern in den Kontrollzentren der Stromversorger.«[24]

Manchmal erweisen sich selbst diese Telefongespräche zwischen Technikern als sinnlos, weil benachbarte Stromversorger zum Teil inkompatible Kontrollprotokolle verwenden. Transkriptionen von Telefongesprächen, die am Tag des Stromausfalls von 2003 aufgezeichnet wurden, illustrieren den Mangel an Kompatibilität und Echtzeitinformationen zwischen den Systemtechnikern, wie im folgenden Beispiel zwischen einem Techniker des regionalen Netzes von Pennsylvania, New Jersey und Maryland (PJM) und einem Techniker vom Midwest Independent System Operator (MISO):

PJM: [...] Sieht so aus, als ob die Verbindung South Canton-Star 345 ausgefallen wäre. Könnten Sie mir eventuell sagen, ob die Verbindung Sammis-Star noch steht?

MISO: Hm, mal sehen. Ich weiß zumindest, dass die Juniper-Leitung von First Energy ebenfalls ausgefallen ist.

PJM: Tatsächlich?

MISO: Und hier haben sie das seit Kurzem wieder unter Kontrolle.

PJM: Und wann wurde das geschaltet? Das könnte ...

MISO: Das weiß ich noch nicht ...

PJM: Gerade sehe ich, dass die Verbindung Sammis-Star laut AEP bis 1378 steht ...

MISO: Augenblick, ich muss mal schauen, ob ich das hier finde, sofern das überhaupt geht ... Soviel ich sehe, ist South Canton-Star auf, aber wir empfangen gerade Daten von 1199, und ich frage mich, ob das gleich danach kam.

PJM: Könnte schon sein.[25]

Um mit der »größten Ingenieursleistung des 20. Jahrhunderts« zurechtzukommen, waren die Techniker dazu verurteilt, auf eine Erfindung des 19. Jahrhunderts zurückzugreifen: das Festnetztelefon. Ihr Bild der Lage war lückenhaft und unscharf, und es beruhte auf veralteten Informationen.

Würde man diese Probleme nur notdürftig beheben, so würde das Stromnetz dadurch auch nicht zuverlässiger, denn es wird von Tag zu Tag größer und komplexer, und es soll immer mehr Aufgaben übernehmen, die sich seine Erfinder nicht einmal hätten vorstellen können. Hinzu kommt noch eine weitere Sorge: Der Blackout von 2003 war ein Unfall, aber was, wenn jemand gezielt eine solche Störung herbeiführen würde?

Im Auftrag von Stromkonzernen haben Hacker die Sicherheitslücken von SCADA-Systemen längst unmissverständlich demonstriert. In einer Simulation verschafften sie sich Zugang zum

Kontrollsystem, das Netzbetreiber standardmäßig verwenden, schnitten heimlich alle Anweisungen mit, die das System an verschiedene Generatoren schickte, und verfolgten die Reaktionen. Dann vertauschten sie einfach die Instruktionen, die normalerweise tagsüber versandt werden, wenn der Verbrauch am höchsten ist, mit den sonst in der Nacht verschickten, wenn weite Teile des Systems inaktiv sind. Dadurch sorgten sie innerhalb von Minuten für einen Zusammenbruch des gesamten (glücklicherweise simulierten) Stromnetzes. Leicht abgeändert wurde dieser Ansatz auch in der Realität schon angewandt: Am 8. November 2011 sollen Hacker die Kontrolle über eine Wasserversorgungspumpe in Springfield im US-Bundesstaat Illinois übernommen haben. Sie schickten der Pumpe in kurzen Abständen Signale, um sie ein- und auszuschalten, sodass sie schließlich kaputt ging.[26]

Doch auch wenn man von der Gefahr des Cyberterrorismus absieht, wird es immer wahrscheinlicher, dass sich ein Stromausfall wie 2003 wiederholt. Gründe dafür sind die Notwendigkeit, immer größere Strommengen über immer weitere Strecken zu transportieren, die Unterfinanzierung des Leitungssystems, unvorhersehbare Verbrauchsspitzen sowie die Sparmaßnahmen der Stromkonzerne. Hinzu kommt die prognostizierte Welle von Ausfällen bei den alternden Transformatoren, die in den fünfziger bis siebziger Jahren des letzten Jahrhunderts installiert wurden und deren Lebensdauer sich dem Ende nähert.[27] Wenn man jetzt noch die zunehmende Häufigkeit von »Wetteranomalien« aufgrund des Klimawandels dazunimmt sowie die Tatsache, dass bald Millionen von amerikanischen Autofahrern ihre Hybridfahrzeuge zum Aufladen ans Stromnetz hängen werden, wird schnell klar: Wenn die Amerikaner sicherstellen wollen, dass ihr Stromnetz den Anforderungen des 21. Jahrhunderts dauerhaft gewachsen ist, werden sie es umbauen müssen – aber wie?

An diesem Punkt kommen Ingenieure wie Massoud Amin ins Spiel, der allgemein als »Vater des intelligenten Stromnetzes« gilt. Amin ist ein hochgewachsener Mittfünfziger aus dem Iran, der heute ein sehr angesehener Professor für Ingenieurwissenschaften an der University of Minnesota ist. Nach dem 11. September, als bei der Regierung in Washington eine allgemeine Angst vor Terroranschlägen aller Art herrschte, wurde Amin mit der Leitung eines Forschungsprojektes zur Sicherung unverzichtbarer Infrastruktur und des Stromnetzes am Electric Power Research Institute beauftragt, einer führenden Denkfabrik in Palo Alto, die sich mit der Zukunft des Stromnetzes befasst. Amin und sein Team nutzten eine beeindruckende Vielfalt von bahnbrechenden Erkenntnissen auf ganz unterschiedlichen Forschungsgebieten – von nichtlinearen dynamischen Systemen über künstliche Intelligenz bis hin zur Spieltheorie und Netzwerkforschung –, um Schlüsselkonzepte für ein Stromnetz zu entwickeln, das sich selbst überwacht und selbst repariert.

Amin und seinen Kollegen zufolge sollte das Stromnetz der Zukunft drei Kriterien erfüllen, die uns mittlerweile wohlbekannt sind. Das erste lautet *Kontrolle und Reaktion in Echtzeit*. So wie Andrew Haldane fordert, bessere, aktuellere Daten zur Leistung des globalen Wirtschaftssystems zu erheben, so braucht auch das Stromnetz auf allen Organisationsebenen, vom Zentrum bis zur Peripherie, sehr viel mehr Sensoren. Das zweite Kriterium ist die *Antizipation*. Heutige SCADA-Systeme werten mit einer Verzögerung von 30 Sekunden isolierte Informationsschnipsel aus. Das ist, als wäre der Fahrer eines Autos ausschließlich auf seinen Rückspiegel angewiesen. Mehr Kontrolle und vorausschauende Steuerung würden zu einem System führen, das sich »seiner selbst bewusst« ist, wie es Amin nur halb im Scherz beschreibt. Innovative Steuerungssysteme würden wie ein geübter Schachspieler in der Kette der Ereignisse mehrere Schritte vorausplanen und Modelle von Angebot und Verbrauch erstellen. Das dritte Prinzip heißt *Entkopplung.* Beim geringsten Anzeichen einer Störung würde sich das Stromnetz in voneinander abgekoppelte »Inseln« aufteilen. So könnte es zwar zum Komplettausfall einer einzelnen Insel kommen, aber ein Dominoeffekt wie beim Stromausfall von 2003, der am Ende das ganze System lahmlegt, wäre ausgeschlossen.

Unter Berücksichtigung dieser Prinzipien wird das Stromnetz derzeit revolutioniert. Angelockt von Gewinnchancen, die jene des Internets in den Schatten stellen könnten, ist eine ganz eigene Branche entstanden, die diese Prinzipien nun auf allen Ebenen umsetzt, vom einzelnen Lichtschalter bis zum Stromnetz als Ganzes. Einer Prognose der Telekommunikationsfirma Cisco zufolge wird die so entstehende Technologieplattform hundert- bis tausendmal größer sein als das Internet in den USA und *Billionen* von im ganzen System verteilten Knotenpunkten und Sensoren umfassen, die über Millionen von spezialisierten Softwaresystemen miteinander verbunden sein werden.[28]

In ihrer Gesamtheit werden diese eingebauten Sensoren und Informationssysteme dem Stromnetz die Fähigkeit zur *Propriozeption* verleihen. Propriozeption ist etwas anderes als die »Selbstbewusstheit«, von der Massoud Amin spricht. Sie bezieht sich ganz konkret auf die »Selbstwahrnehmung«, also die Position des eigenen Körpers im Raum. Machen Sie folgendes Experiment: Schließen Sie die Augen und heben Sie beide Arme über den Kopf. Halten Sie den linken Arm absolut still und berühren Sie mit der Fingerspitze des rechten Zeigefingers möglichst schnell Ihre Nasenspitze. Berühren Sie dann, ohne die Augen zu öffnen, mit demselben Zeigefinger den Daumen Ihrer linken Hand.

Vielleicht gelingt Ihnen diese Übung nicht gleich auf Anhieb, doch nach einigen Anläufen ist sie kein Problem. Nur: Wie machen wir das eigentlich? Unsere wichtigste Informationsquelle zur

Lage unseres Körpers im Raum ist zwar der Sehsinn, aber wir haben auch bei geschlossenen Augen ein Gespür dafür, wo im Raum sich beispielsweise unsere Füße und Arme zu einem bestimmten Zeitpunkt befinden. Überall in unserem Körper gibt es spezielle Rezeptoren, sogenannte Proprio- oder Dehnungsrezeptoren, die das Gehirn permanent mit Informationen zu ihrer Lage im Raum versorgen. Das Gehirn sammelt diese Daten, gleicht sie mit der Wahrnehmung unserer Augen und anderen Sinnesorgane ab und erstellt auf diese Weise ein Gesamtbild von der Positionierung unseres Körpers im Raum. Dieser Mechanismus funktioniert auch dann, wenn unsere Arme, unsere Beine und unser Rumpf gerade außerhalb unseres Gesichtsfeldes liegen.

Die Sensoren, die Amins Vision zufolge im gesamten Stromnetz verteilt sein sollten, würden dem Netz eine Fähigkeit verleihen, die der menschlichen Propriozeption vergleichbar wäre. Damit die Signale dieser Sensoren auch verarbeitet werden können, ist allerdings noch etwas anderes vonnöten: neue Protokolle für die Komprimierung und den Austausch von Informationen innerhalb des Systems.

Wie die Probleme bei den SCADA-Systemen illustrieren, ist die Resilienz eines Systems wie unseres Stromnetzes sehr stark davon abhängig, wie es um die Kommunikationsprotokolle bestellt ist. Protokolle sind die Lingua franca eines Systems, sie legen fest, wie die einzelnen Teile Informationen austauschen. Ist das verwendete Protokoll unflexibel oder zu eng an eine bestimmte Hard- oder Software gebunden, so veraltet es sehr schnell, nämlich dann, wenn die zugrundeliegende Technik veraltet und ausgetauscht wird. Und genau das ist im Fall von SCADA geschehen, einem System, das Steuerungsprinzipien aus der Ära der Großrechner verkörpert.

Ein (alles in allem) positives Gegenbeispiel dazu ist das Protokoll, auf dem das Internet basiert: TCP/IP. Dieses Protokoll basiert, wie im vorigen Kapitel beschrieben, auf »Paketen«. Das zugrundeliegende Modell ist ebenso simpel wie genial. Vereinfacht kann man sich die Funktion anhand einer Sanduhr vorstellen: In der unteren Hälfte der Sanduhr befindet sich ein immer größer werdendes Sammelsurium von internetfähigen Geräten, von iPods über Roboter bis hin zu Spielereien, die es noch gar nicht gibt, in der oberen Hälfte das entsprechende, immer größer werdende Sammelsurium von Anwendungssoftware, von Apps bis zum Nachfolger von Twitter, der erst noch erfunden werden muss. Dazwischen liegt die »schmale Taille« der Sanduhr: ein simples Protokoll, das sich praktisch nicht ändert, und das dazu dient, für den Versand über das Netzwerk bestimmte Informationen zu komprimieren. Damit es mit allen anderen Geräten des Netzwerks »kommunizieren« kann, muss eine neue App oder ein neues internetfähiges Gerät also lediglich in der Lage sein, TCP/IP zu »verstehen«.

So betrachtet gleicht TCP/IP unserem Alphabet. Es besteht aus einer Reihe grundlegender Elemente, mit deren Hilfe man eine unbegrenzte Anzahl von Gedanken ausdrücken und miteinander verknüpfen kann, die sich selbst aber nur mit der Geschwindigkeit eines Gletschers verändern. Zu dem Zeitpunkt, als TCP/IP erfunden wurde, konnte sich kaum jemand eine Welt vorstellen, in der es iPads und Facebook-Profile gibt. Das Geniale an diesem System ist jedoch, dass die Erfinder sich das gar nicht vorstellen mussten – sie mussten lediglich dafür sorgen, dass alles, was erfunden wurde, eine universelle Sprache versteht und dass diese universelle Sprache umgekehrt alles ausdrücken kann, was diese Geräte einander »mitteilen« wollen könnten. (Bei SCADA dagegen waren, um in der Analogie zu bleiben, die Beziehungen zwischen den Buchstaben festgelegt, sodass das Spektrum an Informationen und Gedanken, die darüber ausgetauscht werden konnten, begrenzt war.)

Vom Großen zum Kleinen

Die Schaffung eines Netzwerks von Sensoren und bessere, erweiterbare Protokolle werden das im 19. Jahrhundert erdachte und für das 20. Jahrhundert geplante Stromnetz für das 21. Jahrhundert fit machen. Die eigentliche »Resilienzrevolution« steht jedoch erst dann bevor, wenn das Stromnetz um neue *Strukturmerkmale* erweitert wird. Die erste derartige Innovation sind *Mikronetze* – kleine, autarke und autonome Systeme, die mithilfe von lokal verfügbaren Energiequellen einige wenige Häuser oder Fabriken versorgen und dabei das Ziel eines möglichst kleinen »Fußabdrucks« verfolgen.

Zu der Zeit, als Ingenieure das nordamerikanische Stromnetz planten, war die Stromerzeugung eine schmutzige, gefährliche und teure Angelegenheit. Daher wurde der Strom zentral in Großkraftwerken erzeugt und zu den Kunden transportiert, die anfangs dutzende, dann hunderte und schließlich tausende Kilometer entfernt waren. Es war das Pendant zur Ära der Großcomputer: Viele Menschen nutzten gemeinsam die Kapazitäten eines Kraftwerks, so wie die ersten Programmierer sich die Kapazitäten eines zimmergroßen Computers geteilt haben.

Um die Kosten zu senken und den Brennstoffnachschub sicherzustellen, mussten Kraftwerke in der Regel Zugang zur entsprechenden Infrastruktur haben, also in der Nähe von Eisenbahnstrecken und Flüssen gebaut werden. Und aus Gründen der Sicherheit und der Ästhetik wurden sie meist in einiger Entfernung zu den Städten errichtet, in denen der Strom verbraucht wird. Mit der Folge, dass US-Amerikaner heute fast unmöglich wissen können, woher der Strom aus ihren Steckdosen eigentlich stammt.

Würde man das Stromnetz durch Mikronetze ergänzen, so würde sich diese Situation umkehren. Zumindest ein Teil der Energie würde durch kleine, effiziente Wind-, Solar- oder Wasserkraftwerke lokal produziert und müsste nicht über weite Strecken transportiert werden. Im Prinzip müssten die Nutzer gar nicht mehr an ein System angeschlossen sein, in dem sie von weit entfernt auftretenden Störungen betroffen sind. Voraussetzung wäre allerdings, dass die Energie *sicher* und *sauber* ist. Wer hätte schon gern ein Kohlekraftwerk hinter dem Haus stehen, zumal in dem Fall, dass etwas schiefgeht? Und natürlich müsste die Stromproduktion *kostengünstig* sein – mit einer Technologie, die all das leistet, aber exorbitante Kosten verursacht, ist niemandem geholfen.

Würden diese Kosten- und Sicherheitsfragen jedoch gelöst, so könnte jeder Häuserblock, jedes Haus, vielleicht sogar jeder Einzelne von einem kleinen, autonomen Stromnetz versorgt werden. Das bestehende Stromnetz würde »atomisiert« – in unendlich viele Mini-Stromnetze aufgeteilt.

Nirgendwo stößt das Konzept der Mikronetze auf größeres Interesse als beim US-Militär. Die Gründe sind einleuchtend. In einer Welt der vernetzten Außenposten gibt es keine Front, hinter die Soldaten sich nach dem Ausschwärmen zurückziehen könnten. Die Front verläuft rings um den vorgeschobenen Außenposten. Dennoch müssen diese Posten regelmäßig mit Treibstoff und Material versorgt werden, was in der Regel durch Konvois geschieht, die sich im Schneckentempo durch äußerst gefährliches Gebiet kämpfen müssen. Aufgrund ihrer geringen Geschwindigkeit sind diese leicht bewaffneten Geleitzüge aus Transportfahrzeugen sehr verwundbar. Einer Studie von 2009 zufolge haben die US-Streitkräfte in Afghanistan bei durchschnittlich jedem vierundzwanzigsten Versorgungskonvoi einen verletzten Soldaten zu beklagen.[29] Rechnet man den gesamten Aufwand, so kostet ein Liter zu einem solchen Außenposten transportiertes Benzin sage und schreibe 80 Euro.[30] Und auf dem Höhepunkt des Konflikts lag der Verbrauch bei mehr als 750 000 Liter pro Tag.[31]

Wären Stützpunkte energetisch autark, dann könnten Kampf-
verbände sehr viel schneller verlegt werden und unabhängiger
agieren. Damit diese Vision Realität wird, beschäftigt sich das US-
Militär im Rahmen einer Initiative namens »NetZero« derzeit intensiv mit Mikronetzen, die eine große Bandbreite erneuerbarer
Energiequellen wie Wind, Sonne und Brennstoffzellen nutzen.[32] Im
Irak und in Afghanistan testen Soldaten bereits eine große, mit Solarzellen bestückte Plane namens »PowerShade«, die über ein Stan-
dardzelt passt und lautlos Strom liefern kann, ohne wie ein Genera-
tor feindliche Aufständische auf den Plan zu rufen.[33] Eine etwas
größere Solaranlage mit der Bezeichnung »GREENS« (Ground
Renewable Expeditionary Energy System) kann die ganze Kom-
mandozentrale eines Zugs mit Strom versorgen.[34] Es gibt sogar den
Vorschlag, die US-Streitkräfte sollten afghanische Bauern dazu er-
muntern, an Stelle von Mohn Feldfrüchte anzupflanzen, aus denen
Biokraftstoff gewonnen werden kann. Dadurch könnte man den
Drogenhandel einschränken, eine neue Industrie aufbauen, die US-
Streitkräfte lokal versorgen und gleichzeitig den Taliban die Finan-
zierungsgrundlage entziehen.[35]

In der Privatwirtschaft setzen Investoren und innovative Unternehmen darauf, dass Mikronetze für die zukünftige Energieversorgung eine wichtige Rolle spielen werden. Schon heute sagen
Firmen wie General Electric und IBM voraus, dass in einigen
Jahrzehnten jedes zweite amerikanische Haus seinen Energieverbrauch teilweise selbst decken wird. Wird diese Vision in die Realität umgesetzt, so wird das nicht nur zu einer Dezentralisierung
der Stromerzeugung führen, sondern auch die Beziehung zwischen Stromverbrauchern und Stromproduzenten normalisieren.
Derzeit fließt der Strom immer nur in eine Richtung: vom Kraftwerk über das Leitungsnetz zum Kunden. Sollte Mikronetzen jemals der Durchbruch gelingen, dann werden die Kunden ebenso
häufig – oder sogar noch häufiger – überschüssigen Strom »hoch-

laden«, wie sie Strom von einer zentralen Quelle »herunterladen«. Ein solches »Internet der Energie« wäre, ähnlich wie sein Namensvetter, nicht nur eine Plattform für individuellen Verbrauch, sondern auch für die individuelle Produktion. Das Stromnetz wäre wie ein »Schwarm«, ohne zentrale Stelle, die das Gesamtsystem kontrolliert. Stattdessen würden sich kleine, weitgehend unabhängige Einheiten zu einem Ganzen zusammenfügen: einem System aus Systemen.

Solche »Mikronetze« werden in den nächsten Jahren die bestehende, zu »intelligenten Stromnetzen« umgebaute Infrastruktur zweifellos ergänzen. Beiden Visionen liegen unterschiedliche Strategien zu Grunde, um das System der Stromversorgung resilienter zu machen, nur dass Letztere sich darauf konzentriert, die bestehenden, zentralisierten Systeme intelligenter zu gestalten, während Erstere zum Ziel hat, die Autonomie und Autarkie der Peripherie zu stärken.

Um beides zusammenzubringen, muss SCADA durch neu entwickelte Protokolle abgelöst werden, die nach dem Prinzip der »schmalen Taille« gestaltet sind und dem frei zugänglichen TCP/IP-Protokoll des Internets gleichen. (Angesichts der weiten Verbreitung und Akzeptanz von TCP/IP könnte es sich sogar um eine Variante davon handeln.) Diese neuen Protokolle werden die Kompatibilität verbessern und dafür sorgen, dass Technologien zur lokalen Stromerzeugung – einschließlich derer, die wir uns heute noch gar nicht vorstellen können – leichter ans Stromnetz angeschlossen werden können, sozusagen per »Plug and Play«. Ein solches intelligentes Stromnetz vereint somit Vorteile der Energie- und der Informationsinfrastruktur.

Die Umsetzung solcher Ansätze wird die Effizienz des Stromnetzes erheblich steigern. Nach einer Schätzung des Electric Power Research Institute wird ein fertiggestelltes intelligentes Stromnetz US-amerikanischen Stromkunden Einsparungen in Höhe von 20 Milliarden Dollar jährlich bescheren und für eine Reduzierung der Kohlendioxidemissionen um 10 Prozent sorgen – das entspricht 140 Millionen Autos.[36] Befürworter intelligenter Stromnetze nennen dieses Einsparpotenzial die »fünfte Energiequelle«, die Kohle, Öl, Atomkraft und erneuerbare Energie ergänzen könnte.

Der Weg dorthin ist allerdings nicht ohne Hindernisse, und diese sind nicht nur technischer, sondern auch *psychologischer* Natur. In ersten Versuchen, die Prinzipien Massoud Amins (wie Datenerhebung in Echtzeit und vorausschauende Steuerung) in Form von »intelligenten« Stromzählern auf den Teil des Stromnetzes anzuwenden, mit dem die Verbraucher direkt in Berührung kommen, bescherten Stromversorgern eine sehr unangenehme Erkenntnis: Viele Leute finden solche Stromzähler einfach schrecklich.

Intelligente Stromzähler waren ursprünglich als Weiterentwicklung konventioneller Stromzähler gedacht. Diese befinden sich meist im Keller eines Hauses, weil sie ganz bewusst »aus den Augen, aus dem Sinn« sein sollten. Im Gegensatz zu solchen Stromzählern, die einmal jährlich vom Stromversorger abgelesen werden, informieren intelligente Stromzähler die Kunden kontinuierlich, drahtlos und in Echtzeit über ihren aktuellen Verbrauch, sodass sie Muster und Schwankungen erkennen können. Gleichzeitig ermöglichen sie es dem Stromversorger, den Strompreis dynamisch anzupassen – also den Preis bei starker Nachfrage zu erhöhen und bei schwacher Nachfrage zu senken. Diese Preissignale sollen die Kunden veranlassen, ihr Verhalten zu ändern.

Theoretisch sollten diese Signale Verbraucher in die Lage versetzen, ihre Stromrechnung zu senken, indem sie ihre Gewohnheiten ändern, und Stromversorgern dabei helfen, Angebot und

Nachfrage besser aufeinander abzustimmen, indem extreme Schwankungen vermieden werden. Prinzipiell ist ein stabileres Stromnetz nicht nur gut für die Kunden (weil es effizienter und kostengünstiger ist), sondern auch für die Stromversorger, weil sie eine verlässlichere Grundlage für die Einspeisung von Strom aus erneuerbaren Quellen haben, was die Kohlendioxidemissionen senkt – theoretisch eine Win-win-Situation.

Allerdings erfordert die bessere Abstimmung von »Angebot« und »Nachfrage« ein Umdenken der Verbraucher, müssen diese doch fortan darauf achten, *wann* sie Strom verbrauchen, und beispielsweise das Abtauen des Kühlschranks oder das Einschalten der Waschmaschine auf Zeiten niedrigen Stromverbrauchs verschieben. Um Schwankungen bei der Netzauslastung zu vermeiden, muss man beim Stromverbrauch einzelner Kunden für *größere* Schwankungen sorgen, indem man einen Teil von ihnen dazu bringt, antizyklisch Strom zu verbrauchen. Die finanziellen Anreize und Strafen, die das bewerkstelligen sollten, haben in Verbindung mit der Rückmeldung in Echtzeit bei den ersten Kunden mit intelligenten Stromzählern das Gefühl ausgelöst, unter ständiger Beobachtung zu stehen und für »falsche« Entscheidungen zur Kasse gebeten zu werden.

Leider haben die Stromversorger, die die erste Generation intelligenter Stromzähler eingebaut haben, wenig bis nichts getan, um den Kunden das System zu erklären. Dadurch haben sie ein Netzwerk von Bürgerinitiativen auf den Plan gerufen, die sich seither lautstark gegen diese Zähler aussprechen. Die ins Feld geführten Gründe reichen von Privatsphäre und Kosten bis hin zu Gesundheit und Sicherheit. »Ich dachte immer, die Leute von PG&E wären einfach nur unfähig«, so einer der ersten Stromkunden, die ungefragt intelligente Stromzähler erhielten. »Mittlerweile glaube ich, dass sie nicht nur unfähig sind, sondern mich auch noch ausspionieren wollen.«

Um derart feindselige Reaktionen künftig zu vermeiden, greifen viele Stromanbieter nicht auf zusätzliche Technik zurück, sondern auf eine Mischung aus verhaltensökonomischen Erkenntnissen, klarer Kommunikation und – ausgerechnet – Smileys. Zu diesem Zweck bedienen sie sich einer kundenorientierten Energiesparsoftware, die von einer Firma namens OPOWER entwickelt wurde.[37]

Auf der Suche nach einem Unternehmenskonzept für ihre neu gegründete Firma OPOWER erkannten Dan Yates und Alex Laskey, dass für Stromkunden, die gerne Energie einsparen würden (was auf die meisten Stromkunden zutrifft), die für Laien weitgehend unverständlichen, einfallslosen Stromrechnungen nicht die geringste Hilfe sind. Ein Musterbeispiel für eine schlecht durchdachte Rückkopplungsschleife: Die Rechnungen enthielten ausschließlich irrelevante, nichtssagende Informationen, die den Verbrauchern keinerlei Bewusstsein für die Folgen ihres Verhaltens vermittelten und keinerlei Anreize boten, dieses zu ändern.

Dann stießen sie durch Zufall auf die Arbeit des Verhaltensforschers und Marketingexperten Robert Cialdini. Der zu diesem Zeitpunkt bereits emeritierte Professor der Arizona State University hatte 30 Jahre lang erforscht, was Menschen überzeugt und inwiefern sie sich von sozialen Normen zur Änderung ihres Verhaltens bewegen lassen. Cialdini war der Autor höchst erfolgreicher Bücher über Marketingstrategien und die Psychologie des Überzeugens. Seine wissenschaftlichen Studien hatte er durch »Undercover«-Feldforschung ergänzt und als Gebrauchtwagenhändler, Telefonverkäufer und in anderen Funktionen gearbeitet, in denen es darauf ankam, Unbekannte von etwas zu überzeugen.

Ein zentrales Forschungsgebiet Cialdinis war das Konzept der »sozialen Bestätigung« (»social proof«) gewesen – der Theorie, wonach Menschen vom Verhalten ihrer unmittelbaren Nachbarn

mehr beeinflusst werden als von jeder anderen Form der Belohnung.

In einer klassischen Studie zur Macht der sozialen Bestätigung
haben Cialdini und seine Kollegen die in Hotels allgegenwärtigen
Programme untersucht, mit denen Übernachtungsgäste animiert
werden sollen, ihre Handtücher mehrmals zu benutzen und dadurch Wasser zu sparen.[38] Sie stellten in den Badezimmern eines
Hotels im Südwesten der USA nach dem Zufallsprinzip eines von
drei verschiedenen Schildern auf, die die Gäste aufforderten, ihre
Handtücher zu behalten. Bei einem stand der Umweltschutz im
Mittelpunkt, beim zweiten die Zusammenarbeit mit dem Hotel,
und beim dritten das Verhalten der anderen Gäste:

SCHÜTZEN SIE DIE UMWELT

Zeigen Sie Ihren Respekt vor der Natur und helfen Sie mit, die Umwelt zu schützen, indem Sie Ihre Handtücher mehrmals benutzen.

HELFEN SIE UNS, DIE UMWELT ZU SCHÜTZEN

Wenn Sie bei diesem Programm mitmachen, spenden wir vom Hotel einen Teil der Einsparungen an eine gemeinnützige Umweltschutzorganisation. Der Schutz der Umwelt ist unser gemeinsames Engagement wert. Machen Sie mit und benutzen Sie Ihre
Handtücher während Ihres Aufenthalts mehrmals.

MACHEN SIE ES WIE UNSERE ANDEREN GÄSTE
UND SCHÜTZEN SIE DIE UMWELT

Fast 75% unserer Gäste machen bei unserem neuen Programm mit
und helfen uns, Ressourcen zu schonen, indem sie ihre Handtücher
mehrmals benutzen. Helfen auch Sie mit, die Umwelt zu schützen,
und benutzen Sie Ihre Handtücher während Ihres Aufenthalts
mehrmals.

Die Reaktionen auf das erste und zweite Schild waren annähernd identisch – 38 beziehungsweise 36 Prozent der Gäste machten mit –, wohingegen das dritte Schild signifikant effektiver war: Fast jeder zweite Gast (48 Prozent) benutzte sein Handtuch mehrmals. (Um Verzerrungen auszuschließen, überprüfte Cialdinis Team nur Zimmer mit Alleinreisenden und nur nach der ersten Nacht.) Damit war der Beweis erbracht: Egal, was die Leute über ihre Überzeugungen sagen, ihr *Verhalten* in Umweltfragen wird sehr stark davon beeinflusst, was andere ihrer Meinung nach tun.

Auf der Grundlage erfolgreicher Studien wie dieser wurde Robert Cialdini Chefwissenschaftler von OPOWER. Er erklärte sich bereit, Yates und Laskey beim Aufbau eines Systems zu helfen, das Stromkunden mithilfe geschickter Datenauswertung und klarer, handlungsleitender Kommunikation, die auf dem Modell der sozialen Bestätigung beruht, zum Stromsparen ermuntert. Zu diesem Zweck lässt sich die Firma vom Stromanbieter zunächst riesige Datenmengen zum Stromverbrauch der Kunden geben. Diese Daten werden dann mit Aufzeichnungen zum Wetter und anderen Ereignissen abgeglichen, und unter Rückgriff auf ausgeklügelte Algorithmen wird der Anteil des Stromverbrauchs herausgerechnet, der auf das Konto von Heizung und Klimaanlage, einmaligen Ereignissen und dauerbetriebenen Geräten wie Kühlschränken geht.

Dann erstellt OPOWER aus diesen Daten für jeden Kunden einen individuell zugeschnittenen Bericht zum Energieverbrauch, der in verständlicher Sprache verfasst ist und den Kunden informiert, wie er abschneidet – nicht abstrakt, sondern im Vergleich zum überschaubaren Kreis der etwa 100 unmittelbaren Nachbarn, die in Häusern von ähnlicher Größe wohnen, und mit konkreten, individuell zugeschnittenen Tipps zum Energiesparen.

Kunden, bei denen die Energieeffizienz über dem Durchschnitt ihrer Nachbarn liegt, werden mit einem Smiley auf ihrem

Bericht belohnt. Wer zu den besten 20 Prozent gehört, erhält zwei Smileys.

Und das ist alles. Kein Bonusprogramm, keine finanziellen Anreize. Einfach nur gezielte Information, moderate Anreize, konkrete Empfehlungen, regelmäßig aktualisierte Berichte und ... Smileys. Die für soziale Bestätigung zuständigen Zentren in unserem Gehirn achten so sensibel auf soziale Normen, dass mehr gar nicht nötig ist. Nach Angaben von OPOWER kommt es in 85 Prozent der Haushalte, die diese Berichte und die entsprechenden begleitenden Informationen und Aktualisierungen erhalten, zu einem reduzierten Energieverbrauch.[39] Offenbar funktioniert der an normativem Verhalten ausgerichtete Ansatz unabhängig von Alter, Einkommen und Bildungsniveau. Stromanbieter, die das System bereits anwenden, berichten für ihre Kunden von durchschnittlichen Einsparungen von zwei bis drei Prozent – und das zu einem Bruchteil der Kosten, die bei energetischen Sanierungsmaßnahmen oder beim Austausch von Glühlampen anfallen.[40] Angesichts des raschen Wachstums (Ende 2011 erhielten 30 Millionen US-Haushalte ihre Berichte, Tendenz steigend) geht man bei OPOWER davon aus, dass Stromkunden dank ihrer Hilfe bald mehr Energie einsparen, als die gesamte Solarbranche in den USA produziert.[41]

Die Lehre, die sich daraus ziehen lässt, lautet: Bei allen technischen Möglichkeiten, die ein dezentrales, dynamisches, intelligentes Stromnetz bietet – seine langfristige Resilienz steht und fällt mit den Menschen. Eine Stromversorgung, der es nicht gelingt, die Menschen einzubeziehen, zu informieren und zum Mitmachen zu motivieren, ist alles andere als intelligent.

Damit zeichnet sich eine Reihe von Faktoren ab, die ein resilientes System ausmachen. Baut man ein System aus einzelnen Komponenten auf, die in Netzwerken organisiert sind, über frei zugängliche Protokolle mit »schmaler Taille« miteinander in Verbindung stehen und mit verteilter Intelligenz ausgestattet sind, und gibt den beteiligten Menschen die richtigen Informationen und Anreize, so sind die Grundvoraussetzungen für ein resilientes System geschaffen. Ein solches System kann seinen eigenen Zustand und den seiner Umwelt wahrnehmen, Störungen vorhersehen, seine Reaktion darauf dynamisch anpassen und einzelne Komponenten nötigenfalls entkoppeln.

Solche Systeme beruhen auf einer Philosophie der Dezentralisierung und der geteilten Kontrolle, sodass es – wie in einem Schwarm – keine Instanz gibt, die absolute Befehlsgewalt hätte. Das heißt jedoch nicht, dass sie von Anarchie geprägt wären. Sie verteufeln die zentralisierte Autorität nicht, sondern stellen ihr als Gegengewicht die Stärkung lokaler, unabhängiger Strukturen zur Seite.

Das Gleichgewicht dieser Systeme beruht jedoch nicht auf einer unüberschaubaren Vielzahl von Verbindungen, ganz im Gegenteil: Wie wir im nächsten Kapitel sehen werden, sind viele resiliente Systeme von *Konzentration* geprägt, von einer dezentralisierten, facettenreichen Zusammenballung, die sich am ehesten an einer Stadt, einem Riff oder einem Garten veranschaulichen lässt.

3. Zusammenballung als Erfolgsrezept

Auf den vorangegangenen Seiten haben wir gesehen, dass man die Resilienz eines Systems stärken kann, indem man es als Netzwerk aus dezentralisierten, autonomen Teilen gestaltet. Aber wenn »Dezentralisierung« eine derart effektive Strategie ist, warum findet sich dieses Muster dann nicht überall? Warum trifft man dann auf so viele Beispiele des genauen Gegenteils, der *Konzentration*? Wenn es zum Beispiel das Internet möglich macht, mit Menschen überall auf der Welt zusammenzuarbeiten, warum zieht es dann nach wie vor so viele Technologieunternehmen ins Silicon Valley? Warum lassen sich so viele Künstler in Berlin oder New York nieder? In vielen Bereichen scheint es, dass nicht die Dezentralisierung einen Evolutionsvorteil bringt, sondern die *Zusammenballung*.

Diese Zusammenballung nimmt viele Formen an und findet sich auf vielen verschiedenen Ebenen. Ein Beispiel ist die starke, scheinbar unwiderstehliche Anziehungskraft von Städten und Talentschmieden überall auf der Welt. Im Jahr 2008 lebten einem Bericht der Vereinten Nationen zufolge zum ersten Mal in der Geschichte mehr Menschen in Städten als in anderen Siedlungsformen.[1] Bis 2030 soll die Zahl der Stadtbewohner auf fast 5 Milliarden anwachsen – das sind mehr Menschen, als noch 1987 auf dem gesamten Planeten lebten. Ein Großteil dieser Menschen lebt in Afrika und Asien, und zwar nicht nur in funkelnden Wolkenkratzern, sondern dicht gedrängt in Elendsvierteln.

Während auf der Südhalbkugel riesige Megastädte entstehen, die bei Städteplanern, Entwicklungsexperten und Wirtschaftsvertretern Faszination und sorgenvolle Gesichter gleichermaßen hervorrufen, findet diese Entwicklung in kleinerem Maßstab auch im Norden statt. So ist in US-amerikanischen Vorstädten ein klarer Trend hin zur Reurbanisierung zu beobachten, weil immer mehr Menschen ihrem Retorten-Einfamilienhaus mit 800-Quadratmeter-Grundstück den Rücken kehren und in dichter besiedelte Viertel in Innenstadtnähe ziehen.[2] Beschleunigt wird diese Entwicklung vom steigenden Bevölkerungsanteil älterer, weniger mobiler Menschen sowie durch steigende Preise für Energie und Mobilität.

Diese Urbanisierungswelle sorgt dafür, dass sich überall auf der Welt nicht nur Menschen zusammenballen, sondern auch Ideen, Kompetenzen und Branchen. Sie wollen in Afrika Filme drehen? Dann sollten Sie es mal im nigerianischen Lagos versuchen. Sie wollen in Asien an der Entwicklung neuer Arzneimittel arbeiten? Dann findet Ihr Vorstellungsgespräch wahrscheinlich in Shanghai statt. Sie wollen in den USA ein biomedizinisches Unternehmen gründen? Dann werden Sie sich bestimmt mal an der »Route 128« in Massachusetts umsehen.

Sind solche Zusammenballungen gut oder schlecht? Ist »geballter« synonym mit »besser«? Oder steigt dadurch die Anfälligkeit? Neue Forschungen bringen die Antworten ans Licht und zeigen, wie wichtig solche Konzentrationsprozesse für das Wachstum, die Resilienz oder den Kollaps nicht nur von Städten, sondern von ganz unterschiedlichen Organisationen und Organismen sind. Es ist eine sehr unkonventionelle Forschungsrichtung, und an ihrer Spitze steht ein unkonventioneller Wissenschaftler: ein Stadtphysiker.

Von Mäusen und Metropolen

Der 1940 in der englischen Grafschaft Somerset geborene Geoffrey West ist ein spindeldürrer Mann mit angegrautem Bart. Für gewöhnlich trägt er ein blaugestreiftes Hemd und eine weiße Hose – das typische Urlaubs-Outfit eines Engländers –, aber die kleinen Türkissteine in der Schnalle seines Westerngürtels sprechen eine andere Sprache. Von der Ausbildung her ist West theoretischer Physiker, aber den Großteil seines Forscherlebens hat er in New Mexico verbracht, zuerst am Los Alamos National Laboratory und später als Mitglied des wissenschaftlichen Beirats und schließlich Präsident des Santa Fe Institute, einer Nonprofit-Organisation, die sich der Erforschung komplexer Systeme verschrieben hat.

In den späten 1990er Jahren begann sich West im Rahmen seiner Forschungen an subatomaren Teilchen in Los Alamos für die Skalierungseigenschaften biologischer Systeme zu interessieren. Er fragte sich, ob man mit den Mitteln der Physik universelle Wachstums- und Skalengesetze entdecken könnte, die sich nicht nur auf winzig kleine Quarks und Gluonen anwenden ließen, sondern auch auf Mäuse, Menschen und Elefanten. Um diese Frage zu beantworten, muss man tief in die Geheimnisse eines der komplexesten Prozesse des Lebens eintauchen, eines Prozesses, den wir im letzten Kapitel bereits angeschnitten haben: den Stoffwechsel.

Anders als Ernährungsgurus und Bewegungsfanatiker Ihnen glauben machen wollen, ist Ihr Stoffwechsel kein einheitlicher Prozess, sondern eine komplexe Abfolge chemischer Reaktionen in Ihrem Körper. Dabei unterscheidet man gemeinhin zwei Kategorien. Werden in *katabolischen* Prozessen organische Stoffe wie Kohlehydrate oder Fette in ihre Bestandteile zerlegt, um Energie zu gewinnen, so wird diese Energie in *anabolischen* Prozessen genutzt, um Zellbestandteile wie Proteine und Nukleinsäuren zu synthetisieren. Dieser komplexe Vorgang, der oft vereinfachend auf die Formel »Kalorien rein, Kalorien raus« gebracht wird, findet in allen biologischen Organismen statt und wird gesteuert über eng verflochtene Netzwerkstrukturen, die auf allen Ebenen (Blutkreislauf, Atmung, Niere, Gehirn etc.) für die Aufrechterhaltung lebenswichtiger Prozesse sorgen. So sieht eine Pflanze zwar ganz anders aus als ein Elefant, aber beide Organismen verwenden eine ähnliche Netzwerkstruktur, um Nährstoffe zu transportieren und Abfallstoffe auszuscheiden.

Gemeinsam mit einigen Kollegen, zu denen unter anderem die Ökologen Jim Brown und Brian Enquist von der University of New Mexico gehörten, machte West sich daran, exakte mathematische Modelle von all diesen biologischen Netzwerken zu entwickeln. Er war überzeugt, so zu einem universellen Verständnis der Skalengesetze zu kommen, denen alle biologischen Organismen unterliegen.

Ein Modell zu entwerfen, das umfassend genug ist, um die schwindelerregende Vielfalt aller Lebewesen zu erfassen, war keine leichte Aufgabe. West erinnert sich, wie er sich jahrelang immer wieder mit Brown, Enquist und anderen Forschern getroffen habe, um eine Brücke zwischen den Disziplinen der theoretischen Physik und der Ökologie zu schlagen – was bei jedem Forschungsvorhaben schwierig gewesen wäre, bei so einem ehrgeizigen Ziel aber umso mehr. Ende der 1990er Jahre brachten ihre Bemühungen jedoch ein bemerkenswertes Ergebnis: ein mathematisches Modell, das zeigte, dass es einen systematischen und vorhersagbaren Zusammenhang zwischen Größe und Stoffwechselrate gibt, der auf jeden einzelnen biologischen Organismus zutrifft.[3]

Was genau ist damit gemeint? Nehmen wir eine Maus. Als eher kleiner Organismus hat sie einen ziemlich schnellen Stoffwechsel und eine niedrige Lebenserwartung. Ein Mensch hat demgegenüber einen langsameren Stoffwechsel und eine längere Lebensspanne: Hatte eine unserer paläolithischen Vorfahrinnen einmal ein Alter von 15 Jahren erreicht, so konnte sie – ohne fortschrittliches Gesundheitssystem – auf eine »natürliche« Lebensspanne von etwa 55 Jahren hoffen. Denken Sie jetzt an eines der größten Lebewesen der Erde, sagen wir einen Elefanten. Wie zu erwarten hat er einen noch langsameren Stoffwechsel und eine noch höhere Lebenserwartung. Die Quintessenz lautet also: Je größer ein Organismus, desto langsamer arbeitet er.

All das war längst bekannt, als West und seine Kollegen ihre Forschungen begannen. Was West, Brown und Enquist entdeckten, war, dass bei der Stoffwechselrate aller biologischen Organismen eine logarithmische Skalierung – zur Basis 10 – zu beobachten ist.

»Die mathematischen Modelle zeigen, dass das Tempo des Lebens sich *systematisch* verlangsamt: Das Herz eines Elefanten schlägt viel langsamer als unseres, und unser Herz schlägt viel langsamer als das einer Maus«, so West. »Als Begleiterscheinung davon lebt eine Maus auch nicht sehr lange. Wir leben länger, und ein Elefant oder ein Wal noch länger. Wenn man all das auf das Wachstum von Systemen anwendet, so stellt man fest, dass Wachstum einer sigmoidalen Kurve folgt, wie wir sagen. Das bedeutet, dass man in jungen Jahren schnell wächst, das Wachstum sich dann jedoch verlangsamt, bis man schließlich ausgewachsen ist. All das lässt sich sehr elegant aus unserer Theorie ableiten.«

Wie West und seine Kollegen zeigen konnten, liegen diese allgemeinen Skalengesetze allen Formen des Lebens zugrunde und ergänzen die natürliche Auslese und das genetische Erbe:

»Die Skalengesetze besagen: Der Wal mag im Ozean leben, die Giraffe einen langen Hals haben und der Mensch auf zwei Beinen gehen, aber das sind in Wirklichkeit nur oberflächliche Unterschiede«, sagt West. »Wir sind alle Verkörperungen *ein und derselben abstrakten Idee*, nur auf ganz spezifische, nichtlineare Weise skaliert. Das ist absolut faszinierend. Anhand dieser Theorie kann man alles Mögliche vorhersagen. Wenn man beispielweise aus irgendeinem Grund wissen wollte, wie schnell das Blut durch den Blutkreislauf eines Flusspferdes fließt, könnte man das mithilfe dieses Modells berechnen.«

Nachdem er diese erste Fragestellung erfolgreich gelöst hatte, fragte sich Geoffrey West, ob sich diese eleganten universellen Skalengesetze jenseits von biologischen Organismen auch auf Städte oder Unternehmen übertragen ließen. Ist New York im Grunde ein riesiger Wal? Und Google ein Elefant?

Um diesen Fragen nachzugehen, initiierte West ein zweites ambitioniertes Forschungsprojekt, das sich den Systemen widmete, die das Leben in den Städten dieser Welt regeln. Dazu tat er sich mit dem Physiker Luis Bettencourt und dem Statistiker José Lobo zusammen. Gemeinsam analysierten sie Millionen von Einzeldaten aus allen möglichen Städten: die Länge der Straßen, die Gesamtlänge des Stromnetzes, die Anzahl von Tankstellen und so weiter.

Und auch hier stieß das Team auf unmissverständliche Hinweise, dass universelle Gesetze am Werk sind. »Je größer eine Stadt, desto weniger Tankstellen, Straßen und Stromleitungen braucht sie verhältnismäßig betrachtet. Aber das Erstaunliche war, dass alles im gleichen Verhältnis abnahm, ganz systematisch. Und zwar ganz egal, ob wir Berechnungen zur Infrastruktur in Japan, in Europa oder in den USA anstellten.«

Die eigentliche Erkenntnis kam den Wissenschaftlern, als sie diese Faktoren mit einer schwindelerregenden Vielfalt von gesellschaftlichen, kulturellen und wirtschaftlichen Daten korrelierten, wie Löhne, Zahl der angemeldeten Patente, Anzahl der Forschungseinrichtungen oder Anzahl der AIDS-Kranken.

Einmal mehr stieß das Team auf universelle Skalengesetze – mit einem entscheidenden Unterschied zu jenen auf dem Gebiet der Biologie.[4] In der belebten Natur macht Größe Organismen *langsamer;* in der Welt der Städte macht Größe *schneller.* Je größer eine Stadt, desto höher das Lohnniveau und desto mehr Patente werden angemeldet, desto mehr Verbrechen, Verkehr und so weiter gibt es aber auch.

»Verdoppelt man die Größe einer Stadt, so führt das zu 15 Prozent höheren Löhnen, 15 Prozent mehr schicken Restaurants, 15 Prozent mehr AIDS-Kranken und 15 Prozent mehr Verbrechen. In einer doppelt so großen Stadt nimmt alles um 15 Prozent zu.«

Dieses Skalengesetz fanden sie in jeder Stadt bestätigt, die sie untersuchten, unabhängig davon, ob die Stadt im 19. Jahrhundert, im 13. Jahrhundert oder am Beginn der Zivilisation entstanden war. Städte, die kulturell, politisch und geografisch nichts miteinander gemein hatten, folgten offenbar demselben mathematischen Skalengerüst.

Diese Erkenntnis ist von großer Tragweite. Anders als bei biologischen Systemen nimmt in Städten der Ertrag mit ihrer Größe zu. Je größer eine Stadt ist, desto höher also der Pro-Kopf-Ertrag. (Man spricht auch von »supralinearer« Skalierung.) Städte hatten in puncto Bevölkerungswachstum einen Evolutionsvorteil, weil sie *effizienter* werden, je größer und schneller sie werden – und dieser Effizienzgewinn ist *vorhersagbar.* Man kann vorhersagen, dass das Leben in New York schneller abläuft als in Brüssel und dass es in Brüssel schneller abläuft als in San Juan. Das erklärt die unwiderstehliche Faszination von Städten: Sie ziehen uns an, und indem wir selbst zu Stadtbewohnern werden, tragen wir unsererseits dazu bei, dass sie effizienter, schneller und für andere noch attraktiver werden.

Aber die Sache hat natürlich einen Haken. Das sigmoidale Wachstum in der belebten Natur stellt sicher, dass ein Organismus zu wachsen aufhört, wenn er ausgewachsen ist. (Wäre dem nicht so, dann wäre die Welt voller tausend Jahre alter Tiere, gegen die

Dinosaurier Winzlinge wären.) Das Wachstum von Städten dagegen – und supralineares Wachstum generell – hört *nicht* auf, ja, Städte wachsen sogar exponenziell. Das bedeutet, dass Investitionen fantastische Gewinne abwerfen, aber auch, dass sehr viel mehr Menschen Krankheiten verbreiten können und Umweltverschmutzung verursachen.

Systeme mit einer einzigen, exponenziellen Wachstumskurve, so ein beunruhigendes Ergebnis der Forschungen Wests und seiner Kollegen, brechen früher oder später unweigerlich zusammen, wenn sie sich nicht an wechselnde Umstände anpassen. Wenn man auf eine einzige Wachstumskurve setzt und seinen Gewinn mit einer einzigen Art der Kapitalvermehrung macht, so kann einen das Ende dieses Wachstums mit in den Abgrund reißen. Genau wie die Finanzmärkte vor der Krise von 2008 stabil, aber anfällig waren, können auch Städte allzu abhängig von einer einzigen Form der Wertschöpfung werden. Auf ein goldenes Zeitalter folgt dann ein unsanftes Erwachen. (Denken Sie an die »Autostadt« Detroit.)

Außer man setzt auf Innovation, sucht sich neue Felder und stellt die Uhr zurück auf null. Dazu muss man wie ein Surfer die eine Wachstumskurve hinter sich lassen und die noch größere Welle erwischen, die sich am Horizont abzeichnet.

»Die einzige Chance, dem Kollaps zu entgehen, ist die Erfindung der Dampfmaschine, des elektrischen Lichts, des Computers und des Internets«, so West. »Der Clou ist: Wenn das Lebenstempo anzieht, muss auch das Innovationstempo zunehmen. Meine Armbanduhr hier ist eine einzige Täuschung. Die Zeit verläuft nicht mehr linear, Wachstum und Innovation werden immer schneller.«

Wie schaffen es erfolgreiche Städte, innovativ zu bleiben, sich selbst ständig neu zu erfinden und von einer Welle auf die andere zu wechseln, obwohl diese immer höher werden und schneller ih-

ren Scheitelpunkt erreichen? Die Antwort liegt nicht in ihrer Größe, sondern in der Kombination von Zusammenballung und Vielfalt.

Das, was eine Stadt ausmacht, sind viele kleine, ganz unterschiedliche Dinge – Nachbarschaftsbeziehungen und Netzwerke,
Innovationen und Infrastruktur. Diese Dinge verbinden Einzelne
und Gruppen in lockeren, informellen, ständig wechselnden Kon-
stellationen. Denken Sie an die berühmten Passagen, in denen die
Architektur- und Stadtkritikerin Jane Jacobs die Straßenland-
schaften des Greenwich Village als lebendige Collage voller Interaktionen beschreibt, die von wahrer Vielfalt zeugen: der Straßenverkäufer, der Zeitungen an den Mann bringt, der Polizist, der
seine Runde macht, die Pendler, die in die Stadt und aus ihr heraus strömen – sie alle stehen für komplexe Schichten von unterschiedlichen Größenordnungen und Zielen, die sich gegenseitig
überlagern.

»Das Tollste am Stadtleben ist, dass dort so viele Verrückte her-
umlaufen«, fährt West mit trockenem Humor fort. »Was ich damit
sagen will, ist, dass es in Städten eine enorme kognitive Vielfalt
gibt. Manches davon ist für den Mülleimer, aber nicht alles. Städte
sind ein wunderbarer Nährboden für Ideen aller Art. Je größer
eine Stadt wird, desto multidimensionaler wird sie. Städte eröffnen
viele Möglichkeiten: ein ganzes Spektrum an Betätigungsfeldern,
Arbeitsplätzen, Kontakten und so weiter. Darin liegt der Schlüssel
der Vitalität und Dynamik erfolgreicher Städte.«

Diese geballte, facettenreiche Vielfalt verleiht Städten, ähnlich
wie den oben beschriebenen Korallenriffen, die Fähigkeit zur Innovation, wann immer eine wirtschaftliche oder technische Welle
ihren Scheitelpunkt überschreitet. Sie sorgt dafür, dass stets neue
Gruppen bereitstehen, die darauf brennen, die nächste Welle zu
nutzen, und stets neue Denkansätze und Fähigkeiten vorhanden
sind, um mit den unvermeidlichen Verwerfungen fertigzuwerden.

Dieses Muster der verschachtelten, geballten Vielfalt lässt sich nicht nur auf Städte und moderne Unternehmen anwenden, sondern auch auf ganz andere Bereiche. Auf der anderen Seite der Erdkugel, in den abgeschiedenen Wäldern Indonesiens, greift ein leidenschaftlicher Naturschützer auf eben dieses Prinzip zurück, um die gefährdete Artenvielfalt seines Landes zu retten, natürliche Lebensräume wiederherzustellen und die Gesellschaft (und Wirtschaft) zu stärken, deren Gedeihen von diesen natürlichen Lebensgrundlagen abhängt.

Städte im Dschungel

Es ist ein milder Herbsttag, aber Willie Smits sitzt schon den ganzen Nachmittag in einem schwach beleuchteten Wohnzimmer in der Upper East Side von Manhattan auf der Kante eines Rattanstuhls. Der 54-jährige Smits, ein gebürtiger Däne, ist Forstwirtschaftler und Orang-Utan-Schützer. Er hält gerade einen Vortrag vor einer Gruppe junger Ökologen und Aktivisten, die aus Boston angereist sind, um ihn zu treffen.

Sein gnadenloser Terminplan hat ihn innerhalb weniger Tage nach Singapur, Amsterdam, Denver, Dallas und wieder zurück nach New York geführt, und der Jetlag ist ihm anzumerken. Aber trotz der unübersehbaren Müdigkeit kann Smits immer nur kurz zuhören, ehe er zu einem weiteren Redeschwall Luft holt. Detailliert beschreibt er die Abholzung im indonesischen Teil Borneos, jener Insel, die er seit etwa 30 Jahren sein Zuhause nennt. Er schöpft aus einem enzyklopädischen Wissensschatz und wählt seine Worte mit Bedacht. Wenn das Gespräch jedoch auf illegale Tierhändler kommt und auf die Grausamkeit, mit der diese Leute Orang-Utans behandeln, wird seine Stimme schärfer, und Smits ist sichtlich erregt.

»Wir müssen diesen Verbrechern das Handwerk legen.« Diese geradezu naiv anmutenden, mit starkem niederländischen Akzent gesprochenen Worte künden von grimmiger Wut. Stille legt sich über den Raum. »Ich habe es mit Gesprächen versucht, ich habe es über die Regierung versucht und auch über die Gerichte. Ich habe alles versucht. Das Einzige, was jetzt noch bleibt, ist das Business. Wir müssen mehr Geld verdienen, indem wir das Richtige tun, als sie mit der Zerstörung des Planeten verdienen können.« Um das zu hören, sind die Leute gekommen. Sie lehnen sich in ihren Stühlen zurück, während Smits seinen Plan darlegt – ein ebenso brillanter wie komplexer Plan, der einem fast unglaublich mechanistischen Verstand entsprungen ist. »Alles hängt mit allem zusammen«, beginnt er.

Smits war schon immer ein Tierliebhaber gewesen. Als Teenager räumte er bei Dameturnieren ab und finanzierte mit den Preisgeldern selbstgedrehte Naturfilme. Aber eigentlich hatte er anderes vor, als die Orang-Utans vor dem Aussterben zu retten. Nach dem Studium der Tropischen Forstwirtschaft und Mikrobiologie in den Niederlanden bereiste er in den 1980er Jahren Borneo. Dort verliebte er sich in die wilde tropische Landschaft und ließ sich nieder, um sein Leben der wissenschaftlichen Erforschung des Regenwalds zu widmen.

Borneo, die drittgrößte Insel der Erde, ist mehr als halb so groß wie Alaska und zwischen den drei Staaten Malaysia, Indonesien und dem kleinen Sultanat Brunei aufgeteilt. Mit 15 000 Pflanzenarten, mehr als 200 Säugetierarten und hunderten Arten von Vögeln, Amphibien und Süßwasserfischen ist die Insel, ähnlich wie das Great Barrier Reef, ein sogenannter Biodiversitäts-Hotspot. Für einen jungen Wissenschaftler wie Smits ein Paradies.

»Ja, ich war damals sehr glücklich, mit meinem Mikroskop und meinen Heureka-Erlebnissen«, sagt Smits heute.

Ein solches Heureka-Erlebnis war die Entdeckung der Rolle von bestimmten Pilzen, den Mykorrhizen, für die Regeneration des tropischen Regenwalds. Der nächste Schritt wäre eigentlich gewesen, seine Entdeckung in einer angesehenen wissenschaftlichen Fachzeitschrift zu veröffentlichen, aber 1989 gab eine Zufallsbegegnung seinem Leben und seiner Laufbahn eine ganz neue Richtung.

»Ich schlenderte gerade über einen Markt, als ich ein Keuchen hörte – eigentlich eher ein Röcheln. Als ich mich umdrehte, weil ich sehen wollte, wo dieses erbärmliche Röcheln herkam, hielt mir jemand einen Käfig vor die Nase. Und aus diesem Käfig blickten mich die traurigsten Augen an, die ich je gesehen hatte.«

Diese Augen gehörten einem halb toten Orang-Utan-Baby, das auf einem Straßenmarkt in Balikpapan im Osten Borneos zum Verkauf angeboten wurde. Obwohl sich ihre Blicke nur für wenige Sekunden getroffen hatten, konnte Smits den Anblick den ganzen Tag lang nicht vergessen. Als er am Abend zum Markt zurückkehrte, fand er das Baby auf einem Müllhaufen. Es atmete kaum noch.

»Immerhin den Käfig konnten sie retten«, sagt Smits verächtlich.

In einem unbeobachteten Augenblick nahm er das Orang-Utan-Baby auf den Arm und rannte los. Die Verkäufer verfolgten ihn und verlangten für das sterbende Baby Geld, aber den beiden gelang die Flucht.

Was dann geschah, als Smits wieder zu Hause war und das kleine Baby im Arm hielt, das er später Uce taufen würde, kann man nicht anders nennen als eine Berufung. Er pflegte die kleine Uce gesund, als wäre sie ein menschliches Baby. Er trug sie auf dem Arm, damit sie warm blieb, und versprach, sie und ihre Artgenossen vor illegalen Tierhändlern zu beschützen, die lukrative Gewinne machen, indem sie wild lebende Orang-Utans einfangen und sie in Käfigen auf dem nationalen und internationalen Schwarzmarkt als Statussymbole verkaufen. Durch dieses Versprechen wurde Smits vom Wissenschaftler zum Kämpfer für die gute Sache – zu einem Kämpfer auf im Grunde genommen verlorenem Posten.

In prähistorischer Zeit durchstreiften Orang-Utans ganz Asien, doch als der Mensch sich die Erde untertan machte, wurden sie in die wenigen Gebiete auf Sumatra und Borneo zurückgedrängt, wo es noch unberührten Regenwald gibt. In den letzten fünf Jahrzehnten haben Abholzung, gewaltige, Jahr für Jahr wiederkehrende Waldbrände und der Handel mit wilden Tieren sie an den Rand des Aussterbens gebracht. Heute belegen Orang-Utans – eine der vier großen Affenarten neben Schimpansen, Bonobos und Gorillas – auf der Liste der am meisten gefährdeten Arten einen der obersten Plätze.[5] Auf Borneo leben nur noch ungefähr 50 000 Orang-Utans, auf der Nachbarinsel Sumatra hat sich der Bestand neueren Berechnungen zufolge seit 1993 auf nur noch 6500 Tiere halbiert.[6] Laut einem 2007 veröffentlichten Bericht der Vereinten Nationen werden die tropischen Regenwälder auf beiden Inseln so rasch abgeholzt, dass sie in zehn Jahren zu 98 Prozent verschwunden sein werden, wenn nicht schnellstens etwas geschieht.[7]

Verschärft wird die Lage dadurch, dass es so lange dauert, bis ein Orang-Utan heranwächst und sich entwickelt. Ein Orang-Utan-Baby kann in der Wildnis ebenso wenig allein und ohne die ständige Fürsorge seiner Mutter überleben wie ein Menschenkind. Eine Orang-Utan-Mutter stillt ihr Baby sechs bis sieben Jahre, länger als jedes andere Säugetier. Die Geburtenrate bei Orang-Utans – ein Baby alle sechs bis sieben Jahre – ist eine der niedrigsten der Erde. Der Grund ist die lange Erziehung, die eine Orang-Utan-Mutter ihrem Kind angedeihen lassen muss, damit dieses im Dschungel überleben kann. Dazu muss es lernen, hunderte Arten von essbaren Früchten, Rinden und Blättern voneinander zu unterscheiden. Da zur Gewinnung von landwirtschaftlichen Flächen immer mehr Wald dem Kahlschlag zum Opfer fällt, suchen viele Orang-Utans mittlerweile auf Ackerland nach Nahrung, wo sie nicht selten von Holzfällern oder Feldarbeitern gefangen oder getötet werden. Verwaiste Orang-Utan-Babys enden als Haustiere und werden angekettet, in Käfigen gehalten oder für teures Geld auf dem internationalen Schwarzmarkt verkauft.

Hier in Manhattan nähert sich Smits' Treffen mit den Aktivisten aus Boston dem Ende. Auf dem Kaminsims des Wohnzimmers sind kleine Orang-Utan-Figuren aus Holz oder Messing aufgereiht – der Gastgeber ist ein engagierter Umweltschützer –, wie Talismane im Kampf gegen die drohende Ausrottung dieser Menschenaffen. Aber Smits ist sichtlich frustriert. Er hat das Gefühl, dass er seine Vision zur Rettung der Orang-Utans nicht anschaulich genug gemacht hat. Irgendwie ist nie genug Zeit, um umfassend zu erklären, wie die einzelnen Teile zusammenpassen. Einige der Zuhörer sehen immer noch verwirrt aus. Smits kehrt noch einmal zurück zu dem Tag, an dem alles begann.

Als Smits Uce gesund pflegte, wollte er für sie und andere Orang-Utans ein Übergangsheim einrichten, bis sie stark genug sein würden, dass man sie in den Wald zurückbringen konnte. Die verwaisten Orang-Utan-Babys bedurften der ständigen Aufsicht und Pflege, und auch die älteren Orang-Utans, die von ihren Besitzern zum Teil körperlich und psychisch misshandelt worden waren, brauchten eine intensive Betreuung. Daher gründete Smits 1991 die »Borneo Orang-Utan Survival Foundation« (BOS), die den Schutz der Orang-Utans und ihres Lebensraumes zum Ziel hat.

Als sich diese Initiative herumsprach, trafen bei Smits irgendwann nicht nur Orang-Utans ein, sondern auch Vertreter anderer bedrohter Tierarten, die durch den Kahlschlag ihre Heimat verloren hatten. Was als Übergangsheim für Orang-Utans begonnen hatte, entwickelte sich allmählich zu einem Netzwerk permanenter Pflegestationen für sämtliche bedrohte Arten der Region – eine Arche Noah der Tropen. Im Lauf der letzten 15 Jahre hat die BOS fast 2000 Tiere zur Pflege aufgenommen, etwa 700 wieder ausgewildert. Derzeit beherbergt sie allein fast 1000 Orang-Utan-Babys.

Doch trotz dieser Erfolge – was den Schutz der Regenwälder angeht, deren Zerstörung der eigentliche Grund für die Gefährdung der Orang-Utans und anderer Arten ist, hat Smits in den letzten zehn Jahren kaum Fortschritte verzeichnet. Im Gegenteil: Die Geschwindigkeit der Urwaldzerstörung hat sogar noch zugenommen. Immer deutlicher kristallisierte sich heraus, dass die Orang-Utans nur ein Mosaikstein bei der Lösung eines viel umfassenderen Problems sind. Im Lauf der letzten 100 Jahre konnten die Orang-Utans sich noch halbwegs auf den wachsenden Ressourcenverbrauch des Menschen einstellen. Doch die in jüngster Zeit immer schneller fortschreitende Zerstörung der Wälder Südostasiens ist beispiellos. Der Grund für diesen zügellosen Kahlschlag hat einen Namen: Palmöl.

Palmöl ist eines der wichtigsten landwirtschaftlichen Erzeugnisse der Welt. Es kommt bei der Herstellung von 50 Prozent aller Konsumgüter zum Einsatz, von Seifen und Waschmitteln bis hin zu Frühstücksflocken und Margarine, sodass es fast unmöglich ist, es vom eigenen Einkaufszettel zu verbannen.[8]

Das Öl wird aus dem Fruchtfleisch der roten Früchte der Ölpalme (*Elaeis guineensis*) gewonnen. Ölpalmen werden in ganz Südostasien in Monokulturen angepflanzt, und da für solche Palmölplantagen große Flächen benötigt werden, haben sie die Abholzung von Wäldern enorm beschleunigt. Zwischen 1967 und 2000 ist die für Palmölplantagen genutzte Fläche in Indonesien um mehr als 1500 Prozent in die Höhe geschnellt, von 2000 Quadratkilometer auf heute 30 000 Quadratkilometer.[9] In den letzten Jahren hat sich dieser Trend sogar noch beschleunigt, weil Energieunternehmen in ganz Europa aufgrund staatlicher Subventionen Generatoren entwickelt haben, die mit aus Palmöl gewonnenem Biokraftstoff betrieben werden können.[10] Da solche Kraftstoffe als »saubere« Alternative zu fossilen Brennstoffen gelten und die Nachfrage weltweit steigt, werden ganze Regenwaldgebiete noch schneller gerodet und chemische Düngemittel noch massiver eingesetzt.

Noch problematischer ist, dass der Raum für immer mehr Palmölplantagen oftmals durch die Trockenlegung und Brandrodung von Torfmoorwäldern gewonnen wird, was mit der Freisetzung enormer Mengen von Kohlendioxid verbunden ist und verheerende Waldbrände auslöst, die zum Teil monatelang lodern. Neuen wissenschaftlichen Schätzungen zufolge wurden in den Jahren 1997 und 1998 durch Waldbrände 2,5 Milliarden Tonnen an Treibhausgasen freigesetzt.[11] Was die gesamten vom Menschen verursachten Treibhausgasemissionen betrifft, wird Indonesien mittlerweile nur noch von den USA und China übertroffen.[12]

Smits erkannte, dass der Schutz der Orang-Utans ein zu eng gefasstes Ziel war, um die Systemkrise in Angriff zu nehmen, die er an allen Ecken und Enden wahrnahm. Der Versuch, eine einzelne Art vor dem Aussterben zu bewahren, erschien ihm nicht mehr sinnvoll. Angesichts der unzähligen Verflechtungen im

Ökosystem tropischer Regenwald konnte sich ein derart begrenzter Ansatz sogar als schädlich erweisen.

»Ich will nicht mehr an Symptomen herumdoktern«, sagt Smits. »Ich versuche, das Problem an der Wurzel zu packen.«

Um das Versprechen einzulösen, das er Uce gegeben hatte, begann er über mögliche Interventionen nachzudenken, die das gesamte Ökosystem im Blick haben. Dabei betrachtet er Menschen, Tiere und Ökosystem als drei gleich wichtige, eng miteinander verflochtene Teile eines Ganzen.

Als er sich mit dieser Idee an etablierte, internationale Umweltschutzverbände wandte, waren die Reaktionen jedoch oft reserviert. Viele dieser Organisationen hatten ihre Strategien zur Einwerbung von Geldern optimiert, indem sie eine charismatische Art zu ihrem »Markenzeichen« erkoren hatten. Die »Orang-Utan-Truppe« kümmerte sich um die Orang-Utans, die »Leoparden-Leute« um die Leoparden. Die Konzentration auf eine einzelne, publikumswirksame Art war zwar keine sehr erfolgreiche Methode, um ganze Ökosysteme zu schützen, aber eine sehr erfolgreiche Methode, um Finanzmittel aufzutreiben, und zwischen den Gruppen gab es eine stillschweigende Übereinkunft, sich gegenseitig nicht in die Quere zu kommen. Wer an diesen stillschweigenden Vereinbarungen rüttelte, stellte das gesamte System infrage.

Aber das war nicht das einzige Hindernis, das einer Zusammenarbeit im Weg stand. Viele alteingesessene westliche Umweltschutzorganisationen hatten ihre Unterstützer um die Idee geschart, Natur zu »bewahren«, indem sie einzelne Landstriche aufkauften und vor dem Eingriff von Mensch und Industrie schützten.

Die Schaffung solcher Schutzgebiete ist ein klassischer Ansatz zur Risikominderung, der viel kostengünstiger ist, als auf ausgelaugten Böden Wälder wiederaufzuforsten. Derartige Bemühungen um Risikominderung sind zwar von entscheidender Bedeutung, um die Abholzung der Wälder zu bremsen und Zeit für das Gesamtsystem zu gewinnen, aber sie haben auch ihre Schattenseiten: Blendet man die Bedürfnisse der Menschen aus, die in der Nähe dieser Landstriche leben, so schwindet im Lauf der Zeit der politische Wille, diese Schutzgebiete zu erhalten. Außerdem wandern die darin lebenden Tiere oft über die Grenzen hinaus. In Kalimantan, dem indonesischen Teil Borneos, fiel in Treffen zwischen Naturschützern und frustrierten Einheimischen regelmäßig der Satz: »*Mana yang lebih penting menyelamatkin orangutan atau kami?*« (Was ist wichtiger: die Orang-Utans zu retten oder uns?).[13] Aus Sicht der lokalen Bevölkerung war Umweltschutz ein Nullsummenspiel: Je besser es den Orang-Utans geht, desto schlechter geht es den Menschen.

Während die meisten Umweltschutzverbände nach wie vor versuchten, die Menschen aus Schutzgebieten auszusperren, erkannte Smits, dass jede dauerhafte Lösung eine funktionierende *Koexistenz* von Menschen, wirtschaftlichen Interessen, Orang-Utans und zahllosen weiteren Arten erforderte. Um langfristige Resilienz zu erreichen, würde man tragfähiges Wirtschaftswachstum und Umweltschutz miteinander in Einklang bringen müssen. Dazu bedurfte es wirtschaftlicher Modelle, die auf Wiederaufforstung und den Schutz der Artenvielfalt setzen. Kurz: Es galt zunächst die *Voraussetzungen* für ein anpassungsfähiges System zu schaffen.

Smits war von der Idee eines solchen integrierten Systems regelrecht besessen. Seine Aufzeichnungen, Konstruktions- und Ablaufpläne füllten ein Notizbuch ums andere. Doch bevor er sich daran machen konnte, einige dieser Pläne in die Tat umzusetzen, würde er ein wenig Gärtner spielen müssen. Er setzte sich ein bescheidenes Ziel: Regenwald wiederaufzuforsten.

Er entschied sich für den kargsten Landstrich, den er finden konnte. Das Gebiet um das Dorf Samboja galt als ärmster Bezirk im Osten von Kalimantan. Der Boden war hier praktisch unfruchtbar. Die Menschen, die hier lebten, gaben 22 Prozent ihres Einkommens allein für Wasser aus, und fast die Hälfte von ihnen war arbeitslos.[14] Ohne den artenreichen Regenwald als Puffer hatten sie ständig mit Überschwemmungen und Bränden zu kämpfen.

»Wenn es mir an einem Ort mit denkbar schlechten Voraussetzungen gelingt, dann kann hinterher niemand sagen: ›Ja, schon, aber ...‹ Jeder sollte diese Idee auch anderswo umsetzen können.«

Seit 2001 ist ein Plan fertig, eine Art Kreuzung zwischen einer Stadt und einem üppigen Garten. An Stelle einer Monokultur wie Ölpalmen in endlosen Reihen plant Smits auf einer Landfläche von etwa 2000 Hektar drei Ringe Mischwald. Der äußerste Ring soll aus feuerresistenten Bäumen bestehen, um das ganze Schutzgebiet vor Waldbränden zu schützen. Den mittleren Ring soll ein Mischwald bilden, der die ganze Artenvielfalt von tropischen Laubbäumen bis hin zu Nutzpflanzen wie Ananas und Papaya abdecken und so die Ernährung von Menschen und Orang-Utans gleichermaßen sichern soll. Im inneren Ring soll, abgeschirmt gegen Wilderer, ein Reservat entstehen, in dem Uce und ihre Artgenossen sich frei bewegen können, ebenso wie die Tiere anderer gefährdeter Arten, um die Smits sich kümmert. Wenn alles nach Plan läuft, wäre der nachgewachsene Regenwald dank des wirtschaftlichen Gewinns, den das Ökosystem abwerfen würde, eine gangbare Alternative zur zerstörerischen, einförmigen Palmölplantagenwirtschaft.

Smits taufte das Projekt Samboja Lestari, »immerwährender Wald«.

Auf die Aufgabe der Wiederaufforstung eines Regenwaldes ist Smits bestens vorbereitet, hat er doch den Großteil seines Erwachsenenlebens damit verbracht, die verschiedenen Bäume und Pflanzen in indonesischen Wäldern zu erforschen. Doch er wird sein Ziel unmöglich erreichen können, ohne die Dayak für das Projekt zu gewinnen, die indigene Bevölkerung, die in und mit diesem Ökosystem leben. Glücklicherweise ist Smits für die Dayak kein Fremder. Schließlich lebt er seit gut 30 Jahren in dieser Gegend, besitzt die indonesische Staatsbürgerschaft und ist mit der Tochter eines Stammesführers von der indonesischen Insel Sulawesi verheiratet. Smits hat in den Regenwäldern im Osten von Kalimantan seine Söhne aufgezogen und spricht mehrere indonesische Dialekte. Er ist so eng mit der Gemeinschaft verwachsen, dass er einen Dayak-Namen besitzt und anlässlich von Geburts- oder Feiertagen regelmäßig mit anderen Dayak Musik macht. »Das alles wäre völlig undenkbar, wenn ich hier als Außenstehender wahrgenommen würde«, sagt Smits.

Er hat das in ihn gesetzte Vertrauen nicht enttäuscht. Er zahlte den Einheimischen für ihr Land einen fairen Preis. Bei jeder Transaktion achtete er genau darauf, dass sie im Einklang mit indonesischem Recht vollzogen wurde. Um seine Initiative vor den korrupten Machenschaften der Holz- und Palmölmafia zu schützen – vor allem für den Fall, dass sein Aufforstungsprojekt glückt und eines Tages wieder wertvolle Bäume auf dem kargen Ödland wachsen –, sorgte er dafür, dass die Eigentumsrechte an dem Land dauerhaft bei seiner Umweltschutzorganisation BOS liegen.

Als er sich in einem fairen Prozess das Land gesichert hatte, konnte er sich an die Planung machen. Nicht wenige erklärten ihn für verrückt, diesen großen, weißen Indonesier, der einen großzügigen Preis für Land bezahlte, das bekanntermaßen völlig unfruchtbar war. Als er zum ersten Mal auf dem trostlosen Flecken Erde stand, wo einst der Samboja Lestari erstehen soll, hörte Smits keinen Laut. Der verbrannte Boden war so verödet, dass selbst die Insekten Reißaus genommen hatten.

Um Smits' Aufforstungskonzept zu verstehen, muss man systemisch denken, etwa so, wie der Dirigent eines Orchesters manchmal in unterschiedlichen Taktarten denken muss. Die rechte Hand gibt den Einsatz für die erste Vegetationsschicht des Waldes, während die Linke die Entfaltung des Blätterdachs dirigiert, also das Wachstum der großen tropischen Laubbäume. Diese sollen dem ganzen Wald einst Schatten spenden und die Feuchtigkeit speichern, die für die reiche Artenvielfalt des Regenwaldes unabdingbar ist. Anders als eine Monokultur integriert Smits' Ansatz auf engstem Raum Prozesse mit unterschiedlichen Taktarten und Strukturen. Eine solche Planung imitiert die natürliche Evolution. Amory Lovins, Experte für alternative Energiequellen und Berater von Smits, drückt es so aus: »Die Natur hat 3,8 Milliarden Jahre Erfahrung damit, Investitionen so zu tätigen, dass sie sich mehrfach auszahlen: Die Arbeit von Willie ist ein hervorragendes Beispiel dafür, dass man die Natur nachahmen und eine vergleichbare Vielfalt planmäßig erzielen kann.«

Wie die Exposition des Themas in einer Symphonie, so soll auch die erste Wachstumsphase des Samboja Lestari die Grundlage für das spätere Aufblühen legen. Da das öde Land von heimtückischem cyanidhaltigem Alang-alang-Gras überwuchert ist, will Smits im äußeren Ring schnell wachsende Bäume pflanzen, die einerseits das Land vor Bränden schützen und andererseits dem Unkraut den Garaus machen. Zur ersten Schicht sollen daher unter anderem Akazien der Art *Acacia mangium* gehören, die einen geringen Wert haben, aber schnell wachsen. Im Verbund mit anderen feuerresistenten Bäumen würden sie den inneren Ringen Schutz bieten und Schatten spenden, was die Neuentstehung eines eigenen Mikroklimas fördern soll.

»Ein Wald hat mehrere Schichten, weil er das Licht auf diese Weise in unterschiedlichen Höhen nutzen, mehr Kohlenstoff binden und mehr Funktionen wahrnehmen kann«, erklärt Smits. »Deshalb pflanzen wir wie Mutter Natur zuerst schnell wachsende

Bäume an, und dann den langsamer wachsenden Primärwald mit einer Vielfalt, die während der Wachstumsphase zu unterschiedlichen Zeiten so viel Licht nutzen kann wie möglich.«

Sobald die Akazien Wurzeln geschlagen haben und den anderen Pflanzen Schatten spenden, wird es an der Zeit sein, den Einsatz für den zweiten Satz zu geben, sprich mit der Bepflanzung des mittleren Rings zu beginnen, jener 1000 Hektar, die den Großteil der Artenvielfalt im Samboja Lestari beherbergen sollen. In gemäßigten Zonen, zum Beispiel vom Ural bis nach England, wachsen ungefähr 170 Baumarten. Smits plant in seiner zweiten Zone die Anpflanzung von einer halben Million Bäume, die mehr als 1300 verschiedenen Arten angehören. Zugute kommt Smits dabei sein einstiges Heureka-Erlebnis zur Bedeutung von Pilzen für die Regeneration eines tropischen Regenwalds. Mithilfe dieses Wissens hat Smits einen ganz speziellen Kompost entwickelt, dessen Mikroorganismen sich von Zucker, Nahrungsabfällen, Sägemehl, Rinderharn und (natürlich) Orang-Utan-Kot ernähren. Um den nährstoffarmen Boden anzureichern, bekommt jeder gepflanzte Baum eine ordentliche Dosis von diesem Kompost mit auf den Weg. In Smits' Baumschule harren 150 000 zusätzliche Setzlinge ihrer Verpflanzung.[15] Sie sollen nach und nach in den Mischwald integriert werden, sobald der Boden nährstoffreich genug ist.

»Der Schlüssel, weshalb sich die Natur von so ziemlich allem erholen kann, ist ihre Vielfalt – ihre strukturelle Vielfalt und ihre Artenvielfalt«, so Smits. »Das ist die Grundlage für die Resilienz eines Systems. Wenn wir eine Überlebenschance haben wollen, müssen wir einen Weg finden, diese Vielfalt zu kopieren.«

Da es zehn bis 15 Jahre in Anspruch nehmen kann, bis die tropischen Laubbäume der zweiten Zone ihre Baumkronen voll ausgebildet haben, will Smits den Boden rings um die gepflanzten Setzlinge für den Anbau von Nahrungsmitteln wie Papaya, Zitronenbäume, Ananas, Wassermelonen und Bohnen nutzen. Im Zuge des Fruchtwechsels sollen später Kakao, Chili, Kaffee und andere Pflanzen an ihre Stelle treten. Überschüssige Nahrungsmittel würden vom BOS aufgekauft, als Futter für die Orang-Utans und andere Wildtiere im inneren Ring. Für die Bauern wäre das eine willkommene zusätzliche Einnahmequelle.

Sobald der erste und zweite Ring Gestalt angenommen haben, kann Smits sich auf die 300 Hektar große innerste Zone konzentrieren, die ein Tierschutzgebiet, eine Baumschule und ein Waldforschungsinstitut beherbergen soll. Sobald der Wald wiederhergestellt ist, können die gesunden Orang-Utans und anderen Wildtiere in das Schutzgebiet entlassen werden. Orang-Utans, die in Quarantäne bleiben sollen, weil sie an Hepatitis oder anderen Krankheiten leiden, werden in kleinen Gruppen auf eigens angelegten »Orang-Utan-Inseln« unterkommen.

Stellen Sie sich vor, Sie könnten die jahrelange Wiederaufforstung des »immerwährenden Waldes« im Zeitraffer von wenigen Sekunden erleben. Auf den schnellen ersten Satz, dessen Tempo die Akazien vorgeben, folgt das langsame Wachsen der Laubbäume. Jetzt setzt das Stakkato der Nahrungsmittelpflanzen ein, getragen von einer Basslinie aus Mikronährstoffen, die den Boden anreichern. Obwohl das Ergebnis nach einem Regenwald wie aus dem Bilderbuch aussieht, ist dieses kontrollierte Wachstum so gezielt orchestriert wie ein französischer Garten des 18. Jahrhunderts oder die 18th Street in New York, um in einem konzentrierten, geschichteten System Lebensräume für Pflanzen, Tiere und Menschen zu schaffen – Jane Jacobs im Dschungel.

Am Ende wird es Zeit für das Crescendo des krönenden Schlusssatzes sein: den finanziellen Motor, der das ganze System wirtschaftlich rentabel machen wird. Damit der Samboja Lestari eine echte Alternative zur Palmölwirtschaft darstellt, muss Smits eine Nutzpflanze integrieren, die mit der Produktivität der Ölpalmen konkurrieren kann. Dafür gibt es eine vielversprechende Kandidatin, die er seit 30 Jahren erforscht: *Arenga pinnata*, besser bekannt als Zucker- oder Arengapalme.

»Als ich meine Frau heiratete, betrug der bei ihrem Stamm übliche rituelle Brautpreis sechs Zuckerpalmen. Ich fragte mich, wie es sein kann, dass es mich nur sechs Zuckerpalmen kostet, ein so wunderbares Mädchen zu heiraten. Also machte ich mich daran, Zuckerpalmen zu erforschen, und allmählich erkannte ich das enorme Potenzial, das in dieser unglaublich produktiven Pflanze steckt.«

Die Zuckerpalme hat ein breiteres Nutzungsspektrum als alle anderen Palmenarten. Ihr wichtigstes und bekanntestes Produkt ist ein süßer Saft, der sogenannte Saguer, der getrunken oder als Rohstoff für die Herstellung von Zucker verwendet wird. Daneben gibt es jedoch Dutzende weiterer Anwendungsgebiete für die verschiedenen Teile der Pflanze, vom Nahrungsmittel bis hin zum Baumaterial. Hinzu kommt, dass die Blätter nicht brennbar sind, sodass die Zuckerpalme sich eignet, um den Feuerschutzring um den Samboja Lestari zu verstärken. Und schließlich das i-Tüpfelchen für jeden Umweltschützer: Die Arengapalme wächst *ausschließlich* in Mischwäldern.

»Der Unterschied zwischen Zuckerpalmen und Ölpalmen könnte nicht größer sein«, sagt Smits. »Das fängt schon damit an, dass Zuckerpalmen nur auf dem ausgelaugten Boden von Sekundärwald wachsen. Zweitens gedeihen sie nur in einer Polykultur. Wenn man sie in einer Monokultur anpflanzt, werden sie gelb und gehen ein. Das ist einer der Hauptgründe, weshalb bislang niemand in sie investiert hat. Die großen Firmen wollen große Flächen, über die sie absolute Kontrolle haben. Sie wollen ein möglichst einfaches System, das sich für große Monokulturen eignet. Aber mit Zuckerpalmen ist das nicht zu machen.«

Als Smits diese multifunktionale Pflanze im Dorf seiner Frau zum ersten Mal sah, war er sofort von ihr fasziniert. Dass sie so vielseitig und vergleichsweise pflegeleicht ist – anders als die Ölpalme braucht sie weder Dünger noch Pestizide –, wäre Grund genug gewesen, sie in das Konzept von Samboja Lestari zu integrieren. Doch Smits hat Größeres mit ihr vor. Mithilfe geeigneter Verfahren, so seine Überzeugung, könnte man aus dem Saft von Zuckerpalmen Bioethanol herstellen, einen aus Zuckerverbindungen gewonnenen Kraftstoff. Wenn sich diese Vermutung bewahrheitet, könnte er im Samboja Lestari nicht nur Wald aufforsten und Tieren einen Lebensraum bieten, sondern eine erneuerbare alternative Energiequelle erschließen und seinen Bewohnern Wohlstand bringen. Denn im Gegensatz zum in den Vereinigten Staaten propagierten Biokraftstoff aus Mais ist der zuckerhaltige Saft der Zuckerpalme nicht Teil der Nahrungsmittelproduktion, sodass seine Nutzung als Kraftstoff nicht anderswo zu Lebensmittelknappheit führen kann. Den Saft der Arengapalme kann man gewinnen, ohne den Baum zu fällen. Im Grunde ist die Zuckerpalme eine nachhaltige biologische Maschine, um Sonnenenergie in Zucker umzuwandeln und zu speichern. Was sie benötigt, um mehr Saft zu produzieren – Regen, Kohlendioxid und Sonnenlicht –, ist in den Tropen im Überfluss vorhanden. Besonders verführerisch ist für Smits die Idee, dass man ein System aus Mischwald und *A.-pinnata*-Kultur auch über Indonesien hinaus exportieren könnte, ohne in einer ganz anderen Ecke des Globus die Ernährungssicherheit zu gefährden. Und all das könnte wiederum dabei helfen, die Regenwälder als Lebensraum für bedrohte Arten wie seine geliebten Orang-Utans zu erhalten.

Aber in einem komplexen System gibt es natürlich keine einfachen Lösungen. Bevor er überhaupt daran denken konnte, Zuckerpalmen in das System zu integrieren, musste er ein grundsätzliches Problem aus der Welt schaffen: Wenn der zuckerhaltige Saft mit Luft in Kontakt kommt, beginnt er sehr rasch zu gären. Smits brauchte also eine Technik, mit der man den Saft

näher an den Bäumen verarbeiten konnte – eine tragbare Zuckerfabrik.

Um mehr über die traditionelle Zuckergewinnung zu erfahren,
suchte Smits Rat bei den Zuckerzapfern der östlich von Borneo
gelegenen Nachbarinsel Sulawesi. Dort zapften die Eingeborenen
seit Jahrtausenden Zuckerpalmen an.

Das Ergebnis war durchwachsen. Zweimal am Tag kletterten
diese Zuckerzapfer in die Kronen der Palmen, um die Blütenstän-
de genau im richtigen Winkel anzuschneiden. Das ist eine ziemlich zeitraubende Angelegenheit, aber darüber hinaus muss man
kaum etwas tun, um die Produktivität einer Arengapalme zu erhalten. Je mehr von dem süßen Saft abgezapft wird, desto mehr
produziert sie sogar.

Um aus dem Saft der Zuckerpalme reinen Zucker zu gewinnen,
greifen die Zuckerzapfer traditionell auf Feuerholz zurück. Auf diese Weise erwirtschafteten sie einen kleinen Gewinn, gleichzeitig
verursachten sie aber eine ganze Reihe von Problemen. Die Nachfrage nach dem über Holzfeuern gewonnenen Zucker war begrenzt,
da er häufig schlecht gelagert wurde und aufgrund der Herstel-
lungsweise Verunreinigungen wie Bienen oder Asche enthielt. Da
es keinen festgelegten Qualitätsstandard gab, schwankte die Qualität von Zuckerzapfer zu Zuckerzapfer. Aus einem Gutteil des un-
verkauften Zuckers wurde daher ein Schnaps gebrannt, den die
Einheimischen als »Mächtiger Geist« bezeichneten – hochprozen-
tiger, billiger Alkohol, dem die Arbeitslosen im Dorf in großen
Mengen zusprachen.

Das größte Problem an der gängigen Methode, den Saft der Zuckerpalmen zu verarbeiten, waren jedoch die Feuer. Die Ehefrau-
en und Töchter der Zuckerzapfer verbrachten jeden Tag viele
Stunden damit, genügend Feuerholz herbeizuschaffen – Zeit, die
bei ihren Familien oder anderen produktiven Tätigkeiten besser
angelegt gewesen wäre. Außerdem trug diese Methode zur weit-

räumigen Vernichtung der Wälder bei und verursachte bei den Frauen und Mädchen, die Tag für Tag in verrauchten Hütten zubrachten, chronische Atemwegserkrankungen und Augenprobleme.

Auf der Grundlage seiner Erfahrungen auf Sulawesi gelang es Willie Smits, den tragbaren Prototyp einer Zuckerfabrik zu konstruieren, die energiesparender, sauberer und sicherer im Gebrauch war.[16] Dabei kam ihm ein äußerst glücklicher Zufall zuhilfe: Der Energieerzeuger Petramina errichtete in Sulawesi Utara (Nord-Sulawesi) ein geothermisches Kraftwerk und suchte fieberhaft nach einem Abnehmer für die anfallende Wärme in Form von überschüssigem Dampf. Smits erkannte, dass man diesen Dampf in seine tragbare Zuckerfabrik einleiten, für die Zuckerproduktion nutzen und dadurch ganz auf Feuerholz verzichten konnte. Petramina war von Smits' Angebot begeistert. Das Unternehmen förderte eine umweltfreundliche Initiative, und als Gegenleistung wurde ihr Dampf auf dem Umweg über Smits' Zuckerfabrik abgekühlt und zu Wasser recycelt.

Dadurch, dass der zuckerhaltige Pflanzensaft nun nicht mehr über Holzfeuern, sondern mithilfe von Dampf zu Zucker verarbeitet wird, bleibt jedes Jahr schätzungsweise 200 000 Bäumen die Abholzung erspart. Und da in der Fabrik täglich Tausende Liter Palmensaft zu Palmzucker verarbeitet werden, können die an der Genossenschaft beteiligten Familien ein einheitliches Produkt herstellen, das sich auch exportieren lässt. Der eigentliche Clou ist jedoch, dass es Smits über den Umweg einer Hefegärung gelang, mithilfe der Erdwärme aus dem zuckerhaltigen Saft Ethanol zu gewinnen. Dadurch haben die beteiligten Familien jetzt Zugang zu Treibstoff und Elektrizität.[17]

Der Prototyp einer tragbaren Zuckerfabrik in Nord-Sulawesi war so erfolgreich, dass Smits derzeit an einer Miniversion arbeitet, die in drei Modulen per Hubschrauber zum Samboja Lestari transportiert werden soll. Statt mit Dampf aus Erdwärme wird diese Minifabrik mit dem Spitznamen »Village Hub« [zu dt.: Dorfmittelpunkt] von Solarzellen mit Energie versorgt. »Wir haben hier in den Tropen noch jede Menge Land, aber keine Jobs. Also müssen wir nach einfachen ökologischen, nachhaltigen Systemen suchen, die auf dem basieren, was man hier produzieren kann«, meint Smits. »Es gibt durchaus Mittel und Wege, im tropischen Gürtel Energie zu gewinnen. Es gibt hier so viel Regen, so viel Land, so viele Menschen und das richtige Klima, was die Sonneneinstrahlung betrifft. Aber wir brauchen Technologien wie den ›Village Hub‹, die als integrale Einheit funktionieren.«

Smits' Ziele mögen ihren gedanklichen Ursprung in Naturschutz, Ökologie und sozialer Gerechtigkeit haben, aber er ist ein Pragmatiker, was die wirtschaftlichen und politischen Realitäten angeht. Sein oberstes Ziel besteht darin, das System profitabel zu machen – und das schließt die Patentierung der grundlegenden Technologien ein.

»Ich wollte den ›Village Hub‹ nicht verschenken. Jedes Mal, wenn wir eine Technologie verschenkt haben, kamen die großen Konzerne und versuchten, so viel Geld wie möglich herauszuquetschen. Ich will weg vom Modell der ›sozialen Verantwortung‹: Die Unternehmen machen Riesengewinne, ein kleiner Teil fließt zurück an die Einheimischen, und alle sollen auf die Knie fallen und Danke sagen. Davon halte ich nichts. Unser Modell garantiert den Einheimischen ein ordentliches Einkommen, weil ihre Interessen von Anfang an berücksichtigt werden.«

Um das sicherzustellen, schwebt Smits ein Franchise-Modell vor. Jeder, der seine Technologie nutzen will, soll sich verpflichten, in seiner Genossenschaft zahlreiche – nach niederländischem Recht geschützte – Richtlinien einzuhalten, die garantieren, dass der Gewinn den Einheimischen zugute kommt. Jede Familie, die der Genossenschaft des Samboja Lestari beitritt, müsste sich verpflichten, die Umwelt zu bewahren und die Artenvielfalt des Waldes zu schützen. Im Gegenzug könnte die Familie vom Ertrag leben, den das Ökosystem abwirft.

Im Samboja Lestari ist alles mit allem verwoben. Es ist ein Musterbeispiel für ein System, das keinerlei Abfall produziert. Das geht so weit, dass es schwierig ist, die vielen Ströme und Kreisläufe linear zu beschreiben. »In diesem System ist alles so geschickt und so eng miteinander verknüpft, um den sozialen, ökologischen und wirtschaftlichen Nutzen zu maximieren«, sagt Amory Lovin. »Ich halte es für das weltweit beste Modell dafür, wie wir alle bei unseren jeweiligen Anstrengungen vorgehen sollten.«

Das Erfolgsgeheimnis des Samboja Lestari liegt in der Umsetzung eben jener Punkte, die wir bis hierhin besprochen haben. Der Samboja Lestari gleicht insofern einer Stadt, als er geballt, facettenreich und diversifiziert zugleich ist. Der »immerwährende Wald« kann (über den weltweiten Markt für Biokraftstoffe) mit der Weltwirtschaft verbunden, aber auch von ihr abgekoppelt werden. Es verbindet ökonomische Transaktionen, von denen die Dayak im Hier und Jetzt profitieren, mit dem langfristigeren Ziel, das Überleben der Orang-Utans zu sichern, und dem noch langfristigeren Ziel, das Ökosystem Regenwald wiederherzustellen.

Und es ist auch in größerem Stil anwendbar. Smits ist davon überzeugt, dass das Drei-Ringe-Modell in vielen unterschiedlichen Größen nachgeahmt werden kann, denn Zuckerpalmen gedeihen an jedem Ort, an dem es mindestens 750 Millimeter Niederschlag im Jahr gibt und der unterhalb von 200 Meter Höhe liegt. Smits hofft, dass es eines Tages Tausende von Samboja Lestaris in ganz Indonesien, ja überall in den Tropen gibt – vielfältig und dicht bepflanzte Waldgärten, die aufgrund der Produktivität der Zuckerpalme wirtschaftlich sind. »Der Feind ist nicht das Wachstum an sich, nur die falsche Art von Wachstum«, so Smits.

So, wie es Willie Smits vorschwebt, ist der Samboja Lestari ein Projekt von atemberaubendem Ehrgeiz: ein integriertes System, in dem die Menschen, andere Arten und das gesamte Ökosystem als gleichberechtigte Teile eines Ganzen behandelt werden. In der Realität ist es bislang jedoch nicht mehr als ein Prototyp, der noch im Werden begriffen ist. Die Schwierigkeiten, die es zu überwinden gilt, bevor es jemals mehr als das sein wird, sind enorm.

Zunächst muss Smits den Widerstand von Umweltschützern überwinden, die in erster Linie die »Risikominderung« im Blick haben. Regenwald wiederaufzuforsten, so ihr Argument, sei zu teuer und damit unrentabel.[18] Smits ist durch und durch Realist. Er hat die großflächige Zerstörung der Wälder Borneos mit eigenen Augen gesehen und weiß, dass die Zeit knapp ist. Um auf unsere Metapher aus der Einleitung zurückzukommen: Das Auto ist im Begriff, über die Klippe zu rasen. Doch Wiederaufforstungsprojekte wie der Samboja Lestari, davon ist Smits überzeugt, könnten der »Fallschirm« der Orang-Utans und gleichzeitig der »Airbag« des Gesamtsystems sein, indem sie Energie aus erneuerbaren Quellen liefern und den Dayak neue Perspektiven eröffnen.

Von verschiedener Seite ist Smits auch dafür kritisiert worden, dass er nicht mehr wissenschaftliche Daten über seine Bemühungen publiziert hat. Einige seiner Kollegen bezweifeln, ob das bisher Erreichte wirklich tragfähig ist.[19] Wie von einem Mann mit missionarischem Eifer und der Überzeugung, dass die Zeit abläuft, nicht anders zu erwarten, hat Smits derartige Kritik bislang weitgehend ignoriert.

Andere Fragen lassen sich nicht so einfach beiseite wischen. Wenn Smits mit dem Samboja Lestari Erfolg haben will, muss er sich einen Weg durch ein außerordentlich komplexes Gemenge an privaten und staatlichen Interessen bahnen, das kontinuierliche Engagement der Menschen vor Ort sicherstellen, genügend Geldmittel auftreiben, um das Projekt während einer jahrelangen Aufbauphase zu finanzieren, und die Misserfolge und Rückschläge verkraften, die bei einem derart umfassenden Projekt unvermeidlich sind. Um all dem gerecht zu werden, müsste Smits manchmal an mehreren Orten gleichzeitig sein. Die vielen Rollen, die er dabei spielen muss – Geschäftsmann, Aktivist, Wissenschaftler, Anführer einer sozialen Bewegung und Geschichtenerzähler –, kommen bisweilen miteinander in Konflikt. Smits eilt der Ruf eines brillanten, geradezu tollkühnen Ein-Mann-Unternehmers voraus, und im Gegensatz zu den allmählichen, sich gegenseitig befruchtenden Innovationen, von denen Geoffrey West spricht, beruht Smits' Vision auf zentraler Planung. Wenn der Samboja Lestari jemals die darin gelegten Hoffnungen erfüllen soll, wird eine Gemeinschaft ebenso engagierter Teilnehmer und Unterstützer vonnöten sein, um die Vision Wirklichkeit werden zu lassen und sie immer wieder an wechselnde Begebenheiten anzupassen. Und Smits wird ganz bestimmte Führungsqualitäten an den Tag legen müssen, auf die wir im 8. Kapitel näher eingehen werden.

Der Samboja Lestari ist eine mutige Vision, doch sollten wir uns davor hüten, es als das Nonplusultra zu idealisieren. Falls das Projekt erfolgreich ist, wird es keineswegs ein »ursprüngliches Gleichgewicht« wiederherstellen. Auch ist es kein starres System unter einer Glasglocke, in dem die Beziehungen zwischen den einzelnen Bestandteilen unverrückbar festgelegt sind. Vielmehr würde es die verkümmerte Fähigkeit der Menschen, der Wirtschaft, der Artenvielfalt und des Ökosystems wiederherstellen, mit zukünftigen, unerwarteten Problemen fertigzuwerden. Vom Samboja Lestari erhoffen sich Smits und die Dayak nicht die Antwort auf jede denkbare Katastrophe, sondern ein System, das ihnen im Katastrophenfall ein größeres Spektrum an Handlungsmöglichkeiten eröffnet.

Smits betrachtet die Schwierigkeiten als Herausforderung: »Viele haben Angst vor der Komplexität, doch diese Angst ist unbegründet. Die Lösung liegt nicht im großflächigen Anbau einer einzigen Art. Das ist der große Fehler der modernen Land- und Forstwirtschaft. Sie jagt immer nur dem maximalen Gewinn hinterher und sucht nach einer möglichst schnellen Ausstiegsstrategie. Soll ich Ihnen was sagen? Uns gehen die neuen Jagdgründe aus. Wo sollen wir denn als Nächstes einsteigen? Wir haben nur diese eine Erde, und wir müssen das Beste daraus machen, zum Wohle aller.«

Die langfristige Lebensfähigkeit und Resilienz des Samboja Lestari steht und fällt wie bei den meisten Systemen mit den beteiligten Menschen – mit ihren Entscheidungen, ihrem Engagement, ihrer individuellen und kollektiven Reaktion auf Veränderungen und mit ihrer Fähigkeit zusammenzuarbeiten. Und damit sind wir beim nächsten Teil dieses Buches, in dem wir der Frage nachgehen, worin die Resilienz von Menschen, Gruppen, Unternehmen und Gemeinschaften wurzelt.

In den folgenden Kapiteln behandeln wir diese Frage auf unterschiedlichen Ebenen, vom Kleinen zum Großen. Wir beginnen mit den Grundlagen der Resilienz des Einzelnen. Wie kann man die Fähigkeit von Individuen fördern, potenziell traumatische Erfahrungen zu verarbeiten? Dann gehen wir der Frage nach, wie Gruppen angesichts von Schwierigkeiten zusammenarbeiten. Wie bringt man Menschen dazu, miteinander zu kooperieren, wenn es darauf ankommt? Dabei werden wir auch ergründen, wie man die kognitive Vielfalt in solchen Gruppen stärken kann – wie können wir sicherstellen, dass wir ein möglichst breites Spektrum an Möglichkeiten ins Auge fassen? Anschließend untersuchen wir, wie bestimmte Führungspersönlichkeiten die Resilienz von Gruppen stärken können. Am Ende machen wir uns Gedanken darüber, welche Schlüsse sich aus all dem für die Gesellschaft insgesamt ziehen lassen.

4. Die resiliente Persönlichkeit

Bislang haben wir uns mit der Resilienz von großen, autonomen Systemen beschäftigt, in denen das Verhalten und die Entscheidungen des Einzelnen eher am Rande eine Rolle spielen. Nun wollen wir der Frage nachgehen, wie es um die Menschen und Gemeinschaften steht, die in und mit diesen Systemen leben.

Nimmt man diesen Bereich genauer in Augenschein, so kristallisiert sich ein erstaunlich optimistisches Bild heraus. Erstens ist die individuelle Resilienz gegen Traumata sehr viel weiter verbreitet als bislang angenommen. Und zweitens gibt es neueren Forschungen zufolge mögliche konkrete Schritte, um die individuelle Resilienz zu stärken, dem Einzelnen dabei zu helfen, mit unvermeidlichen Problemen und Schwierigkeiten besser fertig zu werden und somit auch die Resilienz der Systeme und Gemeinschaften zu erhöhen, in denen diese Menschen leben.

Die vier ungleichen Kinder von Lingfield

Im Jahr 1945, kurz nach Ende des Zweiten Weltkriegs, nahm ein Waisenhaus in Lingfield in der englischen Grafschaft Surrey 24 Kinder auf, die den Holocaust überlebt hatten. Die Kinder kamen entweder aus Konzentrationslagern wie Auschwitz und Theresienstadt oder hatten in Verstecken ausgeharrt. Sie waren zwischen drei und acht Jahre alt, und doch hatten sie bereits über alle Maßen traumatische Stresssituationen durchlebt. Die Kinder aus Theresienstadt waren Zeugen von Massenhinrichtungen geworden, und einige der über Sechsjährigen waren gezwungen worden, Kisten voller menschlicher Asche zu tragen. Die Kinder aus Ausschwitz waren umgeben gewesen vom Gestank der Leichen und dem Rauch, der aus den Krematorien aufstieg. Diejenigen, die in Verstecken gelebt hatten, hatten ständig auf der Hut vor ehemaligen Freunden und Nachbarn sein müssen. Viele hatten unter falschem Namen und getrennt von ihren Eltern gelebt. Angesichts der Brüche und Unsicherheiten, die das Leben dieser Kinder prägten, verwundert es nicht, dass eines von ihnen bei der Ankunft in Lingfield fragte: »Kommen die Mauern morgen nach?«

Die vier jüngsten Kinder waren nur wenige Monate alt gewesen, als sie ins Konzentrationslager Theresienstadt verschleppt wurden. Sie hatten die ersten zweieinhalb Jahre ihres Lebens im dortigen Haus für mutterlose Kinder zugebracht, wo sie von Häftlingen versorgt wurden, die auf ihre Deportation nach Auschwitz warteten. Eine der sie betreuenden Frauen beschrieb die Zustände in einem Brief von 1946 so:

> »Im Haus für mutterlose Kinder gab es immer zu viel Arbeit und zu wenig Menschen, die mir halfen. Außer um die Kinder mußten wir uns auch um ihre Kleider usw. kümmern, was viel Zeit erforderte. Wir kümmerten uns um das körperliche Wohl der Kinder so gut wie möglich, hielten sie durch drei Jahre frei von Ungeziefer und ernährten sie so gut, wie es unter den Umständen möglich war. Aber es war nicht möglich, auf ihre anderen Bedürfnisse einzugehen. Wir hatten nicht die Zeit, mit ihnen zu spielen [...]«[1]

Als die vier Kleinkinder nach Lingfield kamen, waren sie extrem unterernährt und klein für ihr Alter. Sie hatten ständig wechselnde Bezugspersonen gehabt und suchten Zuwendung und Trost hauptsächlich innerhalb der Gruppe. Drei der Kleinkinder wurden schließlich adoptiert. Das vierte, ein Junge, der Berl genannt wurde, kehrte nach zwei gescheiterten Versuchen, ihn in eine neue Familie zu integrieren, nach Lingfield zurück. Erstmals beschrieben worden waren die vier Kinder von Anna Freud und Sophie Dann.[2] Im Jahr 1979 machte sich die amerikanische Psychologin Susan Moskovitz auf die Suche nach den vier Holocaust-Überlebenden, die mittlerweile alle Ende dreißig waren.[3] Susan Moskovitz führte 1979 und 1984 eine Reihe von Interviews mit ihnen, um ihre Entwicklung zu verfolgen. Berl und Leah, die Jüngsten und Schwächsten der vier, litten am meisten. Beide hatten große soziale und schulische Probleme. Leah, die von den Erwachsenen in Lingfield als »die Heulsuse« bezeichnet worden war, erzählte im Interview mit Susan Moskovitz, dass sie immer noch von Schamgefühlen, Ängsten und Schlaflosigkeit geplagt sei. Berl lehnte zwei verschiedene Adoptivfamilien ab und blieb im Waisenhaus, bis er mit 17 von einer Tante und einem Onkel adoptiert wurde, die in den USA lebten. Als Susan Moskovitz mit ihm sprach, wohnte er immer noch bei ihnen. Berl war ein weitgehend unselbständiger 37-Jähriger, der mit zahlreichen schweren Symptomen kämpfte.

Berl und Leah überlebten, aber sie führten ein von Ängsten, Scham und Traurigkeit geprägtes Leben. Umso überraschender fielen die Interviews mit den anderen beiden dieser vier Überlebenden aus, Jack und Bella.

Als Susan Moskovitz Jack ausfindig machte, war er ein glücklicher Ehemann mit zwei Kindern und einer Frau, die ihm eine große Stütze war. Er besaß sein eigenes Taxi und erzählte da-

von, wie viel Freude es ihm mache, ständig neue Leute kennen-
zulernen. Jede Fahrt durch London sei für ihn ein kleines Aben-
teuer. Ab und zu kämpfe er mit depressiven Verstimmungen, die
meist von seiner Sehnsucht ausgelöst würden, mehr über seine
Mutter zu erfahren, aber im Großen und Ganzen komme er gut
zurecht.

Am bemerkenswertesten war das Interview mit Bella. Bei ihrer
Ankunft im Waisenhaus von Lingfield machte sich Bella sofort auf
Erkundungstour und fand ganz allein den Weg vom Speisesaal zu
ihrem Zimmer am anderen Ende des Gebäudes. Schon nach kurzer Zeit hatte sie den Spitznamen »Bella-Pick-It-Up« weg, weil sie
es immer schaffte, dass irgendein anderes der älteren Kinder ihre
Sachen für sie aufhob. Sie »bestimmte« ihre Adoptiveltern selbst,
indem sie schnurstracks zu ihrem zukünftigen Vater marschierte
und sich auf seinen Schoß setzte. Nach dem Interview von 1981
beschrieb Susan Moskovitz Bella als fröhlich, temperamentvoll
und selbstbewusst:

> Ihr Mann war zwar erst vor Kurzem am Herzen operiert worden, aber
> Bella war überzeugt, dass sie gemeinsam mit allem fertig werden
> könnten. Sie betrieb einen Kunsthandel, der gut lief, und die Arbeit
> machte ihr Freude. Außerdem arbeitete sie als Friedensrichterin für
> Fälle, in denen es um Kinder ging.[4]

Trotz allem, was ihr in der Kindheit widerfahren war, überlebte
Bella nicht nur, sie blühte regelrecht auf. Susan Moskovitz nannte
sie ein Musterbeispiel für eine resiliente Persönlichkeit und rief
mit psychischen Krankheiten befasste Wissenschaftler auf, sich
mit anderen Menschen zu beschäftigen, die in der Kindheit viel
durchgemacht haben und trotzdem ein glückliches Leben führen,
um besser zu verstehen, wie Menschen mit Risiken und Widrigkeiten umgehen.

Wie konnte es sein, dass vier Kinder, die unter nahezu identischen traumatischen Bedingungen aufgewachsen waren, ein so unterschiedliches Leben führten? Warum tun sich die Berls und Leahs dieser Welt so schwer, während die Jacks und Bellas gut zurechtkommen?

Ernsthaft nachgegangen wurde diesen Fragen erstmals in den 1960er und frühen 1970er Jahren, als Wissenschaftler im Bereich der Kinderpsychiatrie und Entwicklungspsychologie zu erforschen begannen, welche Faktoren in der frühen Kindheit ein gesundes Wachstum und eine gesunde Entwicklung erschwerten. Dazu gehörte die Trennung von der Mutter, Scheidung, Komplikationen bei der Geburt und der wohl größte Risikofaktor überhaupt: Armut. Zum Großteil basierten diese Forschungen auf der bahnbrechenden Arbeit des klinischen Psychologen Norman Garmezy mit schizophrenen Patienten.[5] Im Rahmen seiner Arbeit machte Garmezy eine seltsame Entdeckung: Selbst wenn sie mit schwierigen Umständen zu kämpfen hatten, führten einige seiner schizophrenen Patienten ein erstaunlich »normales« Leben. Sie gingen einer geregelten Arbeit nach, hatten ein geordnetes Privatleben und sogar befriedigende Liebesbeziehungen. Patienten dieses Typs, die an »reaktiver« Schizophrenie litten, standen in krassem Gegensatz zu »Prozess-Schizophrenen«, die ein Leben lang zwischen psychiatrischen Einrichtungen, Arbeits- und Obdachlosigkeit hin und her zu pendeln schienen.

Garmezy begann sich für die Unterschiede zwischen diesen beiden Gruppen zu interessieren und initiierte eine Studie zu den Kindern schizophrener Eltern. Zu seiner großen Verblüffung stellte sich heraus, dass 90 Prozent der Kinder ein ganz normales Leben führten. Sie hatten gute Beziehungen zu Gleichaltrigen, schulischen Erfolg und sinnvolle Lebensziele. Garmezy drängte seine Kollegen, sich weniger mit Risikofaktoren zu beschäftigen und mehr mit »den Kräften, die es solchen Kindern ermöglichen, zu überleben und sich anzupassen«.[6] Auf diesen Aufruf hin begann die Erforschung der psychologischen Resilienz Anfang der 1970er Jahre allmählich Formen anzunehmen.

Als dieses Forschungsgebiet noch jung war, priesen Sozialpsychologen oft die Kraft und Stärke ihrer Probanden. In den Medien machten Schlagworte wie »Das unverwundbare Kind«, »Superkids« und »Verwundbar, aber unbesiegbar« die Runde, sodass der Eindruck entstand, diese Kinder verfügten über außergewöhnliche Bewältigungsstrategien.[7] Die Wirklichkeit, sagt Ann Masten, eine Schülerin Garmezys, sei differenzierter:

»Die überraschendste Erkenntnis der Resilienzforschung ist, wie gewöhnlich dieses Phänomen ist. Resilienz ist offenbar ein weit verbreitetes Phänomen, das in den meisten Fällen das Ergebnis grundlegender menschlicher Anpassungsstrategien ist.«[8]

Solange diese grundlegenden menschlichen Anpassungsstrategien gut funktionierten, so Ann Masten weiter, könne die Mehrzahl der Kinder auch dann ihre Entwicklungsziele erreichen, wenn sie mit großen Schwierigkeiten konfrontiert seien.

Resilienz ist also doch nicht außergewöhnlichen »Superkids« vorbehalten, sondern weit verbreitet. So weit verbreitet, dass Ann Masten ihre Veröffentlichung »Ordinary Magic« nannte, »alltägliche Magie«.

Warum erfährt unsere angeborene Fähigkeit zur Resilienz von Psychologen dann so wenig Wertschätzung? Wie wir sehen werden, hat die Antwort auf diese Frage mit der Geschichte der Psychologie und mit unserer eigenen, kulturell geprägten Reaktion auf Widrigkeiten und Traumata zu tun.

Die resiliente Kohorte

Kurz nach seiner Promotion wurde dem frischgebackenen klinischen Psychologen George Bonanno 1991 eine Stelle an der University of California in San Francisco angeboten, bei der es um die Erforschung von Trauerfällen ging. Ursprünglich hatte er sich nur ein paar Jahre mit den Themen Trauma und Trauer beschäftigen wollen, um sich mit der Literatur zu diesem Gebiet vertraut zu machen. Danach wollte er sich weniger verdrießlichen Themen zuwenden. Doch dann stellte er fest, dass es in diesem Bereich erstaunlich wenig quantitative Analysen gab.

»Ich beharrte darauf, dass wir präzisere Daten brauchten«, so Bonanno. »Wir brauchten prospektive Langzeitstudien, die empirisch erforschen, wie Menschen sich entwickeln, und statistische Auswertungen, um die Verteilung zu berechnen. Nur so konnten wir uns aus dem Dickicht der alten, theoriegeleiteten Modelle befreien.«

Bonanno hat den Großteil der letzten 20 Jahre damit verbracht, mithilfe von solchen empirischen Modellen zu erforschen, wie Menschen mit traumatischen Verlusten umgehen. Seine Ergebnisse haben ihn selbst am meisten überrascht.[9]

Über weite Strecken des 20. Jahrhunderts wurde der Prozess des Trauerns durch die psychoanalytische Brille Freuds betrachtet, der in diesem Zusammenhang von »Trauerarbeit« sprach. Geprägt hatte er diesen Begriff in einem auf dem Höhepunkt des Ersten Weltkriegs geschriebenen Buch mit dem Titel »Trauer und Melancholie«.[10] Mit dem Begriff »Trauerarbeit« beschrieb Freud den anstrengenden Prozess, in dem die Libido aus allen Verknüpfungen mit dem nun nicht mehr existierenden Objekt der Trauer abgezogen wird. Wenn man nicht jede einzelne Erinnerung an den oder die Tote(n) verarbeitet und sich damit psychisch von ihr distanziert, so könnte man Freuds Theorie vereinfacht zusammenfassen, kommt es unweigerlich zum Zusammenbruch und zu neurotischem Verhalten. Wie so oft bei Freud sollte man auch hier den Kontext nicht vergessen, in dem seine Theorien entstanden sind. Sie beruhten nicht auf statistischen Analysen, sondern auf der detaillierten Beobachtung Einzelner. Und sie sind nicht nur als Ausdruck seines eigenen Denkens zu verstehen, sondern auch vor dem kulturellen Hintergrund der Zeit des Ersten Weltkriegs, als Traumatisierung und Verlust Massenphänomene waren.

In den Schriften Freuds sind diese Gedanken zum Wesen der Trauer relativ unausgereift, und dabei wäre es vielleicht auch geblieben, wenn seine Anhänger den Faden nicht aufgenommen hätten. Psychoanalytiker, deren Patienten an ihrer Trauer schwer zu leiden hatten, griffen die Gedanken Freuds auf und entwickelten sie weiter, bis das Konzept der »Trauerarbeit« in der westlichen Kultur fest verankert war. Einer der einflussreichsten Analytiker auf diesem Gebiet war der amerikanische Psychiater Erich Lindemann. In einem viel beachteten Artikel von 1944 vertrat er die Position, dass Trauer immer erst mit Verzögerung auftrete, im Unbewussten schwele und in der Psyche allerhand Schaden anrichte.[11] Selbst wenn Trauernde mit dem Verlust nach außen hin scheinbar gut zurechtkämen, so Lindemanns Überzeugung, werde die verzögerte Trauer sie früher oder später einholen.

Als sich die Lehre von der »Trauerarbeit« Mitte des 20. Jahrhunderts durchsetzte, entstanden verschiedene Phasenmodelle. Das bekannteste stammt von Elisabeth Kübler-Ross und umfasst die berühmten fünf Phasen der Trauer: Nichtwahrhabenwollen, Zorn, Verhandeln, Depression und schließlich Fügung.[12] Diese Phasen werden zwar gemeinhin auf alle Arten der Trauer angewendet. Elisabeth Kübler-Ross hat sie jedoch im Rahmen ihrer Arbeit mit unheilbar kranken Krebspatienten entwickelt, die damit rangen, ihrer *eigenen* Sterblichkeit ins Auge zu blicken. Sie hat das Modell niemals an Probanden getestet, die den Verlust eines anderen Menschen zu betrauern hatten oder anderweitig traumatisiert waren.

Zusammengefasst kann man feststellen, dass Ende des 20. Jahrhunderts ein Großteil der im Westen verbreiteten Annahmen über den Trauerprozess nicht auf quantitativer Forschung basierte. Es gab im Grunde nur ein einziges theoretisches Modell für den Umgang mit Trauer, und jede menschliche Erfahrung, die davon abwich, galt als Abfall vom rechten Glauben.

So sah die wissenschaftliche Landschaft aus, die George Bonanno vorfand, als er Anfang der 1990er Jahre seine Stelle in San Francisco antrat. Anders als seine Vorgänger, die sich ausschließlich auf das Freud'sche Theoriegerüst bezogen, wollte Bonanno nicht nur mit Einzelfällen arbeiten, sondern untersuchen, welchen Ausdruck Trauer und Traumata in ganzen Bevölkerungsgruppen fanden. Ganz ähnlich, wie Meeresbiologen einschneidende Ereignisse in Korallenriffen analysieren, interessierte sich Bonanno für die psychischen Reaktionen von Menschen auf eine »kurze, heftige Erschütterung«: Was passiert, wenn uns ein traumatisches Ereignis aus unserer alltäglichen Verfassung in einen Extremzustand katapultiert?

Um dieser Frage nachzugehen, beteiligte Bonanno sich 2002 an einem Projekt der University of Michigan, das die Erforschung von Lebensveränderungen bei älteren Menschen zum Ziel hatte. Im Rahmen dieser Studie namens CLOC (»Changing Lives of Older Couples«) führten die Wissenschaftler innerhalb von zehn Jahren Interviews mit etwa 1500 verheirateten Personen aus der Gegend von Detroit durch.[13] Bonanno wollte herausbekommen, wie viele Teilnehmer sich nach dem Verlust ihres Ehepartners als psychisch resilient erwiesen.

Das heißt nicht, dass Bonanno auf der Suche nach Menschen war, die der Tod eines geliebten Menschen völlig kalt ließ oder die unfähig waren, Trauer zu empfinden. Vielmehr wollte er feststellen, wie viele Menschen *tatsächlich* Dinge wie verzögerte Trauer, Nicht-wahrhaben-Wollen oder andere theoretische Trauerphasen erlebten, von denen das in unserer Kultur vorherrschende Verständnis von Trauer geprägt ist.

Zu diesem Zweck musste er jene Probanden aus der CLOC-Studie kontaktieren, die im Lauf der Studie ihren Ehepartner verloren hatten. Dadurch verkleinerte sich das Teilnehmerfeld von ursprünglich 1500 auf 205. Nachdem er diesen Personenkreis interviewt und das Ergebnis den Interviews vor dem Tod des Ehepartners gegenübergestellt hatte, ordnete Bonanno die Antworten nach fünf allgemeinen Mustern: 1. Chronische Depression; 2. Chronische Trauer; 3. Depression – Genesung; 4. Bewältigung der Trauer; 5. Resilienz. In der Gruppe der *chronisch Depressiven* war das Krankheitsmuster sowohl vor als auch nach dem Verlust des Ehepartners erkennbar. Die Gruppe der *chronisch Trauernden* war vorher stabil, aber sowohl unmittelbar nach dem Verlust als auch einige Jahre später von der Trauer wie gelähmt. Die Gruppe der *von der Depression Genesenen* war vorher depressiv und erlebte durch den Tod des Ehepartners eine Besserung ihres Befindens. Die Gruppe »*Bewältigung der Trauer*« empfand mit der Trauer einhergehende Gefühle wie Sehnsucht, Lähmung und Ängstlichkeit, die jedoch allmählich abebbten. Die *resiliente* Gruppe schließlich erlitt durch den Verlust kein nennenswertes Trauma, weder unmittelbar danach noch einige Jahre später.

Bonanno hatte erwartet, dass er auf diese fünf Muster stoßen würde. Das eigentlich Überraschende war, wie häufig er die einzelnen Muster antraf.[14] Wenn die Freudianer recht hatten, sollten alle diese Leute, die einen geliebten Menschen verloren hatten, mangels Trauerarbeit psychische Probleme haben. Doch nur 25 Prozent der Probanden hatten mit chronischer Trauer oder chronischen Depressionen zu kämpfen, und die Anzahl derer, die verzögerte Trauer an den Tag legten, war mit 3,9 Prozent statistisch betrachtet verschwindend gering. Von den verbleibenden Teilnehmern erholten sich 20 Prozent aus eigener Kraft, und 45,9 Prozent berichteten von keinerlei schwerwiegenden Symptomen. Diese Gruppe, die fast die Hälfte der Befragten umfasste, bezeichnete Bonanno als »resilient«.

Noch einmal: Bonanno definierte Resilienz nicht als Gefühllosigkeit oder Unfähigkeit zur Trauer. Er bezeichnete Menschen als »resilient«, wenn sie angesichts einer traumatischen Erfahrung in der Lage waren, nach vorn zu schauen und zielgerichtet zu handeln (was in etwa unserer eigenen Definition entspricht: »Resilienz ist die Fähigkeit eines Systems, eines Unternehmens oder eines Menschen, sich an dramatisch veränderte äußere Bedingungen anzupassen und dabei funktionsfähig zu bleiben.«) Nach allem, was wir wissen, haben die Mitglieder der resilienten Kohorte nach dem Verlust des Ehepartners große Trauer empfunden und hatten große Schwierigkeiten, sich an die veränderten Lebensumstände zu gewöhnen. Aber eigenen Aussagen zufolge konnten sie sich an die neue Situation anpassen – und an diesem Verlust sogar wachsen –, ohne die Phasen der Trauer oder die Folgen zu erleben, die angeblich jenen bevorstehen, die keine Trauerarbeit im Sinne Freuds leisten.

Kurz: Sie sind schnell wieder auf die Beine gekommen.

Auf die gleichen Muster und Kohortengrößen trifft man auch nach traumatischen Ereignissen wie Naturkatastrophen oder Terroranschlägen. Nach dem Anschlag auf das World Trade Center am 11. September 2001 führte Bonanno mit seinem Team eine groß angelegte Befragung unter 2752 nach dem Zufallsprinzip ausgewählten Einwohnern von New York durch.[15] Sechs Monate nach dem Anschlag berichteten nur 6 Prozent der Befragten von Symptomen, die ausreichen würden, um eine posttraumatische Belastungsstörung zu diagnostizieren. Demgegenüber waren

65,1 Prozent der New Yorker resilient und zeigten keinerlei Anzeichen einer Traumatisierung.

Die Kohorte, die es am schwersten hatte, bestand aus Teilnehmern, die den Anschlag aus nächster Nähe miterlebt *und* einen geliebten Menschen verloren hatten. Posttraumatische Belastungsstörungen traten in dieser Kohorte häufiger auf, aber selbst hier lag der Anteil unter einem Drittel.

Sei es nach Naturkatastrophen, nach der Krankheitsepidemie oder bei Menschen, die ein Kind oder den Ehepartner verloren hatten – in all seinen Längsschnittstudien verschiedener Bevölkerungsgruppen zum Thema Verlust und Traumatisierung stieß Bonanno immer wieder auf das gleiche Muster.[16] Unabhängig von der »Schwere« des Traumas litt niemals mehr als ein Drittel der Befragten an einer posttraumatischen Belastungsstörung, und mindestens ein Drittel, aber niemals mehr als zwei Drittel erwiesen sich als resilient.

»Dieses Muster ist so allgegenwärtig und so konsistent, dass sich die Frage stellt: Warum sind wir als Spezies so gebaut?«, fragt Bonanno.

Eine mögliche Antwortet lautet: Dadurch ist sichergestellt, dass es immer eine ausreichend große Minderheit oder sogar eine Mehrheit gibt, die sich der schwer Traumatisierten annehmen kann.

Die individuelle Resilienz eines Menschen hängt von unglaublich vielen Faktoren ab. Wir können all diese Faktoren hier unmöglich in angemessener Form beschreiben, wollen aber doch die wichtigsten kurz ansprechen. Eine besonders wichtige Rolle als Schutzwall gegen Stressfaktoren spielen offensichtlich angeborene Persönlichkeitsmerkmale wie Optimismus und Zuversicht. Denken Sie an Bella und Jack aus dem Waisenhaus in Lingfield. Der Studie von Susan Moskovitz zufolge waren sie in der Lage, die Erwachsenen im Waisenhaus für sich einzunehmen und selbstbestimmt zu handeln. Dadurch kam es zu einer positiven Rückkopplungsschleife zwischen ihnen und den Angestellten beziehungsweise Adoptivfamilien, sodass sie immer besser betreut wurden. Erstmals beschrieben wurde diese »Ego-Resilienz« – die Fähigkeit, Widrigkeiten zu überwinden, zu umschiffen oder rasch wieder auf die Beine zu kommen – von den Entwicklungspsychologen Jack und Jeanne Block im Rahmen einer viel beachteten Längsschnittstudie aus dem Jahr 1968, die das Leben von 100 jungen Erwachsenen über einen Zeitraum von 30 Jahren hinweg dokumentierte.[17] Neben der Ego-Resilienz wurde in dieser Studie auch festgehalten, wie gut die Teilnehmer in der Lage waren, Belohnungen zugunsten zukünftiger Ziele aufzuschieben, eine Fähigkeit, die die Autoren als »Ego-Kontrolle« bezeichneten. Probanden, die sowohl über Ego-Resilienz als auch über Ego-Kontrolle verfügten, konnten sich besser auf wechselnde Umstände einstellen und Schwierigkeiten erfolgreich bewältigen.

Solche Persönlichkeitsmerkmale wurzeln in einer Grundhaltung, die es ermöglicht, Situationen bewusst einzuschätzen, die eigenen Emotionen im Zaum zu halten und so aus den sprichwörtlichen Zitronen Limonade zu machen. Sozialpsychologen sprechen in diesem Zusammenhang von »Zähigkeit« (engl. »hardiness«) und meinen damit ein Denksystem, das im Wesentlichen auf drei Grundsätzen beruht: 1. der Überzeugung, dass man dem eigenen Leben einen Sinn geben kann; 2. der Überzeugung, dass man einen Einfluss auf seine Umgebung und den Gang der Dinge hat; und 3. der Überzeugung, dass man aus positiven und negativen Erfahrungen gleichermaßen lernen und an ihnen wachsen kann.[18] Vor diesem Hintergrund überrascht es kaum, dass gläubige Menschen sich als besonders resilient beschreiben.

Der Psychologe Kenneth Pargament hat fast sein gesamtes Forscherleben damit verbracht, den Zusammenhang zwischen Religiosität und Resilienz zu ergründen.[19] Neben den vielen Vorteilen, die eine Religionsgemeinschaft bietet – wie etwa Selbsthilfegruppen und Beratungsangebote für Menschen, die finanziell und sozial am Rande der Gesellschaft stehen –, führt Pargament die kraftspendende Wirkung der Religion vor allem auf die Beschwörung des Heiligen zurück. Er unterscheidet in seinen Arbeiten klar zwischen säkularen und religiösen Bewältigungsstrategien, also solchen, die sich, sei es durch die Begründung einer Partnerschaft oder durch die totale Abtretung der Kontrolle, unmittelbar auf einen »Gott« beziehen. Clifford Geertz drückte es in seinem bahnbrechenden Aufsatz »Religion als kulturelles System« so aus:

»Die befremdliche Unverständlichkeit bestimmter empirischer Ereignisse, die dumpfe Sinnlosigkeit heftiger und unerbittlicher Schmerzen und die rätselhafte Unerklärbarkeit schreiender Ungerechtigkeit lassen gleichermaßen den beunruhigenden Verdacht aufkommen, daß die Welt, und damit das Leben der Menschen in der Welt, im Grunde vielleicht gar keine Ordnung aufweist – weder empirische Regelmäßigkeit noch emotionale Form noch moralische Kohärenz. Und die religiöse Antwort auf diesen Verdacht ist in allen Fällen dieselbe: Sie formt mittels Symbolen das Bild einer solchen genuinen Ordnung, das die ins Auge springenden Zweideutigkeiten, Rätsel und Widersinnigkeiten in der menschlichen Erfahrung erklärt oder sogar hervorhebt. Es geht ihr nicht etwa darum zu bestreiten, daß es ungeklärte Ereignisse gibt, daß das Leben Schmerzen bringt oder daß es auf die Gerechten regnet; was sie bestreitet, ist vielmehr, daß es unerklärbare Ereignisse gebe, daß das Leben unerträglich und Gerechtigkeit ein Trugbild sei.«[20]

Dieser Zusammenhang zwischen Religiosität (beziehungsweise allgemeiner gefasst, einer persönlichen spirituellen Kosmologie) und Resilienz stellt eine interessante Erwiderung auf atheistische

Kritiker religiöser Überzeugungen dar. Derartige Überzeugungen mögen *wahr* sein oder nicht; sie sind jedenfalls sehr *anpassungsfähig*. Mit anderen Worten: Der Grund, weshalb religiöse Überzeugungen auch heute viele Anhänger haben, liegt weniger darin, dass sie das Weiterleben der Seele im Jenseits garantierten, als vielmehr in der psychologischen Resilienz, die sie den Gläubigen im Diesseits verleihen.

Aber gläubige Menschen sind natürlich nicht die einzige Gruppe, bei der ein hohes Maß an Resilienz zu beobachten ist. Auch die kulturelle Identität spielt eine Rolle. So stellten Wissenschaftler zum Beispiel fest, dass lateinamerikanische Einwanderer in die USA, die nach allen Standarddefinitionen einer »Risikogruppe« angehörten, im Durchschnitt gesünder waren, wenn sie sich stark mit ihren ethnischen Wurzeln identifizierten.[21] Dieser Befund deutet darauf hin, dass Angehörige einer Kultur, in der die Loyalität innerhalb der Gruppe einen hohen Stellenwert hat, resilienter sind. Auf diesen Punkt werden wir genauer eingehen, wenn wir uns mit der Frage der Kooperation beschäftigen.

Die Fähigkeit der Angehörigen bestimmter Gruppen, sich von Schicksalsschlägen schnell zu erholen, beruht auch auf gut funktionierenden sozialen Netzwerken – wie der Familie, Freunden, religiösen und städtischen Organisationen, einem erfüllenden Arbeitsleben und dem Zugang zu staatlichen Mitteln und Ressourcen. Für eine 2001 veröffentlichte, wegweisende Längsschnittstudie begleiteten die Wissenschaftlerinnen Emmy Werner und Ruth Smith 40 Jahre lang fast 700 hawaiianische Kinder, die Risikofaktoren wie Armut, Ehekonflikten und vorgeburtlichem Stress ausgesetzt waren.[22] Die Forscherinnen kamen zu dem Schluss, dass soziale Faktoren wie die Unterstützung eines Erwachsenen mit Vorbildfunktion die Auswirkungen von Widrigkeiten abmilderten und selbst in dieser Risikogruppe in 50 bis 80 Prozent der Fälle auf eine positive Entwicklung hinzudeuten schienen. Im Jahr 2000 zeigten Wissenschaftler an der University of Maryland in College Park, dass der Zugang zu sozialen Ressourcen wie eine gute Beziehung zu einem engagierten Lehrer und eine Vielzahl von gut organisierten außerschulischen Aktivitäten mit guten schulischen Leistungen korrelierten.[23] Gleichzeitig deuten ihre Forschungen darauf hin, dass es sich negativ auf die Lesekompetenz und die Leistung in standardisierten Mathematiktests auswirkt, wenn Kinder – vor allem innerhalb der Familie oder in der Nachbarschaft – mit Gewalt in Berührung kommen.

Diese sozialen Ressourcen sind der Schmierstoff, der das Räderwerk gesellschaftlicher Netzwerke am Laufen hält. Und eine ganze Flut neuerer Studien legt den Schluss nahe, dass diese Netzwerke sogar physiologische Auswirkungen haben können.

Die Psychologen Sarah Pressman und Sheldon Cohen von der Carnegie Mellon University haben bei Erstsemestern mit einem größeren sozialen Netzwerk eine stärkere Immunreaktion auf eine Grippeschutzimpfung beobachtet.[24] Umgekehrt stellten Alexis Stranahan, David Khalil und Elizabeth Gould von der Princeton University fest, dass soziale Isolation die positiven Auswirkungen sportlicher Betätigung verringern kann.[25] Isoliert gehaltene Ratten bildeten weniger neue Nervenzellen und neuronale Verbindungen aus, wenn sie im Hamsterrad laufen durften, als Ratten, die in Gruppen zusammenlebten. Soziale Isolierung ist demnach nicht nur schlecht für unser psychologisches Wohlbefinden. Sie hinterlässt offenbar sogar auf der Ebene der einzelnen Zellen ihre Spuren.

Diese und viele weitere Faktoren, die unsere individuelle Resilienz beeinflussen, wurzeln in unseren Überzeugungen und Erfahrungen. Ob sie nun durch kluge Mentoren, regelmäßige körperliche Bewegung, Zugang zu Grünflächen oder eine besonders enge Beziehung zum Glauben kultiviert wird – unsere individuelle Resilienz beruht auf unseren Denkgewohnheiten, und wenn wir über die richtigen Ressourcen verfügen, können wir diese Denkgewohnheiten kultivieren und verändern.

Damit kommen wir zu einem anderen, weniger beachteten Aspekt der individuellen Resilienz, dem Einfluss der Gene. Die Sequenzierung des menschlichen Genoms in dem 1990er Jahren löste wilde Spekulationen aus, Wissenschaftler könnten eines Tages die genetischen Ursachen für unerwünschte Eigenschaften aufdecken, wie das »Depressionsgen« oder das »Alkoholikergen«. Heute ist unser Blick auf die Verhaltensgenetik differenzierter. Mittlerweile wissen wir, dass die Ausbildung von Persönlichkeitsmerkmalen und Verhaltensweisen das Ergebnis eines dynamischen Zusammenspiels von Genen, Lebenserfahrung und Umwelteinflüssen ist. Die Verhaltensgenetiker sprechen von einem Wechselspiel von Genen und Umwelt.

Vor etwa 35 Jahren begannen Forscher an der University of Otago im neuseeländischen Dunedin eine Längsschnittstudie, für die mehr als 1000 Säuglinge aus ganz Neuseeland erfasst wurden.[26] Von dieser »Geburtskohorte« wurde etwa alle zwei Jahre eine Vielzahl von Daten erhoben. In der Summe waren diese Daten – ähnlich wie die BLOC-Studie von George Bonanno – eine Goldmine für Verhaltensforscher, die Populationsstudien durchführten. Im Jahr 2003 griff das Forscherehepaar Terrie Moffitt und Avshalom Caspi auf die Dunedin-Studie zurück, um den Einfluss des sogenannten 5-HTT-Gens zu untersuchen, das an der Regulierung des Serotonintransports beteiligt ist.[27] Serotonin ist ein Neurotransmitter, der bei zahlreichen Gemütserkrankungen eine Rolle spielt (Antidepressiva wie »Zoloft« und »Prozac« zielen auf die Erhöhung des Serotoninspiegels ab, um die Informationsübertragung im Gehirn zu verbessern).

Das 5-HTT-Gen taucht in zahlreichen Spezies, unter anderem beim Menschen, in zwei sogenannten Allelen auf, einer langen Variante und einer kurzen. In Studien an Mäusen und Affen kamen Tiere mit zwei langen 5-HTT-Allelen besser mit Stresssituationen zurecht als ihre Artgenossen mit zwei kurzen oder einem langen und einem kurzen Allel. Mäuse mit zwei kurzen Allelen reagierten viel ängstlicher auf Lärm[28], und bei Affen mit zwei kurzen Allelen, die in einem stressigen Umfeld aufwuchsen, war der Serotonintransport beeinträchtigt.[29]

Terrie Mofitt und Avshalom Caspi wollten in Erfahrung bringen, wie diese Allele in der neuseeländischen Geburtskohorte verteilt waren. Also untersuchten sie 847 Probanden auf Stress auslösende Ereignisse wie einen Todesfall in der Familie, den Verlust des Arbeitsplatzes oder das Scheitern einer Liebesbeziehung. Von den Testpersonen, die in jüngerer Zeit solche Stress auslösenden Ereignisse erlebt hatten, berichteten sage und schreibe 43 Prozent mit zwei kurzen Allelen von Depressionen, während es bei jenen mit zwei langen Allelen nur 17 Prozent waren. Die kurze Variante des 5-HTT-Gens, so der Schluss der Wissenschaftler, habe Probanden anfälliger für Widrigkeiten gemacht, wohingegen das lange Allel als Puffer fungiert habe. Ohne entsprechende Auslöser von außen, so ihre Vermutung, hätten die langen oder kurzen Allele kaum Auswirkungen auf das Leben der Testpersonen gehabt.

Genetiker erklären sich das mit dem »Stress-Diathese-Modell« oder »genetischer Anfälligkeit«. Nach dieser Theorie können bestimmte Genvarianten die Anfälligkeit eines Menschen für Depressionen, Ängstlichkeit und andere Störungen wie antisoziales oder soziopathisches Verhalten erhöhen, wenn – und auf dieses »wenn« legen die Wissenschaftler großen Wert – diese Person potenziell traumatische oder stressige Lebensereignisse durchmacht. Avshalom Caspi und Terrie Mofitt haben mit dieser Studie nicht die Existenz eines »Depressionsgens« bewiesen, sondern mit empirischen Methoden gezeigt, dass das Wechselspiel von Genen und Umwelt zu einer »Anfälligkeit für Depressionen« führen kann.

Spätere Metastudien zur Korrelation zwischen den Varianten des 5-HTT-Gens und Persönlichkeitsmerkmalen wie Neurotizismus und Depressivität sind zu unterschiedlichen Ergebnissen gekommen (was eventuell an den unterschiedlichen Methodologien der jeweiligen Studien lag). Die Korrelation ist also möglicherweise geringer als ursprünglich gedacht.[30] Der Zusammenhang zwischen 5-HTT und spezifischen Persönlichkeitseigenschaften wie Optimismus und Zufriedenheit dagegen wurde in Studien wiederholt bestätigt[31]. Das deutet darauf hin, dass die lange und die kurze Variante des 5-HTT-Gens zu den vielen verdeckten Faktoren gehören, die dafür verantwortlich sind, dass sich das Leben der Berls und Leahs dieser Welt so sehr von dem der Jacks und Bellas unterscheidet. Was also können wir für sie tun?

So interessant Korrelationen zwischen bestimmten Genen und hoher Resilienz aus wissenschaftlicher Perspektive sind – den traumatisierten Kohorten in den Studien von George Bonanno ist mit solchen Erkenntnissen wenig geholfen. Auf unsere Gene haben wir nun einmal keinen Einfluss. Und selbst wenn es so wäre – wir können unmöglich wissen, welche Ereignisse bei uns Anfälligkeiten offenkundig werden lassen, die noch gar nicht erforscht sind.

Zu den Standardmethoden für die Behandlung von Traumata zählen pharmakologische Eingriffe und intensive Therapie. Diese Methoden sind wichtig, für den Heilungsprozess oftmals unabdingbar, und wenn sie korrekt angewendet werden, sind sie absolut zu empfehlen. Aber sie kommen nicht für jeden infrage, sei es aus finanziellen oder logistischen Gründen. Auch sind sie nicht in jedem Einzelfall die ideale Lösung. Und – darin sind wir uns hoffentlich einig – es wäre besser, wenn sie durch andere, vorbeugende Maßnahmen unnötig würden.

Neuere neurowissenschaftliche Forschungen belegen die Wirksamkeit einer ganz bestimmten Methode, die andere Formen der Intervention ergänzen kann. Diese Methode ist ortsungebunden, kostenlos und seit mehr als zwei Jahrtausenden auf dem »Markt«. Man bezeichnet sie als Achtsamkeitsmeditation.

Emotion und Resilienz

Bevor wir uns anschauen, wie wir uns diese Methode zunutze machen können, sollten wir unsere Vorstellungen von unserem Gefühlshaushalt etwas korrigieren. Meistens nehmen wir Gefühle als etwas wahr, was uns »zustößt«. Wir marschieren fröhlich durch unseren Tag, und plötzlich widerfährt uns eine kleine Ungerechtigkeit oder ein leises Ärgernis, und wir laufen gegen eine »Wand« aus Wut. Und mit einem Mal sind wir genervt. Den Zusammenhang zwischen dem Ereignis und unseren Gefühlen empfinden wir als Ursache-Wirkungs-Beziehung. Das Ereignis *verursacht* bei uns eine bestimmte emotionale Reaktion, gegen die wir machtlos sind. In anderen Fällen macht sich ein Gefühl schleichend, aber ebenfalls gegen unseren Willen, in uns breit. Wir wachen morgens bestens gelaunt auf, doch dann legt sich im Lauf des Tages allmählich Traurigkeit auf unser Gemüt wie ein Schleier. Unsere Gefühle scheinen gewissermaßen ein Eigenleben zu haben. Wenn sie uns »überkommen«, fühlen wir uns ihnen hilflos ausgeliefert.

Wissenschaftler, die sich mit Achtsamkeit und Aufmerksamkeit beschäftigen, haben oft ein ganz anderes Bild von unseren Emotionen. Ihrer Sichtweise zufolge sind Gefühle nichts, was uns »zustößt«. Vielmehr sind sie – metaphorisch gesprochen – eine psychische Währung, von der wir einen begrenzten Vorrat haben. Wenn wir unsere Reserven verschwenden – und uns von allem ablenken lassen, was um uns herum geschieht –, so schwindet der Vorrat, und wir fühlen uns erschöpft oder geraten, schlimmer noch, in eine Abwärtsspirale negativer Gefühle wie Wut oder Niedergeschlagenheit. Doch mit etwas Übung können wir lernen, diese Währung so besonnen und überlegt auszugeben, dass sie uns niemals ausgeht.

Achtsamkeitstraining ist eine Methode, die uns dabei helfen kann. Sie versetzt uns in die Lage, unsere Gefühle bewusster zu steuern, sodass wir unser emotionales Budget nicht überziehen. Zum Teil beruht dieses Training auf östlichen Religionen, vor allem auf dem Buddhismus. Der Grund, weshalb wir es hier erwähnen, ist aber ein rein weltlicher: Methoden wie Meditation, die auf mehr Bewusstheit und Achtsamkeit abzielen, tragen erwiesenermaßen zur Stärkung der Resilienz bei. Und im Gegensatz zu anderen Ansätzen, die bei den Genen, angeborenen Charaktereigenschaften oder sozialen Ressourcen ansetzen, liegen solche Übungen ganz in der Hand dessen, der sie einsetzt.

Es gibt viele Spielarten der Meditation. Die folgenden Beispiele sind insofern nicht als vollständige Liste zu verstehen, sondern als Rahmen für die Darstellung der verschiedenen Möglichkeiten der Aufmerksamkeitssteuerung in unserem Gehirn. Experten unterscheiden oft zwischen zwei Arten der Meditation: gerichtete Aufmerksamkeit und offenes Beobachten. Bei der ersten Form konzentriert man die Aufmerksamkeit auf einen ganz bestimmten Gegenstand. Aufkommende Gedanken und Empfindungen lässt man einfach vorüberziehen, ohne sich daran zu klammern, und konzentriert sich dann wieder auf den gewählten Gegenstand. Durch diesen Prozess – den wir im Weiteren als »Versenkung« bezeichnen – kultiviert man die Haltung eines »inneren Beobachters«, der in der Lage ist, sich von seiner Umgebung zu distanzieren und stattdessen auf den gewählten Gegenstand zu konzentrieren.

Beim offenen Beobachten hingegen tritt der Gegenstand, über den meditiert wird, in den Hintergrund, und man übt stattdessen die ausdauernde Konzentration auf die eigene sinnliche Wahrnehmung. Offenes Beobachten – eine Meditationsform, die wir im Weiteren »Achtsamkeitsmeditation« nennen – ist gekennzeichnet von der unvoreingenommenen, konzentrierten und wertfreien Wahrnehmung der Reize in der Umgebung.

Daneben gibt es noch eine dritte Meditationsform, der in unserem Modell der resilienten Persönlichkeit eine entscheidende Rolle zukommt. Oftmals wird sie als Einübung von »Güte« bezeichnet oder als Praxis der »mitfühlenden Meditation«. Das ist eine Technik, bei der durch die Meditation die eigene Empathiefähigkeit geschult wird, indem man zunächst mit nahestehenden Personen anfängt und den Fokus des eigenen Mitgefühls allmählich auf alle lebenden Wesen ausdehnt. Wenn Meister der Meditation solche Übungen durchführen, ist eine deutlich erhöhte Aktivität in der Inselrinde zu beobachten, einer Hirnregion, der eine wichtige Rolle beim körperlichen Ausdruck von Gefühlen zukommt, sowie in der Übergangsregion zwischen Temporal- und Parietallappen, einer wichtigen Hirnregion für die Verarbeitung von Empathie. Übungen wie diesen wird heute mehr wissenschaftliche Aufmerksamkeit zuteil, und Forscher haben mittlerweile erkannt, dass Meditation die chemischen Vorgänge in unserem Gehirn radikal verändern kann. Dies ist nicht zuletzt das Verdienst eines Mannes, der die Kunst der Kontemplation als einer der ersten unter die wissenschaftliche Lupe genommen hat.

Der Neurowissenschaftler Richard Davidson ist ein hochgewachsener, schlaksiger Mann. Ein flüchtiger Betrachter könnte ihn mit seinen leicht zerzausten Haaren und seinem Sakko mit wildledernen Ellbogen-Patches für einen Doktoranden halten. Tatsächlich ist Davidson fast sechzig Jahre alt und ein angesehener Wissenschaftler, der selbst eifrig Achtsamkeitstraining praktiziert. Während Davidson Anfang der 1970er Jahre in Harvard studierte, begann er sich für diese und andere Formen der Kontemplation zu interessieren und wollte sie in seine Promotion in Psychologie und Neurowissenschaften mit einbeziehen.

»Als ich meinen Professoren von dieser Idee erzählte«, so Davidson, »sagten sie mir unumwunden, dass ich mit diesem Schwerpunkt niemals eine Anstellung finden würde. Sie waren überzeugt, dass mich als Wissenschaftler niemand ernst nehmen würde.«

Doch anstatt seine Forschungsinteressen aufzugeben, unternahm Davidson 1974 eine Reise nach Indien, die sein Leben verändern sollte. Nachdem er in einem Meditationszentrum tief in die Tradition der Kontemplation eingetaucht war, kehrte er nach Harvard zurück und promovierte in biologischer Psychologie. Seitdem forscht und lehrt er an der University of Wisconsin in Madison, wo er heute das Waisman Laboratory for Brain Imaging and Behavior und das Center for Investigating Healthy Minds leitet.

In vielerlei Hinsicht gleicht die Entwicklung Davidsons als Wissenschaftler der von George Bonanno. Vor den 1990er Jahren interessierte man sich in seiner Fachrichtung, der Psychologie, hauptsächlich für negative Emotionen. Die Forschung beschäftigte sich überwiegend mit Gefühlen wie Furcht, Angst und Ekel. Davidson dagegen wollte positive Emotionen wie Freundlichkeit und Mitgefühl erforschen.

»Vor 20 oder 30 Jahren hatte die Wissenschaft Mitgefühl überhaupt nicht auf dem Schirm. Dabei gehört Mitgefühl fest zum Verhaltensrepertoire ebenso von uns Menschen wie auch anderer Primaten. Es ist offenbar ein grundlegender Bestandteil dessen, was uns ausmacht. Diese Tatsache nicht ernsthaft zu erforschen erschien mir als erhebliche Einschränkung.«

Im Jahr 1992 lud der Dalai Lama Davidson nach Indien ein, um in Dharamsala Mönche zu interviewen, die in der Kunst der Meditation reiche Erfahrungen gesammelt hatten. Es war der Beginn einer langen und fruchtbaren Zusammenarbeit zwischen Davidsons Institut und einer wechselnden Besetzung tibetischer buddhistischer Mönche – den »Weltmeistern« der Meditation –, die regelmäßig zu ihm nach Madison kamen, um an seinen Versuchen teilzunehmen.

Im Juni 2002 kam Matthieu Ricard in Davidsons Labor, ein Mönch aus dem Shechen-Kloster in Kathmandu. Ricard ist ein »Achtsamkeitsexperte«, der im Laufe seines Lebens schon tausende von Stunden meditiert hat. Zudem ist er aber auch Wissenschaftler, der am Institut Pasteur in Molekulargenetik promoviert hat, und der Sohn des berühmten französischen Philosophen Jean-François Revel. Dank dieses ungewöhnlich breiten Hintergrunds ist er geradezu prädestiniert, in Gesprächen zwischen den Wissenschaftlern in Davidsons Labor und den Meistern der Kontemplation aus seiner Klostergemeinschaft zu vermitteln.

Während ein Hirnscanner seine Gehirnströme aufzeichnete, sollte Ricard über »Güte und Mitgefühl« meditieren. Es war das erste Mal, dass mithilfe dieser Technik die Auswirkungen von Meditation auf das Gehirn untersucht wurden. Das Ergebnis fasziniert Davidson und seine Forscherkollegen noch heute.[32] Die Gehirnströme Ricards pendelten sich bei etwa 40 Hertz ein, ein Hinweis auf starke Gamma-Aktivität. Gamma-Wellen – die mit den am höchsten entwickelten Gehirnfunktionen, wie zum Beispiel dem Bewusstsein, einhergehen – sind in der Regel schwer zu erkennen, aber bei Ricard waren sie erstaunlich deutlich zu sehen. Und das Elektroenzephalogramm zeigte etwas noch Bemerkenswerteres: Die Schwingungen unterschiedlicher Teile von Ricards Cortex verliefen synchron, ein Phänomen, das häufig bei Patienten unter Vollnarkose auftritt. Das deutet darauf hin, dass Ricard allein durch die Beeinflussung seiner Gedanken in der Lage war, sein Schmerzempfinden auszuschalten.

Nun darf man natürlich nicht vergessen, dass Ricards Gehirn eine Ausnahmeerscheinung war – er hatte es jahrzehntelang intensiv trainiert. Mönche wie er haben einen Großteil ihres Lebens damit verbracht, ihre Gedanken durch Kontemplation bewusst zu steuern, ähnlich wie Bodybuilder, die gezielt ihren Bizeps trainieren. Die Daten aus Davidsons Labor sind ein eindeutiger Beleg für die Veränderungen in der Physiologie und der Funktionsweise des Gehirns dieser Mönche. Bei Mönchen, die mindestens 10 000 Stunden meditiert hatten, war eine deutlich stärkere Aktivierung des limbischen Systems zu beobachten. Das Gehirn passte sich also ihrer Konzentration auf Empathie an. Außerdem zeigten die Laborergebnisse eine generelle Veränderung ihrer Hirnfunktion, auch wenn sie gerade nicht meditierten, was darauf schließen lässt, dass die Veränderungen dauerhaft waren.

Für Davidson waren diese Versuche der empirische Beweis für eine Tatsache, der er schon seit Jahren auf der Spur war: die Macht der Meditation, unser Gehirn zu verändern.[33] Bis vor Kurzem ging man in der Psychologie davon aus, dass das Temperament eines Menschen weitgehend feststeht, sobald er die Postadoleszenz erreicht und zum jungen Erwachsenen herangewachsen ist. Ob jemand nun »ängstlich«, »zornig« oder »schüchtern« ist – Psychologen zufolge sind solche Charaktereigenschaften weitgehend unveränderlich. Die Aufzeichnungen der Hirnscanner im Labor Davidsons stellten diese Theorie der festgelegten Charaktereigenschaften infrage.

»Unser Gehirn verändert sich sehr wohl«, so Davidson. »In der Neurowissenschaft kennen wir dieses Konzept heute unter der Bezeichnung Neuroplastizität. Die buddhistische Tradition dagegen ging immer schon davon aus, dass Veränderungen möglich sind – sogar radikale Veränderungen.«

Im Lauf der letzten 20 Jahre haben zahllose Studien aufgezeigt, wie unser Gehirn sich infolge unseres Handelns und unserer Lebenserfahrungen verändert. Der Hippocampus – der Teil des Gehirns, der für unseren Orientierungssinn wichtig ist – von Londoner Taxifahrern ist Aufnahmen mit dem Hirnscanner zufolge größer als der von Londoner Busfahrern, weil sie mehr unterschiedliche Routen im Kopf behalten müssen.[34] Der Cortex von Profimusikern – also jene Hirnregionen wie der Motorcortex und Teile des Parietal- und Temporallappens, die beim Spielen eines Instruments in Anspruch genommen werden – hat ein deutlich größeres Volumen als das von Nichtmusikern.[35]

Aber was heißt das für uns Untrainierte? Wenn meditierende Mönche, die Achtsamkeitsexperten par excellence, nach Jahren der Übung ihr Gehirn so trainieren können, dass es sich auf positive Gefühle wie Mitgefühl konzentriert, können dann vielleicht auch Neulinge von den Segnungen des Meditierens profitieren? Kann Meditation unsere Resilienz stärken, das Gehirn gegen Ängstlichkeit und Stress impfen und genetische Defizite wie zwei kurze 5-HTT-Allele ausgleichen?

Im Januar 2011 hat eine Forschergruppe am Massachusetts General Hospital unter der Leitung von Dr. Sara Lazar Ergebnisse präsentiert, die genau darauf hindeuten.[36] Die Wissenschaftler legten Probanden ohne Vorerfahrungen mit Meditation unter den Hirnscanner, bevor diese an einem achtwöchigen Meditationslehrgang teilnahmen. Nachdem sie zwei Monate lang durchschnittlich 27 Minuten pro Tag meditiert hatten, wurden die Teilnehmer ein zweites Mal gescannt. Dabei stellten die Forscher messbare Veränderungen in Hirnregionen fest, die mit Selbsterkenntnis, Mitgefühl und Introspektion in Verbindung gebracht werden. So fanden sie eine höhere Konzentration an grauer Substanz im Hippocampus, dem eine entscheidende Funktion bei Lern- und Gedächtnisprozessen zukommt, sowie eine geringere Konzentration an grauer Substanz in der Amygdala, die eine wichtige Rolle bei Ängstlichkeit und Stress spielt. Bei Mitgliedern der

Kontrollgruppe, die nicht am Lehrgang teilnahmen, waren keine signifikanten Veränderungen der Hirnphysiologie zu beobachten. »Diese Ergebnisse sind der erste strukturelle Beweis für die erfahrungsabhängige Plastizität des Gehirns aufgrund von Meditationsübungen«, sagt Sara Lazar[37]. Und im Gegensatz zu den im Labor von Davidson untersuchten »Meditationsexperten« hatten diese Testpersonen keinerlei Vorerfahrung im Meditieren. Offenbar kann das Gehirn sich also innerhalb vergleichsweise kurzer Zeit verändern.

Zu diesen Forschungsergebnissen über Meditation und Neuroplastizität passt eine kontroverse Studie, die auf einen Zusammenhang zwischen Meditation, Wohlbefinden und Langlebigkeit auf der physiologischen, zellulären Ebene hindeutet.

Jede Zelle Ihres Körpers (mit Ausnahme der Keimzellen) enthält 23 Chromosomenpaare, von denen jeweils eines von Ihrer Mutter stammt und eines von Ihrem Vater. Auf diesen Chromosomen befinden sich Ihre Gene – Ihr Bauplan, geschrieben in der Sprache der DNS. Die metaphorische Parallele zur Welt des Kochens trifft es nicht ganz, ist aber erhellend. Man kann sich jedes Basenpaar der DNS als eine Zeile des Rezeptes für ein bestimmtes Gericht vorstellen. Jedes Gen entspräche dann einem vollständigen Rezept, jedes Chromosom einem Kochbuch voller Rezepte und alle Chromosomen zusammen einer ganzen Bibliothek der französischen Küche.

An den Enden der Chromosomen befinden sich sogenannte Telomere – DNS-Abschnitte, die wie die schützenden Vorsatzblätter eines Kochbuchs verhindern, dass die DNS-Spirale des Chromosoms sich aufdröselt. Bei den meisten Zelltypen unseres Körpers geht jedes Mal, wenn eine Zelle sich teilt, ein Teil der DNS der schützenden Telomere verloren. Nach vielen Zellteilungen sind die Telomere irgendwann ganz verschwunden, und bald darauf stirbt die Zelle ab.

Die Hirnforscherin Elissa Epel und ihre Kollegen an der University of California in San Francisco haben 2004 herausgefunden, dass chronischer Stress ebenfalls an den Telomeren nagt, die Anzahl der möglichen Zellteilungen reduziert und somit den Alterungsprozess beschleunigt.[38] Die Forscher um Elissa Epel untersuchten Frauen im Alter von 20 bis 50 Jahren, die über einen längeren Zeitraum hinweg für ein Kind mit einer schweren chronischen Krankheit wie Autismus oder Zerebralparese sorgen mussten. Als Kontrollgruppe dienten Frauen mit gesunden Kindern. Das Ergebnis: Je länger eine Frau sich um ihr krankes Kind gekümmert hatte, desto kürzer ihre Telomere und desto niedriger der Telomerasespiegel (Telomerase ist das Enzym, das die schleichende Verkürzung der Telomere verhindert). Außerdem waren die Werte einer Frau in allen Punkten umso schlechter, je gestresster sie sich fühlte. Die Telomere der Frauen mit dem größten gefühlten Stress entsprachen denen einer zehn Jahre älteren Frau. (Vielleicht sehen deshalb so viele US-Präsidenten beim Ausscheiden aus dem Amt aus, als hätten sie Altersbeschleunigungstabletten geschluckt.)

Im Jahr 2010 führte eine Forschungsgruppe unter der Leitung von Tonya Jacobs und Clifford Saron, zu der auch Elissa Epel gehörte, an der University of California in Davis eine Studie durch, die darauf hindeutet, dass der Zusammenhang zwischen Meditation, Einstellung und langem Leben auch umgekehrt gilt.[39] Im Rahmen dieser Studie erhielt eine Gruppe von 30 Testpersonen drei Monate lang sechs Stunden Meditationstraining täglich. In diesem Training lernten die Teilnehmer, ihre Aufmerksamkeit zu steuern, die Aktivität des Geistes unvoreingenommen zu verfolgen und bewusst positive Geisteszustände wie Mitgefühl, Empathie und Gelassenheit herzustellen.

Nach dem Meditationstraining wurden die Probanden mit einer hinsichtlich Altersstruktur, Geschlechtsverteilung, Body-

Mass-Index und Meditationserfahrung gleichwertigen Kontrollgruppe verglichen, die auf der Warteliste für das gleiche Meditationstraining standen (und anschließend daran teilnahmen).

Im Vergleich zur Kontrollgruppe wurden in der Meditationsgruppe dramatisch höhere Werte in puncto Achtsamkeit (der Fähigkeit, die eigenen Wahrnehmungen passiv zu beobachten), Lebensinhalt (des Gefühls, dass das eigene Leben Sinn hat, erfüllend ist und mit den eigenen Werten und langfristigen Zielen im Einklang steht) und gefühlte Kontrolle (über das eigene Leben und das eigene Umfeld) festgestellt sowie eine geringere Neigung zu Neurosen beziehungsweise negativen Gefühlen.

All das sind zugegebenermaßen Auswirkungen der Meditation auf die Psyche, die zu erwarten waren. Doch als man das Blut der Meditationsgruppe untersuchte, stellte man einen deutlich gestiegenen Telomerasespiegel fest – jenes Enzyms, das für die Reparatur der Telomere verantwortlich ist. In den weißen Blutkörperchen der Teilnehmer am Meditationslehrgang war die Telomeraseaktivität etwa ein Drittel höher als in der Kontrollgruppe.

Diese Korrelation war bei jenen Teilnehmern am stärksten, die angaben, während des Lehrgangs ein besseres Gespür für den Sinn ihres Lebens bekommen zu haben. »Was man aus dieser Studie ableiten kann, ist *nicht*, dass Meditation unmittelbar zu höherer Telomeraseaktivität führt, die Gesundheit befördert und ein langes Leben garantiert«, sagt Clifford Saron. »Vielmehr kann Meditation das Wohlbefinden steigern, und diese Verbesserungen wirken sich auf die Telomeraseaktivität in Immunzellen aus, was wiederum dazu führen kann, die Langlebigkeit dieser Zellen zu stärken. Anders ausgedrückt: Aktivitäten, die das Wohlbefinden befördern, können tiefgreifende Auswirkungen auf ganz grundlegende physiologische Vorgänge haben«, so Saron weiter. »Dabei muss es sich nicht unbedingt um Meditation handeln. Das Entscheidende ist, ein Umfeld zu schaffen, in dem man sich frei entfalten und verwirklichen kann.«

Man darf in diesem Zusammenhang nicht vergessen, dass es sich hier um noch unbestätigte, vorläufige Ergebnisse handelt. Tonya Jacobs, Clifford Saron und ihr Team haben eine Momentaufnahme gemacht, keine Längsschnittstudie. Dennoch sind ihre Ergebnisse faszinierend.

Während Richard Davidson erforscht, wie Meditation zu mehr Mitgefühl und Güte führt, Sara Lazar Belege für physiologische Auswirkungen auf das Gehirn sammelt und Tonya Jacobs, Elissa Epel und Clifford Saron den Zusammenhang zwischen Meditation und Alterungsprozessen in Zellen aufdecken, interessiert sich Raffael Kalisch von der Universität Hamburg dafür, wie man Methoden des Loslassens einsetzen kann, um das Schmerzempfinden zu verringern.[40] In einer Studie verband er Probanden mit Stromkabeln und teilte ihnen mit, dass sie irgendwann innerhalb der nächsten 15 Sekunden einen schmerzhaften Stromschlag erhalten würden. Normalerweise löst eine solche Ankündigung physiologische und psychologische Reaktionen aus: Der Herzschlag beschleunigt sich, es kommt zu Schweißausbrüchen, möglicherweise zu schwerem Atem, vielleicht sogar zu Panik. Etwa so, als ob man beim Arzt eine Spritze bekommt: »Achtung, gleich tut's ein bisschen weh …«

Kalisch und sein Team dagegen brachten den Versuchsteilnehmern Techniken des Loslassens bei, die auf Übungen einer Achtsamkeitsmeditation beruhen.

»Wir sagten den Probanden, sie sollten sich vorstellen, sie stünden sozusagen neben sich und betrachteten die Situation von außen«, so Kalisch. »Sie sollten sich sagen, dass die Reize nicht zu ihrem eigentlichen Selbst vordringen.«

Der Prozess des Loslassens setzt eine gedankliche Neubewertung der ganzen Situation voraus und steht vielen unserer Urinstinkte diametral entgegen. Wenn ein Angriff auf unseren Körper droht – etwa in Form von Schmerzen –, fühlen wir uns normalerweise bedroht. Kalisch brachte den Probanden bei, die schmerzhaften Stromschläge als »irrelevante« Ereignisse einzustufen, die ihr eigentliches Selbst nicht betreffen.

Die Intervention war erfolgreich: Physiologische Messwerte wie die Herzfrequenz oder die Leitfähigkeit der Haut zeigten, dass die Techniken des Loslassens die Ängste der Probanden im Vergleich zur Kontrollgruppe reduzierten.

Derartige Studien sind ein Hinweis darauf, dass Übungen des Loslassens uns helfen können, wenn wir uns im Alltag bedroht oder von zu viel Stress überfordert fühlen. Außerdem können Methoden des Loslassens, wie Kalisch und seine Kollegen sie erforschen, die Grundlage für eine Strategie sein, besser mit Schmerzen fertigzuwerden. So wie das Gehirn von Matthieu Ricard einen Zustand erreichte, der dem eines narkotisierten Patienten glich, können solche Entspannungstechniken die Grundlage für den Umgang mit chronischen Schmerzen sein. Wenn uns diese Denkgewohnheiten einmal in Fleisch und Blut übergegangen sind, fallen sie uns sehr viel leichter, weil es dann bereits eingefahrene Nervenbahnen in unserem Gehirn gibt.

Für alle, die nach einer langfristigen Strategie für den Umgang mit Schmerzen oder Ängsten suchen, ist das ein vielversprechender Ansatz. Aber bestimmte Jobs und Situationen sind so extrem, dass Loslassen kein gangbarer Weg ist. Stellen Sie sich vor, Sie arbeiten bei der Feuerwehr oder in einer Notaufnahme und sind seit 18 Stunden pausenlos im Dienst. Möglicherweise sind Ihre emotionalen Speicher einfach zu leer, als dass Sie noch in der Lage wären, die Situation aus einer anderen Perspektive zu betrachten. Sie haben keine Zeit, einen Psychologen aufzusuchen oder sich gar hinzusetzen und sich mit ihm zu unterhalten, und viele handelsübliche Psychopharmaka haben Nebenwirkungen, die Ihre kognitive Leistungsfähigkeit schmälern könnten. In solchen Situationen ist eine Meditationsübung wie »gerichtete Aufmerksamkeit« klar im Vorteil, weil sie an Orten zum Einsatz kommen kann, die für andere Interventionen völlig unerreichbar sind.

Amishi Jha, Psychologieprofessorin an der University of Miami, bringt diese Methoden Menschen bei, die in ihrem Job tagtäglich Stress ausgesetzt sind: Soldaten der US-Armee.

In einem Projekt namens STRONG (Schofield Barracks Training and Research on Neurobehavioral Growth) arbeitet Amishi Jha mit einer kleinen Gruppe von Marineinfanteristen, und zwar vor und nach deren Einsatz in einem Kriegsgebiet. Dabei versucht sie eine Alternative zu Methoden des Achtsamkeitstrainings und Loslassens zu entwickeln, die an den kognitiven Reserven zehren. Die Kapazität des Arbeitsgedächtnisses eines Soldaten im Einsatz – also jenes Teils des Gehirns, der sowohl den Gefühlshaushalt steuert als auch exekutive Funktionen wie Entscheidungen treffen oder strategisches Denken – wird, so Amishi Jha, durch Stress, Schlafmangel, körperliche Anstrengung und Angst eingeschränkt. Jhas Trainingsmethoden helfen Soldaten, achtsam und präsent zu bleiben, ohne dass sie dafür ihre Erfahrungen anders bewerten oder sich von ihrer aktuellen Situation distanzieren müssten.

»Alles, was eine kognitive Neubewertung erfordert, zieht Energie aus einem Reservoir ab, das bereits weitgehend erschöpft ist«, sagt Jha. »Das könnte alles sogar noch schlimmer machen.«

Ihren Forschung zufolge kann das Trainieren der Achtsamkeit Soldaten dabei helfen, ihre Gefühle in einer kognitiv so anstrengenden Situation wie einem Krieg besser zu kontrollieren.[41] Und auch wenn der Anblick von Männern in Uniform, die im Lotussitz meditieren, nicht gerade unserem Bild von einem Soldaten entspricht – Amishi Jha ist überzeugt, dass es die Grundlage für das effektive Agieren eines Soldaten auf dem Schlachtfeld darstellt.

»Ich sage immer zu den Generälen: Für das, was Sie von diesen Männern erwarten – ihre Waffen angemessen einsetzen, den richtigen Weg finden und so weiter –, müssen sie ihre Emotionen im Griff haben«, so Amishi Jha. »Sie können diese Dinge nicht leisten, wenn sie durchdrehen und sich gegenseitig über den Haufen schießen. Unsere Hoffnung ist, dass diese Art von Training beide Seiten der Medaille zusammenbringt: Emotionen auf der einen und knallharte Einsatzfähigkeiten auf der anderen Seite.«

Ob man nun auf regelmäßiges Meditieren setzt oder auf Techniken zur Aufmerksamkeitsfokussierung in extremen Stresssituationen – Achtsamkeit kann die individuelle psychische Resilienz stärken. Es ist eine Methode, die ortsungebunden, lernbar und kostenlos ist. Und die beste Nachricht lautet, dass ihre Wirksamkeit vielfach nachgewiesen ist, und das nicht nur bei den vergleichsweise gesunden Menschen, mit denen George Bonanno sich in seinen Studien beschäftigte – die Jacks und Bellas dieser Welt –, sondern auch bei jenen, die bereits an einem Trauma leiden oder besonders gefährdet sind. Wer als Berl oder Leah geboren wurde, kann an seinen Denkgewohnheiten arbeiten und dadurch seine individuelle Resilienz erhöhen.

Doch jeder noch so resiliente Mensch ist auf die Unterstützung anderer angewiesen – unsere individuelle Resilienz wurzelt in der der Gruppen und Gemeinschaften, in denen wir leben und arbeiten. Und die wichtigste Grundlage der sozialen Resilienz wiederum sind zwei Faktoren, auf die wir nun näher eingehen wollen: Kooperation und Vertrauen.

5. Kooperieren,
wenn es darauf ankommt

Im Jahr 1906 entdeckte der britische Physiologe und Pharmakologe Sir Henry Dale etwas höchst Ungewöhnliches.[1] Er experimentierte seit Kurzem mit dem Extrakt des menschlichen Hypophysenhinterlappens, eines Organs im Zwischenhirn, das die Größe einer Kidneybohne hat. Dale vermutete, dass die Hormone im Sekret der Hypophyse im Rahmen der Geburt eine wichtige Funktion für das Einsetzen der Wehen spielen. Also injizierte er das Hormon kurzerhand in die Gebärmutter einer schwangeren Katze. Das Ergebnis übertraf seine kühnsten Erwartungen: Die Versuchskatze gebar ihre Kätzchen in Rekordzeit. Er benannte das Medikament daher nach den griechischen Wörtern für »schnell« (*okys*) und »Geburt« (*tokos*). Sir Henry Dale hatte das Hormon Oxytocin entdeckt.

Als sich die Kunde von dieser Entdeckung verbreitete, schlug die Geburtsstunde der industriellen Produktion weheneinleitender Medikamente. Schlachthöfe gewannen einen Extrakt aus der Hypophyse von Rindern und verkauften ihn unter dem Namen Pituitrin an Ärzte. Berichte über Nebenwirkungen riefen die Pharmafirmen auf den Plan, die sich alsbald daran machten, chemisch reinere Rezepturen zu entwickeln. Dem Chemiker Vincent du Vigneaud, der sich bereits mit der Synthese von Penizillin einen Namen gemacht hatte, gelang es 1953 als Erstem, den »Geburtsbeschleuniger« Dales zu isolieren und zu synthetisieren.[2] Fortan konnte man das Medikament per Infusion verabreichen. Seit den 1960er Jahren wird Millionen schwangerer Frauen Oxytocin verabreicht, und zwar unter einem Handelsnamen, den jeder kennt, der heute einen Kreißsaal betritt: Syntocinon.

Jahrzehntelang war Oxytocin in erster Linie für die Rolle bekannt, die es bei der Geburt spielt. Neuere Forschungsergebnisse machen jedoch deutlich, dass dieses Hormon eine noch viel wichtigere und differenziertere Funktion hat. Oxytocin gehört zu den wichtigsten Neurotransmittern, die unsere Wahrnehmung zweier menschlicher Eigenschaften beeinflussen, die für unser Überleben von entscheidender Bedeutung sind: Vertrauen und Kooperation.

Wie wir in diesem Kapitel immer wieder sehen werden, ist Vertrauen eine wichtige Voraussetzung für Resilienz, denn Vertrauen ermöglicht es, dass potenzielle Gegner nahtlos in den Kooperationsmodus umschalten – und das innerhalb kürzester Zeit und im entscheidenden Augenblick.

Liberty Street 33

Am Freitag, dem 12. September 2008, riefen US-Finanzminister Henry Paulson und leitende Beamte der US-Notenbank die mächtigsten Manager der Wall Street zu einem abendlichen Treffen im Hauptgebäude der Federal Reserve Bank of New York in der Liberty Street 33 zusammen. Kurz vor 18 Uhr fuhr Taxi um Taxi und Limousine um Limousine vor. Einige Banker stiegen vor dem Gebäude aus und bahnten sich einen Weg durch die auf sie einstürmenden Reporter. Die Geschickteren und Erfahreneren zogen es vor, die unterirdische Tiefgarage zu nutzen, um dem Gedränge zu entgehen.

Die Banker hatten allen Grund, sich medienscheu zu geben, denn in jenen Tagen fiel mit erschreckender Geschwindigkeit und ohne Vorwarnung ein vermeintlich unverwundbarer Gigant der amerikanischen Finanzindustrie nach dem anderen, als handle es sich um Mammutbäume. Es war noch keine Woche her, dass Washington die Kontrolle über die ins Schlingern geratenen Hypothekenbanken Fannie Mae und Freddie Mac übernommen hatte. Einige Monate zuvor hatte die Regierung einen Deal zur Rettung von Bear Stearns ausgehandelt: Um einen Verkauf der Investmentbank zu ermöglichen, übernahm der Staat das Verlustrisiko bis zu einer Höhe von 30 Milliarden Dollar. Banker, die schon seit 20 bis 30 Jahren im Geschäft waren, beschrieben die Ereignisse vor jenem Septemberwochenende als »beängstigend«, »Furcht einflößend« oder »unglaublich«.[3] Der frühere Vorsitzende der amerikanischen Zentralbank, Alan Greenspan, sagte, das sei die »mit Abstand« schlimmste Finanzkrise, die er je erlebt habe.[4] Plötzlich schien es, als ob selbst Monolithen wie Merrill Lynch, eine Bank mit Filialen in fast jeder amerikanischen Großstadt, gefährlich nah am Abgrund standen.

Dem Abgrund am nächsten war die berüchtigte Investmentbank Lehman Brothers; sie befand sich bereits seit einem Jahr langsam, aber sicher im Niedergang. Wie bereits im ersten Kapitel erwähnt, war Lehman tief in problematische Immobiliengeschäfte verstrickt und besonders stark von der Immobilienkrise betroffen. Die Geschäftsführung hatte sich zwar um neues Kapital bemüht, dabei jedoch wenig Fortschritte erzielt. Am Montag, dem 8. September, musste Richard Fuld, der CEO von Lehman, feststellen, dass der eilends zusammengeschusterte Rettungsplan, der die Beteiligung einer koreanischen Bank vorsah, gescheitert war. Das war der sprichwörtliche letzte Sargnagel: Als die Märkte davon

Wind bekamen, brach der Aktienkurs von Lehman, der seit dem Höchststand Anfang 2008 bereits um 90 Prozent gefallen war, um weitere 41 Prozent ein.[5]

Zum Zeitpunkt des Krisentreffens an jenem Freitag, dem 12. September, suchten Paulson und sein Team – zu dem unter anderem der damalige Vorsitzende der Federal Reserve Bank of New York, Timothy Geithner, und Zentralbankchef Ben Bernanke gehörten – nach einem Weg, die Panikwellen zu glätten, die an den Märkten für Unruhe sorgten. Die Regierung machte den versammelten Bankern unmissverständlich klar, dass sie nach all den Rettungsaktionen im Lauf des Jahres dieses Mal fest entschlossen waren, Lehman Brothers Bankrott gehen zu lassen.

Um 18 Uhr hatte sich die Gruppe von etwa 20 Giganten der Finanzindustrie um den Tisch versammelt. Zu den Anwesenden gehörten unter anderem der Vorsitzende von Morgan Stanley, John Mack, der CEO von Merrill Lynch, John Thain, der Geschäftsführer der Citigroup, Vikram Pandit, Goldman-Chef Lloyd Blankfein, sowie der CEO von JP Morgan Chase, Jamie Dimon. Paulson legte den Teilnehmern seine Position dar. Es sei an der Zeit, dass die Branche ihre Risiken selbst trage. Die Banker sollten die Suppe, die sie sich eingebrockt hätten, selber auslöffeln. Da der politische Wille für eine weitere staatliche Rettungsaktion nicht vorhanden sei, gebe es nur einen Weg, Lehman Brothers zu retten (und damit die Märkte, vielleicht sogar das kapitalistische System insgesamt, vor dem Zusammenbruch zu bewahren): eine gemeinsame Kraftanstrengung der um diesen Tisch versammelten Banker. »Sie haben dem Markt gegenüber eine Verantwortung«, so Paulson.[6]

Für eine solche konzertierte Aktion gab es sogar einen Präzedenzfall. Die meisten der anwesenden Banker erinnerten sich nur zu gut an eine ähnliche Rede, die zehn Jahre zuvor William McDonough gehalten hatte, der Amtsvorgänger Timothy Geithners.

Im Jahr 1998 hatte der vielgerühmte Hedgefonds Long-Term Capital Management Insolvenz angemeldet, und die Schockwellen drohten die Märkte zu destabilisieren. Auf Drängen McDonoughs hatten sich damals die Vertreter der größten Finanzinstitute, die zum Teil an diesem Abend in der Liberty Street 33 abermals am Tisch saßen, zu einem Rettungsplan für das Unternehmen durchgerungen und so das Finanzsystem vor gefährlichen Turbulenzen bewahrt. Doch an jenem Wochenende im September 2008 war die Lage wesentlich unübersichtlicher. Es begann damit, dass an der Entschlossenheit der Regierung erhebliche Zweifel bestanden. Paulson und Geithner gaben sich zwar fest entschlossen; trotzdem vermuteten einige, dass die abendliche Sitzung eine Art Pokerspiel sein könnte. Blufften die beiden? Wenn es hart auf hart käme, würden Paulson und seine Leute doch sicher einknicken, und an die Stelle der Drohung, den Markt zu disziplinieren, würde die Zusage für eine schnelle Finanzspritze treten. Schließlich war im Falle von Bear Stearns ebenfalls ein harter Kurs angekündigt worden, und am Ende hatte die Regierung doch nachgegeben. Wenn er mit seinen Drohgebärden und seinen Reden über moralische Verantwortung fertig wäre, dann würde Paulson doch sicher einsehen, dass Lehman Brothers systemrelevant war und nicht bankrott gehen *durfte?*

Zweifel bestanden jedoch nicht nur an der Position der Regierung, sondern auch am Zustand des Marktsystems. CEOs wie John Mack von Morgan Stanley oder Lloyd Blankfein von Goldman Sachs, die ihre Unternehmen noch einen Monat zuvor für immun gegen das Gift der Immobilienkrise gehalten hatten, mussten mittlerweile erkennen, dass auch diese betroffen waren. Die weltweiten Finanzmärkte ähnelten zusehends einer Reihe von »stabil, aber anfällig« aufgestellten Dominosteinen. Im Dickicht der verwobenen Interessen und nicht ausreichend gedeckten Schulden zog ein Zahlungsverzug den nächsten nach sich. Zahlungsausfälle hatten Misstrauen zur Folge, was wiederum zu neuen Zahlungsausfällen führte. Am Freitag, dem 12. September, konnten die Banker nicht überblicken, wie sich die toxischen Papiere von Lehman Brothers im Detail auf das gesamte Ökosystem des Bankenwesens auswirken würden. Noch beunruhigender war, dass keine Formel und kein noch so genialer Experte für Risikoabschätzung ihnen sagen konnte, wie ihre eigene Bank von den dramatischen Turbulenzen betroffen sein würde. Die um den Tisch in der Liberty Street 33 versammelten Spieler misstrauten nicht nur den Worten der Regierung. Ihr Glaube an das ganze System des globalen Kapitalismus war erschüttert. Waren die Götter des Marktes tot?

Um 19 Uhr an jenem Freitagabend präsentierten die Regierungsvertreter den Bankenchefs einige potenzielle Handlungsoptionen. Ein Vorschlag war der Bankrott und die ordentliche Abwicklung von Lehman. Nennen wir diesen Plan der Einfachheit halber »Lehman fallen lassen«.

Daneben brachten die Regierungsleute eine weitere Alternative ins Spiel: Wie wäre es, wenn die anderen Wall-Street-Unternehmen sich zusammentäten und die besonders toxischen Vermögenswerte von Lehman aufkauften? Die schlingernde Bank ähnelte gewissermaßen einem alten Sportwagen, der von Weitem ziemlich beeindruckend aussieht, unter dessen Kühlerhaube sich jedoch ein stotternder Motor verbirgt. Wie wäre es, wenn sie alle gemeinsam dafür sorgen würden, dass der Motor von Lehman ebenso imposant aussähe wie die Karosserie? Die Banken müssten kooperieren und ihre Ressourcen bündeln, um Lehman dadurch einem potenziellen Käufer schmackhaft zu machen. Diese Option könnte man umschreiben mit »Teamwork ist die Rettung«.

Die zweite Alternative wäre kein Schnäppchen, selbst wenn die Kosten sich auf viele Schultern verteilen würden. Die Banker müssten in diesem Fall 85 Milliarden Dollar für toxische Lehman-

Papiere aufbringen – ein hübsches Sümmchen selbst in guten Zeiten und angesichts der heraufziehenden Finanzkrise umso mehr. Vor allem jedoch wäre dazu eine enge Zusammenarbeit zwischen Managern nötig, die unter normalen Umständen erbitterte Konkurrenten waren. Konnten die in jenem Raum in der Liberty Street 33 versammelten Banker die strategische Geistesgegenwart aufbringen, mit vereinten Kräften Lehman Brothers zu retten – und damit sich selbst? Waren sie in der Lage, inmitten dieser Vertrauenskrise eine Entscheidung zu treffen, die nicht in ihrem Eigeninteresse, sondern im Interesse des ganzen Systems lag?

Die Regierungsvertreter betonten die Dringlichkeit der Lage. Fast alle der in dieser Sitzung vertretenen Institute waren zumindest mittelbar im Besitz toxischer Lehman-Papiere. Ging Lehman unter, so würden die Schockwellen den gesamten Markt erschüttern. Von zentraler Bedeutung war auch das Timing: Innerhalb weniger Tage musste eine Entscheidung fallen. Während die Sonne sich langsam dem Horizont näherte, hallte drinnen die raue Stimme Paulsons wider: »Niemand ist immun.«[7]

Doch es blieben Zweifel und offene Fragen. Sowohl die Bank of America als auch Barclays hatten Interesse bekundet, Lehman Brothers zu einem Schleuderpreis zu übernehmen, und beide Banken hatten Vertreter in die Sitzung in der Liberty Street 33 entsandt. Das hinterließ bei den anderen CEOs einen unangenehmen Nachgeschmack. Zuerst sollten sie eine Menge Geld lockermachen, auf dass der Motor von *jemand anderem* wieder rund laufe, und wenn der Sportwagen wieder flott gemacht und die ganze Krise vorbei sein würde, sollten sie ihn am Ende der Bank of America übergeben – oder gar Barclays, einem direkten Konkurrenzunternehmen, das seinen Sitz noch nicht einmal in Amerika hatte.

Um 20 Uhr war das Treffen zu Ende. Paulson und seine Leute hatten die Optionen vorgestellt, die Wall-Street-Manager hatten ihre Fragen gestellt. Jetzt hatten alle Gelegenheit, ihre jeweilige Position bis zum Morgen noch einmal zu überdenken.

Am Samstagmorgen um 9 Uhr würde der offizielle Startschuss für das Spiel »Sollen wir Lehman retten?« fallen.

An dieser Stelle lohnt es sich, kurz innezuhalten und die Struktur des Treffens in der Liberty Street 33 genauer in Augenschein zu nehmen. Jedes Treffen hat seine eigene Dynamik, und so überrascht es nicht, dass ein Treffen, das geheim ist, keinen klaren Regeln folgt und auf mangelnder Transparenz bezüglich der Bilanzen der einzelnen Banken beruht, Argwohn und Misstrauen hervorruft.

Hinzu kam, dass trotz des drohenden Desasters nach wie vor die Möglichkeit bestand, dass eine oder mehrere Banken sich bei dem Ganzen »sanieren« würden. Unter all den Verlierern, dachten die Banker, könnte es auch den einen oder anderen Gewinner geben. Aber nur, wenn sie geschickt taktierten.

So, wie das Wochenende sich anließ, ging die Option »Teamwork ist die Rettung« als klarer Außenseiter ins Rennen. Und doch war das Augenmerk aller gebannt auf die Dringlichkeit und das Ausmaß der Krise gerichtet. Wenn jemals die Notwendigkeit bestand, dass eine charismatische Führungspersönlichkeit die Emotionen an einem Verhandlungstisch in die richtige Richtung lenkt, dann an diesem Samstag, dem 13. September.

Am Samstagmorgen wurden die CEOs und ihre engsten Berater in ihren Limousinen zurück in die Liberty Street 33 chauffiert. Im Konferenzzimmer teilten sich die Verhandlungsteilnehmer auf, um in Gruppen die zur Auswahl stehenden beiden Optionen »Lehman fallen lassen« und »Teamwork ist die Rettung« zu diskutieren. Eine Gruppe erörterte die Variante, dass alle Banken sich Geld von der Zentralbank leihen könnten, die zu diesem Zweck soeben einen Krisenfonds eingerichtet hatte. Mit diesem Geld könnten die Banken die toxischen Lehman-Wertpapiere aufkaufen, eine Insolvenz von Lehman verhindern und sich gleichzeitig gegen Verluste absichern.

Eine weitere »Teamwork«-Gruppe beschäftigte sich mit der Variante, Barclays oder der Bank of America einen Aufkauf der »guten« Wertpapiere zu ermöglichen und die toxischen Verbindlichkeiten in Höhe von insgesamt 85 Milliarden Dollar in eine sogenannte »Bad Bank« auszulagern. Anschließend sollten die anderen Wall-Street-Unternehmen der »Bad Bank« diesem Plan zufolge genügend Geld zur Verfügung stellen, sodass sie die »faulen« Kredite nach und nach abwickeln könne.

Es lagen also zwei Lösungsansätze auf dem Tisch, die eine gemeinsame Kraftanstrengung erforderten, und die Erinnerung an den Fall Long-Term Capital Management war noch nicht verblasst. Damit schien eine »Rettung durch Teamwork« in greifbarer Nähe. Doch mit jedem Schritt in Richtung einer kooperativen Lösung nahm das Misstrauen zu. Würde Paulson vielleicht doch noch einknicken? Würden sie überhaupt über die nötige Liquidität verfügen, um einem anderen Unternehmen Geld zu leihen? Und würde das System sie für ihre Risikobereitschaft mit Stabilität belohnen? Und vor allem: Wäre die Krise damit beendet? Würde die Regierung sie gegen mögliche Zahlungsausfälle in der Zukunft absichern?

Je länger sich die Beratungen hinzogen, desto mehr gewann Verärgerung die Oberhand über Angst und Verwirrung. Einige CEOs fragten rundheraus, weshalb sie die Kosten für die Schwierigkeiten von Lehman schultern sollten, während andere, die ebenfalls betroffen seien – institutionelle Anleger, Hedgefonds und ausländische Investoren – ungeschoren davonkämen. Die

Banker hatten das Gefühl, sie sollten die Zeche für die jahrelangen Exzesse der ganzen Branche bezahlen, obwohl sie ja nicht die einzigen Komasäufer an der Bar gewesen waren. Und wenn sie die Rechnung dieses Mal beglichen, würden sie damit nicht einen Präzedenzfall schaffen? John Mack, der CEO von Morgan Stanley, drückte es so aus:»Wenn wir dieses Mal mitspielen, wann wird dann je das Ende der Fahnenstange erreicht sein?«[8]

Die Banker hatten wenig Vertrauen darauf, dass die Regierung sie schützen würde, und noch weniger Vertrauen darauf, dass das System sie dafür belohnen würde, wenn sie das Gemeinwohl über die Interessen ihrer Unternehmen stellten. Und so gerieten die Verhandlungen am Samstagnachmittag ins Stocken. In einem marktwirtschaftlichen System, in dem große Entscheidungen normalerweise auf der Grundlage von Unmengen von Daten getroffen werden, hingen Erfolg oder Scheitern der Verhandlungen vom»weichen« Wert Vertrauen ab. Doch Vertrauen kann man nicht nach Belieben ein- und ausschalten.

Oder vielleicht doch?

Paul Zak, Gründer und Leiter des Zentrums für Neuroökonomie an der Claremont Graduate University, ist einer der ersten Wissenschaftler, die sich der Erforschung der Neurobiologie des Vertrauens verschrieben haben.[9] Seine neuesten Forschungsergebnisse beweisen, dass unser Gehirn tatsächlich über einen hochsensiblen Ein- und Ausschaltmechanismus für den weichen Wert Vertrauen verfügt. Der Stoff, der diesen Mechanismus steuert, ist kein anderer als Oxytocin, jener Neurotransmitter, den Sir Henry Dale vor mehr als 100 Jahren entdeckt hat. Welche Rolle Oxytocin in Verhandlungen spielt, haben Zak und sein Forschungsteam mithilfe eines häufig verwendeten wirtschaftlichen Experiments gezeigt, das als»Vertrauensspiel« bekannt ist.

An diesem Spiel sind zwei Personen beteiligt, ein »Proband« und ein »Unbekannter«, dem der Proband nie begegnet ist. Außerdem ist die Diva aller Interaktionen im Spiel, bei denen es um Gier und Vertrauen geht: Geld.

In einer Kontrollversion des Spiels wird der Proband aufgefordert, Geld von einem virtuellen Bankkonto abzuheben und einen Teil davon an einen Unbekannten zu überweisen (ohne diesen persönlich zu treffen). Dem Proband wird gesagt, der Unbekannte werde sich nach Erhalt des Geldes revanchieren und zu einem späteren Zeitpunkt entweder den gleichen oder einen höheren Geldbetrag zurücküberweisen.

In der unter der Leitung von Paul Zak und Ernst Fehr an der Universität Zürich durchgeführten Variante wurden 194 männliche Studenten angewiesen, vor Beginn des Experiments ein Nasenspray zu benutzen, das Oxytocin enthielt.[10] Das Verhalten der Probanden wurde mit dem einer Kontrollgruppe verglichen, die sich ein Placebo in die Nase sprühten. Alle Teilnehmer erhielten daraufhin zehn Franken und wurden aufgefordert, den gesamten Betrag, einen Teil davon oder nichts mit einer zweiten Person zu teilen. Falls sie der zweiten Person etwas abgäben, werde der abgegebene Betrag verdreifacht. Anschließend werde die zweite Person aufgefordert, dem Probanden einen Geldbetrag in beliebiger Höhe zurückzugeben.

Vertraute der Proband darauf, dass der Empfänger sich fair verhalten und die Hälfte des Gesamtbetrags zurückgeben würde, so profitierten beide Seiten. Fehlte ihm dagegen dieses Vertrauen, war er besser beraten, die zehn Franken für sich zu behalten und sich nicht auf das potenzielle Geschäft einzulassen. Das Experiment hatte auffällige Ähnlichkeiten mit der Zwickmühle, in der die Banker in der Liberty Street 33 steckten: Wenn sie alle Geld für die Rettung von Lehman zur Verfügung stellten, bestand die Chance, dass der Markt sich stabilisierte. Davon würden sie alle gemeinsam profitieren. Allerdings mussten sie darauf vertrauen, dass sie vom System und von der Regierung für diese Entscheidung belohnt werden würden.

Das Ergebnis des Experiments war verblüffend. Probanden, deren Nasenspray Oxytocin enthielt, gaben dem Unbekannten durchschnittlich 17 Prozent mehr Geld ab als Teilnehmer aus der Kontrollgruppe. Noch bemerkenswerter war, dass doppelt so viele mit Oxytocin behandelte Probanden maximales Vertrauen an den Tag legten und der zweiten Person den *gesamten Geldbetrag* abgaben.

»Oxytocin«, so die Schlussfolgerung der Wissenschaftler, »hat einen spezifischen Einfluss auf die Bereitschaft von Individuen, in Interaktionen mit anderen soziale Risiken einzugehen.«[11] Das Experiment erlangte solche Bekanntheit, dass A. C. Grayling im Wissenschaftsmagazin *New Scientist* vorschlug: »Oxytocin in die Nasen von Bankern und Spekulanten zu sprühen wäre der Regierung billiger gekommen, als Milliarden von Dollar in die Märkte zu pumpen.«[12]

Am Samstag um 17 Uhr steckten die Verhandlungen in der Liberty Street 33 endgültig in der Sackgasse. Der Vertreter der Bank of America teilte Paulson und seinen Leuten mit, dass man aus dem Rennen um die Übernahme von Lehman Brothers aussteigen und stattdessen in Verhandlungen mit John Thain von Merrill Lynch eintreten werde. Damit war Barclays der einzige verbleibende Interessent. Doch die Briten machten es zur Bedingung, dass die anderen Banken die toxischen Lehman-Papiere aufkaufen. Das Misstrauen auf beiden Seiten wuchs, und die Gemüter erhitzten sich.

Paul Zak und seine Mitarbeiter fanden im Rahmen ihrer bahnbrechenden Forschung zum Wesen des Vertrauens auch einiges über die Neurochemie des *Misstrauens* heraus. Sie stellten fest, dass bei Männern in von Misstrauen und Stress geprägten Situationen ein Testosteron-Derivat ausgeschüttet wird.[13] Dieses Derivat mit dem Namen Dihydrotestosteron (DHT) ist ein mächtiger Gegner: In Situationen großer Anspannung steigert ein erhöhter DHT-Spiegel erwiesenermaßen die Bereitschaft zur – oftmals körperlichen – Konfrontation.

Einmal abgesehen von der Idee, den mächtigsten Wall-Street-Managern Hormone in die Nase zu sprühen – was hätten Paulson und seine Kollegen unternehmen können, um eine vertrauensvolle Atmosphäre zu schaffen? Wenn jedes System seine eigene Dynamik hat, warum brachte dann der von Paulson gewählte Verhandlungsrahmen so viel Misstrauen hervor? Allgemein gesprochen: Unter welchen Umständen finden Menschen bei wichtigen Problemen zu einer Lösung, die nicht unbedingt im Interesse jedes Einzelnen, aber im Interesse aller ist?

Eines der größten Hindernisse, das einer erfolgreichen Zusammenarbeit im Wege stand, war die ambivalente Position von Henry Paulson. Als ehemaliger CEO von Goldman Sachs war er für die Rolle des neutralen Regierungsvertreters nicht gerade die Idealbesetzung. Für die Banker in der Liberty Street 33 war er immer noch »einer von uns«, ein Mitglied der Investmentbanker-»Sippe«. Als die fortdauernden Verhandlungen Spitz auf Knopf standen, glaubten die Banker nicht ernsthaft, dass »einer von ihnen« den Zusammenbruch von Lehman oder gar des ganzen Systems, tatsächlich zulassen würde. Und sie hatten guten Grund, an seiner Entschlossenheit zu zweifeln. Nur wenige Monate zuvor hatte Paulson am Ende eingelenkt und Bear Stearns gerettet. Bei Lehman würde es sicher nicht anders sein. Schließlich war Paulson sehr viel länger Banker gewesen als Finanzminister. Und nach seiner Amtszeit würde er vermutlich wieder Banker werden.

Als die Banker am Sonntagmorgen zu einer weiteren Marathonsitzung zusammentraten, stellten sie fest, dass die unterschiedlichen Positionen im Hinblick auf den »Teamwork ist die Rettung«-Ansatz unvereinbar waren. Die Vertreter von Barclays versuchten Paulson dazu zu bewegen, ihnen die Übernahme von Lehman mit Steuergeldern zu erleichtern, doch dieser lehnte ab. Wenige Stunden später zog Barclays das Übernahmeangebot endgültig zurück. Das Spiel war aus.

Während die Versammelten ihre Sachen zusammenpackten, sagte Jim Wilkinson, Paulsons Stabschef: »Aus analytischer Perspektive wäre das hier hochinteressant, wenn es nicht ausgerechnet uns passieren würde.«[14]

Aktenkoffer wurden zugeklappt, Jacketts wurden zugeknöpft: In der Liberty Street 33 war endgültig Feierabend. Als die Banker wie benommen zur Tür gingen, legte sich ein Mantel des Schweigens über die Szene. Einer nach dem anderen schüttelten sie die ersten Anzeichen des Untergangs des Hauses Lehman ab und versuchten ihre Ängste darauf zu konzentrieren, wie der Zusammenbruch von Lehman sich auf ihre eigenen angeschlagenen Institute auswirken mochte.

Auf dem Nachhauseweg am Sonntagabend wussten die CEOs nicht, wie die Märkte auf ihre Entscheidung reagieren würden. Aber eines war nach diesem Wochenende klar: Für eine gemeinsame Rettungsaktion gab es keinen Konsens.

Daraufhin meldete Lehman Brothers die größte Insolvenz in der Geschichte der Vereinigten Staaten an. Tausende Mitarbeiter erschienen in den folgenden Tagen mit kleinen Rollkoffern oder Sporttaschen zur Arbeit, um ihre Büros zu räumen. Die Investmentbank Merrill Lynch mit ihrer berühmten »donnernden Herde« – so wurden die Finanzberater genannt, die die amerikanische Mittelschicht umsorgt haben – rettete sich derweil in die sicheren Arme der Bank of America.

Am Montag, dem 15. September 2008, erlebte die Wall Street ihren schwärzesten Tag seit sieben Jahren.[15] Der Dow-Jones-Index fiel um über 500 Punkte, der größte Kursrutsch seit der Wiedereröffnung der Börse nach den Anschlägen vom 11. September 2001. An einem einzigen Tag lösten sich 700 Milliarden Dollar in Luft auf. Zurück blieben leere Rentenfonds, staatliche Pensionskassen und Wertpapierdepots. Die Aktien von Morgan Stanley und Goldman Sachs befanden sich im freien Fall. Im Lauf der folgenden Tage gaben beide Unternehmen ihren traditionellen Status als Investmentbanken auf und konstituierten sich als Geschäftsbanken neu.

An einem einzigen Wochenende fand die jahrzehntelange Glückssträhne der erfolgreichsten Zocker an der Wall Street ein jähes Ende. Am 15. September war es an der Zeit, den dunklen Verhandlungsraum hinter sich zu lassen und sich dem grellen Sonnenlicht zu stellen. Von jetzt ab musste jeder sehen, wo er blieb.

An Gründen, die an jenem schicksalhaften Wochenende gegen den Erfolg des »Teamwork«-Plans sprachen, mangelte es wahrlich nicht. Wie sehr die Atmosphäre von Verheimlichung und Argwohn geprägt war, haben wir bereits erwähnt. Das nährte nicht nur das Misstrauen, es machte es den Bankern auch unmöglich, sich Unterstützung bei anderen Mitgliedern ihres Netzwerks zu holen. Der Mangel an Transparenz betraf nicht nur die Bilanzen der Anwesenden, sondern den gesamten Finanzmarkt. Lückenhafte Informationen waren eine schlechte Entscheidungsgrundlage und sorgten für Ungewissheit. Unklar war auch, auf wessen Seite der Schiedsrichter Henry Paulson stand. Die Banker hatten jahrzehntelange Erfahrungen darin, innerhalb wettbewerbsorientierter Märkte zu verhandeln, waren es aber nicht gewohnt, systemisch zu denken – sie waren wie Fischer, die gewohnheitsmäßig den höchstmöglichen Dauerertrag anstrebten, anstatt auf ökosystembasiertes Fischereimanagement zu setzen. Und als wäre all das nicht schon genug, herrschte allgemein auch noch der Eindruck vor, dass es bei diesem Pokerspiel nicht nur Verlierer, sondern auch Gewinner geben werde, was dem ganzen Verhandlungsprozess den Anstrich eines Nullsummenspiels gab.

Wenn Sie jetzt glauben, dass die Banker angesichts all dessen zu gar keinem anderen Schluss kommen konnten, ist Ihnen das nicht zu verdenken. Doch die Erkenntnisse der Spieltheorie weisen in eine andere Richtung. Der Schlüssel dazu, wie das Wochenende hätte anders verlaufen können, liegt in einem einfachen, vierzeiligen Computercode, der die wissenschaftliche Sicht der Kooperation revolutioniert hat. Der Code trägt den sprechenden Namen TIT FOR TAT: »Wie du mir, so ich dir.«

Wie du mir, so ich dir

Seit Charles Darwin hatten die Wissenschaftler sich über eine scheinbar einfache und doch vertrackte Frage den Kopf zerbrochen: Wenn die Evolution des Lebens auf Konkurrenz beruhte, wie konnte sie dann die Fähigkeit zur Kooperation hervorbringen? In den 1970er Jahren, lange vor Paulsons angespannten Sitzungen in der Liberty Street 33, nahm sich Robert Axelrod, Politikwissenschaftler an der University of Michigan, dieser kniffligen Frage an. Ausgangspunkt seiner Forschungen war ein Standardexperiment, mit dem Wissenschaftler die Evolution kooperativen Verhaltens erforschen. Bekannt ist dieses Nullsummenspiel als das »Gefangenendilemma«.

Die Regeln des Spiels klingen eher nach einer herausgeschnittenen Szene aus »Der Pate« als nach einem mathematischen Rätsel.

Zwei Einbrecher werden verdächtigt, einen Juwelierladen ausgeraubt zu haben. Die Polizei ist von ihrer Schuld überzeugt, hat aber nicht genügend Beweise in der Hand, um ihnen den Raubüberfall nachzuweisen. Allerdings reichen die Beweise aus, um sie eines geringeren Vergehens zu überführen und zu sechs Monaten Gefängnis zu verurteilen – sagen wir wegen illegalen Waffenbesitzes.

Die Polizei will den Angeklagten natürlich des schwereren Delikts überführen und zu möglichst hohen Haftstrafen verurteilt sehen. Sie wendet daher eine klassische »Teile und herrsche«-Strategie an: Getrennt voneinander sollen die beiden Verbrecher dazu gebracht werden, zu gestehen und ihren Komplizen zu verraten. Die Polizisten machen ihnen folgendes Angebot: »Sieh mal, du bist sowieso dran, weil du keinen Waffenschein hast. Du wanderst für mindestens sechs Monate in den Knast. Aber wenn du gestehst und dein Partner nicht, lassen wir dich ungeschoren davonkommen und sperren deinen Komplizen auf Grundlage deiner Aussage zehn Jahre ein. Das heißt natürlich auch: Wenn du *nicht* gestehst, dein Partner aber schon, blühen *dir* zehn Jahre Gefängnis, und dein Komplize ist ein freier Mann. Und wenn ihr beide gesteht, lochen wir euch beide fünf Jahre ein.«

Zum leichteren Verständnis wird das Dilemma oft mithilfe einer Matrix veranschaulicht, die ungefähr so aussieht:

	Gefangener B schweigt	Gefangener B gesteht
Gefangener A schweigt	Beide kommen 6 Monate ins Gefängnis	Gefangener A: 10 Jahre Gefangener B: kommt frei
Gefangener A gesteht	Gefangener A: kommt frei Gefangener B: 10 Jahre	Beide kommen 5 Jahre ins Gefängnis

Wenn Sie sich in die Lage der Gefangenen versetzen, sehen Sie schnell, worin deren »Dilemma« besteht. Einerseits ist es in ihrer *beider* Interesse, gemäß der alten Mafia-Regel der Omertà den Mund zu halten, um mit einer geringen Strafe davonzukommen; andererseits ist es in Ihrem *persönlichen* Interesse, zu gestehen und Ihren Komplizen »in die Pfanne zu hauen«. Verkompliziert wird das Ganze dadurch, dass Sie sich nicht mit Ihrem Partner abstimmen können. Wie leicht wäre es doch, wenn Sie sich einfach auf dem Handy anrufen und einen Plan schmieden könnten, damit die Sache für Sie beide glimpflich ausgeht!

Genau diese Einschränkung ist es, dank derer das »Gefangenendilemma« die vorhistorischen Ausgangsbedingungen für unsere Evolution widerspiegelt. Unsere affenartigen Vorfahren mussten schließlich schon zusammenarbeiten, als es noch lange keine Sprache gab, in der sie sich hätten absprechen können. Das Spiel gibt in etwa die Position von Tieren wider, die ausgiebig kooperieren, ohne dass sie sich eine Gegenleistung nach dem Motto »Eine Hand wäscht die andere« versprechen könnten.

Kurz: So kompliziert das »Gefangenendilemma« im Detail erscheinen mag – letztlich ist es ein abstraktes Modell für häufig auftauchende Situationen, in denen beide Seiten am besten wegkommen, wenn sie sich zur Kooperation durchringen (und eine »Win-win-Situation« herstellen), in denen aber zugleich starke Anreize für jeden Einzelnen bestehen, zu »defektieren«, wie es in der Sprache der Spieltheoretiker heißt (also eine »Win-lose-Situation« herzustellen).

Als Robert Axelrod sich in den 1970er Jahren für das »Gefangenendilemma« zu interessieren begann, konzentrierte sich die Erforschung der Kooperation in erster Linie auf die Zusammenarbeit innerhalb eines Genpools. Der Biologe William Hamilton präsentierte zum allgemeinen Erstaunen eine elegante Gleichung, mit der sich Kooperation erklären ließ, die im Dienste der sogenannten »Verwandtenselektion« stand, der Verbreitung der eigenen Gene.[16] Axelrod interessierte sich dagegen für Altruismus und Kooperation, die nicht genetisch, sondern *strategisch* begründet sind. Was konnte Menschen dazu bewegen, zusammenzuarbeiten – außer das Ziel, die eigenen Gene beziehungsweise die der Familie zu verbreiten? Evolutionsbiologen sprechen bei dieser strategischen Form der Kooperation von »reziprokem Altruismus«, ein Begriff, der auf den brillanten Universalgelehrten Robert Trivers zurückgeht.[17]

Wenn Ihnen das Konzept »reziproker Altruismus« zu fachsprachlich oder vage klingt, können Sie es sich anhand von Situationen aus Ihrem Leben veranschaulichen. Die meisten Menschen mussten sich irgendwann mal mit einem Nachbarn oder Arbeitskollegen herumschlagen, der immer nur ans Nehmen dachte, ohne je etwas zurückzugeben. Bei einem vernünftigen Menschen wird es nicht lange dauern, bis er »defektiert« und den Kontakt zu einem solchen Ich-Menschen abbricht. Schwieriger ist der Umgang mit »Teilzeit-Egoisten«, die manchmal kooperationswillig sind und manchmal nicht. Denken Sie nur an das bei allen beliebte Mädchen aus Ihrer Schulzeit, das sich nur alle Jubeljahre einmal herabließ, mit Ihnen zu sprechen, oder den lästigen Freund, der nur bei jedem dritten gemeinsamen Abendessen die Rechnung übernahm. Oder an jenen Kollegen, der jeden Abend auf die Piste geht und sich dann zu jedem zweiten Meeting »krank« meldet. Lassen Sie sich das jedes Mal gefallen, oder hauen Sie irgendwann auf den Tisch? Und wenn Sie »defektieren«, wann sind Sie bereit zu vergeben und wieder zu kooperieren?

Wenn zwei Spieler nur eine Runde »Gefangenendilemma« spielen und sich anschließend nie wieder begegnen, ist die »Defektion« oft die vernünftigste Lösung, weil sie den größten potenziellen Gewinn verspricht. Zwei Unbekannte, die um dasselbe Taxi streiten, haben wenig Grund, aufeinander Rücksicht zu nehmen, da sie sich höchstwahrscheinlich nie wieder begegnen werden. Die meisten von uns leben jedoch in einer Welt der »iterierten« Gefangenendilemmata, bei denen die gleichen Spieler immer wieder das gleiche Spiel spielen. Jeder, der einmal verheiratet war oder in einer Wohngemeinschaft gewohnt hat, kennt den Kreislauf von Kooperation und Defektion, der solche wiederholten Spielrunden prägt, nur allzu gut. Wer hat gestern den Müll rausgebracht? Wer bringt ihn heute raus?

Da unsere Vorfahren in kleinen Sippen zusammengelebt und immer wieder mit denselben Menschen verhandelt haben, sind im Lauf der Evolution subtile Mechanismen und Strategien entstanden, die auf sehr lange Zeiträume ausgelegt sind. Der gesunde Menschenverstand sagt uns, dass wir kooperieren sollten, wenn wir zu einem späteren Zeitpunkt eine Gegenleistung dafür erhalten. Es sei denn, die Kosten einer Kooperation sind unverhältnismäßig hoch.

Womit wir wieder bei unseren Bankern in der Liberty Street 33 wären. Auch diese spielten nämlich eine weitere Runde »Gefangenendilemma«, als sie darüber verhandelten, ob sie Lehman retten sollten. Es war nicht das erste Mal, dass diese Männer miteinander verhandelten, und aller Voraussicht nach würde es auch nicht das letzte Mal sein. Was wäre in diesem komplexen Dilemma aus Sicht der Spieltheorie die geschickteste Strategie gewesen?

Ende der 1970er Jahre machte sich Robert Axelrod daran, ebendiesen Fragen nachzugehen, und zwar mithilfe einer zum damaligen Zeitpunkt völlig neuen Strategie: einem computersimulierten Turnier.[18] Er vereinfachte das »Gefangenendilemma« zu einem Szenario, das sich leicht in einem Computerprogramm darstellen ließ. Auf diese Weise konnte er beliebig viele Spielrunden simulieren. Dann forderte er verschiedene Experten für das Gefangenendilemma auf, Strategien in Form von Computercodes einzusenden und ließ diese gegeneinander antreten – in einer Art »Showdown« von Kooperation und Defektion.

Jeweils zwei »Spieler« (sprich: Computerprogramme) traten gegeneinander an und absolvierten 200 Spielrunden. In jeder Spielrunde mussten die Spieler sich zwischen zwei Möglichkeiten entscheiden: kooperieren oder defektieren. Diese Entscheidung mussten sie treffen, ohne die Entscheidung ihres Gegenübers zu kennen. Durch Defektion konnten sie mehr Punkte erreichen als durch Kooperation. Beschlossen allerdings beide Spieler zu defektieren, so schnitten sie beide schlechter ab, als wenn sie sich beide für Kooperation entschieden hätten.

Für die Teilnahme an diesem Turnier wurden zunächst 14 verschiedene Codes eingereicht, die höchst unterschiedliche Strategien verfolgten. Einer namens »massive Vergeltung« kooperierte zu Beginn, schaltete aber beim geringsten Anzeichen von Defektion um und defektierte bis zum Ende des Spiels. Ein anderer, der den Namen »Tester« trug, defektierte ab und zu, schaltete aber beim geringsten Anzeichen von Vergeltung zurück in den Kooperationsmodus und tat so, als wäre das nur ein »Ausrutscher« gewesen.

Als alle Strategien gegeneinander gespielt hatten und der Sieger feststand, war Axelrod überrascht. So überrascht, dass er einen weiteren Aufruf startete, Codes einzureichen. Diesmal bestand das Feld aus 63 Teilnehmern, darunter auch der Gewinner des ersten Turniers. Erneut ließ Axelrod jeden gegen jeden antreten, und zu seiner großen Verblüffung war es der gleiche vierzeilige Code, der alle anderen schlug. Es handelte sich um die mit Abstand einfachste Strategie, eine Reihe von Regeln, die jeder Zweijährige anwenden kann: TIT FOR TAT (»Wie du mir, so ich dir«).

Die von dem herausragenden Mathematiker und Spieltheoretiker Anatol Rapoport eingereichte Strategie TIT FOR TAT setzte sich mit einem erstaunlich einfachen Ansatz an die Spitze des Feldes. Sie verhielt sich in der ersten Runde kooperativ – war also eine »gutmütige« Strategie – und wiederholte dann bis zum Ende

des Spiels einfach den letzten Zug des Gegners. War der Gegner
»nett«, so belohnte TIT FOR TAT jede Kooperation, indem sie
ebenfalls kooperierte. Für »gutmütige« Strategien war TIT FOR
TAT demnach ein sicherer Hafen der Liebe und Harmonie.

Traf die Strategie dagegen auf einen Gegner, der häufig defektierte, so zahlte TIT FOR TAT mit gleicher Münze zurück. Jede
Defektion wurde umgehend mit einer Defektion »bestraft«. Blieb
der Gegner dabei, so tat TIT FOR TAT es ihm gleich. Doch TIT
FOR TAT war auch *nicht nachtragend.* Sobald der Gegner *aufhör-
te* zu defektieren, hörte die Siegerstrategie ebenfalls damit auf.

Auf lange Sicht, stellte Robert Axelrod fest, war TIT FOR TAT
jeder anderen Strategie überlegen. Noch überraschender war, dass
TIT FOR TAT nicht die einzige »gutmütige« Strategie war, die
sich als erfolgreich erwies. Die acht Strategien mit dem besten Ergebnis waren allesamt »gutmütig«, also überwiegend kooperationswillig und nicht nachtragend. Keines dieser erfolgreichsten
Programme defektierte als Erster. TIT FOR TAT schnitt niemals
besser ab als sein unmittelbarer Gegner, aber es arbeitete mit sich
selbst und anderen »gutmütigen« Strategien wunderbar zusammen. »Egoistische« Strategien dagegen »kannibalisierten« sich gegenseitig und mussten dadurch Verluste hinnehmen. Und sie
konnten TIT FOR TAT mittelfristig gesehen nicht ausnutzen, da
die Siegerstrategie sofort Vergeltung übte. Wenn ein ausreichend
großer Anteil einer Population diese Strategie verfolgte, konnten
auch andere »gutmütige« Strategien Fuß fassen und sich immer
besser behaupten.

In einer weiteren Variante des Turniers ließ Axelrod die teilnehmenden Programme sich am Ende jeder Spielrunde verviel-
fältigen, und zwar in Abhängigkeit davon, wie gut sie abgeschnitten hatten. Dann wiederholte er das Turnier immer wieder von
vorn, um den Prozess der Evolution nachzuahmen. Das Ergebnis:
Sobald eine kritische Masse an »gutmütigen« Strategien vorhan-

den war, die aufeinandertreffen und sich reproduzieren konnten, konnten diese Strategien selbst dann wachsen und gedeihen, wenn die defektierenden Strategien in der Überzahl waren.

TIT FOR TAT hat gezeigt, wie Kooperation sich im Rahmen einer prinzipiell von Konkurrenz geprägten Evolution im Lauf der Zeit zu einer stabilen Strategie entwickeln konnte. Wenn wir diese Strategie von den Gedankenspielen der Spieltheorie auf die Realität übertragen, sieht die Sache allerdings ganz anders aus.

Die Computerturniere von Axelrod konzentrierten sich ausschließlich auf zwei abstrakte, rational handelnde Individuen, die sich genau an eine bestimmte Strategie halten. Diese Annahme ist jedoch unrealistisch. Menschen machen Fehler: Manchmal kooperieren sie, obwohl sie eigentlich defektieren wollten, und umgekehrt. Und diese Fehleranfälligkeit hat erhebliche Auswirkungen auf den Spielverlauf.

Als Axelrod sich die Ergebnisse des ersten Turniers genauer ansah, fiel ihm auf, dass TIT FOR TAT einer etwas nachsichtigeren Strategie namens TIT FOR TWO TATS (»Wie du mir zweimal, so ich dir«) unterlegen gewesen wäre. Wie der Name andeutet, übt diese Strategie erst dann Vergeltung, wenn sein Gegenüber zweimal hintereinander defektiert. Sie »hält die andere Wange hin«, ehe sie Gegenmaßnahmen ergreift.

Wenn TIT FOR TWO TATS gegen eine andere »gutmütige« Strategie wie TIT FOR TAT antrat, so schnitt sie ein klein wenig besser ab. In einer anderen Wiederholung des Turniers, bei der das Teilnehmerfeld auch »böswillige« Strategien umfasste, landete TIT FOR TWO TATS ziemlich abgeschlagen auf dem 24. Platz. Aggressivere Strategien nutzten ihre Gutmütigkeit aus, indem sie immer wieder defektierten, aber niemals zweimal hintereinander – und so der Vergeltung entgingen.

Interessanterweise legen neuere Studien allerdings nahe, dass TIT FOR TWO TATS im richtigen Leben eine ziemlich erfolgreiche Strategie sein könnte. Um diese These zu überprüfen, entwickelten der Psychologe David Rand und seine Kollegen von der Harvard University eine leicht modifizierte Spielvariante. Darin spielten Probanden mehrere Runden »Gefangenendilemma« gegeneinander, und zwar mit einer Besonderheit: Bei durchschnittlich jedem achten Zug wurde ihre Absicht ins genaue Gegenteil verkehrt: Aus einer Kooperation wurde eine Defektion und umgekehrt. Dadurch sollte simuliert werden, dass Menschen nicht perfekt sind, sondern ab und an Fehler machen.

Unter diesen von Fehlern geprägten Umständen schnitten Spieler, die sich an die Strategie TIT FOR TWO TATS hielten, am besten ab, weil sie sich von gelegentlichen, unbeabsichtigten Defektionen nicht aus der Ruhe bringen ließen. Spieler, die TIT FOR TAT spielten, stellten die Kooperation dagegen zu schnell ein und verpassten die Chance auf eine gute Beziehung, von der beide Seiten profitiert hätten. »In einer von Ungewissheit geprägten Welt«, so David Rand, »kann es von Vorteil sein, langsam wütend zu werden und schnell zu vergeben.«

Doch die Realität unterscheidet sich noch in anderer Hinsicht von den Simulationen Axelrods. Menschen sind soziale Primaten, und unsere Ansichten darüber, wann man kooperiert und wann defektiert, sind wie bei allen sozialen Primaten stark von den Gruppen beeinflusst, auf die wir angewiesen waren, um zu überleben. Unsere soziale Orientierung lässt uns häufig Entscheidungen treffen, die unserer Intuition widersprechen, weil wir die Auswirkungen auf andere Mitglieder unserer Gruppe ebenso im Blick haben wie unseren eigenen Vorteil (und die Vorteile, die andere unserer Meinung nach haben).

Der Primatenforscher Frans de Waal und seine Kollegin Sarah Brosnan haben die Bereitschaft zur Kooperation und die Wahrnehmung von Ungleichheiten bei Kapuzineraffen erforscht.[19] In einem ihrer Experimente bekamen zwei Affen im Austausch für einen Spielstein entweder eine Traube oder ein Stück Gurke. Erhielten beide Affen die gleiche Belohnung, gab es Brosnan und de Waal zufolge keine Probleme. Zwar zogen die Affen Trauben eindeutig vor – alle Primaten, so de Waal, haben eine Vorliebe für Zucker –, doch selbst wenn beide Affen ein Stück Gurke bekamen, hatten sie kein Problem damit, weiterhin Spielsteine einzutauschen.

Interessant wurde der Versuch jedoch, als den beiden Affen *unterschiedliche* Dinge gegeben wurden. Der Affe, der die minderwertige Gegenleistung erhielt (ein Stück Gurke anstelle einer Traube), zögerte zunächst und protestierte schließlich, indem er sich weigerte, die Gurke zu essen oder weiterhin Spielsteine einzutauschen.

Eine »irrationale« Reaktion, so Frans de Waal: »Wenn es im Leben (und in der Ökonomie) um Profitmaximierung geht, sollte man alles mitnehmen, was man kriegen kann. Die Affen nehmen und essen jederzeit gern ein Stück Gurke, wenn wir ihnen eines geben – nur nicht, wenn ihr Partner etwas Besseres bekommt.«[20]

Denselben Instinkt, den Verhaltensforscher als »Ungleichheitsaversion« bezeichnen, haben auch wir Menschen. Ökonomen, Spieltheoretiker und Mathematiker sind dagegen traditionell davon ausgegangen, dass wir Eigennutz über Fairness stellen. Wenn es um die Verteilung knapper Ressourcen geht, gibt es jedoch kaum Hinweise darauf, dass Menschen ihr Handeln ausschließlich an ihrem eigenen Interesse ausrichten. Im Lauf der Evolution haben wir die Neigung entwickelt, uns darauf zu fixieren, dass »dieses Arschloch« eine Traube gekriegt hat – selbst wenn wir ein frisches, leckeres Stück Gurke in Händen halten.

Was wir mit alldem sagen wollen ist, dass die Banker in der Liberty Street 33 ungeachtet der Lehrsätze von Adam Smith und

Milton Friedman auch als soziale und emotionale Wesen handelten. Während die versammelten Anzugträger über systemische Risiken und toxische Papiere diskutierten, beschäftigte jeden Einzelnen von ihnen zugleich die Frage, wer am Ende mit einem Stück Gurke abgespeist würde und wer die Traube bekam.

Außerdem brachten die Banker eine ganze Reihe kognitiver Vorurteile mit an den Verhandlungstisch, die verdeutlichen, wie wir alle als die sozialen Wesen, die wir nun mal sind, Entscheidungen treffen. Jeder dieser CEOs hat im Lauf seiner Karriere mit hunderten oder gar tausenden Bankern zusammengearbeitet und viele weitere getroffen. Trotzdem überblickten sie nur einen Bruchteil des Ganzen – selbst Männer in absoluten Spitzenpositionen wie John Mack, Lloyd Blankfein oder John Thain konnten nicht jeden einzelnen jener tausenden von Bankern kennen, die sich auf dem globalen Finanzparkett tummeln. Wenn sie von Kollegen in anderen Firmen – man könnte auch sagen: anderen Sippen – sprachen, griffen die CEOs, wie wir alle, daher auf Heuristik (gedankliche Stenogramme) zurück:»Du kennst ja Bob. Er ist bei Morgan Stanley.« Jede Sippe hat ihre eigenen Werte und Mythen, ihre eigene Risikotoleranz und Kultur, kurz: ihren eigenen Unternehmensstil, der die Angestellten miteinander verbindet und von anderen abgrenzt. Und dieses Schubladendenken kann eine enorme Dynamik entwickeln.

Als die Banker über einen Rettungsplan für Lehman verhandelten, schreckte sie der Gedanke, dass sie mit ihren ohnehin knappen Ressourcen Barclays dabei helfen würden, mit einem strategisch geschickten Schachzug den Gewinn abzusahnen. »Barclays« war in ihrer Gedankenwelt ein Stenogramm für einen »gefährlichen« und noch dazu »britischen« Konkurrenten. Im Rahmen der Verhandlungen über mögliche Finanzhilfen durch den amerikanischen Steuerzahler war »Barclays« kognitiv gesprochen eine »Fremdgruppe« – eine ausländische »Sippe«. Die Banker, so das

Wall Street Journal, hätten gezögert, Lehman zu stützen, da die Wahrscheinlichkeit bestand, dass doch noch ein Konkurrent wie Barclays die angeschlagene Firma übernahm.[21] Später schrieb die Zeitung:»Am Sonntagmorgen sah alles danach aus, dass Barclays aus Großbritannien der einzige verbliebene Kaufinteressent war. Dadurch sanken die Chancen auf Staatshilfe noch weiter; wenn die Regierung Bush sich weigerte, Geld für eine Wall-Street-interne Lösung bereitzustellen, war es noch viel unwahrscheinlicher, dass sie einem ausländischen Käufer unter die Arme greifen würde.«[22]

Könnte es sein, dass auch solche auf der »Eigengruppe« und der »Fremdgruppe« basierenden Vorurteile von einem Hormon beeinflusst werden, nämlich vom Vertrauenselixier Oxytocin? Wissenschaftler wie Carsten K. W. de Dreu von der Universität von Amsterdam sind davon überzeugt.[23] Der Psychologe setzte niederländischen Studenten ein moralisches Standarddilemma vor: Nehmen wir an, Sie könnten fünf Menschen retten, die in Gefahr sind, von einem Zug überfahren zu werden. Würden Sie dafür einen Passanten auf die Gleise werfen? Während die fünf Menschen namenlos blieben, gab der Psychologe dem möglichen »Opfer« entweder einen niederländischen oder einen muslimischen Namen. Niederländische Probanden, die vor dem Experiment eine Nase voll Oxytocin erhalten hatten, warfen sehr viel häufiger Mohammed auf die Gleise als Maarten.

Auf den Einfluss der Hormone deutet auch eine berühmte Studie aus dem Jahr 1954 hin. Der Psychologe Muzafer Sherif und seine Kollegen fuhren mit zwölfjährigen Jungen ins Ferienlager. Die Jungen wurden in zwei Gruppen aufgeteilt und traten in verschiedenen Wettbewerben gegeneinander an. Es dauerte nicht lange, bis die Jungen gegen Mitglieder der anderen Gruppe eine Abneigung entwickelten und sich zum Beispiel die Nase zuhielten, wenn sie aneinander vorbeiliefen. Psychologen bezeichnen

derartiges Verhalten als »Fremdgruppenabwertung«. *Innerhalb*
der Gruppen nahmen dagegen Zusammenhalt und Kooperation,
aber auch die hierarchische Gliederung zu.[24]

Dieses Sippendenken und die damit verbundene Unterscheidung von Eigen- und Fremdgruppe folgen einer bestechenden
Logik. Die Spieltheoretiker Steve Rytina und David L. Morgan haben ein Modell für die klare Linie entwickelt, die die »Kuschelty-
pen« von den »Ego-Schweinen« trennt, indem sie eine simulierte
Gesellschaft in zwei Gruppen einteilten, die »Blauen« und die
»Roten«.[25] Dann untersuchten sie, was passiert, wenn die Mitglieder beider Sippen eine Strategie verfolgten, die sie »diskriminierendes TIT FOR TAT« (DTFT) tauften. Von dem uns bereits bekannten TIT FOR TAT unterschied sie sich durch das Verhalten
gegenüber Mitgliedern der anderen Farbsippe. Die »Roten« defektierten grundsätzlich, wann immer sie auf einen »Blauen« trafen – und umgekehrt.

Wenn zwei Rote zum ersten Mal miteinander verhandeln, verhalten sich beide kooperativ. Dasselbe gilt, wenn zwei Blaue erstmals aufeinandertreffen. Doch was geschieht, wenn ein Roter und
ein Blauer sich begegnen? Sie defektieren automatisch, denn »diesen Typen kann man nicht trauen«. Diese Geschichte kennen wir
leider nur allzu gut; man denke nur an die »Sharks« und die »Jets«,
die »Montagues« und die »Capulets«, die »Hatfields« und die
»McCoys«.

Rytina und Morgan konnten zeigen, dass die DTFT-Strategie
nicht nur stabil, sondern fast unmöglich zu durchbrechen ist. Ein
Individuum, das in den ersten Runden gewöhnliches, »farben-
blindes« TIT FOR TAT spielt, schneidet *schlechter* ab als andere,
die gegenüber der »Fremdgruppe« grundsätzlich defektieren. Warum? Nehmen wir an, ein Roter und ein Blauer treffen zum ersten
Mal aufeinander, und der Blaue spielt mit dem Gedanken, zu kooperieren (wie er es bei gewöhnlichem TIT FOR TAT tun würde).

Da der Rote jedoch mit an Sicherheit grenzender Wahrscheinlichkeit DTFT spielen und defektieren wird, bekommt der Blaue – der doch nur erst mal »nett« sein wollte– die Quittung für seine Gutgläubigkeit und büßt Punkte ein.

Das heißt nicht, dass DTFT die erfolgreichere Strategie wäre. Was die langfristige Resilienz betrifft, hat TIT FOR TAT die Nase vorn. Das Problem an DTFT ist ihre heimtückische Stabilität. Hat sie sich einmal eingenistet, werden Einzelne für jeden Versuch, über die Gräben hinweg zu kooperieren, bestraft.

Was kann man aus solchen Studien ableiten? Wie bei allen komplexen Systemen sind die Forschungsergebnisse auch hier zwiespältig. Die schlechte Nachricht lautet, dass wir im Lauf der Evolution kognitive Vorurteile entwickelt haben, aufgrund derer wir unsere Mitmenschen in die Kategorien »Wir« und »Die Anderen« einteilen. Die gute Nachricht ist, dass diese Strategie zwar sehr »stabil«, Studien zufolge (langfristig betrachtet) jedoch weniger erfolgreich ist als gutmütigere Varianten von TIT FOR TAT.

Angesichts der rationalen und auch emotionalen Vorteile, die es mit sich bringt, wenn wir uns mit einer Sippe identifizieren (und DTFT spielen), stellt sich allerdings die Frage: Wie kann man Kooperation zwischen verfeindeten Gruppen initiieren?

Glücklicherweise ist die Grenze zwischen »Eigen-« und »Fremdgruppen« erstaunlich flexibel. Charakteristisch für Altruismus, schreibt der bekannte Soziobiologe Edward O. Wilson, seien »starke Emotionen und vielfältige Bindungen. So starr die Menschen in ihrem Ehrenkodex sind, so launisch sind sie, wenn es darum geht, für wen der Kodex gilt.«[26] Interessant ist Wilsons Gebrauch des Wortes »launisch«. Unsere Wankelmütigkeit ist ein evolutionärer Vorteil. Sicher, wir hängen an »unseren« Leuten. Unser Gehirn hat jedoch dehnbare Kategorien zur Definition dessen entwickelt, wer zu »uns« gehört. »Die Unterscheidung, auf die es [...] ankommt«, so Wilson weiter, »ist die zwischen Eigengruppe und Fremdgruppe, doch der genaue Verlauf der Trennungslinie wird mit Leichtigkeit hin und her geschoben.«[27]

Der Trick besteht demnach darin, Menschen dazu zu bringen, ihre Definition von »Wir« zu erweitern. Aber wie?

Die Sippe vergrößern

Arthur und Elaine Aron sind ein Forscherehepaar an der Stony Brook University in New York. Sie haben es sich zur Lebensaufgabe gemacht zu erforschen, wie wir enge Beziehungen zu Menschen aufbauen, die entweder zu unserer Eigengruppe oder zu einer Fremdgruppe gehören. In den letzten zehn Jahren haben sie zahlreiche Paare aus je zwei Menschen unterschiedlicher Herkunft zusammengebracht, die sich nie zuvor begegnet waren – Schwarze und Weiße, Latinos und Asiaten, Schwarze und Latinos – und ein höchst ungewöhnliches Experiment mit ihnen durchgeführt.[28]

Die Psychologen luden jedes dieser »Paare« zu vier einstündigen Sitzungen ein, in denen es um sehr persönliche Themen ging. In der ersten Sitzung wurden beide Probanden gebeten, sich über ihre Antworten zu einer Reihe von ganz unterschiedlichen Fragen auszutauschen, von »Wären Sie gern berühmt? Auf welchem Gebiet?« bis hin zu »Stellen Sie sich vor, Sie könnten etwas an der Art und Weise ändern, wie Sie erzogen worden sind. Was würden Sie ändern?«. In der zweiten Sitzung traten die Paare in Spielen wie Charade, Wortspielen und Rätseln gegen andere Paare an. Bei ihrem dritten Aufeinandertreffen führten sie ein gelenktes Gespräch über persönliche Fragen zu ihrem Leben und zu ihrer Einstellung zu der ethnischen Gruppe, der sie angehörten.

In der letzten Sitzung absolvierten die Paare einen »Vertrauensspaziergang«: Sie führten sich gegenseitig durch einen Irrgarten, wobei dem Geführten jeweils die Augen verbunden wurden.

Diese Übungen erinnern Sie vielleicht an ein Zeltlager in Ihrer Jugendzeit – Arthur Aron behauptet jedoch, dass in diesen vier Stunden eine Beziehung entsteht, die im Grunde ebenso eng ist wie jede andere, die wir im Lauf unseres Lebens aufbauen.[29] Wenn es gelingt, eine solche Beziehung aufzubauen, wird dabei genauso viel Oxytocin ausgeschüttet wie bei jeder anderen. Wird dieses »Kuschelhormon« ausgeschüttet, sei es durch die Übungen der Arons oder eine Nase voll von Paul Zaks Spray, so ergeben sich Vertrauen und Kooperation ganz automatisch.

Tatsächlich haben Elaine und Arthur Aron in ihren Studien belegt, dass die Probanden kurz nach den vier Sitzungen bei einer Reihe von Tests zur Messung von Vorurteilen besser abschnitten als vorher. Und wenn sie jemandem aus der ethnischen Gruppe ihres Partners vorgestellt wurden, wies ihr Speichel eine deutlich geringere Konzentration von Stresshormonen auf.

Psychologen nehmen an, dass derart enge Bindungen, die zu einer Neudefinition von Eigen- und Fremdgruppe führen, auf die bei Menschen sehr stark ausgeprägte Fähigkeit zur empathischen Nachahmung zurückzuführen ist. Obwohl uns das meist gar nicht bewusst ist, ahmen wir permanent den Gesichtsausdruck, die Sprechweise, die Haltung und die Körpersprache der Menschen in unserer unmittelbaren Umgebung nach.

Dieses Nachahmungsverhalten ermöglicht es uns über eine ausgeklügelte neuronale Rückkopplungsschleife, die mit einem bestimmten, von uns nachgeahmten Verhalten verbundenen Gefühle zu empfinden. Das erklärt, warum es so unerträglich ist, jemanden weinen zu sehen: Eine neuronale Rückkopplung führt dazu, dass wir die gleichen Gefühle empfinden wie der oder die Weinende. Berücksichtigt man den Gewinn an Empathie und Kooperation, dann sind Tränen, so energieaufwändig ihre Produktion für den Körper ist, evolutionsgeschichtlich betrachtet ein regelrechtes Schnäppchen.

Es ist kein Zufall, dass Arthur und Elaine Aron ihre Paare einen Spaziergang machen lassen. Schließlich ist ein Spaziergang die Konfliktlösungsstrategie par excellence. Als sich Vertreter der amerikanischen und sowjetischen Regierung 1982 in der Schweiz zu Abrüstungsgesprächen trafen, unternahmen sie den wohl berühmtesten »Waldspaziergang« der Geschichte. Wenn wir uns von Angesicht zu Angesicht begegnen, treten oft Konflikte in den Vordergrund des Gesprächs. Gehen wir stattdessen nebeneinander her, öffnet das Spielräume für einen bedachteren Dialog. Was würde geschehen, wenn wir nicht nur einige Paare, sondern hunderte und schließlich tausende Menschen auf einen Vertrauensspaziergang schicken könnten? Könnte vielleicht ein Wanderweg einen Beitrag dazu leisten, in einem der verfahrensten Konflikte der Welt »die Sippe zu vergrößern«?

Der weltweit bekannte Experte für Konfliktlösungsstrategien William Ury hat es sich zur Aufgabe gemacht, die politische Diskussion um den Nahostkonflikt mit einem Rückgriff auf religiöse Erzählungen zu bereichern. Obwohl Ury ein anerkannter Verhandlungsexperte ist – er ist Mitbegründer des Harvard Negotiation Projects und Co-Autor des Buches *Das Harvard-Konzept* –, rieten ihm die meisten seiner Kollegen davon ab, Religion zum Teil einer Konfliktlösungsstrategie machen zu wollen. Doch während des gesamten Oslo-Friedensprozesses im Jahr 2000 musste Ury zu seiner Bestürzung miterleben, wie im Verlauf der Verhandlungen zwei für ihn zentrale Aspekte des Konflikts unberücksichtigt blieben: die mit der Verteilung des Landes verbundenen Identitätsfragen sowie die alltäglichen, wirtschaftlichen Lebensbedingungen der Palästinenser (die sich seit den 1990er Jahren stetig verschlechtern).

»Die Lage war so verfahren, dass es an der Zeit war, unkonventionelle Wege zu gehen. Die Frage war und ist: Wie kann man Bewegung in die Gespräche bringen?«

Eigentlich ist Ury Anthropologe, und so suchte er in seinen Forschungen über andere Kulturen nach Antworten. Er erkannte, dass er eine Möglichkeit finden musste, die »dritte Seite« zu mobilisieren, wie er es nennt, und die gesamte Gemeinschaft einzubeziehen.

»Als ich Zeit mit Völkern wie den Buschmännern in der Kalahari verbrachte, fiel mir auf, wie sie die Stammesgemeinschaft als dritte Seite benutzten. Wenn ein Konflikt droht, versammeln sich alle in einem Kreis, und jeder sagt seine Meinung. Indem die Gemeinschaft dem Konflikt einen Rahmen gibt, hat sie eine enorm wertvolle, heilende Funktion. Jeder noch so zerstörerische Konflikt kann nach und nach transformiert werden, wenn er von der Gemeinschaft aufgefangen wird.« Anders ausgedrückt: Wenn alle sich als Mitglieder ein und derselben Sippe sehen, löst sich der Oxytocinrausch des »Wir« gegen »Die« in Luft auf.

Ury suchte also nach einer Gruppe von Menschen, die als »Puffer« fungieren konnte. Doch wer war im Nahen Osten die »dritte Seite«?

»Jede Kultur hat einen Ursprungsmythos«, so Ury, »und der Ursprungsmythos des Nahen Ostens schließt auf einer bestimmten Ebene fast die gesamte Menschheit ein. Vor 4000 Jahren hat ein Mann mit seiner Familie den Nahen Osten durchwandert. Dieser Mann hat die Welt verändert.«

Gemeint ist natürlich Abraham. Ury begann, ihn als unsere symbolische »dritte Seite« zu betrachten.

»Was, wenn man die Geschichte von Abraham – den Inbegriff der Gastfreundschaft – als Gegengift gegen den Terrorismus einsetzen könnte, als eine Art Impfstoff gegen Intoleranz?« Durch den Rückgriff auf die Geschichte von Abraham konnte Ury die drei biblischen Religionen zusammenführen, sodass die Glaubensüberzeugungen sich an den extremen Rändern gegenseitig neutralisieren. Betrachtet man alle drei Religionen als eine einzige Sippe

– die Sippe der Bibelreligionen –, so wird deutlich, dass sie eine gemeinsame Geschichte, gemeinsame Werte und ein Gottesbild teilen, das dazu anhält, jedem Menschen mit Respekt zu begegnen.

»In den meisten Verhandlungen, die ich erlebt habe, geht es um etwas ganz Einfaches. Ich nenne es Respekt. Es ist das Billigste, was Sie Ihrem Gegenüber zugestehen können. Es kostet Sie nicht das Geringste – umso erstaunlicher ist es, wie wenig Gebrauch wir davon machen. Das Interessante an Respekt ist, dass er für eine Win-win-Situation sorgt. Wenn ich Ihnen Respekt entgegenbringe, respektiere ich mich deshalb selbst nicht weniger. Und Sie respektieren mich wahrscheinlich umso mehr. Das ist es, wofür Abraham eigentlich steht: für Respekt, und dafür, dass jeder Mensch etwas Wertvolles ist.«

Doch Ury erkannte, dass es nicht genügte, wenn die Menschen sich nur an die Geschichte von Abraham erinnerten und sie weitererzählten. Wenn die symbolische dritte Seite wirklich eine Rolle in diesem Konflikt spielen sollte, dann würden die Menschen die Geschichte *erfahren* müssen. Und das konnten sie am besten, indem sie sich auf den Weg machten.

»Gehen kann vieles bewirken. Gehen ist das, was uns zu Menschen gemacht hat. Ein Wanderweg auf den Spuren Abrahams, durch zehn verschiedene Länder, kann dazu beitragen, dass aus Feindschaft Freundschaft wird, aus Terrorismus Tourismus. Und das alles im Namen Abrahams.«

Die Route, der Ury und seine Kollegen folgten, beginnt in der Türkei. Vom Geburtsort Abrahams in Urfa führt sie nach Harran, zu jenem Ort, wo Abraham laut vielen Quellen der »Ruf« Gottes erreichte. Dann verläuft sie über Syrien und Jordanien nach Jerusalem und weiter ins Westjordanland. Sie endet in Hebron oder al-Chalil, wo Abraham dem Buch Genesis zufolge begraben liegt. Ury beschreibt den über 1000 Kilometer langen Wanderweg als eine Reise »von der Wiege bis zur Bahre«.

Wie schon die Experimente von Elaine und Arthur Aron bestätigt haben, eröffnet das bloße Gehen den Teilnehmern Gelegenheiten für kleine vertrauensbildende Maßnahmen. Die Begegnung mit den Einheimischen ermöglicht Gastfreundschaft – eine kooperative Vereinbarung zwischen Gast und Gastgeber, die auf gegenseitigem Respekt beruht.

»Hier im Westen«, so William Ury mit seinem trockenen Humor, »nehmen wir den Konflikt durch die Brille der Feindschaft wahr. Aber man nehme das englische Wort für Feindschaft, *hostility*, und füge Pita-Brot hinzu, dann ergibt sich daraus *hospitality*: Gastfreundschaft.«

Und genau das haben wir erfahren, als wir uns auf Schusters Rappen machten, um den Abrahamspfad zu erkunden. Zwar haben wir auf unserer fünftägigen Wanderung über die hügeligen Schafweiden Palästinas nur einen kleinen Abschnitt des Pfads kennengelernt, dem William Urys bahnbrechende Idee zugrunde liegt, aber selbst in dieser kurzen Zeit sind wir – und unsere Reisegefährten – mit Dutzenden von Menschen in Kontakt gekommen, die uns völlig neue Perspektiven eröffnet haben.

Wir bekamen nicht nur mit Olivenöl beträufeltes Pita-Brot serviert – das in den Lehmhöfen hinter den Häusern täglich frisch gebacken wird –, wir lernten auch eine unglaubliche Vielfalt an Einstellungen zur Religion, zur gesellschaftlichen Rolle der Frau und zur Identität des modernen Palästina kennen. Wir wurden in Dörfern willkommen geheißen, in denen die Männer sich weigerten, einer Frau die Hand zu geben, geschweige denn im gleichen Raum mit ihr zu sitzen. Aber wir tranken auch in Dörfern gesüßten Tee, in denen die Frauen gebildete Matriarchinnen waren, die kein Blatt vor den Mund nahmen, während ihre Ehemänner sich respektvoll zurückhielten. Die einzige Konstante war die im Namen Abrahams geschlossene Vereinbarung der Gastfreundschaft und des Respekts.

Als wir die steile Anhöhe von Awarta erklommen hatten, acht Kilometer südöstlich von Nablus, wurden wir von den Einheimischen sogar ohne Zögern in eine Dorfhochzeit einbezogen. In einem Versammlungssaal mitten im Ort tanzten und sangen hunderte Frauen in traditionellen Gewändern hingebungsvoll, und das junge Hochzeitspaar saß etwas erhöht auf Stühlen und sah ihnen dabei zu. Was wir zu hören bekamen, wird im Arabischen als »al-mardudeh« bezeichnet. Es ist ein Wechselgesang zwischen einer Vorsängerin, der »Begabten« (*baada'a*) und den hunderten Frauen, die sich in dem kleinen Saal drängten. Kaum hatten wir das Haus betreten, wurden wir schon auf Stühle neben die Braut und den Bräutigam gesetzt, von denen aus wir die gesamte Hochzeitsgesellschaft überblicken konnten.

»Ihr seid besondere Gäste in unserem Dorf«, rief uns eine schweißgebadete Frau über das Singen und Klatschen hinweg zu. »Wir müssen euch feiern!«

Wir wurden nicht nur zur Hochzeit von Menschen eingeladen, denen wir noch nie begegnet waren, sondern als Ehrengäste angesehen – in den meisten westlichen Ländern ist eine derart großzügige Gastfreundschaft fast undenkbar. In den besetzten Gebieten, so Frederic Masson, der Koordinator des palästinensischen Abschnitts des Abrahamspfads, sei diese außergewöhnliche Kultur der Gastfreundschaft durch den Mangel an Arbeitsplätzen und fehlende soziale Strukturen bedroht.

»Die Bewohner dieser Dörfer möchten ihre Erfahrungen so gern mit anderen teilen, aber in der derzeitigen Situation sind sie von der Welt abgeschnitten. Dieses Abgeschnittensein führt zu einer tiefen Verzweiflung, gerade in einer Kultur, in der Gastfreundschaft ein hohes Gut ist. Indem Sie ihre Hochzeit mitgefeiert haben, haben Sie ihnen eine große Ehre erwiesen und ihnen gezeigt, dass Sie ihre Art der Gastfreundschaft zu schätzen wissen.«

Das bringt uns zu einem zweiten wichtigen Aspekt der Friedensbemühungen, der William Ury am Herzen liegt: der Gedanke, dass beide Seiten von dieser Initiative profitieren. Auch hier haben wir es mit einer Win-win-Situation zu tun, denn den Dorfbewohnern eröffnen die Touristen, die dem Abrahamspfad folgen, Einkunftsmöglichkeiten: Sie können den Wanderern Nahrungsmittel verkaufen, sie herumführen und ihnen Übernachtungsgelegenheiten anbieten. Auf diese Weise erfahren sie eine Wertschätzung ihrer Kultur, die sich nicht nur im Respekt vor ihrer großzügigen Gastfreundschaft ausdrückt, sondern auch in einer Verbesserung ihrer wirtschaftlichen Lage.

Im Lauf der letzten fünf Jahre haben sich Tausende über Syrien, Jordanien und Israel auf den Weg nach Palästina gemacht. Andere, die nicht in den Nahen Osten reisen können, organisieren Wanderungen in ihren Städten und Gemeinden. Auf ähnliche Weise wie der vielschichtige »immerwährende Garten« von Willie Smits versucht der Abrahamspfad die drängenden wirtschaftlichen Probleme der einheimischen Bevölkerung anzugehen, ohne dabei das langfristige Bedürfnis nach Respekt und Vertrauen aus den Augen zu verlieren.

»Heute ist der Pfad wie eine Eichel«, so William Ury. »Morgen ist er vielleicht schon zu einer Eiche herangewachsen.«

Seine Worte rufen uns in Erinnerung, dass Abraham zwar als symbolische »dritte Seite« dienen kann, aber beschreiten müssen den Weg wir, die internationale Gemeinschaft.

Kommen wir noch einmal zurück zu den Bankern in der Liberty Street 33. Denkbaren Versuchen, die Sippe zu vergrößern, stand wie gesagt die Tatsache im Wege, dass das Treffen geheim war. Die Struktur der Verhandlungen bot starke Anreize für Nebenabsprachen, da die Teilnehmer auf zwei sehr unterschiedlichen Ebenen verhandelten. Es ist schwer, wenn man einerseits versucht, eine Win-win-Situation herzustellen, und gleichzeitig bemüht ist, das Beste für sich herauszuholen. Das größte Hindernis war jedoch, dass die Banker – auch wenn immerhin Henry Paulson als Vertreter der Regierung anwesend war – nur einen kleinen Teil derer repräsentierten, die von der Krise betroffen waren. Was wäre wohl geschehen, wenn William Urys »dritte Seite« – ganz normale Bürger, andere Unternehmen, unabhängige Ökonomen oder Aktivisten – mit am Tisch gesessen hätte, um »die Sippe zu vergrößern« und nach einer konstruktiven, umfassenden Lösung zu suchen?

Trotz aller vielversprechenden Forschungsergebnisse aus der Neurowissenschaft und der Spieltheorie und ungeachtet erwiesenermaßen erfolgreicher Strategien wie der »Vergrößerung der Sippe« und der Einbeziehung der »dritten Seite« im Rahmen komplexer Verhandlungen kann man immer noch Zweifel daran haben, dass die Banker in der Liberty Street 33 allen Widerständen zum Trotz eine Möglichkeit hätten finden können, erfolgreich zusammenzuarbeiten.

Doch keine zwei Jahre später stellte eine ganz andere Gruppe von Menschen, die sich nie begegnet waren, inmitten einer noch schlimmeren Krise, unter ähnlich hohem Zeitdruck und in einer Situation, in der viele Menschenleben auf dem Spiel standen, unter Beweis, dass eine solche gemeinsame Kraftanstrengung sehr wohl möglich ist. Die Geschichte des »Unternehmens 4636« ist ein Lehrstück dafür, wie man an jedem beliebigen Ort Menschen dafür gewinnen kann zusammenzuarbeiten.

Unternehmen 4636

Das Erdbeben, das die haitianische Hauptstadt Port-au-Prince am 12. Januar 2010 erschütterte, war nicht das schwerste, das die ärmste Nation der westlichen Hemisphäre je erlebt hatte, aber es war zweifellos das zerstörerischste. Als in Haiti die Erde bebte, legte das innerhalb weniger Sekunden die Verwundbarkeit der haitianischen Wirtschaft, Gesellschaft, Politik und Infrastruktur schonungslos offen. Die statistische Bilanz enthält Zahlen, wie man sie sonst nur aus Kriegsgebieten kennt: 316 000 Tote, 300 000 Verletzte, eine Million Obdachlose. Insgesamt waren von den Folgen der Katastrophe drei Millionen Menschen betroffen. Die Infrastruktur in Port-au-Prince brach zusammen, ganze Ministerien wurden dem Erdboden gleichgemacht. Die Bürgerschaft war traumatisiert, und den zahllosen internationalen Hilfsorganisationen, die bereits in Haiti engagiert waren, erging es nicht anders. Niemand zweifelte daran, dass diese Naturkatastrophe eine humanitäre Krise ersten Ranges auslösen würde.

Ebenso richtig aber ist, dass das Erdbeben eine noch viel größere Katastrophe gewesen wäre, wenn es sich zu irgendeinem anderen Zeitpunkt der Menschheitsgeschichte ereignet hätte. Denn am 12. Januar 2010 fanden die in Sekundenschnelle verbreiteten Berichte über dieses Ereignis einen Widerhall bei freiwilligen Helfern, Spezialisten und Ersthelfern im In- und Ausland, der vor dem Zeitalter des Internets völlig unmöglich gewesen wäre.

Interessanterweise ereignete sich das im Folgenden Beschriebene in ungefähr der gleichen Zeitspanne wie die Beratungen in der Liberty Street 33 an jenem berühmt gewordenen Wochenende.

Unsere Geschichte beginnt 2700 Kilometer nördlich von Haiti in Somerville, einem winterlich verschneiten Vorort von Boston. Rosalind Sewell, genannt Roz, war soeben nach den Feiertagen an die Ostküste zurückgekehrt, um mit ihrem Masterstudium an der Fletcher School of Law and Diplomacy der Tufts University fortzufahren, als sie von dem Erdbeben hörte. Für neue Technologien im Bereich der sozialen Medien interessierte sie sich, seit sie dank eines Fulbright-Stipendiums in Marokko studiert hatte. Als sie einige Tage nach dem Beben ihre E-Mails anschaute, sprang ihr eine Nachricht daher besonders ins Auge.

»In der E-Mail stand: ›Hey! Falls du in der Stadt bist, wir sitzen gerade hier in meiner Wohnung und ·erstellen mithilfe sozialer Medien Karten vom Erdbebengebiet.‹«

Verschickt hatte die Einladung Patrick Meier, ein Doktorand an der Fletcher School. Rosalind Sewell kannte ihn als führenden Kopf einer Gruppe von Studenten, die sich besonders für eine neue Technik namens »Crisis Mapping« interessierten, die Kartierung von Krisengebieten. Dabei werden mithilfe von Satellitenaufnahmen (wie sie Unternehmen wie Google kostenlos im Internet zur Verfügung stellen) aus per SMS, Twitter oder Facebook eingesandten geografischen Daten Karten erstellt, damit Rettungsmaßnahmen besser koordiniert werden können.

Für Roz Sewell klang die Mail nach einer guten Gelegenheit, mehr über Crisis Mapping und über die Gruppe von Studenten zu erfahren, die Patrick Meier um sich geschart hatte. Als sie an jenem Abend zu dessen Wohnung fuhr, glaubte sie, auf eine Handvoll Studenten zu treffen, die wortlos Nachrichten auf Twitter und Facebook lesen, die Koordinaten auf einer Karte eintragen und das Ganze online stellen. Stattdessen betrat sie eine regelrechte Einsatzzentrale, in der Informationen und Berichte zur Lage nach dem Erdbeben zusammenliefen.

»Ich habe Verwandte bei der Armee, daher kenne ich das Hauptquartier mit hunderten von Monitoren und den riesigen Bildschirmen. Und genau so habe ich mich gefühlt, als ich zum ersten Mal in Patricks Wohnzimmer stand. Einige Leute liefen mit ihren Telefonen herum und gaben hochkonzentriert Daten ein. Jemand anders versuchte die Neuankömmlinge anzuleiten. In der ganzen Wohnung herrschte eine elektrisierende Atmosphäre, von der ich sofort angesteckt wurde.«

Als sie an jenem Abend ankam, wollte sie eigentlich nur ein paar Stunden kartieren und dann wieder nach Hause fahren. Doch es kam anders. In den folgenden drei Wochen verbrachte sie jede freie Minute damit, die Bemühungen der »Crisis Mapper« persönlich oder online zu unterstützen.

Roz Sewell war nicht die Einzige, der es so erging. Tausende Menschen überall auf der Welt, von Istanbul über Genf bis nach Washington, arbeiteten nach dem Erdbeben zusammen. Die Katastrophe deckte nämlich nicht nur die Verwundbarkeit eines Landes auf, das ohnehin am Rande des Zusammenbruchs gestanden hatte, sie entfesselte auch die größte auf »Crowdsourcing« [zu dt.:»Schwarmauslagerung«] basierende Kartierungsleistung, die die Welt bis dato gesehen hat.

Der Ursprung des Unternehmens 4636 lag genau genommen am anderen Ende des Globus, in der Reaktion auf ein ganz anderes Problem: die Gewalt nach den Wahlen in Kenia 2007. Damals kam es in dem ostafrikanischen Land zu einer Welle der ethnisch motivierten Gewalt, die man als eine Abfolge von grausamen Defektionen gegenüber Mitgliedern von Fremdgruppen beschreiben könnte: DTFT (diskriminierendes TIT FOR TAT) in seiner schrecklichsten Form. Kenianer hatten in dieser Krise keinerlei Zugang zu verlässlichen Informationen über Gewaltausbrüche außerhalb ihrer jeweiligen Stadt.

Nach ihrem Studium in Harvard kehrte die kenianische Anwältin Ory Okolloh in ihre Heimat zurück, um den Ausgang der Wahlen zu verfolgen. Sie veröffentlichte auf ihrem Blog Informationen über Gewaltakte und lieferte dazu die entsprechenden geografischen Daten, doch die Berichte kamen in zu kurzen Abständen.

Ähnlich wie den Aufsichtsbehörden auf den Finanzmärkten vor 2008 fehlte den Kenianern eine gute, dynamische Kartierungsmethode, mit der sich Gewaltausbrüche in Echtzeit erfassen ließen. Außerdem musste das System einfach zu verstehen und leicht zugänglich sein. Also startete Ory Okolloh einen Aufruf in der Blogosphäre und bat um Mithilfe bei der Erstellung eines entsprechenden Programms. Wenige Tage später erklärten sich einige Softwareentwickler bereit, innerhalb kürzester Zeit den Prototyp einer Internetplattform zu erstellen, die es Kenianern ermöglichte, anonym Krawalle, Vergewaltigungen, Morde und Vertreibungen zu melden. Alles, was sie dazu brauchten, war ein Mobiltelefon. Die Plattform integrierte viele Augenzeugenberichte aus ganz Kenia in eine dynamische, in Echtzeit aktualisierte Karte. Anhand dieser dynamischen Karte konnten die Bürger sich nicht nur ein Bild davon machen, wo und wann Vorfälle gemeldet worden waren, sondern auch von der Entwicklung auf der Zeitachse – also davon, wie die Gewalt sich ausgebreitet hatte und wo es als Nächstes zu Gewaltausbrüchen kommen könnte. Das lose Netzwerk aus Informatikern und Menschenrechtsaktivisten, die am Aufbau dieser Plattform beteiligt waren, tauften sie auf den Namen »Ushahidi«, was auf Suaheli so viel bedeutet wie »Zeugnis ablegen«.

Unmittelbar nach den Wahlen wussten zu wenige Menschen von der Existenz dieses Programms, als dass es während der Krise ausreichend genutzt worden wäre. Die Plattform blieb daher ein Prototyp, eine Vision dessen, was machbar wäre. Eines war den Entwicklern jedoch von Anfang an klar: Die Plattform konnte für jede beliebige Situation angepasst werden, in der verlässliche Echtzeitinformationen über ein System Mangelware waren – nicht nur bei Gewaltausbrüchen, sondern auch bei Epidemien oder Umweltkatastrophen. Also beschloss man, sie so zu gestalten, dass sie auf möglichst viele Anwendungsgebiete zugeschnitten werden konnte.

Im Lauf der vergangenen Jahre wurde Ushahidi benutzt, um Gewalttaten gegen Einwanderer in Südafrika zu veranschaulichen, die Gewalt im Ostkongo zu kartieren, Arzneimittelengpässe in verschiedenen ostafrikanischen Ländern zu melden und den Ablauf von Wahlen auf der ganzen Welt zu dokumentieren. Ushahidi, so das Ziel, sollte benutzerfreundlich sein und jedem kostenlos zur Verfügung stehen, der in irgendeine Angelegenheit mehr Transparenz bringen wollte. Wie viele andere Softwareentwickler hatten auch die Väter von Ushahidi nie vor, sich nach der Lancierung der Plattform in Kenia an anderen Projekten zu beteiligen, von denen das Programm eingesetzt wurde.

Am 12. Januar 2010 änderte sich das schlagartig.

Patrick Meier, von dem die E-Mail an Roz Sewell stammte, ist bei Ushahidi Leiter der Abteilung »Crisis Mapping« und Mitbegründer des International Network of Crisis Mappers. Wenige Stunden nach dem Erdbeben schaute er in Boston CNN und war über das Ausmaß der Schäden erschüttert. Meier rief beim technischen Leiter von Ushahidi an und sagte ihm, dass Ushahidi in diesem Fall seiner Meinung nach mehr tun sollte, als nur eine Plattform zur Verfügung zu stellen. Angesichts der Schwere der Katastrophe und der Armut des Landes glaubte Meier, dass das Beben einen kritischen Punkt für ganz Haiti markierte, der zum Umschlagen des Systems führen konnte.

Keine Stunde nach dem Anruf Meiers setzte sich der technische Leiter von Ushahidi mit dem wichtigsten Programmierer zusammen, um die Plattform auf die Krise in Haiti zuzuschneiden. War die Plattform von Ushahidi in Kenia lediglich als Kartierungs- und Veranschaulichungswerkzeug benutzt worden, so sollte sie in Haiti dazu dienen, die Hilfe zu koordinieren und alle miteinander zu verbinden, die bei der Bewältigung der Krise eine Rolle spielten: Rettungskräfte, NGOs, staatliche Stellen sowie, nicht zu vergessen, die Haitianer selbst. Die Funktionsweise der Plattform

änderte sich dadurch grundlegend: Sie wurde von einem Kartie-
rungs- zu einem Interventionswerkzeug.

»Als wir am Telefon die Anpassung der Plattform besprochen
hatten, war klar, dass das kleine, hauptsächlich aus Informatikern
bestehende Team von Ushahidi niemals in der Lage sein würde,
eine solche Krise mehr oder weniger in Echtzeit zu kartieren«, so
Meier. »Nach Kenia war es das einzige Mal, dass wir uns je am
konkreten ›Einsatz‹ des Systems beteiligt haben.«

Notwendig war dazu zunächst die Erfassung aller aus Haiti
kommenden Informationsströme, wie Tweets, Facebook-Einträge, Vermisstenanzeigen auf einschlägigen Websites und SMS-
Nachrichten, die es außer Landes geschafft hatten.

Meier war klar, dass das Erfassen all dieser Informationen die
permanente Aufmerksamkeit eines ganzen Teams in Anspruch
nehmen würde. Und das war nur der Anfang. Waren all diese Informationsschnipsel aufgespürt, mussten sie in verschiedene Kategorien eingeordnet und »geokodiert«, das heißt mit den korrekten Koordinaten auf einer dynamischen, digitalen Karte des
Großraums Port-au-Prince eingetragen werden. Da weder Meier
noch irgendjemand sonst vom eigentlichen Ushahidi-Team mit
den Straßen, Gassen und Plätzen von Port-au-Prince vertraut war,
würde es nahezu unmöglich sein, die korrekten Koordinaten zu
ermitteln.

Auf der Suche nach Unterstützung bei dieser gewaltigen Aufgabe nutzte Meier das Netzwerk von Ushahidi. Über Twitter, über
E-Mail-Verteiler der Tufts University und der Fletcher School sowie über die digitalen Netzwerke der jungen Generation von Softwareentwicklern suchte Meier nach freiwilligen Helfern. Darüber
hinaus war Ushahidi Teil eines großen Flickenteppichs aus gleichgesinnten, informell verbundenen, innovativen humanitären Organisationen, Technikern und Forschern, der im Laufe vieler Jahre nach und nach entstanden war. Vielen dieser Menschen und

Organisationen sollte beim Kriseneinsatz auf Haiti eine wichtige Rolle zukommen.

Die SOS-Mail, die Roz Sewell erreichte, ging an tausende Adressen im E-Mail-Verteiler der Tufts University. Als Doktorand hatte Meier bereits einige Vorträge über Ushahidi an der Fletcher School gehalten. Auf diese Weise war eine kleine Gruppe von Freunden und Bekannten entstanden, die sich für diese Sache engagierten. Auf seinen ersten Aufruf hin meldeten sich neben dem harten Kern aus einem knappen Dutzend Freiwilligen auch einige neue Gesichter wie Roz Sewell. Meier motivierte den engeren Kreis, indem er die Dringlichkeit des Projekts betonte, und lieferte ihnen Ideen und Strategien dafür, weitere Helfer anzuwerben. Die Arbeit könne von überall erledigt werden; sie müssten sich lediglich auf Skype einloggen, um an der Gruppendiskussion teilzunehmen, dann könnten sie von jedem beliebigen Ort der Welt aus Informationen aufbereiten und auf der Karte eintragen.

Und dann ließ er sie einfach machen.

Am Anfang war es nur ein Dutzend Menschen gewesen, das sich in Meiers Wohnzimmer einfand, doch die Zahl der Freiwilligen wuchs schnell. Einige Tage später drängten sich schon 20 Leute auf den Sofas und dem Fußboden dazwischen. Dann waren es 30, wenig später 40, und als mehr als 50 Leute mithelfen wollten, suchte sich die Gruppe einen Raum in der Tufts University. Eine Woche später war eine Einführung für Interessierte mit mehr als 80 Studenten völlig überfüllt, und die Einsatzzentrale erhielt einen offiziellen Namen: »Ushahidi@Tufts«.

Bald erreichten Meier E-Mails, die von der Durchführung von Einführungskursen und der Einrichtung von weiteren Crisis-Mapping-Zentralen überall auf der Welt berichteten. Eine Gruppe von Tufts-Absolventen teilte Meier mit, dass sie eine eigene Einsatzzentrale in Washington eröffnet hätten; die Login-Informationen hätten sie von einem anderen Freiwilligen erhalten. Eine Studentin an der Fletcher School, die gerade ein Auslandssemester am Genfer Hochschulinstitut für internationale Studien absolvierte, informierte Meier und seine Leute, dass sie Außenposten in Genf initiiert habe. Ein anderer Student an der Tufts University war noch nicht aus den Weihnachtsferien zurück und trommelte eine Gruppe von Gleichgesinnten in Portland zusammen, die nun von der Westküste aus mithalfen, Nachrichten in Echtzeit mit Geocodes zu versehen. Bald verbreitete sich die Kunde auf der ganzen Welt. In allen Ecken des Globus entstanden kleine Gruppen, die Meier und seine Leute beim »Crisis Mapping« unterstützten. Alles, was es zur Gründung einer weiteren Kartierungsgruppe brauchte, war mindestens eine Person, die sich in die Skype-Gruppe und die Plattform einloggen konnte.

Ähnlich wie die Terrornetzwerke der AQAP, die uns im zweiten Kapitel beschäftigt haben, so waren auch die Mitglieder dieses »Kartierungsnetzwerks« nicht durch stringente Hierarchien im herkömmlichen Sinne miteinander verbunden, sondern durch informelle Kontakte und gemeinsame Werte. Im Lauf der Zeit waren hunderte von Menschen an diesem Projekt beteiligt – ein veritabler Schwarm. Den meisten von ihnen war Meier nie begegnet, und bei vielen erfuhr er erst hinterher, dass sie sich für das Projekt engagiert hatten.

»Ich hab zu den Leuten gesagt: ›Wir müssen das alles auf uns zukommen lassen‹, erklärt Meier. ›Es gibt in jeder einzelnen Stunde so vieles zu tun und so vieles, was sich in kürzester Zeit entwickeln muss. Ich kann einfach nur beobachten, wie das Projekt wächst und gedeiht, und erst eingreifen, wenn ich merke, dass es ineffizient wird.‹«

Aufgrund der offenen Struktur der Plattform – sowohl was den Quellcode von Ushahidi angeht als auch in Bezug auf die Arbeitsteilung beim Kartieren – war es ein Leichtes, Neuankömmlinge einzubinden und ihnen ganz konkrete, sinnvolle Aufgaben zuzuteilen, ohne dass die Zuständigkeiten groß geklärt werden mussten. Dadurch konnte die Plattform und die Zahl der freiwilligen Mitarbeiter sehr schnell wachsen.

»Die ganze Geschichte mit den Freiwilligen war das Tollste, was ich je miterlebt habe«, sagt Meier heute. »Innerhalb von fünf oder sechs Wochen sind mehr als 300 Menschen angeleitet worden, die Plattform von Ushahidi zu benutzen, und ich habe keine einzige dieser Einführungsveranstaltungen organisiert.«

In den ersten Stunden der Krise bezogen die Mithelfer ihre Daten in erster Linie aus den Nachrichten, über Twitter und aus Statusupdates auf Facebook. Bevor aus dem Kartierungswerkzeug Ushahidi jedoch ein voll funktionsfähiges Interventionswerkzeug werden konnte, musste Ushahidi zunächst Kontakt zu den hilfsbedürftigen Haitianern aufnehmen, und dann einen *direkten Draht* zwischen Hilfsbedürftigen und Rettungskräften herstellen (damit diese mit einem Blick auf die Karte feststellen konnten, wo sie am dringendsten gebraucht wurden). Während das Crisis-Mapping-Team alle Hände voll zu tun hatte, Freiwillige zu rekrutieren und anzuleiten, arbeitete eine andere Initiative daran, es Haitianern vor Ort zu ermöglichen, die Karte um Berichte über ihre eigene Situation zu ergänzen. An der Spitze dieser Initiative standen technologieaffine NGOs wie FrontlineSMS, InSTEDD, Energy for Opportunity und die Thomson Reuters Foundation.

Josh Nesbit, ein Mittzwanziger, der sich selbst als health care junkie beschreibt, war damals für FrontlineSMS (mittlerweile Medic Mobile) tätig. Am 12. Januar, wenige Minuten nach dem Erdbeben, rief Nesbit im US-Außenministerium an. Eine Stunde später arbeitete er mit Medienfachleuten des Ministeriums an einer Strategie, über Radio und Telefon einen unmittelbaren Draht zu den Haitianern vor Ort zu finden.

»Mir war im Grunde klar, dass es in einem Land wie Haiti, in dem nur circa ein Prozent der Menschen online ist – und nach dem Beben noch weniger –, so gut wie keine Festnetzanschlüsse gibt«, so Nesbit. »Aber 40 Prozent besitzen ein Handy, und wenn man sich anschaut, wie viele Leute Zugang zu einem Handy haben, liegt der Anteil vermutlich noch deutlich höher, bei 75 oder 80 Prozent.«

Der Erfolg des ganzen Unternehmens, darin waren sich Nesbit und seine Kontaktleute im Außenministerium einig, hing davon ab, eine unmittelbare Verbindung zwischen der Plattform und Haitianern vor Ort herzustellen. Das Dringlichste war daher nach einhelliger Auffassung, einen eigenen SMS-Kanal aufzutun. Das Ziel war, eine bestimmte Nummer im »Short Message System« für Berichte von Erdbebenopfern zu reservieren. Ähnlich, wie in vielen Ortsnetzen bestimmte Nummern für einen bestimmten Zweck reserviert sind – New Yorker wissen, dass sie unter der Nummer 311 die Stadtverwaltung erreichen können –, so sollten sich die haitianischen Telekommunikationsunternehmen auf eine Nummer einigen, die ausschließlich für SMS-Nachrichten von Hilfsbedürftigen bestimmt sein sollte.

Nesbit ging in seiner Wohnung in Washington alle NGOs durch, mit denen er im letzten halben Jahr zusammengearbeitet hatte, und schrieb sie alle an. Auf der Suche nach einem »SMS-Drehkreuz«, wie er es nannte, blieb er den Rest des Abends permanent im Kontakt mit dem Team vom Außenministerium und mit seinem eigenen weltumspannenden Netzwerk von Gesundheitsexperten. Ein Anruf, eine SMS und ein Tweet jagte die anderen. Zwischen zwei Gesprächen verschickte Nesbit einen kurzen Tweet:

An alle Nutzer von @FrontlineSMS in Haiti. Wir versuchen einen lokalen SMS-Kanal für http://haiti.ushahidi.com einzurichten

Postwendend gab ihm ein Follower aus Kamerun den Tipp, er solle sich an Jean-Marc Castera wenden, den IP-Manager von Digicel in Haiti. Minuten später unterhielten sich Nesbit und Castera auf Skype über die Einrichtung eines SMS-Kanals.

»Falls mich in Zukunft mal jemand fragen sollte, warum ich meine Zeit mit Twitter verschwende«, so Nesbit,»hab ich jetzt eine ziemlich gute Antwort parat.«

Jean-Marc Castera erwies sich für das Unternehmen 4636 als echter Glückstreffer. Er erklärte sich sofort bereit, den CEO von Digicel, des größten Mobilfunkbetreibers in Haiti, zu kontaktieren. Das Ergebnis übertraf die kühnsten Erwartungen. Er schlug vor, dass die ganze Hilfsmission den SMS-Kanal 4636 übernehmen sollte. Normalerweise war 4636 ein ganz normaler Informationsdienst, bei dem man eine Wettervorhersage abrufen konnte. Ab sofort sollte die Nummer als SMS-Kanal für die Meldungen und Koordinaten von Hilfsbedürftigen dienen.

Allerdings sollte es sich als große Herausforderung erweisen, diese technischen Möglichkeiten Wirklichkeit werden zu lassen. An diesem Punkt traten zwei weitere unbesungene Helden auf den Plan: Eric Rasmussen und Nicholás di Tada von InSTEDD, einer Nonprofit-Organisation, die sich innovativen Interventionsmöglichkeiten bei Epidemien, Katastrophen und Notfällen verschrieben hat.

Ein Jahr vor dem Erdbeben hatte die britische Thomson Reuters Foundation InSTEDD mit der Entwicklung eines Informationsdienstes für Notfälle beauftragt, einer internet- und mobilfunkbasierten Plattform, die es Journalisten erleichtern soll, mit Katastrophenopfern zu kommunizieren. Wenige Stunden nach dem Erdbeben schickte die Thomson Reuters Foundation ein Team nach Haiti. Als Eric Rasmussen, Nicholás di Tada und ihre Kollegen auf dem Flughafen von Port-au-Prince landeten und an der östlichen Landebahn ihre Basis aufbauten, waren seit den ersten Erdstößen gerade einmal 60 Stunden vergangen. Damit gehörte InSTEDD zu den ersten Hilfsorganisationen vor Ort.

Von dieser Basis aus unternahmen die Mitarbeiter von InSTEDD einige entscheidende Schritte: Erstens bauten sie die für den Empfang der SMS-Nachrichten erforderliche technische Infrastruktur auf. Dabei arbeiteten sie mit den zwei größten Telekommunikationsfirmen in Haiti zusammen (Digicel und Comcel), sodass gewährleistet war, dass 90 Prozent der haitianischen Handybesitzer Nachrichten an die Nummer 4636 versenden konnten. Zweitens sorgten sie dafür, dass Ushahidi und andere Gruppen Zugang zu den eingegangenen Nachrichten erhielten. Einmal mehr machten sich hier internationale Netzwerke bezahlt: Zum Zeitpunkt des Bebens befand sich der stellvertretende technische Leiter von InSTEDD, Ed Jezierski, in Nairobi und arbeitete gemeinsam mit Ushahidi an der Vernetzung der beiden Plattformen.

Daraufhin schickten die am Unternehmen 4636 beteiligten Organisationen Leute zu allen Radiosendern in Port-au-Prince, damit die Notrufnummer im Radio bekannt gemacht wurde. Es entbehrt nicht einer gewissen Ironie, dass ein auf zahlreichen digitalen Medien basierendes Projekt wie das Unternehmen 4636 erst durch eine scheinbar »veraltete« Kommunikationsform wie den Rundfunk möglich wurde. Jeder, der über Radio von 4636 erfuhr, erzählte es auch seinen Nachbarn und Freunden. Wenn Haitianer, die verletzt oder verschüttet waren oder dringend Lebensmittel brauchten, eine SMS mit ihrer Nachricht und ihren Koordinaten an 4636 schickten, konnten diese Informationen unmittelbar an die Kartierer weitergeleitet und in die dynamische Karte integriert werden.

48 Stunden nach dem Erdbeben war die technische Infrastruktur weitgehend fertig, der Rekrutierungsprozess zur Anwerbung von freiwilligen Kartierungshelfern kam in Schwung, und ein SMS-Kanal war gesichert. Einem Erfolg stand jedoch noch ein ganz erhebliches Problem im Wege: Fast alle Nachrichten von

Erdbebenopfern würden in haitianischem Kreolisch verfasst sein, während fast alle Kartierer und Helfer vor Ort Englisch sprachen. Das Unternehmen 4636 musste also irgendwie Menschen auftreiben, die sowohl des haitianischen Kreolisch als auch des Englischen mächtig waren. Ganz im Geiste der kooperativen Atmosphäre jener Tage meldete sich für diese Aufgabe jemand freiwillig, mit dem niemand gerechnet hätte.

Ein Jahr zuvor hatte Josh Nesbit in Malawi am Aufbau seines Dienstes FrontlineSMS gearbeitet und dabei den Computerlinguisten Robert Munro kennengelernt. Von Malawi aus kehrte Munro an die Stanford University zurück, wo er im Zuge seiner Doktorarbeit Möglichkeiten erforschte, große Mengen von in unterschiedlichen Sprachen verfassten SMS zu verarbeiten. 24 Stunden nach dem Erdbeben, auf dem Nachhauseweg von Palo Alto nach San Francisco, rief Munro im Zug seine E-Mails ab und sah, dass Nesbit ihm eine Nachricht geschickt hatte.

»Josh fragte mich, ob ich die Technik zur SMS-Kategorisierung, die wir in Malawi verwendet hatten, auf Haiti übertragen könnte.«

Als er zu Hause ankam, hatte er sich bereits in mehrere E-Mail-Fäden und Skype-Diskussionen eingeklinkt. In den nächsten zehn Wochen sollte er jede freie Minute in das Unternehmen 4636 investieren.

Als Erstes beteiligte er sich intensiv an den technischen Diskussionen bei Ushahidi, wie die über 4636 eingehenden Nachrichten am besten erfasst werden konnten.

»Während wir mit Hochdruck an der technischen Plattform arbeiteten«, so Munro, »wurde uns klar, dass wir niemanden hatten, der die Nachrichten erfassen konnte. Ich spreche ein bisschen Französisch und Krio, das Kreolisch von Sierra Leone, aber nicht gut genug, um wochenlang Nachrichten zu übersetzen. Seit drei

Tagen hatte keiner von uns länger als eine Stunde oder so geschla-
fen, und jetzt sah es so aus, als ob meine ganzen Bemühungen
umsonst sein würden.«

Munro wurde bewusst, dass er sich darum kümmern musste,
Übersetzer zu finden, anzuleiten und für die Dauer des Projekts
zu betreuen. Da er keinerlei Erfahrung darin hatte, eine Füh-
rungsposition auszufüllen, war das eine ziemlich entmutigende
Aussicht. Doch angesichts der kollektiven Energie, die das Unternehmen entfesselt hatte, war an Aufgeben nicht zu denken. Also
machte er sich an die Arbeit und suchte nach einem Weg, mit Leuten in Kontakt zu kommen, die haitianisches Kreolisch sprachen.

Wenn man sieht, in welch engem Kontakt alle aus dem 4636-
Team in jenen Tagen miteinander standen, würde man anneh-
men, dass sie sich alle sehr gut kannten oder doch zumindest in
derselben Zeitzone wohnten. In Wirklichkeit war es ganz anders:
Wenige der Schlüsselfiguren waren sich je persönlich begegnet,
und die freiwilligen Helfer waren zum Teil über den ganzen Erd-
ball verstreut und kommunizierten über Skype-Chat. Während
Robert Munro nach Leuten suchte, die sowohl Kreolisch als auch
Englisch sprachen, half Josh Nesbit neuen Partnern, sich mit der
Plattform zu vernetzen.

»Es erwies sich als ungeheuer wichtig«, so Nesbit, »dass jemand
erklären konnte, wie das System funktioniert und welche Partner
daran beteiligt sind.« Es ist kein Zufall, dass im Rahmen des Unternehmens 4636 keinerlei Technik von FrontlineSMS (der Firma
Nesbits) zum Einsatz kam. »Als unabhängiger Makler, der keinerlei finanzielles Interesse an dem Ganzen hatte, konnte ich sehr viel
schneller Vertrauen aufbauen.«

Das Problem mit den fehlenden Übersetzern löste Robert
Munro schließlich mithilfe von Facebook. Dort gab es eine Reihe
von Gruppen, in denen sich im Ausland lebende Haitianer zu-
sammengefunden hatten, und viele von ihnen wollten sich enga-

gieren. Schon bald koordinierte Munro verschiedene Gruppen von Freiwilligen überall auf der Welt, wie die »Union Haiti«, eine Gruppe von Haitianern, die in Montreal lebten, oder Mitglieder der »SEIU« (Service Employees International Union) in den USA. In langen Schichten arbeiteten diese Leute unermüdlich an der Übersetzung eingehender Nachrichten. Als unbezahlbar erwies sich dabei, dass diese Menschen mit den Straßen und Wegweisern in Port-au-Prince vertraut waren.

Wenige Tage nach dem Erdbeben war das gesamte System voll funktionsfähig. In ganz Haiti verbreiteten Radiosender die Kunde, dass per SMS an die Nummer 4636 Hilferufe abgesetzt werden konnten. Die Haitianer, von denen viele dringend Hilfe benötigten, machten von dieser Möglichkeit regen Gebrauch. Ihre Nachrichten waren in haitianischem Kreolisch verfasst und enthielten Straßennamen und Ortsangaben, mit denen nur Menschen etwas anfangen konnten, die in Port-au-Prince aufgewachsen waren. Diese Nachrichten wurden sofort an Menschen überall auf der Welt weitergeleitet, die sie ins Englische übersetzen und dank ihrer Ortskenntnis die genauen geografischen Koordinaten ermitteln konnten. Dann gingen die Informationen umgehend an in allen Himmelsrichtungen verstreut sitzende Kartierer, die sich jede Nachricht einzeln vornahmen und auf der dynamischen Karte eintrugen.

Das letzte und wichtigste Etappenziel – eine Verbindung zwischen Kartierungshelfern und Einsatzkräften – war erreicht, als Ushahidi mit den Katastrophenerkundungs- und Koordinierungsteams der Vereinten Nationen (UNDAC) verknüpft wurde. Diese machten sich umgehend daran, Such- und Rettungsteams dorthin zu schicken, wo sie am dringendsten gebraucht wurden. Innerhalb von zwölf Stunden wurde die Karte von Ushahidi zur wichtigsten Informationsquelle für die Hilfsbemühungen der Vereinten Nationen und der US-Streitkräfte.

Gemeinsam mit tausenden Freiwilligen aus der ganzen Welt hatte das Team von Unternehmen 4636 das leistungsfähigste digitale Katastropheninterventionssystem aufgebaut, das die Welt je gesehen hatte – ohne dass das Projekt von einer einzelnen Person oder Organisation koordiniert worden wäre.

Ein Blogeintrag auf der Website von Unternehmen 4636 bezeugt, wie effektiv das Engagement von Meier und anderen war: »Ich kann gar nicht oft genug betonen, wie viel Ushahidi/Haiti geleistet hat. Eure Arbeit rettet tagtäglich Menschenleben«, schrieb Craig Clark, Analyst für Open Source Intelligence bei den US-Marines, zu Beginn der Phase eins. »Ich wünschte, ich hätte die Zeit, jedes einzelne Beispiel hier zu dokumentieren, aber es sind zu viele, und der Zeitdruck ist zu groß. [...] Das Marine Corps nutzt ununterbrochen euer Projekt, um den Menschen Hilfe und Unterstützung zukommen zu lassen, die sie am nötigsten haben. [...] Macht weiter so gute Arbeit! Ihr bewirkt mehr als irgendein anderes Projekt in der Welt des Open Source, das ich je gesehen habe.«[30]

Nach einigen Tagen trat das Unternehmen 4636 allmählich in Phase zwei ein. »Es gab nicht mehr allzu viele Leute aus dem Schutt zu ziehen«, sagt Nesbit. »Also haben wir uns allgemeineren Bedürfnissen zugewandt, etwa der Versorgung mit Nahrungsmitteln.«

Neben dem Southern Command der US-Streitkräfte entwickelte sich in dieser zweiten Phase die amerikanische Küstenwache zur wichtigsten Organisation für die Versorgung der Opfer mit Nahrungsmitteln, Wasser und Medikamenten. Und immer mehr Organisationen griffen bei der Planung und Koordinierung von Hilfseinsätzen auf die Karten von Ushahidi zurück.

Die Kreolisch sprechenden Übersetzer vernetzten sich im Internet, um Karten und Informationen auszutauschen. Auf diese Weise wurden im Ausland lebende Haitianer in die Hilfsbemühungen einbezogen. Nach einiger Zeit wurde die Aufgabe, eingehende Nachrichten zu übersetzen, jedoch an Haitianer vor Ort übergeben. Durch die Zusammenarbeit zwischen SamaSource (einer auf Outsourcing spezialisierten Non-Profit-Organisation) und CrowdFlower (einem Privatunternehmen, das technische Plattformen für »Crowdsourcing« entwickelt) gelang es, diesen Teil des Projekts von bezahlten Übersetzern erledigen zu lassen.

CrowdFlower hat keine offiziellen Zahlen darüber veröffentlicht, wie viele Menschenleben im Rahmen des Unternehmens 4636 gerettet werden konnten. Jedenfalls betrug die durchschnittliche Reaktionszeit, also die Zeitspanne, bis eine Nachricht übersetzt, kategorisiert und geokodiert war, nach Angaben des Unternehmens zu keinem Zeitpunkt mehr als zwei Minuten. Insgesamt wurden demnach 100 000 SMS-Nachrichten erfasst – in Spitzenzeiten waren es mehr als 5000 SMS pro Stunde.[31]

Als das Unternehmen 4636 seine Mission erfüllt hatte, war ein ganzes Ökosystem der Zusammenarbeit entstanden: Informatiker und Softwareentwickler, freiwillige Kartierungshelfer, haitianische Übersetzer im In- und Ausland sowie die Einsatzkräfte der US-Marines, des Roten Kreuzes und der Vereinten Nationen konnten gemeinsam an der Bewältigung der Krise arbeiten, ohne sich jemals persönlich begegnet zu sein.

Sippen, Netzwerke und Teams

Warum war eine gemeinsame Anstrengung wie das Unternehmen 4636 trotz aller Hindernisse so erfolgreich? Zu einem nicht unerheblichen Teil liegt die Antwort auf diese Frage in der Struktur des sozialen Netzwerks begründet, das die Freiwilligen miteinander verband.

Soziale Netzwerke, so die übliche Definition, bestehen aus »schwachen« und »starken« Bindungen. Zwischen Ihnen und einem guten Freund oder einem Familienmitglied zum Beispiel besteht in der Regel eine starke Bindung, die auf gemeinsam Erlebtem, einer ordentlichen Portion Vertrauen, einem ausgeprägten Gefühl des gegenseitigen Austauschs und jeder Menge Interaktion beruht. Gleich und gleich gesellt sich gern (Netzwerkforscher nennen dieses Phänomen »soziale Homophilie«), und deshalb haben Sie mit Menschen, zu denen Sie eine starke Bindung haben, mit hoher Wahrscheinlichkeit mehr gemeinsam. Das gilt besonders für die, mit denen Sie nicht verwandt sind und für die Sie sich selbst entschieden haben. Das sind Ihre Leute, die »Sippe«, der Sie sich zugehörig fühlen. Eine schwache Bindung haben Sie dagegen zu Menschen, die Sie nur flüchtig kennen, wie etwa einen Geschäftsfreund oder jemanden, den Sie nur *über* einen guten Freund kennen – ein »Freund eines Freundes«.

In einer klassischen Studie aus dem Jahr 1973 hat der an der Stanford University lehrende Soziologe Mark Granovetter Dutzende Menschen interviewt, um herauszufinden, welche Rolle ihr soziales Netzwerk bei der Suche nach einem neuen Job gespielt hat.[32] Die meisten der Befragten hatten ihren Arbeitsplatz über Menschen gefunden, zu denen sie nur eine schwache Bindung hatten – nicht über Freunde, sondern über Bekannte. Seither wurde in der Soziologie und Netzwerktheorie stets die »Stärke schwacher Bindungen« gepriesen. In zahlreichen Studien wurde die Bedeutung schwacher Bindungen für die soziale Mobilität und die Verbreitung von Innovationen nachgewiesen. »Da schwache Bindungen Menschen aus ganz verschiedenen ›Gegenden‹ eines sozialen Netzwerks miteinander verbinden, haben sie eine entscheidende Funktion, wenn es darum geht, in kürzester Zeit an Informationen (etwa über freie Stellen) heranzukommen, die Sie und Ihre engsten Freunde nicht haben können«, sagt Sinan Aral, Informationsökonom an der New York University. Solche schwachen Bindungen überbrücken »Löcher« im sozialen Gewebe, also Bereiche, in denen die Leute weniger gut vernetzt sind. »Vor allem im Notfall kann das entscheidend sein, um eine Information in einem Netzwerk zu verbreiten.« Ebenso wichtig sind jedoch starke Bindungen. »Ein auf starken Bindungen basierendes Team ist die unverzichtbare Grundlage für die intensive gemeinsame Arbeit an der Schaffung oder Synthetisierung von etwas Neuem, zumal wenn es um eine komplexe Materie geht«, so Aral.

Tatsächlich deuten die Forschungsarbeiten von Sinan Aral darauf hin, dass die Erkenntnisse Granovetters zur Stärke schwacher Bindungen ergänzungsbedürftig sind.[33] So wichtig schwache Bindungen auch sind – die wichtigste Quelle neuer Informationen sind bei den meisten Leuten nicht ihre schwachen Bindungen, sondern ihre starken. Denn die Häufigkeit und Intensität Ihrer Interaktionen mit Ihrer Sippe überwiegen den eher seltenen und oberflächlicheren Austausch mit Bekannten bei Weitem. »Nehmen wir an, Sie sprechen mit Ihrem besten Freund dreimal in der Woche, und mit einem alten Golffreund einmal im Jahr. Selbst wenn nur ein kleiner Anteil dessen, was Ihr Freund Ihnen erzählt, neu ist – unter dem Strich«, so Aral, »wird er trotzdem Ihre wichtigste Quelle für neue Informationen sein.«

Vielfalt und Bandbreite sind in diesem Zusammenhang gewissermaßen kommunizierende Röhren. Je größer die *Vielfalt* unserer sozialen Beziehungen, desto eingeschränkter die Zeit, die wir jedem dieser Kontakte widmen können, und desto geringer die *Bandbreite* an Informationen, die wir auf diese Weise erfahren. Das führt dazu, dass schwache Bindungen für andere Dinge gut sind als starke.

»Die effektivste Konstellation scheinen kleine, spezialisierte Teams mit starken internen Bindungen zu sein, deren Mitglieder jeweils ein großes und vielfältiges Netzwerk aus schwachen Bindungen haben – so hat man das Beste aus beiden Welten«, fügt Aral hinzu.

Dieses Wechselspiel zwischen starken und schwachen Bindungen prägt die ganze Geschichte des Unternehmens 4636. Auf einer Plattform wie Twitter zum Beispiel ist es unglaublich einfach, schwache Bindungen aufrechtzuerhalten, indem man ein passiver »Follower« von Leuten wird, die man nicht allzu gut kennt. Über diese Leute kann man dann bei Bedarf einen großen Pool von Menschen erreichen. Und genau so hat Josh Nesbit das Netzwerk genutzt, um Jean-Marc Castera von Digicel zu finden. Dass dieser Kontakt zustande kam, war ein Schlüsselmoment – einer von vielen –, ohne den das Projekt niemals so erfolgreich gewesen wäre.

Andererseits waren die Freiwilligen auch keine Gruppen von Unbekannten, die sich nie zuvor begegnet waren. Im Zentrum des Projekts standen kleine Teams, deren Mitglieder sich bereits kannten und vertrauten: kleine Teams, die von starken Bindungen dominiert wurden, wie die Sippe von Softwareentwicklern, von denen die eigentliche Plattform stammte.

Die wahre Stärke des Projekts 4636 lag darin, dass es Freiwilligen mit schwachen Bindungen zueinander ermöglichte, innerhalb kürzester Zeit zu engagierten Mitarbeitern mit starken Bindungen zu *werden*. Zwar kannten sich vorher nur wenige persönlich, aber durch das informelle Netzwerk war ein gewisses Grundvertrauen gegeben, auf dem sich aufbauen ließ. So wie William Ury hofft, die drei biblischen Religionen durch den Rückgriff auf Abrahams Geschichte an ihre gemeinsamen Wurzeln und Werte zu erinnern, so wurde durch die Offenheit des Unternehmens 4636 – sowohl hinsichtlich des Quellcodes von Ushahidi als auch im Hinblick auf die Arbeitsteilung bei der Kartierung – die Sippe der »offiziellen« Katastrophenhelfer internationaler bürokratischer Organisationen zu einem Schwarm von Freiwilligen aus der ganzen Welt ausgebaut. Wie Patrick Meiers Beschreibung des Freiwilligennetzwerks zeigt, konnte sich das Unternehmen 4636 »ausbreiten«, weil die Plattform es ermöglichte, Menschen mit einem Minimum an formeller »Autorität« für die Erledigung ganz konkreter, nützlicher Aufgaben zu rekrutieren.

Zugute kam all dem auch die Universität, ein auf Zusammenarbeit ausgelegtes Umfeld voller Menschen mit reichlich unstrukturierter Zeit, die sich vergleichsweise einfach persönlich verabreden und engagieren konnten.

Außerdem verfügte das Unternehmen 4636 über Führungspersönlichkeiten, die erwünschtes Verhalten – insbesondere das Engagement für ein gemeinsames Ziel – »vorlebten« und keinerlei Anstalten machten zu »defektieren«. Vorbilder wie Patrick Meier und Robert Munro gaben auch in den schwierigsten Momenten nicht auf. Sie scheuten vor Schwierigkeiten nicht zurück und ermutigten andere, es ihnen gleichzutun. Das Team von InSTEDD setzte sich unermüdlich (und weitgehend ungewürdigt) hinter den Kulissen für den Erfolg des Unternehmens ein. Indem er seine eigenen Interessen hintanstellte und seine eigene Technologie außen vor ließ, schuf Josh Nesbit Vertrauen und präsentierte sich als neutraler Kontaktvermittler.

Und schließlich hatten alle Helfer das Gefühl, dass die Plattform Wirkung entfaltete. Rückkopplungsschleifen motivierten das Team und vermittelten den Freiwilligen die Gewissheit, etwas zu bewegen. Je mehr sie sich einsetzten, desto größer die Wirkung, und je größer die Wirkung, desto stärker die Bereitschaft, sich einzusetzen. Nach ihrem dritten oder vierten Kartierungstag hatte eine freiwillige Helferin wie Roz Sewell nicht nur das Gefühl, dass sie gebraucht wurde, sondern dass sie im Rahmen des Hilfseinsatzes eine *entscheidende* Rolle spielte. Allerdings sollten wir uns davor hüten, das Unternehmen 4636 auf ein allzu hohes Podest zu stellen. Zwar handelte es sich um eine unglaublich erfolgreiche Gemeinschaftsaktion (weshalb wir sie hier so ausführlich beschrieben haben), doch hat sie in einigen wichtigen Punkten ihre Ziele auch verfehlt.

Erstens: Da das ganze System in Echtzeit aufgebaut wurde, gab es keine Möglichkeit, es mit anderen Systemen zu verschränken, mit deren Hilfe Katastropheneinsätze im großen Stil traditionell organisiert werden. Helfer, die in den ersten Tagen nach dem Erdbeben in Port-au-Price eintrafen, sahen sich mit einem nahezu vollständigen Informationsvakuum konfrontiert: Die grundlegenden Daten zur Beschreibung der Infrastruktur eines Landes, wie Straßen, Krankenhäuser, Schulen und Wasserversorgung, befanden sich überwiegend auf Computern, die nun von Schutt begraben waren. Viele Menschen, die über diese Dinge Bescheid wussten, sei es in der haitianischen Regierung, bei der UN oder in verschiedenen NGOs, waren tot oder wurden vermisst. Das Bildungsministerium zum Beispiel war dem Erdboden gleichgemacht, und damit gab es keine einzige Liste der Schulen mehr, in denen man Obdachlose hätte unterbringen können. In den ersten Stunden nach dem Beben waren die traditionellen Hilfsorganisationen fast ausschließlich damit beschäftigt, diese Daten zu finden oder zu rekonstruieren. Insofern gab es eine große Diskrepanz zwischen dem, was die traditionellen Hilfsorganisationen brauchten, und dem, was die Kartierer lieferten und in welcher Form sie es lieferten. Während ihnen auf der einen Seite die »üblichen« Daten fehlten, auf deren Grundlage sie ihre Einsätze normalerweise planen, waren die Hilfsorganisationen paradoxerweise auf der anderen Seite mit der Menge und dem Format der über die Nummer 4636 erhobenen Daten völlig überfordert – auf eine solche Datenflut waren sie nicht vorbereitet, und es gab keine klaren Vorgaben, wie sie damit umgehen sollten.

Eine andere Frage betraf die Authentizität der via SMS gesammelten Informationen. Wie verlässlich waren diese Berichte? Menschen in Notlage haben starke Anreize, möglichst laut Alarm zu schlagen – wie sollten die Kartierer und Helfer angesichts begrenzter Ressourcen einschätzen, ob die Berichte zutreffend waren? Vor Ort wurden die von Ushahidi erstellten Karten aus diesem Grund eher selten genutzt, um auf ganz bestimmte Hilferufe zu reagieren, sondern eher, um »Hotspots« herauszukristallisieren, an denen ein besonders großer Hilfsbedarf bestand.

Und schließlich war da die schlichte Frage der Größe. Die neuen, wendigen, innovativen Akteure waren winzige Organisationen, ja, einige konnte man kaum als Organisationen bezeichnen. Wenige von ihnen verfügten über die nötige Infrastruktur und die Ressourcen, um die Ergebnisse andernorts zu replizieren – manche konnten sich gerade eben die Pizza für die freiwilligen Helfer leisten. Einige Wochen nach dem Erdbeben in Haiti wurde Pakistan von einem noch viel heftigeren Beben erschüttert. Und doch kam es dort zu keiner Aktion, die mit dem Unternehmen 4636 vergleichbar gewesen wäre. Warum? Teilweise waren die Akteure einfach ausgelaugt und die besten von ihnen noch immer in Haiti engagiert. Auch die große Entfernung von Nordamerika spielte ein Rolle. Und es kam noch etwas Grundlegenderes hinzu: Haiti war für viele junge, kleinere Organisationen eine Gelegenheit gewesen, sich ihren Geldgebern zu beweisen. Wer was beigetragen hatte und wie wichtig die einzelnen Bausteine gewesen waren, war jedoch schwer zu sagen. Manche Organisationen wurden in ihrem Beitrag über-, andere unterschätzt, und Letztere reagierten entsprechend gekränkt. In einem solchen Bereich, der von der Kooperation aller Beteiligten lebt und in ständiger Bewegung ist, erscheint es umso wichtiger, den Beitrag aller Beteiligten angemessen zu würdigen.

Trotz dieser Einschränkungen kann es jedoch keinen Zweifel geben, dass das Unternehmen 4636 ein großer Erfolg war. Zum ersten Mal hat in Haiti eine weltumspannende Gemeinschaft aus freiwilligen Technikexperten, betroffenen Bürgern und engagierten Emigranten einen entscheidenden Beitrag geleistet, um die Folgen einer Naturkatastrophe zu mildern. Viele Fehler waren unvermeidbare Nebenprodukte eines innovativen Ansatzes und werden beim nächsten Mal zu Verbesserungen und einem angepassten Vorgehen führen.

Aus diesen Erfahrungen lassen sich aber auch Lehren für andere Bereiche ziehen. Kehren wir daher ein letztes Mal an den Verhandlungstisch in der Liberty Street 33 zurück. An jenem Wochenende stand für die Banker viel auf dem Spiel, und das unterschwellige Gefühl des »die gegen uns« war allgegenwärtig. Was wäre wohl geschehen, wenn die Struktur der Verhandlungen Raum für eine umfassende, gemeinschaftliche, innovative Reaktion im Sinne der »dritten Seite« oder des Unternehmens 4636 geschaffen hätte? Wäre es gelungen, ein breiteres Spektrum an Verhandlungsteilnehmern zu rekrutieren – und die Sippe durch Kooperationsprozesse und technologische Plattformen zu vergrößern –, so hätte das, wie wir im folgenden Kapitel sehen werden, nicht nur die moralische Stoßrichtung der Diskussion verändern, sondern den um den Tisch versammelten Bankern völlig neue Denkrichtungen eröffnen können.

6. Kognitive Vielfalt

Im frühen 20. Jahrhundert tauchten auf den Straßen in England die ersten pferdelosen Kutschen mit Verbrennungsmotoren auf. Dadurch entstand ein völlig neuer Bereich, in dem es staatlichen Regelungsbedarf gab: die Verkehrssicherheit. Es existierten weder Straßenschilder noch eindeutige Verkehrsregeln. Vor allem aber waren die Straßen gar nicht für Automobile ausgelegt. Um diesem Missstand abzuhelfen, gründeten engagierte Leute einen Automobilclub, die Motor Union of Great Britain and Ireland. Diese tat sich mit dem Vorschlag hervor, alle Besitzer von Grundstücken, die an Straßen grenzten, sollten ihre Hecken zurückstutzen, um bessere Sichtverhältnisse für Autofahrer zu schaffen.

Daraufhin erschien am 13. Juli 1908 in der *Times* folgender Leserbrief, eilends hingeworfen von einem wütenden Gentleman mit Namen Colonel Willoughby Verner:[1]

Sehr geehrter Herr,
bevor Ihre Leser dem Vorschlag des Präsidenten des Automobilclubs Folge leisten und ihre Hecken stutzen, interessiert es sie vielleicht, meine eigenen Erfahrungen damit zu hören. Vor vier Jahren habe ich meine Hecken und Sträucher bis 30 Meter vor der gefährlichen Kreuzung in unserem Weiler auf 1,20 Meter zurückgeschnitten. Das hatte zweierlei zur Folge: Mein Garten wurde im darauffolgenden Sommer von schnell

fahrenden Autos völlig eingestaubt, und die durchschnittliche Geschwindigkeit der vorbeifahrenden Autos erhöhte sich beträchtlich. Doch damit nicht genug – als die von der Polizei angehaltenen Übeltäter sich darauf beriefen, dass es »vollkommen gefahrlos« sei, so schnell zu fahren, da sie »an der Ecke sehr gut sehen« könnten, da wusste ich, dass ich einen Fehler begangen hatte.

Seither habe ich meine Hecken und Sträucher wachsen lassen und durch das Anpflanzen von Rosen und Hopfen eine 2,5 bis 3 Meter hohe Schutzwand errichtet, die den Garten zu einem gewissen Grad gegen den Staub abschirmt und die Geschwindigkeit der vorüberfahrenden Autos auf ein vernünftiges Maß drosselt. Es kann nämlich keinerlei Zweifel daran bestehen, dass zahlreiche Autofahrer sich nur durch die Sorge um ihre eigene Sicherheit dazu bewegen lassen, sich einer Kreuzung mit angemessener Geschwindigkeit zu nähern.

Für die Allgemeinheit ist es daher von großem Vorteil, diese Einstellung zu fördern, so wie ich es nunmehr tue. Das Zurückschneiden von Hecken schafft einen direkten Anreiz, rücksichtslos zu fahren.

Ihr ergebener Diener
Willoughby Verner

Werden Verbesserungen im Sicherheitsbereich grundsätzlich durch Leistungssteigerungen aufgefressen? Sind Menschen von Natur aus darauf gepolt, aus jedem System das Beste für sich herauszuholen? Ingenieure arbeiten permanent daran, unsere Gesellschaft sicherer zu machen, doch paradoxerweise sind es oft gerade die technischen Innovationen, die uns näher an den Rand des Abgrunds bringen.

Im Jahr 1815 erfand Sir Humphry Davy, der Präsident der Royal Society, die sogenannte Davy'sche Sicherheitslampe, eine Grubenlampe, die als eine der wichtigsten Errungenschaften auf dem Weg zu mehr Sicherheit im Bergbau gilt. Als die Lampe jedoch in den englischen Bergwerken Verbreitung fand, nahm die Zahl der Explosionen und Unfallopfer nicht ab, sondern sogar zu.[2] Wie war das möglich?

Wie sich herausstellte, lag die Betriebstemperatur der Lampe unterhalb der Zündtemperatur von Methan. Dadurch ermöglichte sie das Vordringen in immer gefährlichere Grubenbereiche mit methanreicher Luft. Was dazu dienen sollte, die Sicherheit zu erhöhen, führte letztlich nur dazu, dass das System anfälliger für Katastrophen wurde. Diese Tendenz, sicherheitsfördernde Kontrollmechanismen nach und nach abzubauen, lässt sich bei vielen stabilen, aber anfälligen Systemen beobachten, nicht zuletzt im gesellschaftlichen Bereich.

Sam Peltzman, ein Ökonom an der University of Chicago, analysierte 1975 alle staatlichen Sicherheitsstandards, die Ende der 1960er Jahre im Automobilbereich Einzug gehalten hatten.[3] Er kam zu dem Schluss, dass solche Standards zwar die Sicherheit der Fahrzeuginsassen erhöhten, gleichzeitig jedoch zu mehr Todesfällen bei Fußgängern, Fahrradfahrern und den Fahrern weniger sicherer Autos führten. John Adams, Geografieprofessor am University College London, befasst sich seit mehr als 20 Jahren mit dem Thema Risiko. Im Jahr 1981 hat er eine viel beachtete Studie über die Auswirkungen der Gurtpflicht auf die Zahl der Verkehrstoten veröffentlicht.[4]

»Ein Land nach dem anderen führte die Gurtpflicht ein, aber warum blieb der erhoffte Rückgang bei den Unfallopfern aus?«, so Adams in einem seiner zahlreichen Aufsätze zum Thema Risiko. »Maßnahmen, die Fahrer vor den Konsequenzen ihrer Fahrfehler schützen, haben offenbar mehr Fahrfehler zur Folge. Die eingeführte Gurtpflicht hatte hauptsächlich eine Verlagerung des Risikos bewirkt, weg von denen, die in ihren Autos ohnehin am sichersten sind, und hin zu besonders gefährdeten Verkehrsteilnehmern wie Fußgängern und Radfahrern.«[5]

John Adams begann diese der Intuition widersprechenden Ergebnisse unter dem Konzept der »Risikokompensation« zu subsumieren, und immer mehr Verhaltens- und Risikoforscher folgten seinem Beispiel. Dahinter verbirgt sich die Vorstellung, dass Menschen eine angeborene Risikotoleranz haben. Je sicherer die Autos und Straßen werden, desto unvorsichtiger und risikobereiter werden die Autofahrer. Wer sich sicherer fühlt, neigt eher zu einem rücksichtslosen Fahrstil. Dieses Phänomen lässt sich in allen Lebensbereichen beobachten. Kinder, die beim Spielen Schutzkleidung tragen, gehen höhere Risiken ein.[6] Die Gesundheitsbehörden haben festgestellt, dass bessere Behandlungsmöglichkeiten für AIDS-Patienten zu immer riskanterem Sexualverhalten geführt haben.[7] Der Bergwacht zufolge steigt bei Wanderern die Risikobereitschaft, wenn sie das Gefühl haben, dass Rettungskräfte sie problemlos erreichen können.[8] Am treffendsten hat es wohl der berühmte Fallschirmspringer Bill Booth formuliert: »Je sicherer die Fallschirme werden, desto höhere Risiken gehen die Fallschirmspringer ein, damit die Zahl der tödlichen Unfälle konstant bleibt.«[9]

Unter Sozialwissenschaftlern ist die Idee der Risikokompensation weitgehend unumstritten. Gerald Wilde hat die Theorie von der Existenz von Risikoschwellen in seinem Modell von 1976 jedoch noch einen Schritt weiterentwickelt. In Zusammenarbeit mit John Adams postulierte Wilde, dass Menschen ständig Risiken, Sicherheit und Belohnung gegeneinander abwägen, ähnlich wie ein Thermostat.[10] Wie dieses Thermostat eingestellt ist, variiert von Mensch zu Mensch, von Gruppe zu Gruppe und von Kultur zu Kultur. »Manche mögen's heiß«, erläutert Adams, »wie zum Beispiel Kampfpiloten oder Formel-1-Fahrer. Andere mögen es eher kühl. Das sind die Menschen, die als Angsthasen oder als die

Besonnenheit in Person gelten. Aber niemand wünscht sich null Risiko.«[11] Wilde nennt seinen Ansatz die Theorie der »Risikohomöostase«: Jeder Mensch gewöhnt sich an ein akzeptables Risikolevel – eine bestimmte »Risikotemperatur«. Wenn sich das Risiko in einem Lebensbereich reduziert, so wird er, bewusst oder unbewusst, andere Risiken erhöhen, bis die »Risikotemperatur« wieder im bevorzugten Bereich liegt. Verpflichtet man Autofahrer, sich anzuschnallen, so fahren sie Studien zufolge schneller, starten gefährlichere Überholmanöver, schminken sich im Auto und so weiter – alles, um im bevorzugten Temperaturbereich zu bleiben. Unter dem Strich »investieren« Autofahrer die zusätzliche Sicherheit, die ihnen aufgedrängt wird, durch Änderung ihrer Fahrweise in andere Dinge, die ihnen wünschenswert erscheinen.

In der Biologie ist das Konzept der Homöostase seit Langem eingeführt. Unabhängig von Schwankungen der Außentemperatur hält unser Körper eine Körperkerntemperatur von ungefähr 37 Grad Celsius aufrecht. Steigt die Außentemperatur, so können wir uns darauf verlassen, dass unser Körper Schweiß absondert, um abzukühlen. Solche Regulierungsmechanismen sind ein zentraler Bestandteil aller lebenden Systeme. Wenn der Glukosespiegel im Gehirn unter ein bestimmtes Mindestniveau sinkt, springt die Leber an und schüttet Glukose aus, das über die Blutbahn ins Gehirn transportiert wird und die Homöostase des ganzen Systems sichert.

Studien zufolge ist das Phänomen der Homöostase sogar bei ganzen Populationen zu beobachten. In Käfigen gehaltene Mäuse vermehren sich nicht beliebig, obwohl reichlich Futter vorhanden ist und sie keinerlei Feinde fürchten müssen. Ist ein bestimmtes Populationsoptimum erreicht, kommt es bei den Weibchen seltener zu Eisprüngen, und die Reproduktionsrate sinkt. Auch bei in Aquarien gehaltenen Guppys lässt sich eine solche Homöostase feststellen, nur dass das Anwachsen der Population hier dadurch begrenzt wird, dass der Nachwuchs gleich nach der Geburt dem Kannibalismus zum Opfer fällt.

Über ähnliche Rückkopplungsschleifen funktioniert auch die Risikohomöostase. Ein ebenso einfaches wie anschauliches Beispiel für Homöostase ist ein Heizkörper mit Thermostat. Sinkt die Temperatur im Zimmer unter das eingestellte Niveau, so lässt das Thermostat mehr heißes Wasser durch den Heizkörper strömen. Dadurch steigt nach und nach die Temperatur. Ist die ideale Temperatur erreicht, so schaltet der Heizkörper ab. Sobald die Raumluft erneut abkühlt, beginnt der ganze Zyklus wieder von vorn.

Das gleiche Wechselspiel ist laut Wilde am Werk, wenn unser »Risikothermostat« über eine Rückkopplungsschleife dafür sorgt, dass wir unser Verhalten unserer Umgebung anpassen. Die meisten Autofahrer drosseln ihre Geschwindigkeit, wenn es schneit. Die meisten Frauen und manche Männer überlegen es sich zweimal, ob sie in einem unbekannten Viertel in eine dunkle Gasse einbiegen. Ist der Boden rutschig, so gehen wir vorsichtiger. All das sagt uns der gesunde Menschenverstand.

Weniger intuitiv einleuchtend ist riskantes Verhalten, das über eine Rückkopplungsschleife auf Maßnahmen folgt, die eigentlich zur Erhöhung der Sicherheit beitragen sollen. In einer auf drei Jahre angelegten Studie zu Taxis in München stellten Wissenschaftler fest, dass Taxis mit Antiblockiersystem etwas *häufiger* in Unfälle verwickelt waren als Taxis ohne. Ein noch beunruhigenderes Ergebnis lieferten die in den Taxis installierten Beschleunigungsmesser: Die Taxifahrer mit den sichereren Autos beschleunigten schneller und bremsten abrupter.[12]

Das vielleicht tückischste Beispiel für diesen Effekt ist die vielzitierte Studie von Kip Viscusi von der Duke University zur staatlich verordneten Einführung von Sicherheitsverschlüssen für Döschen mit Aspirin-Tabletten:

Sehr viel überraschender war, wie sich nach Einführung der Sicherheitsverschlüsse die Zahl der Vergiftungen entwickelte. Bei den Produkten mit Sicherheitsverschluss kam es nicht seltener zu Vergiftungen als bei anderen. Teilweise lässt sich das vermutlich auf einen Anstieg verantwortungslosen Verhaltens bei den Eltern zurückführen, die häufiger vergaßen, die Döschen zu schließen. Gleichzeitig führte diese trügerische Sicherheit zu einem Anstieg der Vergiftungen mit verwandten Produkten, die über keine Sicherheitsverschlüsse verfügten.[13]

Unser Bedürfnis nach Risiko vergleicht Wilde mit einem Flussdelta. Teilt sich ein Fluss an seiner Mündung in drei Arme, so kann man nicht einfach zwei davon zuschütten und den Strom des Wassers zum Versiegen bringen. Vielmehr wird das Wasser den verbleibenden Arm verbreitern oder sich ganz neue Wege suchen. Genauso verhält es sich mit unserer Risikobereitschaft, so Wilde. Werde ein riskantes Hobby wie Fallschirmspringen verboten, so würden sich all die Fallschirmspringer kaum aufs Körbchenflechten verlegen, sondern sich neue riskante Freizeitbeschäftigungen einfallen lassen, bis ihr »Risikothermostat« wieder das bevorzugte Level anzeige.

Könnte es sein, dass die Theorie Gerald Wildes nicht nur auf individuelle Entscheidungen zutrifft, sondern auf die Kultur ganzer Gruppen oder Unternehmen?

Risikokulturen

Die Folgen der Explosion der BP-Ölplattform »Deepwater Horizon« am 20. April 2010, bei der 11 Menschen ums Leben kamen, sind mittlerweile gut dokumentiert. Es war die größte von Menschen verursachte Umweltkatastrophe in der Geschichte der USA.

Weniger Beachtung fand, zumindest zum damaligen Zeitpunkt, dass dieses Desaster bei BP beileibe kein Einzelfall war. In den zehn Jahren vor der Ölkatastrophe im Golf von Mexiko hatte die Firma etwa alle zwei Jahre einen schweren Unfall zu verzeichnen. 2003 strömte unter einer BP-Ölbohrinsel in der Nordsee so viel Gas aus, dass die Plattform beinahe explodierte. 2005 kam es in einer BP-Raffinerie in Texas City zu einer Explosion, bei der 15 Arbeiter starben. 2006 liefen aus einem Leck in einer BP-Pipeline in Alaska 750 000 Liter Rohöl aus.

Carolyn Merritt, Vorsitzende des für Chemieunfälle zuständigen US Chemical Safety Board, die 2007 die Untersuchung der Explosion in Texas City leitete, sagte: »Als wir den Vorfall untersuchten, waren wir völlig entsetzt, dass es bei BP eine solche [Sicherheits-]Kultur geben konnte.«[14]

Nach einem Sexskandal wurde der übermächtige CEO von BP, Lord John Browne, noch im gleichen Jahr abgelöst. In den zehn Jahren seiner Amtszeit hatte Browne sich den Ruf erworben, zugunsten großer Geschäfte das Alltagsgeschäft – und die Sicherheit – zu vernachlässigen. Sein Nachfolger Tony Hayward stellte fest, dass BP in der Praxis »eigenen Standards und gesetzlichen Anforderungen« nicht gerecht werde, und gelobte, sich auf die Unfallbilanz des Unternehmens zu konzentrieren »wie ein Laser«.

Leider stellte sich heraus, dass die Kultur von BP gegen den Laserstrahl Haywards immun war.[15] Im Jahr 2009, zwei Jahre nach dessen Amtsantritt, dokumentierte die US-Behörde für Arbeitssicherheit in ebenjener Raffinerie in Texas City, in der sich 2005 die tödliche Explosion ereignet hatte, mehr als 700 Gesetzesverstöße. Die Behörde brummte BP ein Bußgeld in Höhe von 87,4 Millionen Dollar auf, viermal so viel wie für den Unfall von 2005. Auch bei den BP-Aktivitäten in Alaska kam es in dieser Zeit immer wieder zu gefährlichen Situationen.

Derartige Bußgelder und Ermahnungen machten auf das Unternehmen wenig Eindruck. Die Unternehmensführung sah darin zusehends einen Preis, der sich kaum vermeiden ließ, wenn man auf dem hart umkämpften Markt der weltweiten Energiegewinnung expandieren wollte. So war es nur konsequent, dass riskante Entscheidungen bei BP zum zentralen Bestandteil technischer und wirtschaftlicher Planungen avancierten und bewährte Vorgehensweisen durch sparsamere ersetzt wurden.

Am Tag des Unfalls auf der Deepwater Horizon beschloss BP zum Beispiel, den schweren Bohrschlamm gegen leichteres Meerwasser zu tauschen. Dadurch sollte ein Prozess beschleunigt werden, der dem Zeitplan hinterherhinkte und mit 750 000 Dollar pro Tag zu Buche schlug. Das Verfahren war jedoch noch nie getestet worden, und einige Arbeiter auf der Plattform, darunter der oberste Bohringenieur Dewey Revette, äußerten schwere Bedenken.[16] Ihre Warnungen wurden ignoriert. Genau wie die Arbeiter befürchtet hatten, übte das leichtere Material nicht genügend Druck auf das Bohrloch aus, um das Ausströmen von Gas zu verhindern. Die Explosion war die direkte Folge dieser Fehleinschätzung. Revette und zehn weitere Arbeiter starben.

Jahrelang war es bei BP ein offenes Geheimnis, berichten Überlebende der Katastrophe und andere ehemalige Mitarbeiter, dass jeder, der Sicherheitsbedenken äußerte, seine Entlassung riskierte. Oberon Houston, der früher als stellvertretender Leiter einer BP-Plattform in der Nordsee tätig war, schreibt in einem Blogeintrag: »Das Management von BP legte extrem viel Wert auf leicht zu lösende Sicherheitsfragen wie das Festhalten an Geländern. Es wurde stundenlang darüber diskutiert, welche Vorteile es hat, rückwärts einzuparken, und welche Gefahren es mit sich bringt, eine Kaffeetasse ohne Deckel zu benutzen. Für schwierigere Fragen, wenn es darum ging, in ihre komplexen Anlagen zu investieren und sie zu warten, hatten die weniger übrig.«

»Der ständigen Fixierung auf die Kosten und dem unbestrittenen Geschäftssinn«, so Oberon weiter, »stand nicht der entsprechende Sachverstand gegenüber, wenn es um den tagtäglichen Kleinkram ging. Die Geschäftsführung hatte stets ein offenes Ohr für die Marktstrategen, die wenig über die technischen Details des Ölgeschäftes wussten, immer nur die Quartalszahlen im Auge hatten und die Manager in ihrem unablässigen Streben nach Kosteneinsparungen anspornten. In der Folge war die Spitze des Unternehmens chronisch auf kurzfristige Gewinne fixiert.«[17]

Die Explosion der Ölplattform Deepwater Horizon veranschaulicht wie kein anderes Ereignis, welche zentrale Rolle der Risikokultur für die Erhöhung oder Begrenzung von Risiken und für die Stärkung oder Schwächung der Resilienz eines Unternehmens zukommt – und das gilt nicht nur in der Welt der Tiefseebohrungen. In einer Umfrage der Unternehmensberatung KPMG unter 500 Bankmanagern aus dem Jahr 2009 bezeichnete beispielsweise fast die Hälfte (48 Prozent) der Befragten die Risikokultur von Finanzunternehmen als eine der zentralen Ursachen der Finanzkrise. Mehr als die Hälfte (58 Prozent) der dabei befragten Vorstandsmitglieder und internen Rechnungsprüfer gaben an, die Angestellten ihrer Firma wüssten wenig oder nichts darüber, wie man Risiken überhaupt einschätzt.[18]

Wenn es an gegenläufigen internen Signalen mangelt, etabliert sich automatisch ein bestimmtes Risikolevel, und das Spektrum der Denkweisen verengt sich zusehends. Wer für die vorherrschenden Einstellungen und Werte eintritt, wird belohnt und befördert. Wer andere Normen befürwortet, wird nicht selten systematisch torpediert und aus der Firma gedrängt. Jedes Mal, wenn das geschieht, wird an alle, die bleiben, eine eindringliche Botschaft ausgesandt: *Es ist nicht zu ändern. So läuft das hier nun mal. Wenn du Erfolg haben willst, musst du so denken und handeln.* Denken Sie zurück an Geoffrey West und seine These, dass die

Dynamik von Städten auf ihrer Vielfalt beruht und auf den »Verrückten«, die dort wohnen. Ohne diese »Verrückten« (Menschen, die sich zu widersprechen trauen) wird ein System anfällig. Was kann man tun, um der daraus resultierenden allgemeinen Kurzsichtigkeit zu begegnen? Ein Weg, den das US-Militär derzeit beschreitet, ist der Aufbau eines Korps aus professionellen Skeptikern.

Die Red Team University

Fort Leavenworth im Bundesstaat Kansas ist der älteste Armeestützpunkt westlich des Mississippi. Der bis ins Jahr 1827 zurückreichenden Geschichte entspricht die prächtige Architektur. Viele der Gebäude könnten ebenso gut auf dem Campus einer altehrwürdigen Ostküsten-Universität stehen. In Wirklichkeit beherbergen sie jedoch eine höchst visionäre Bildungseinrichtung, die University of Foreign Military and Cultural Studies, besser bekannt unter ihrem Spitznamen »Red Team University«.

Gegründet wurde diese Universität 2004 von einem Team unter der Leitung von Colonel a. D. Greg Fontenot. Das Ziel war und ist, Soldaten zu professionellen *Advocati Diaboli* auszubilden, die kritisches Denken mit aufs Schlachtfeld bringen und befehlshabenden Offizieren dabei helfen, Gefahren wie übersteigertes Selbstbewusstsein, strategische Fehleinschätzungen und »Gruppendenken« zu vermeiden.

Der Begriff »Groupthink« geht auf Irving Janis zurück, der damit 1972 Fiaskos wie die Invasion der Schweinebucht beschrieb. »Gruppendenken« ist eine Fehlentwicklung, die innerhalb von eng verbundenen Gruppen auftreten kann, für deren Funktionieren der soziale Zusammenhalt unerlässlich ist – eine nahezu perfekte Tätigkeitsbeschreibung für eine Einheit von Soldaten im

Kampfeinsatz. Zu ihren Kennzeichen gehören die bei wichtigen Entscheidungsträgern ausgeprägte Illusion der *Unverwundbarkeit*, der Glaube an die *Moralität* des eigenen Handelns, die *Stereotypisierung* von allen, die nicht mit der Sichtweise der Gruppe übereinstimmen, sowie allzu grob *vereinfachende* moralische Leitsätze, die einer tiefergehenden rationalen Analyse entgegenwirken. Selbsternannte »Denkpolizisten« verhindern, dass anderslautende Meinungen überhaupt geäußert werden, und üben erheblichen Druck auf Andersdenkende aus. Das erzeugt eine Illusion der Einmütigkeit, obwohl es unter der Oberfläche brodelt. Ein solches kulturelles und kognitives Inseldenken kann Soldaten das Leben kosten und Kriege unnötig verlängern. Fontenot und seine Leute betrachten es als ihre Mission, diesem Denken den Garaus zu machen.

Fontenot ist ein glatzköpfiger Mann mit Sonnenbrille und einer Schwäche für Zigarren. Sein durchdringender, kühler Blick deutet an, dass er in letzter Zeit wichtigere Dinge zu tun hatte, als Interviews zu geben. Äußerlich entspricht er ganz dem Klischeebild eines fronterfahrenen Panzerkommandanten, der er ja auch fast 30 Jahre lang gewesen ist. Aber wenn er den Mund aufmacht und seinen Südstaatenakzent hören lässt, spricht er über militärische Strategien gegen »asymmetrische« Bedrohungen wie al-Qaida ebenso kenntnisreich wie über Jung'schen Archetypen entsprechende Herrscher in Nordkorea oder kulturell aufschlussreiche Konzepte der chinesischen Philosophie. Schließlich hat dieser Mann einmal Geschichte an der Militärakademie in West Point gelehrt.

Im Lauf seiner langen Karriere als Soldat hat er sämtliche militärischen Konflikte, die seit dem Ende des Kalten Krieges von den USA geführt wurden, aus nächster Nähe miterlebt. Mit den Zielen, für die die militärische Schlagkraft der Vereinigten Staaten zusehends eingesetzt wurde, ist er ebenso vertraut wie mit dem schleichenden Gift des Gruppendenkens. Das von ihm kommandierte Bataillon gehörte zu den ersten, die im Golfkrieg von 1991 die »Saddam-Linie« durchbrachen. Später befehligte er die erste Brigade, die in Bosnien einmarschierte. Auf das, was ihn dort erwartete, war er allerdings völlig unvorbereitet.

»Ich hatte mich intensiv mit dem Ersten Weltkrieg auseinandergesetzt und konnte es deshalb kaum erwarten, nach Bosnien zu gehen. Als ich dort ankam, musste ich jedoch feststellen, dass wir keine Ahnung hatten, in welchem Umfeld wir da agierten. Die Menschen brachten sich gegenseitig um, aber die Gründe dafür kannten nur sie selbst. Für uns war das alles ein einziges Rätsel. Für uns sahen alle gleich aus, und wir hatten nicht die geringste Ahnung, welches Bild sie von uns hatten. Das hat mich Demut gelehrt. Als wir reingingen, dachte ich, dass ich einiges über das Land wüsste. Mir wurde schnell klar, dass ich gar nichts wusste.«

Fontenot sah, wie die Einheiten mangels kulturellem Wissen im Einsatz weitgehend im Dunkeln tappten. Im Zweifelsfall griffen sie auf das zurück, was sie gelernt hatten. Doch ihre routinemäßigen Vorgehens- und Sichtweisen waren für das Umfeld, in dem sie sich bewegten, nicht immer gut geeignet. Es erinnerte an die im zweiten Kapitel vorgestellten Prophezeiungen Arquillas zur Natur zukünftiger Kriege: Soldaten, die dafür ausgebildet waren zu zerstören und zu töten, sollten plötzlich versuchen, in einem Konflikt zu schlichten, oder zumindest verhindern, dass alles noch schlimmer wurde.

»In einer solchen Situation dreht sich alles um die Kultur«, so Fontenot. »Es genügt nicht zu wissen, über welche Fähigkeiten die Kriegsparteien verfügen. Man muss verstehen, wie sie *ticken*. Der Balkan ist schon immer eine problematische Region gewesen. Die Feindseligkeiten haben tiefe Wurzeln und sind für Außenstehende weitgehend unüberschaubar. Unsere Truppen verfügten über die richtige Hardware, aber ohne die richtige kulturelle Software steigt die Wahrscheinlichkeit enorm, dass etwas falsch interpretiert wird. Was von der einen Seite als Akt der Abschreckung gedacht ist, nimmt die andere als kriegerischen Akt wahr.«

Um gegen Überraschungen im Einsatz gewappnet zu sein, ist es in allen Armeen der Welt üblich, übungshalber Krieg zu spielen. In einer solchen Simulation eines echten Konflikts bekommen die »Guten« die Farbe Blau und der »Feind« die Farbe Rot. Das blaue Team entwirft Pläne für die Übung, während das rote Team entweder versucht, eine Position zu verteidigen oder die Pläne der Blauen zu durchkreuzen. Der Wert derartiger Übungen ist begrenzt, zumal sich das ganze Spiel in der Regel an den Plänen der Blauen orientiert, während die Roten keine Möglichkeit haben, ihre Strategie zu ändern oder die Taktik der Blauen zu beeinflussen. Immerhin kann eine Armee im Rahmen einer solchen Übung durchspielen, wie Feinde, Zivilisten und Verbündete – die »Anderen« auf dem Schlachtfeld – in einer hypothetischen Situation reagieren könnten. In einer Zeit, die von immer komplexeren, niederschwelligen, zwischen Koalitionen ausgetragenen Konflikten, Antiterroreinsätzen und Kämpfen gegen Aufständische geprägt ist, kommt solchen Erkenntnissen eine immer größere Bedeutung zu.

Fontenot wollte den Ansatz, sich in die anderen Parteien hineinzuversetzen, deutlich weiterentwickeln, aus dem Kontext der Simulation herausholen und auf reale Einheiten in echten Kampf- und Friedenseinsätzen übertragen. Mit diesem Ziel wurde 2004 die Red Team University gegründet, und mittlerweile sind fast 300 Absolventen überall auf der Welt im Einsatz.

Der 18-wöchige Kurs an der Red Team University bietet einen intensiven, bewusst eklektischen Überblick über lose miteinander in Beziehung stehende Ideen aus unterschiedlichsten Bereichen, von der Militärtheorie über Verhandlungsstrategien und Geschäftsprozessmodellierung bis hin zu Terrorabwehr und Aufstandsbekämpfung, gespickt mit Fallstudien und einer ordentlichen Dosis Anthropologie.

Der Lehrplan wird von den Dozenten um Fontenot kontinuierlich weiterentwickelt. Er beinhaltet eine Mischung aus bekannten Büchern über kreatives Denken und Verhaltensökonomie, detaillierten strategischen Analysen aktueller Problembereiche wie dem Irak, dem Iran, dem Nahen Osten, Terrornetzwerken und Nordkorea sowie weniger bekannte philosophische und kulturkritische Schriften. Ein gutes Beispiel ist das Buch *Über die Wirksamkeit* des französischen Sinologen François Jullien.[19] Darin beschäftigt sich Jullien mit dem chinesischen Konzept des *Shi*, einem Begriff, der im chinesischen Denken eine zentrale Rolle spielt, nicht nur in der Militärtheorie. Das Bedeutungsspektrum von *Shi* reicht von Aspekten der Macht bis hin zu Beziehungen und Verhältnissen. Jullien übersetzt den Begriff mit »Potenzial«: eine Tendenz, die sich in einer bestimmten Situation entfaltet wie eine aufgehende Saat. Bricht sich das Potenzial einer Situation Bahn, so gibt es nichts, was diesen Prozess aufhalten kann, bis die Situation ein neues Gleichgewicht gefunden hat. Ein großes Ungleichgewicht der Macht beinhaltet nach chinesischer Sichtweise also das Potenzial, eine völlige Verschiebung des Gleichgewichts auszulösen. Wenn man das Potenzial der Akteure auf einem Schlachtfeld kennt und berücksichtigt, kann man diese Energie aufgreifen und sich zunutze machen. Möglicherweise kann man so einen Konflikt vermeiden und trotzdem das gewünschte Ziel erreichen.

Wie viele andere an der Red Team University behandelten Konzepte erfordert die Auseinandersetzung mit der Idee des *Shi*, sich auf andere Kulturen und Denkweisen einzulassen, in diesem Fall weg von Arsenalen und Angriffszielen – den Standardeinheiten militärischer Schlagkraft – und hin zu Energieflüssen und Beziehungen. Für die meisten der teilnehmenden Offiziere sind das völlig neue Denkansätze.

Der breite konzeptionelle Ansatz ist für viele uniformierte Offiziere eine willkommene Abwechslung zu den engstirnigen Lerninhalten und Vorträgen, die sie gewohnt sind. Dem ungeachtet ist das Pensum erheblich: Im Durchschnitt müssen sich die Teilnehmer jeden Abend durch 250 Seiten Lesestoff und Analysen kämpfen. Das Programm soll die Red-Team-Absolventen dazu ermutigen, um die Ecke zu denken, eigene Sichtweisen und Vorurteile in Zweifel zu ziehen und Kommandanten im Einsatz hartnäckig Fragen zu stellen, damit diese durchschauen können, wie sie aufgrund ihrer kulturellen Prägung Koalitionspartner der USA, Gegner und andere wahrnehmen beziehungsweise wie sie von diesen wahrgenommen werden. »Unser Ziel ist, sie dabei zu unterstützen«, so Fontenot, »sich aus den Konventionen des westlichen militärischen Denkens zu lösen, damit sie wiederum anderen neue Perspektiven eröffnen können.«

In einem Kursraum neue Bezüge herzustellen ist das eine – mit Kommandanten im Einsatz zusammenzuarbeiten etwas anderes. Die Absolventen werden darauf vorbereitet, dass sie draußen im Einsatz anfänglich mit Skepsis gegenüber dem Ansatz der Red Team University rechnen müssen. Bisweilen sind die Reaktionen regelrecht feindselig. »Teilweise gehen diese Widerstände auf die traditionellen Führungsstrukturen zurück, und manchmal sind sie einfach eine Folge davon, dass die Leute extrem hart arbeiten und es nicht schaffen, Abstand zu gewinnen und das große Ganze zu sehen«, sagt Steve Hall, ein Absolvent des Programms. »Die oberen Etagen, die wollen das, aber bei den Leuten vor Ort stoßen wir oft auf Widerstand. Die sagen: ›Ich brauch niemanden, der mir über die Schulter schaut.‹«

Ein großer Teil des Lehrplans an der Red Team University ist daher der Frage gewidmet, wie man Soldaten im Feld für neue Ideen gewinnt. »Unser Job ist nicht, die Kommandanten zu kritisieren, sondern ihnen dabei zu helfen, effektiver zu denken und Sichtweisen und Möglichkeiten in ihre Überlegungen einzubeziehen, die sie normalerweise ausblenden«, fügt Hall hinzu. Wie alle Red-Team-Absolventen hat er gelernt, Probleme zu thematisieren, aber auch rechtzeitig den Rückzug anzutreten, wenn die Debatte zu hitzig wird. Ein allzu hartnäckiges Insistieren kann in einer Gruppe lähmende Unentschlossenheit auslösen – und damit das Gegenteil dessen bewirken, worauf es Red-Team-Leuten ankommt. »Wir konzentrieren uns auf die Psychologie der positiven Verstärkung, auf Vorschläge und respektvolles Infragestellen. Man muss lernen, wie man seinem Boss etwas schmackhaft macht.« Im Rahmen des Programms analysieren die Offiziere Filmszenen, etwa die Taktik des von Robert Duvall verkörperten Consigliere in »Der Pate«. Dabei sammeln sie Ideen, wie man Vorgesetzten erfolgreich Dinge nahebringt, die außerhalb ihres Wahrnehmungsbereiches liegen.

Der Ansatz der Red Team University, so Hall, sei in unserer Zeit umso wertvoller, als ein Großteil der Ausbildung heutiger Offiziere auf ganz andere Formen der militärischen Auseinandersetzung ausgerichtet gewesen sei: »Ich wurde dafür ausgebildet, Cobra-Hubschrauber zu fliegen. Uns wurde beigebracht, in Kategorien zu denken, die von einem Konflikt mit der Sowjetunion ausgingen. Wir lernten, langsam, möglichst tief und nachts zu fliegen, um nicht vom Radar erfasst zu werden. Und wir waren auf der Hut vor Panzern. Heute, im Irak, ist das alles irrelevant. Man fliegt am helllichten Tag, es gibt kein Radar, vor dem man sich verstecken müsste, und man muss sich vor Kalaschnikows in Acht nehmen – vor einer altmodischen Waffe, die trotzdem tödlich sein kann.

Unser Ausgangspunkt ist nicht, dass die Leute böswillig, faul oder unfähig sind, sondern dass es schwierig ist, die eigene Arbeit kritisch zu betrachten, während man mittendrin steckt«, fügt Fontenot hinzu. »Menschen denken in Analogien, und es ist schwer, die eigenen, ungeprüften Hypothesen als solche zu erkennen. Wenn niemand sie infrage stellt, können Gewohnheit und Selbstzufriedenheit zur Hybris führen.«

Indem sie diese Selbstgefälligkeit aufbrechen, erhöhen Absolventen der Red Team University das, was Scott Page, Professor für komplexe Systeme, politische Wissenschaft und Ökonomie an der University of Michigan, als »kognitive Vielfalt« eines Teams bezeichnet – die Bandbreite an unterschiedlichen Denkweisen innerhalb einer Gruppe. Wenn man die kognitive Vielfalt innerhalb eines Teams steigert, so ist mathematischen Modellen zufolge mit erheblich besseren Ergebnissen zu rechnen. Page verweist in diesem Zusammenhang auf ein empirisch getestetes mathematisches Modell, das »Diversity Prediction Theorem«. Bezüglich der Fähigkeit einer Gruppe, zutreffende Prognosen aufzustellen, gilt demnach, dass die kollektive Fehleranfälligkeit einer Gruppe gleich der durchschnittlichen individuellen Fehleranfälligkeit abzüglich der Vielfalt der Prognosen ist.[20]

Was heißt das genau? Um eine »kluge Truppe« mit guter Prognosefähigkeit zusammenzustellen, braucht man entweder eine extrem kluge Truppe (mit außerordentlichen Fähigkeiten) oder durchschnittlich kluge Leute, die über sehr unterschiedliche Denkweisen verfügen (also außerordentliche Vielfalt). Fähigkeiten und Vielfalt sind dabei gleich wichtig – ein Team aus sehr unterschiedlichen Leuten kann ebenso gut sein wie ein Team aus besonders talentierten Leuten. Ähnlich wie beim im ersten Kapitel vorgestellten Portfolio-Ansatz führt es zu mehr Sicherheit, mehr Resilienz und höherer Leistung, wenn man Teams so zusammenstellt, dass sie eine möglichst große Bandbreite an Talenten und kognitiver Vielfalt abdecken.

Der Psychologe Kevin Dunbar von der University of Toronto hat die leistungssteigernde Wirkung von kognitiver Vielfalt experimentell nachgewiesen, indem er ihren Einfluss in einem sehr wettbewerbsorientierten und stark reglementierten Umfeld untersucht hat: in wissenschaftlichen Laboren.[21] Dunbar und sein Team analysierten ein Jahr lang die Arbeitsgewohnheiten in vier molekularbiologischen Laboren. In Umkehrung der normalen Verhältnisse waren die Forscher hier die Probanden, und Dunbar beobachtete sie in ihrer »natürlichen Umgebung«, ganz so, wie ein Primatologe Schimpansen in freier Wildbahn beobachtet. Er nahm an den regelmäßigen Besprechungen teil, in denen die Wissenschaftler sich gegenseitig ihre Forschungen und aktuellen Probleme erläuterten, überprüfte ihre Daten und vorläufigen Ergebnisse und verbrachte Zeit im Labor, um die Forscher zu interviewen, zu beobachten und sich mit ihnen zu unterhalten.

Das Ergebnis: Im Gegensatz zu klischeehaften Vorstellungen von Wissenschaft als mühsame, aber rationale Angelegenheit, so Dunbar, sei wissenschaftliche Forschung erstaunlich fehleranfällig und voller Ungereimtheiten: »Ständig muss man sich einen Reim auf Ergebnisse machen, die anders ausgefallen sind als erwartet. Wenn Wissenschaftler mit einem überraschenden Ergebnis konfrontiert sind – was in bis zu 50 Prozent aller Versuche der Fall ist –, dann müssen sie sich fragen: Habe ich irgendeinen methodischen Fehler gemacht, liegt es an den Instrumenten, oder ist das ein signifikantes neues Ergebnis? Was hat das zu bedeuten?«

Um diese Fragen zu beantworten, so Dunbar, verhielten sich Wissenschaftler wie die meisten Menschen: Sie stellen Analogien her. Es gebe aber große Unterschiede, wie verschiedene *Gruppen* von Wissenschaftlern mit solchen Ergebnissen umgingen. In Laborbesprechungen, an denen viele Forscher aus einem einzigen Fachbereich teilnähmen, würden unerwartete Ergebnisse meist durch Analogien zu *ähnlichen Problemen* erklärt. In einem Labor voller E.-coli-Forscher beispielsweise würden überraschende Versuchsergebnisse fast ausschließlich im Lichte anderer Erkenntnisse über E.-coli-Bakterien interpretiert, und deshalb kämen diese Labore in der Regel weniger schnell voran. In Laboren, in denen Wissenschaftler mit unterschiedlichem fachlichem Hintergrund arbeiteten, würden dagegen häufiger Analogien zu *weiter entfernt* liegenden Problemen gezogen. Dabei würde auf Konzepte und frühere Forschungsergebnisse aus ganz anderen Bereichen zurückgegriffen, wodurch die Wissenschaftler schneller zu neuen Erkenntnissen kämen.

»Analogien zu ähnlichen Problemen«, so Dunbar, »sind wie Bauern auf einem Schachbrett – sie erlauben nur sehr eingeschränkte Bewegungsmöglichkeiten, und daher muss man mühsam eine große Anzahl von Möglichkeiten überprüfen, die sich nur geringfügig unterscheiden. Analogien zu weiter entfernt liegenden Problemen sind demgegenüber wie Königinnen. Mit ihnen können sie im virtuellen Raum der möglichen Lösungen innerhalb kürzester Zeit in ganz andere Bereiche vordringen.«

Der Unterschied kann gewaltig sein. »Durch Zufall haben wir die Arbeit in zwei verschiedenen molekularbiologischen Laboren verfolgt, die innerhalb einer Woche vor demselben technischen Problem standen. Labor A[22] wurde von einem brillanten Forscher geleitet, hatte aber einen sehr homogenen Stamm an wissenschaftlichen Mitarbeitern. Die Wissenschaftler in Labor B kamen aus sehr unterschiedlichen Fachbereichen – Chemie, Medizin, Genetik und so weiter. Zwei Mitarbeiter in Labor B lösten das Problem in einer Besprechung innerhalb von zwei Minuten, während Labor A zwei Monate später immer noch damit zu kämpfen hatte und nur langsam und schrittweise vorankam.«

Die Vielfalt in Labor B hat natürlich ihren Preis. Sehr unterschiedliche Forscher zu koordinieren und in ein Team zu integrieren erfordert Zeit, die man als »Interdisziplinaritätssteuer« betrachten könnte. Der Lohn für die etwas aufwändigere Zusammenarbeit im Laboralltag sind dramatisch bessere Ergebnisse im Fall von plötzlich auftretenden Problemen, die in jedem Forschungslabor unvermeidlich sind. Und die einzelnen Wissenschaftler dürfen natürlich nicht so verschieden sein, dass sie unterschiedliche Werte und Ziele haben oder sich die methodologischen Unterschiede nicht überbrücken lassen. »In Laboren, die von ihrer kognitiven Vielfalt profitieren, lag diese in einem Idealbereich. Die Unterschiede zwischen den Fachbereichen waren erheblich, aber nicht unüberwindlich. Vor allem aber einte die Forscher ein gemeinsames Ziel, sei es die Jagd auf ein Virus oder das Erforschen eines Genmechanismus. Wenn all diese Voraussetzungen gegeben sind, dann sind die Teammitglieder motiviert, sich Zeit zu nehmen, um sich gegenseitig etwas zu erklären und eine gemeinsame Sprache zu entwickeln. Neuankömmlinge lernen dann diese spezielle, interdisziplinäre Sprache im Rahmen der Einarbeitungsphase.«

Ebenso wichtig war, dass diese Teams zum richtigen Zeitpunkt die richtigen Arten von Analogien zogen. »Wir haben immer wieder festgestellt, dass Analogien zu ähnlichen Problemen gut geeignet sind, um nicht funktionierende Versuchsanordnungen zu verbessern, dass Analogien zu weitschichtig verwandten Problemen gut sind, um neue Hypothesen aufzustellen, und dass Analogien zu ganz anders gelagerten Problemen am besten geeignet sind, um Nichtfachleuten etwas zu erklären.«

Gestützt werden Dunbars Ergebnisse zum »Idealbereich« bei der Diversifizierung wissenschaftlicher Teams von den Forschungen Sinan Arals an der New York University.[23] Aral und seine Kollegen analysierten über einen Zeitraum von über fünf Jahren die

E-Mail-Korrespondenz von fast 1400 Personalabteilungen. Laut ihren Erkenntnissen folgt die Produktivität einer umgekehrten U-Kurve. Für Personaler galt das Gleiche wie für Wissenschaftler: Waren sie den Kandidaten bezüglich ihres fachlichen Hintergrunds und ihrer sozialen Netzwerke zu ähnlich, waren sie bei der Suche nach guten Kandidaten für offene Stellen weniger produktiv. Ging es andererseits um ein Fachgebiet, das sich zu sehr von ihrem Kompetenzbereich unterschied, war ihre Produktivität ebenfalls eingeschränkt. In der Mitte zwischen beiden Extremen jedoch, wenn die Mitglieder des Teams ähnlichen Denkmustern folgten, aber eine gewisse Vielfalt mitbrachten, stieg die Produktivität sprunghaft an. »War die Vielfalt ›genau richtig‹, so schaffte das Team in kürzerer Zeit mehr und erwirtschaftete mehr Gewinn.«

Außerdem stellte Dunbars Team fest, dass sich *kognitive* Vielfalt und *tatsächliche* Vielfalt gegenseitig verstärken. Wenn zum Beispiel männliche Wissenschaftler mit einem unerwarteten Ergebnis konfrontiert waren, nahmen sie in der Regel an, die Ursache zu kennen, und forschten einfach weiter – nicht selten mit der Folge, dass sie in einer Sackgasse landeten. Wissenschaftlerinnen dagegen versuchten häufiger, das überraschende Ergebnis erneut zu erzielen, um herauszubekommen, wie es zustande gekommen war. »Die Ansicht, dass Frauen passiv wären oder nur dann mit Männern konkurrieren könnten, wenn sie sich wie diese verhielten, hält sich leider hartnäckig«, sagt Dunbar. »In den von uns untersuchten Laboren gingen die Frauen aber genauso aggressiv vor wie die Männer – sie hatten nur einen ganz anderen Ansatz, mit Unerwartetem umzugehen.«

Dunbar dokumentierte nicht nur, wie die Wissenschaftler arbeiteten, sondern untersuchte auch, wie ihr Gehirn auf erwartete und unerwartete Ergebnisse reagiert. Erhielten die Probanden das erwartete Ergebnis, wurden Hirnareale aktiviert, die für die Abspeicherung von Informationen im Gedächtnis zuständig sind, als eine Art Belohnung für richtiges Verhalten: *Ich hab bekommen, was ich wollte! Das merk ich mir!* Fiel das Ergebnis hingegen anders aus als erwartet, so wurde diese Information häufig gar nicht im Gedächtnis abgespeichert. »Informationen, die uns nicht in den Kram passen, verarbeiten wir manchmal gar nicht erst«, so Dunbar.

Wir haben es hier mit der hirnphysiologischen Manifestation der in zahlreichen Studien festgestellten *Bestätigungstendenz* zu tun, der bevorzugten Verarbeitung von Informationen, die uns in unseren Annahmen, vorgefassten Meinungen oder Hypothesen bestätigen – unabhängig davon, ob sie zutreffen oder nicht. Erstmals beschrieben wurde dieses Phänomen 1960 vom englischen Psychologen Peter Wason.[24] Nachgewiesen hatte er es mithilfe eines ebenso schlichten wie verblüffenden Experiments. Er nannte den Probanden eine Ziffernfolge mit drei Ziffern, »2-4-6«, und ließ sie raten, welche Regel die drei Ziffern miteinander verband. Ihre Hypothese sollten die Versuchspersonen überprüfen, indem sie eigene Ziffernfolgen nannten, woraufhin der Versuchsleiter bejahte oder verneinte, dass sie der Regel entsprachen.

Aus der genannten Ziffernfolge leiteten die meisten Probanden als Anfangshypothese ab, dass es sich um eine Zahlenfolge aus *geraden* Zahlen handle. Diese Hypothese stellten sie mit einigen Stichproben auf den Prüfstand, wie »4-6-8«, »4-8-12« und dann vielleicht »8-10-12«. Nachdem alle diese Kombinationen vom Versuchsleiter als regelkonform bestätigt wurden, waren sie sich sicher, dass sie die Regel richtig erkannt hatten, und verzichteten auf weitere Nachfragen. Doch sie täuschten sich. Die Regel gab nicht eine Zahlenfolge aus *geraden* Zahlen, sondern aus *aufsteigenden* Zahlen vor. Überraschend wenige Teilnehmer ließen sich Beispiele einfallen, die ihre Hypothese hätten widerlegen können (wie etwa »8-6-4«, »1-2-3« oder »2-2-2«), und nur jeder fünfte Proband erriet die tatsächliche Regel.

Der Grund für diese Bestätigungstendenz liegt in unserer unbewussten Abneigung herauszufinden, dass wir uns getäuscht haben. Wie stark diese Abneigung ist, können Sie mit einem simplen Experiment ausprobieren. Schreiben Sie in einem sozialen Netzwerk wie Facebook oder Twitter etwas Wohlüberlegtes, was Ihren politischen Überzeugungen jedoch diametral widerspricht. Mit an Sicherheit grenzender Wahrscheinlichkeit werden Sie feststellen, dass das Feld Ihrer »Freunde« beziehungsweise »Follower« schlagartig durcheinandergewirbelt wird, weil die einen sich ein- und andere sich ausklinken, jeweils ihrer Bestätigungstendenz folgend.

Dieses Phänomen bringt uns nicht nur dazu, Botschaften aus dem Weg zu gehen, die uns nicht in den Kram passen, es beeinflusst auch unsere Interpretation von Botschaften, denen wir gar nicht aus dem Weg gehen können. Heather LaMarre und ihre Kollegen von der Ohio State University haben in einer Studie aus dem Jahr 2009 die Reaktionen amerikanischer Zuschauer auf die Comedyshow *The Colbert Report* untersucht. Konservative Amerikaner, so ihr Schluss, neigten mehrheitlich zu der Einschätzung, Stephen Colbert habe eine Abneigung gegen den Liberalismus, tue nur so, als mache er Spaß, und meine in Wirklichkeit alles ernst, was er sage. Liberale Zuschauer waren in der Mehrzahl überzeugt, Colbert nehme die Konservativen mit satirischen Mitteln auf den Arm und meine es nicht ernst, wenn er politisch konservative Aussagen mache.[25] Alle sind sich darin einig, dass Colbert witzig ist, aber die Interpretation eines Durchschnittszuschauers, ob Colbert in Wirklichkeit ein Liberaler oder ein Konservativer sei, sagt am meisten darüber aus, ob der Zuschauer selbst liberal oder konservativ eingestellt ist. Indem die Show die Vorurteile der Zuschauer bekräftigt, hält sie ihnen den Spiegel vor und bestätigt sie in ihrer Identität.

Wenn wir uns schon von etwas so Allgegenwärtigem wie einer Comedyshow so leicht täuschen lassen, wie schwierig ist dann die

Aufgabe der Absolventen der Red Team University innerhalb einer Armee, die in einem bisweilen tödlichen, andersartigen kulturellen Umfeld operiert, das von traditionellen Führungsstrukturen geprägt ist und in dem die Bestätigungstendenz im Extremfall Menschenleben kosten kann? Wenn sie Erfolg haben wollen, müssen sie, wo immer sie können, die Entscheidungen ihrer Vorgesetzten behutsam infrage stellen und so den »Suchraum« ausdehnen, in dem diese nach möglichen Lösungen fahnden. Sie müssen unliebsame, unkonventionelle und unorthodoxe Sichtweisen zu Strategien einbringen, die möglicherweise aus der Feder eben jenes Vorgesetzten stammen, der gerade vor ihnen steht. Sie müssen sich in einem Idealbereich der respektvollen Kritik und des behutsamen Dissens bewegen, dürfen sich von den Kommandostrukturen weder vereinnahmen noch ausschließen lassen und müssen sich dabei permanent den allgegenwärtigen Gefahren der Homöostase, des Gruppendenkens und der Bestätigungstendenz stellen. Der Nachweis, dass ihre Arbeit etwas bewirkt, ist für Absolventen der Red Team University oft schwierig, denn sie arbeiten an der langsamen, allmählichen Veränderung der militärischen Kultur, indem sie wachsam implizite Normen und Vorurteile in Zweifel ziehen, ehe sie sich verfestigen können. Wenn sie ihre Sache gut machen, dann sind die einzigen Spuren, die sie bei dieser Arbeit hinterlassen, fundiertere Entscheidungen.

Für ihre Vorgesetzten und alle anderen in Führungspositionen liegen die Lehren ebenfalls auf der Hand: Eine resiliente Kultur beruht auf Vielfalt, Unterschieden und einem toleranten Umgang mit gelegentlichen Meinungsverschiedenheiten. Diese Faktoren sichern den Fortbestand von »Suchräumen« voller alternativer Lösungsansätze, die für jede Gemeinschaft, die starre kulturelle Normen aufbrechen möchte, unabdingbar sind. Der Erfolg der Red Team University – einer Intervention *von* Soldaten *für* Soldaten – beruht in erheblichem Maße auf der Glaubwürdigkeit der »professionellen Skeptiker«. Da sie zwar für die Rolle des Außenseiters ausgebildet, aber ganz in der militärischen Kultur zu Hause sind, können sie ihrer Arbeit in einem Bereich der »idealen Vielfalt« nachgehen. Wie wir im nächsten Kapitel sehen werden, ist es nicht nur besser, derartige Interventionen zur Erhöhung der Resilienz möglichst authentisch in die vorherrschende Kultur zu integrieren. Es ist vielmehr eine unabdingbare Voraussetzung für ihr Gelingen.

7. Was Gemeinschaften krisenfest macht

Wie die Korallenriffe und Wirtschaftssysteme, mit denen wir uns am Anfang dieses Buches beschäftigt haben, müssen auch menschliche Gemeinschaften von Zeit zu Zeit auf sich abzeichnende innere Probleme reagieren – auf Fehlanpassungen, die sie gegen ihren Willen über eine kritische Schwelle katapultieren könnten, wenn sie nicht rechtzeitig einschreiten. Ob es nun darum geht, die Ausbreitung eines unerwünschten Verhaltens zu stoppen (etwa das »Needle Sharing« unter Drogenabhängigen) oder gesellschaftliche Normen infrage zu stellen (und zum Beispiel Mülltrennung zu propagieren): Soziale Resilienz beruht oftmals auf der Anpassungsfähigkeit einer Gemeinschaft, also auf ihrer Fähigkeit, Probleme rechtzeitig zu erkennen und entsprechende Maßnahmen zu ergreifen.

Diese Flexibilität kann nicht einfach von oben verordnet werden, sondern muss in den gesellschaftlichen Strukturen und Beziehungen gefördert werden, die den Alltag der Menschen bestimmen. Welche Kraft zur Veränderung freigesetzt wird, wenn man Interventionen zur Stärkung der Resilienz einer Gemeinschaft richtig anpackt, zeigt ein Projekt in Chicago.

Wie man die Gewalt eindämmt

Karon Clark hat die oberste Schublade in ihrem schweren Stahlschreibtisch für die aktuellen Fälle reserviert. Als Streetworkerin bei »Ceasefire« [zu dt.: »Waffenruhe«], einem bahnbrechenden Projekt zur Gewaltprävention in der Innenstadt von Chicago, betreut sie immer zwischen 10 und 14 offene »Fälle« parallel – 10 bis 14 Menschen aus ihrem Stadtviertel, bei denen ein erhöhtes Risiko zu Gewalttaten besteht. Einige ihrer Klienten tauchen immer wieder in ihrer obersten Schublade auf, können dem Teufelskreis aus Gefängnis, Rehabilitation, Drogen, Gangs, Gewalt und wieder Gefängnis nicht entfliehen. Aber in einen bestimmten Klienten setzt sie große Hoffnungen.

»Ich kann es nicht erwarten, die Akte Davion zu schließen. Wir haben's fast geschafft. Davion ist ein Junge, der es wirklich packen könnte.«

Davion (Name geändert) wird seit Januar 2008 von Karon Clark betreut, und alles deutet darauf hin, dass es eine Erfolgsgeschichte werden könnte. Er ist sehr sportlich, ein begabter Footballspieler, und er hat es durch die Highschool geschafft, ohne im Alkohol- und Drogensumpf zu versinken. Seine ganze Hoffnung war, ins Footballteam einer Universität aufgenommen zu werden. Doch dann schied er bei den Probespielen in der letzten Runde aus.

»Als er zum ersten Mal zu mir kam, war er furchtbar wütend. ›Ich darf nicht aufs College‹, sagte er. Aber er kommt aus einer guten Familie. Seine Eltern sind nicht sehr gebildet, aber es ist eine gute Familie, und ich habe ihm gesagt, dass er immer noch eine Chance hat.«

Karon Clark hat die letzten vier Monate damit verbracht, Davion zu Junior Colleges in ganz Illinois zu fahren, ihn Footballtrainern vorzustellen und ihm beim Ausfüllen von Antragsformularen für finanzielle Unterstützung zu helfen. Vor ein paar Wochen hat sie ihn zu einem Auswahlgespräch am Joliet Junior College gebracht, etwa eine Stunde von der Chicagoer South Side entfernt. »Er hat in der Bibliothek ein hübsches Mädchen getroffen, und sie hat ihm ihre Nummer gegeben. Seitdem ist er Feuer und Flamme fürs College.«

Karon Clark holt tief Luft bei dieser Vorstellung: Vielleicht geht Davion schon bald aufs College. Es sieht alles danach aus, dass sie seine Akte nächstes Jahr aus der obersten Schublade holt und in den Schrank packt.

Aber noch ist sie nervös.

Die Ceasefire-Abteilung im Viertel West Garfield, für die Karon Clark arbeitet, hat ihr Büro in einer alten Ladenzeile. Anders als andere soziale Einrichtungen ist Ceasefire für seine Klienten auch am Abend da – bis in die Nacht hinein. Die Tür zum Büro der Streetworker steht bis in die frühen Morgenstunden offen, und alle paar Stunden machen sie »die Runde«: einen Rundgang durch das Viertel, auf dem sie nach ihren Klienten sehen und ein Gespür dafür bekommen, was draußen auf den Straßen so los ist.

Es ist Freitagabend. Normalerweise wäre Karon Clark jetzt mit ihren Kollegen auf den Straßen unterwegs, würde hier und da »Hallo« sagen, für »Augen auf der Straße« sorgen. Doch heute regnet es ununterbrochen, deshalb steigen sie alle in ein Auto und zuckeln im Schneckentempo durch die dunklen Straßen. Anfangs ist es an den Straßenecken relativ leer. Auf einer Treppe sitzen ein paar junge Männer und Frauen und unterhalten sich. Als der Wagen von Karon Clark vorbeirollt, rufen sie alle: »Danke, Ceasefire! Die T-Shirts sind spitze!«

»Bei unserer letzten Party haben wir T-Shirts verteilt«, erklärt uns Karon Clark.

Ein Streetworker sieht einen seiner Klienten die Straße entlangschlendern, einen jungen Mann in riesigem T-Shirt und Baggy Pants. Er kurbelt das Fenster herunter und ruft:

»He, wie geht's, Mann?«

»Bestens.«

»Komm diese Woche mal bei mir vorbei. Lang nicht gesehen.«

Begegnungen wie diese gibt es im Lauf einer »Runde« viele. Jeden Abend versuchen die Streetworker möglichst viele ihrer Klienten zu treffen, um zu sehen, wie sie sich entwickeln, und bieten ihnen Hilfe und finanzielle Unterstützung an, damit sie ihren Platz in der Mehrheitsgesellschaft finden.

Nach und nach kommen die Freitagabend-Partys in Schwung, und auf den Straßen wird es allmählich voller. An einigen zentralen Straßenecken bilden sich an diesem Abend kleine Gruppen. Einige Autos mit getönten Scheiben halten an, aus den Lautsprecherboxen dröhnen die Bässe. Ein paar Mädchen staksen in Highheels zwischen den Autos hin und her.

»Die schlimmsten Streitigkeiten werden oft von Frauen ausgelöst«, kommentiert Karon Clark. »Es sind die Männer, die schießen, aber die Frauen sind die Anstifter. Sie provozieren sie. Schlafen zum Beispiel mit dem Freund ihres Freundes. Sie stecken genauso mit drin im Kreislauf der Gewalt.«

Die Streetworker rollen weiter langsam durch den Regen und zeigen uns Gruppen mit aktuellen und ehemaligen Klienten. Fast an jeder Straßenkreuzung halten sie an und sprechen mit jemandem.

»Was gibt's Neues?«, fragen sie ein Grüppchen Teenager, das sich auf einem brachliegenden Grundstück trifft.

»Nichts. Alles cool.«

Ist die Lage »cool« oder »aufgeheizt«? Die Streetworker von Ceasefire sind geübt darin, im komplexen sozialen Gefüge des Viertels erste Anzeichen eines drohenden Gewaltausbruchs wahrzunehmen. Sie haben eine Art Propriozeption für ihr Viertel entwickelt, ähnlich wie es Massoud Amin für das Stromnetz des 21. Jahrhunderts vorschwebt (Kapitel 2). So betrachtet sind Karon

Clark und ihre Kollegen bei Ceasefire Teil eines weit verzweigten Netzwerks von Sensoren.

An diesem Abend ist die Stimmung auf den Straßen entspannt. Man spürt, dass die Menschen im Viertel erleichtert sind, weil Ceasefire vor Kurzem einen Konflikt zwischen zwei sich bekriegenden Gangs erfolgreich geschlichtet hat. Jetzt können die Leute sich wieder aus ihren Häusern wagen, ohne zu riskieren, von einem Querschläger getroffen zu werden. Durch den Frieden herrscht bei den Gruppen, die sich auf den Straßen treffen, ein Gefühl der Solidarität. Drinnen im Auto plaudern die Streetworker zwanglos über dies und das. Es ist noch früh am Abend, und sie haben noch viele Stunden vor sich, aber das Wetter an diesem Sommerabend ist mild – hohe Temperaturen sind ebenfalls ein berüchtigter Auslöser von Konflikten. Die Streetworker haben allen Grund zu der Annahme, dass an diesem Abend alles ruhig bleiben wird.

Plötzlich kurbelt Karon Clark im Fahren das Fenster herunter. Dort an der Straßenecke steht mit einigen anderen, die an diesem jungen Abend in Partylaune sind, Davion.

»Was machst du hier an dieser Straßenecke?«, fragt Karon Clark im gespielt vorwurfsvollen Ton.

Der Junge kommt herüber, um sich mit ihr zu unterhalten. Er zuckt mit den Schultern und schenkt ihr ein charmantes, launiges Lächeln.

»Gar nichts mache ich. Ich mach nie irgendwas«, sagt er.

»Das will ich auch hoffen.«

»Ich häng hier nur mit meinem Cousin ab«, sagt der Junge und macht eine vage Geste in Richtung der jungen Männer, die an der Straßenecke herumstehen. Im Hintergrund ist das dumpfe Wummern eines Basslautsprechers zu hören.

»Halt dich von dieser Ecke fern! Hast du gehört?« Sie sagt es im Scherz, aber es schwingt auch ein Hauch von Anspannung mit.

Davion sieht sie nur an und lacht. Er winkt ihr freundlich zu und schlendert zurück zu seinen Freunden. Karon Clark kurbelt widerstrebend das Fenster wieder hoch und fährt an. »Er ist mit einem Fuß drinnen und mit einem draußen. Nur ein paar Monate noch. Nur ein paar Monate, dann ist er hier raus. Aber ... *zack*! Irgendwas kann immer dazwischenkommen, und sie sitzen fest.« Sie dreht sich noch einmal um. In der Ferne wird Davion immer kleiner, bis er nur noch ein verschwommener Fleck auf dem angelaufenen Scheibe ist.

Bevor das Auto am Ende der Straße abbiegt, zieht Karon Bilanz und macht sich eine geistige Notiz. Wie ein guter Sensor wird sie das System Ceasefire auf einen verwundbaren Punkt aufmerksam machen, einen gewissen Davion. Sie möchte nicht, dass es in ihrem Verantwortungsbereich zu einem »Systemausfall« kommt.

Im Sommer 2008 wurden in Chicago 125 Menschen erschossen – die Zahl der im gleichen Zeitraum im Irak getöteten amerikanischen Soldaten lag ungefähr halb so hoch.[1] Und die Todesfälle waren nur ein kleiner Teil der sich ausweitenden Straßengewalt, die oftmals »eher beiläufig« stattfindet, so Karon Clark. Pistolen sind allgegenwärtig. Männer schießen aufeinander, weil sie sich um eine Frau streiten, weil sie sich »gedisst« fühlen oder – ob sie wollen oder nicht – weil sie glauben, dass ihre Kumpels das von ihnen erwarten. Ein Schuss führt nicht selten zum nächsten, und der eskalierende Kreislauf von Gewalt und Vergeltung kann ganze Viertel in Atem halten.

Ceasefire möchte diesen fatalen Trend dauerhaft umkehren. Die Streetworker versuchen mit ihrem innovativen Ansatz zu verhindern, dass Streitereien in Gewalt münden, und wenn es doch zu einer Schießerei kommt, dann »stören« sie alle Vergeltungsversuche, um dem ganzen Viertel die Chance zu geben, »abzukühlen«. Ceasefire befindet sich in einem Zustand des permanenten Ungleichgewichts und organisiert sich ständig neu, um sich den Bedürfnissen der Menschen anzupassen. Diese Intervention hat kein »Ende«, es gibt keinen »Tag X«, an dem alle Berater ihre Koffer packen und abreisen. Bei Ceasefire sind die Menschen, die ein Viertel überwachen, identisch mit den Menschen, die dort leben.

Anfang des neuen Jahrtausends war Gary Slutkin auf der Suche nach neuen Aufgaben. Er hatte als Epidemiologe in ostafrikanischen Ländern wie Malawi, Uganda und Somalia bei der Bekämpfung einiger der weltweit schwersten Pandemien geholfen, und jetzt kehrte er in seine Heimatstadt Chicago zurück. Er wollte auf jeden Fall zurück in die USA, hatte aber keine Ahnung, woran er dort arbeiten würde.
»Auf das Problem der innerstädtischen Gewalt bin ich sozusagen automatisch gestoßen. Es hatte bestimmte Viertel fest im Griff. Ich fragte ständig, wie denn die Strategie aussehe, um dieses Problem anzupacken. Es gab keine.«
Zum Problem der Gewalt, so Slutkin, gebe es zwei verbreitete Sichtweisen:»Die Leute reden oft von der Notwendigkeit ›durchzugreifen‹, von längeren Gefängnisstrafen und einer härteren Rechtsprechung. Oder sie sagen: ›Man muss bei der Bildung ansetzen, bei der Armut, bei den Eltern, und so weiter und so fort‹ – wir nennen das im Sozialwesen den ›Alles-Mythos‹ [engl.: ›Everything-Myth‹]. Dabei hat Bestrafung keinen Sinn, weil es keinen Einfluss auf das Verhalten hat, und der ›Alles-Mythos‹ bringt letztlich nichts anderes zum Ausdruck, als dass das Problem unlösbar ist. Man tut so, als stünden wir lediglich vor der Wahl, entweder Strategien anzuwenden, die nicht funktionieren, oder nichts zu tun.«

Durch seine Erfahrung bei der Eindämmung von Epidemien war Slutkin in der Lage, das Problem aus einer ganz anderen Perspektive zu sehen. »Malaria war gegen alle im großen Stil angewendeten Strategien resistent. Bis jemand auf die Idee mit den Moskitonetzen kam. Die Zahl der Durchfallerkrankungen zu verringern schien unmöglich. Auch hier gab es einen großen ›Alles-Mythos‹: ›Man müsste alles verbessern, das Wasser, die Hygiene, die Ernährung und so weiter.‹ Doch seit jemand Trinklösungen zur oralen Rehydrierung erfand, sind enorme Fortschritte erzielt worden. Man muss nur die richtige Intervention finden und mit der richtigen Verhaltensänderung verknüpfen, dann kommt Bewegung in die Dinge. Ich habe da eine Parallele zu gewalttätigem Verhalten gesehen und dachte mir, da müsste sich doch was machen lassen, indem man auf die bereits bekannten, grundlegenden Methoden der Verhaltensänderung zurückgreift. Das war die Idee, aber ich hatte keine Ahnung, wie das in der Praxis aussehen würde.«

Slutkin und seine Leute arbeiteten fünf Jahre lang an der Ausarbeitung einer Strategie für Verhaltensänderungen, die zu einer Verringerung der Gewalt in Chicago führen sollten. Er schickte Angestellte von Ceasefire in Chicago nach Boston, wo sie das sogenannte »Wunder von Boston« studieren sollten, ein erfolgreiches Projekt zur Gewaltprävention, das auf einer innovativen Zusammenarbeit von Polizei, Stadtverwaltung und innerstädtischen Kirchengemeinden beruhte.

»Ich hatte Erfahrung damit, bei null anzufangen«, so Slutkin. »Wenn wir Strategien zur Bekämpfung einer Epidemie entwickelt haben, waren unsere Informationen am Anfang oft sehr dürftig. Dadurch waren wir gezwungen, uns ganz grundlegende Fragen zu stellen: Was steckt dahinter? Wie kann das sein? Wie verbreitet sich die Krankheit? Genauso fühlte es sich auch in Chicago an. Es erinnerte mich an damals in San Francisco, als wir wirklich ganz von vorn anfangen mussten.«

Am 5. Juni 1981 veröffentlichte die amerikanische Gesundheitsbehörde CDC (Centers for Disease Control) den ersten offiziellen Bericht über eine Krankheit, die später den Namen AIDS erhalten sollte.[2] In diesem Bericht wurden fünf Fälle von Pneumocystis-carinii-Pneumonie beschrieben, einer Form von Lungenentzündung, die in der Regel auf ein geschwächtes Immunsystem zurückgeht. Alle fünf Patienten waren junge, homosexuelle und bis dahin gesunde Männer aus San Francisco. Zum Zeitpunkt, als der Bericht gedruckt vorlag, waren zwei von ihnen bereits tot.[3]

Slutkin arbeitete zu diesem Zeitpunkt am San Francisco General Hospital. Einen Monat nachdem die Krankheit vom CDC erstmals beschrieben worden war, tauchte der erste AIDS-Fall in seinem Krankenhaus auf: ein 22-jähriger Mann mit einer seltenen Form von Hautkrebs, einem Kaposisarkom, das Läsionen auf seiner Brust auslöste. Bis zum Jahresende starben in San Francisco weitere neun Menschen.

»Es waren vor allem schwule Männer, und wir wussten, dass Schwule andere Sexualpraktiken hatten als heterosexuelle Paare. Aber warum gab es keinerlei infizierte Frauen? Es ergab einfach keinen Sinn.«

Die Forschungsgruppe um Slutkin begann daraufhin eine Langzeitstudie, in deren Verlauf die Wissenschaftler Mitglieder von Risikogruppen befragten und die Ergebnisse mit Kontrollgruppen verglichen. Elektronenmikroskopische Untersuchungen zeigten 1983, dass die Forscher es mit einem Virus zu tun hatten. Weniger als drei Jahre später war die Zahl der dem San Francisco General Hospital gemeldeten Fälle auf 800 angestiegen (das entspricht einem pro 1000 Einwohner).[4]

»Plötzlich tauchten einige Haitianer auf, ein paar Bluter und ein paar Drogenabhängige. Es sah allmählich so ähnlich wie Hepatitis B oder C aus, aber wir hatten immer noch keine Ahnung, wie es übertragen wurde. Wir wussten, dass wir Bluttests brauchten, aber es war auch klar, dass sich das Verhalten ändern musste.«

Wollte man in den 1980er Jahren, zu der Zeit, als Slutkin an Strategien gegen die sich explosionsartig ausbreitende AIDS-Epidemie forschte, Verhaltensänderungen im Gesundheitsbereich analysieren, geschah dies häufig anhand von Theorien wie dem Health-Belief-Modell (Modell gesundheitlicher Überzeugungen). Dieses psychologische Modell wurde in den 1950er Jahren entwickelt, um die Teilnahme – oder Nicht-Teilnahme – an Gesundheits- und Vorsorgeprogrammen zu erklären. Die Theorie konzentrierte sich auf die Einstellungen und Haltungen gefährdeter Bevölkerungsgruppen. Auf Programme gegen HIV/AIDS angewendet wurde sie zum Interpretationsrahmen für riskante Sexualpraktiken und die Übertragung von HIV.[5]

Einer der großen Schwachpunkte des Health-Belief-Modells war allerdings, dass es keine Möglichkeit bot, Faktoren wie soziale Normen und Gruppenzwang zu berücksichtigen, die bei allen Gesundheitsentscheidungen eine wichtige Rolle spielen. Denken Sie an das Konzept der Risikohomöostase aus dem letzten Kapitel; der Einfluss der Kultur ist nicht zu unterschätzen. Aus diesem Grund stützten sich Strategien im Gesundheitsbereich zusehends auf die Theorie der rationalen Handlung, das sogenannte »Einstellungsmodell«. Demnach sind Menschen rationale Wesen, deren Verhalten zum einen von ihrer Verhaltensabsicht abhängt – ihrer eigenen Einstellung – und zum anderen von normativen Überzeugungen – der Einstellung und dem Verhalten ihrer Mitmenschen.[6] Solche Normen sind explizit und implizit allgegenwärtig. Deshalb ist es notwendig, den kulturellen und sozialen Kontext der Menschen bis hin zu ihren Normen in Bezug auf Religion und Geschlecht mit einzubeziehen, um ihre Motivationen und ihr Verhalten zu verstehen. Denken Sie an die Normen in westlichen Kulturen zum Rauchen in geschlossenen Räumen. Vor 50 Jahren besagten gesellschaftliche Normen – die kognitiven Signale für angemessenes Verhalten –, dass Rauchen in den USA in den meisten sozialen Situationen ein akzeptables Verhalten ist. Daher rauchten die Menschen ständig und überall – nicht nur, weil sie das wollten, sondern auch, weil es von ihnen erwartet wurde.

Heute dagegen verkneifen es sich Raucher in den USA bei fast allen gesellschaftlichen Anlässen, eine Zigarette anzuzünden. Das hat natürlich mit den strikten Gesetzen und Bestimmungen zu tun, die Rauchen unter Strafe stellen, aber die eigentliche Veränderung liegt in den sozialen Normen, denn diese haben ein viel größeres Abschreckungspotenzial. Das Risiko, sich von einem Freund oder Kollegen einen strafenden Blick einzuhandeln, ist sehr viel wirkungsvoller als jede noch so furchteinflößende Antiraucher-Kampagne. Das gefühlte Risiko des »sozialen Todes« ist viel größer als das des tatsächlichen Todes.

Da soziale Normen starke Signale aussenden, welche Verhaltensweisen akzeptabel sind und welche nicht, hat ihre Erforschung bei der Gestaltung von staatlichen Maßnahmen gegen AIDS in der Anfangsphase eine wichtige Rolle gespielt.

In Thailand zum Beispiel war der wichtigste Faktor bei der Entscheidung, ob ein Mann ein Kondom benutzt, das Verhalten seiner Freunde.[7] Wie bei den Studien Cialdinis zum Wiederverwenden von Handtüchern im Hotel galt auch hier: Taten es die Freunde, so tat man es auch selbst. In anderen Gesellschaften können dagegen ganz andere Normen herrschen. An amerikanischen Universitäten war es beispielsweise eine Frage der individuellen Einstellung, ob eine Studentin darauf bestand, dass ihre Partner ein Kondom benutzten.[8] Ohne detaillierte Kenntnis der Kulturen und ihrer unterschiedlichen Normen waren staatliche Maßnahmen zur Eindämmung einer Seuche nicht nur zum Scheitern verurteilt, sie konnten sogar zu einer Verschlimmerung der Lage beitragen. Als Gary Slutkin sich dem Problem der innerstädtischen Gewalt zuwandte, ging er davon aus, dass die Strategie jenen ähneln würde, die er im Lauf der vorangegangenen 20 Jahre zur Bekämpfung von AIDS, TBC und Cholera entwickelt hatte. Nachdem er und seine Leute von Ceasefire sich einen Überblick verschafft hatten, was in anderen Städten funktionierte und was in Chicago praktisch umsetzbar und finanzierbar war, stellten sie einen Plan auf, wie sie gegen die Gewaltepidemie vorgehen könnten. Ihr Ansatz lässt sich in drei einfachen Punkten zusammenfassen:

1. Die Ausbreitung der Gewalt stoppen.
2. Das Denken der am meisten Gefährdeten verändern.
3. Die Normen der gesamten Gesellschaft verändern.

1. Schritt: Die Ausbreitung der Gewalt stoppen

Elena Quintana, bei Ceasefire Leiterin des Bereichs Evaluation, sitzt in ihrem Büro im zweiten Stock des Gebäudes der gesundheitswissenschaftlichen Fakultät an der University of Illinois in Chicago. Die Gänge werden von grünbraunen Schließfächern gesäumt, und sämtliche Büros sind mit tristen, gesprenkelten Bodenfliesen ausgelegt, wie sie für solche Institutionen typisch sind. Elena Quintana dagegen spricht mit leidenschaftlichem Engagement. Sie war bei Ceasefire von Anfang an dabei. Als sie zu Slutkins Team stieß, hatte sie mehr als zehn Jahre als Sozialarbeiterin im Bereich häusliche Gewalt gearbeitet und in Gemeindepsychologie promoviert. Bei Ceasefire hatte sie bereits mehrere Positionen inne; dank ihrer akademischen Ausbildung kann sie sehr gut zwischen den verschiedenen Gruppen vermitteln. Derzeit ist sie die wichtigste Verbindung zwischen den Ceasefire-Leuten »auf der Straße« und der Chicagoer Polizei. Da ihr soziales Netzwerk hauptsächlich den Bereich der Mehrheitsgesellschaft umfasst, ist es kein Problem, dass sie jeden Montag das Polizeirevier aufsucht. Sie hat auf der »Straße« keinen Ruf zu verlieren. Kein Mensch achtet darauf, dass sie auch ja niemanden »verpfeift«. Insofern ist Elena Quintana für den Job der Verbindungsfrau von Ceasefire zur Chicagoer Polizei geradezu prädestiniert.

Doch trotz zahlloser derartiger Bemühungen, Vertrauen aufzubauen, mussten die Mitarbeiter von Ceasefire um 2004 herum feststellen, dass sie nicht bis zu den besonders gefährdeten Klienten vordrangen. Um Gewaltausbrüche effektiv zu verhindern, mussten sie Leute rekrutieren, die als »Insider« Einfluss auf die sozialen Netzwerke im Viertel und auf die am meisten Gefährdeten hatten.

»Die Leute, mit denen Ceasefire zu tun hat, sprechen oft vom ›Game‹ [dt.: ›Spiel‹]«, sagt Elena Quintana. »Das bezieht sich im Grunde darauf, dass die Menschen am Rand der Gesellschaft systematisch ausgeschlossen werden, was sie dazu zwingt, ihren Lebensunterhalt in einer Schattenwirtschaft zu verdienen, die sie ›the Hustle‹ [dt.: ›Gaunerei‹] oder ›the Game‹ nennen. Dazu gehören all die illegalen Aktivitäten, von denen so viel die Rede ist: Hundekämpfe, Drogen, Gangs, Raubkopien, Prostitution. Sie wurden da hineingeboren, waren niemals Teil der Mehrheitsgesellschaft. Um unseren Klienten Brücken zu einer legalen Existenz zu bauen, brauchten wir Leute, die in diesem ›Game‹ bereits drinstecken und ihre Kontakte nutzen können. Das System funktioniert nach dem Prinzip ›Wir gegen die‹. Diesen Graben können die meisten Menschen, die eine solche Randexistenz führen, aus eigener Kraft einfach nicht überwinden, und die Streetworker konnten die soziale Distanz nicht überbrücken.«

In einem der größten Räume auf dem Stockwerk von Ceasefire kommen gerade bestens ausgebildete Spezialisten zusammen, die genau das jeden Tag leisten. Es handelt sich um ein Treffen der »Violence Interrupter« [zu dt. etwa: »Gewaltunterbrecher«] von Ceasefire, einer Gruppe von Männern, die überwiegend aus Afroamerikanern und Latinos zwischen Anfang 20 und Ende 50 besteht. Viele von ihnen haben selbst schon Gefängnisstrafen abgesessen. Jetzt bilden sie bei der Eindämmung der Gewalt die Speerspitze.

Zu Beginn des Treffens liest Elena Quintana einen Polizeibericht zu den Vorfällen im Viertel im Lauf der letzten Woche vor. Die Männer sitzen da, hören zu, nicken. Manche murmeln zu dem einen oder anderen Detail des Berichts einen Kommentar.

Am Ende des Berichts erhebt sich Tio Hardiman, der Leiter von Ceasefire Illinois, und ergreift das Wort. Hardiman, ein Afroamerikaner Mitte 40, trägt einen beigefarbenen Trainingsanzug mit dunkelblauen Streifen an den Seiten. Mit ruhigen Gesten spricht er zu den Männern, die ihm aufmerksam lauschen.

»Gruppe A hat sich Ärger mit Gruppe B eingehandelt, und uns kommt zu Ohren, dass für acht Uhr morgens eine Schießerei angesetzt ist. Wir wissen alle, dass das die Zeit ist, in der die Kids auf dem Weg zur Schule sind.«

Die Männer nicken.

Hardiman ruft ihnen etwas in Erinnerung, was er »Regeln für den Einsatz« nennt:»Vergesst nicht: Unser wichtigster Verbündeter ist die Zeit. Wir schinden einfach ein wenig Zeit, damit sie sich beruhigen.«

Ähnlich wie die an der Red Team University ausgebildeten »Skeptiker« sind diese »Interrupter« auf den Straßen der gefährlichsten Viertel unterwegs und intervenieren, bevor sich Konflikte auswachsen, indem sie einen »Suchraum« alternativer Lösungen aufzeigen. Wenn ein Schuss gefallen ist, nehmen sie sofort Kontakt zum Opfer auf sowie zu seinen oder ihren Freunden und Verwandten und versuchen eine Vergeltungsaktion zu verhindern, damit die Gewalt sich nicht ausbreitet und in Wellen das ganze soziale Netzwerk erfasst. Insofern als Ceasefire Gewalt als eine ansteckende Krankheit betrachtet, sind diese »Interrupter« die Kriseneinsatzkräfte, die auf neu auftretende Infektionen sofort reagieren und die Bevölkerung impfen, um die Wahrscheinlichkeit einer Seuche zu verringern.

»Irgendwann hatte ich die Idee, eine Spezialeinheit aus Männern zusammenzustellen, die aus ziemlich schwierigen Verhältnissen kommen, aus Männern, die Teil der Rangordnung auf den Straßen sind«, erklärt Hardiman. »Ich meine Männer, die genügend Rückgrat haben, um hinzugehen und mit einem Kerl zu reden, der eine Pistole in der Hand hat. Leute, die gut reden können, gibt es wie Sand am Meer, aber nur wenige können wirklich mit einem Kerl reden, der eine Pistole in der Hand hat. Das ist eine ganz eigene Kategorie.«

Dadurch, dass er solche Leute, die in einem Viertel großen Einfluss haben, rekrutieren und mit ihnen reden kann, spielt Hardiman bei Ceasefire eine zentrale Rolle, vielleicht sogar die Schlüsselrolle.

»Die meisten Leute *wollen* eigentlich, dass jemand mit ihnen redet und sie von einer Gewalttat abhält, solange es nur der Richtige ist. Es muss der Richtige sein, der mit ihnen redet. Wenn irgend so ein Schmalspurtyp ankommt und die kleinste Schwäche zeigt, dann macht der Kerl dich platt. Ich habe hier in diesem Büro schon in Konflikten vermitteln müssen, bei denen die Jungs plötzlich laut geworden und aufgesprungen sind: ›Ich scheiß auf X oder Y! Ich kauf mir die Ratte. So läuft das nun mal.‹ Darauf ich: ›Gar nichts läuft hier. Deine Freundin wartet zu Hause auf dich, du bist bald Vater von zwei Kindern, deine Mutter ist krank, und du redest hier davon, jemanden zu erschießen. Was ist überhaupt los?‹ Und dann geht's ans Eingemachte, und es stellt sich heraus, dass es um irgendeinen Typen geht, der ihm hundert Kröten schuldet oder der Freundin eines Freundes blöd gekommen ist, oder um einen Typen, der ihn angemacht und versucht hat, ihn mit seinem stieren Blick einzuschüchtern. Deshalb sag ich: ›Komm schon, Mann, lass uns in Ruhe drüber reden. Gehen wir dem Ganzen auf den Grund.‹«

Um Interventionen wie diese durchführen zu können, muss man ausgefeilte soziale Techniken beherrschen. Erstens müssen die »Interrupter« und Streetworker von Ceasefire eine aktuelle Landkarte der sozialen Verbindungen in ihrem Revier im Kopf haben. Sie müssen wissen, wer mit wem befreundet ist, welches Verhältnis die einzelnen Mitglieder der Gemeinschaft zueinander haben und wo im sozialen Tableau die Lage sich aufheizt oder abkühlt.

Da die Dinge ununterbrochen im Fluss sind, müssen sie diese imaginäre Landkarte auf der Grundlage von ständig neuen Informationen laufend aktualisieren. Wenn Ceasefire eine traditionelle Organisation von Ordnungshütern wäre, in der Menschen von außerhalb des Viertels angestellt sind, hätte sie niemals das Vertrauen, die Glaubwürdigkeit und die Einflussmöglichkeiten, die zur Erfüllung ihrer Aufgabe nötig sind. In der Chicagoer Polizei sind zwar nicht alle begeistert, dass Ceasefire auf strikter Vertraulichkeit und Neutralität beharrt, wenn es um illegale Aktivitäten in ihrem Einflussbereich geht. Aber viele haben es zu respektieren gelernt, dass Ceasefire Dinge tun kann, die der Polizei unmöglich sind – oder dass sie sich um bestimmte Dinge kümmern, sodass die Polizei ihre Kräfte anderswo effektiver einsetzen kann.

Eine gute soziale Landkarte allein reicht jedoch nicht aus. Die Mitarbeiter von Ceasefire müssen auch mit der Logik der Gewalt auf der Straße vertraut sein und wissen, wie eine Handlung interpretiert werden wird, nicht nur vom Opfer selbst, sondern von all den anderen im sozialen Gefüge. Wo soll man intervenieren, wenn im dichten Nebel der Halbinformationen nach einer Schießerei jede Minute zählt? Die »Interrupter« müssen ein Gespür für die Folgen einer Tat haben: *Wenn X von Y erschossen wird, dann wird Z vom Bruder von X erschossen, woraufhin der Freund von Z den Konflikt eskalieren lässt* – Szenarienplanung für die Straße.

Und dann ist da noch die Kunst der eigentlichen Intervention – die ebenso spezielle Fähigkeiten erfordert wie die Aufgabe, jemanden davon abzuhalten, von der Brücke zu springen. »Wenn jemand die Absicht, die Möglichkeiten, die emotionale Energie und den sozialen Rückhalt hat, einen Mord zu begehen, dann muss man sehr klug und authentisch sein und improvisieren können wie beim Jazz, um ihn davon abzubringen«, sagt Slutkin über die »Interrupter«. »Diese Männer sind Meister einer Kunst, die es bis vor Kurzem gar nicht gab.«

Wie Fledermausfische oder die Komplementärwährung WIR fungieren auch die »Interrupter« als eine antizyklische Strategie, die in das System *eingebaut* ist und so lange schlummert, bis das soziale System den kritischen Punkt erreicht, an dem es zum Schusswaffengebrauch zu kommen droht. Dann jedoch wird sie sofort aktiviert, um das soziale Netz wieder in einen halbwegs stabilen Zustand zurückzuversetzen.

Der Blick auf die Arbeit der Streetworker und »Interrupter« zeigt, dass Ceasefire wenig Ähnlichkeit mit einer herkömmlichen sozialen Einrichtung hat, die nur zu normalen Bürozeiten zu erreichen ist. Und es gibt noch andere Unterschiede. So stellen die meisten traditionellen Organisationen keine ehemaligen Gefängnisinsassen als Streetworker ein – bei Ceasefire dagegen spielen sie eine Schlüsselrolle.

»Die meisten Organisationen haben einen traditionelleren Ansatz«, sagt auch Elena Quintana. »Ceasefire holt Menschen aus dem Bauch der Bestie und schickt sie wieder da raus, um Menschenleben zu verändern. Das ist biblisch. Man hört sie sagen: ›Jesus war ein Streetworker.‹ Die ›Interrupter‹ sehen ihre Entscheidung, für Ceasefire zu arbeiten, oft im Zuge ihrer eigenen Erlösung.«

2. Schritt: Das Denken verändern

Frank Perez, der oberste Streetworker bei Ceasefire, trägt ein großes, goldenes Kreuz um den Hals. Auf seinem schwarzen T-Shirt steht »Don't shoot«: »Nicht schießen«. Perez ist der Sohn puertoricanischer Einwanderer. Aufgewachsen ist er in den gewaltbereiten Gangs der Chicagoer South Side. Nachdem er viele Jahre ziemlich gefährlich gelebt hatte und ständig mit dem Gesetz in Konflikt geraten war, hatte er ein Offenbarungserlebnis, das sein Leben veränderte.

»Als ich Ende 20 war, ist mir klargeworden, dass das alles hier, dass dieses ganze kaputte Viertel *mein* Schlamassel ist. Es ist unser Schlamassel, und es ist unser Job, das irgendwie in Ordnung zu bringen. Diese ganze Gewalt? Alles meine Schuld. Jetzt dreht sich in meinem Leben alles darum, den Schaden wiedergutzumachen.«

Perez machte einen Masterabschluss in Sozialarbeit und stieß dann 2002 zu Ceasefire. An diesem Abend ist er mit Kobe Williams in Englewood unterwegs. Williams ist ein »Interrupter«, und dieses Viertel ist sein Revier. Trotz seines schwierigen Jobs wirkt Williams völlig entspannt. Er verbringt gern Zeit auf der Straße, es macht ihm sichtlich Spaß, seine Kontakte zu pflegen. Auf seiner weißen Baseballmütze prangt das Motto von Ceasefire:

»Stop Killing People«: »Schluss mit dem Morden«. Um den Hals trägt er eine Ceasefire-Erkennungsmarke.

In den 1990er Jahren fiel in Chicago nach langem Tauziehen die Entscheidung, die berüchtigten »Robert Taylor Homes« abzureißen, Wohnsilos mit Sozialwohnungen im Chicagoer Viertel Bronzeville. Die Bewohner erhielten sogenannte »Section 8«-Gutscheine, die es ihnen ermöglichen sollten, hinzuziehen, wo immer sie wollten. Tatsächlich verfügten die meisten Bewohner jedoch weder über das soziale Netzwerk noch über die finanziellen Mittel, sich woanders niederzulassen. Die meisten zogen einfach ins Nachbarviertel: Englewood.[9] Der Zustrom von heimatlosen Leuten brachte die Sozialstruktur von Englewood völlig durcheinander und verschärfte das Problem der verfeindeten, gewaltbereiten Cliquen noch weiter.

»Früher konnte man mit dem Anführer einer Gang reden, und der hat seinen Leuten gesagt, was sie tun und lassen sollen, aber nach RICO [Gesetz zur Bekämpfung illegaler Vereinigungen] haben sie in den 70ern und 80ern die ganzen Anführer von der Straße geholt und eingebuchtet«, erklärt Perez. »Heute will sich niemand mehr hervortun, indem er als Anführer auftritt. Das ist zu gefährlich, zu heiß. Entweder die Cops schnappen dich, oder du wirst erschossen.«

Für Perez war RICO – ein Gesetz, das eigentlich die Strafverfolgung erleichtern sollte – eine Dummheit mit ungeahnten Folgen: »Sie haben die Köpfe abgeschnitten, aber die Körper nicht getötet. Und jetzt gibt es massenweise Banden von ›Gesetzlosen‹, die sich von niemandem etwas sagen lassen.« Der Kampf von Ceasefire gegen die Strategie des Abwartens, Vermehrens und Ausschwärmens, die all diese potenziellen Straftäter an den Tag legen, erinnert an John Arquillas Beschreibung der Kriege im Irak und in Afghanistan.

An diesem frühen Abend wirkt Englewood ruhig. Williams zeigt uns eines von mehreren unbebauten Grundstücken und beschreibt den jüngsten Grillabend, den Ceasefire hier veranstaltet hat.»Unsere Partys sind sehr beliebt. Es gibt Essen umsonst, es kommen 60 bis 70 Leute, und sie sagen uns jedes Mal, dass wir so was öfter machen sollten.«

»Wir nennen solche Veranstaltungen Mitternachtsgrill«, ergänzt Perez.»Wenn die Lage in einer bestimmten Ecke aufgeheizt ist, stellen wir abends um neun unseren Grill auf und geben Hot Dogs aus, solange wir können.«

Oft gehen die Gangmitglieder ihren ganz normalen Drogengeschäften an den gleichen Straßenecken nach, an denen Ceasefire Grillabende veranstaltet – ein gutes Beispiel für das Vertrauen und Ansehen, das Ceasefire auf der Straße genießt.

»Wenn wir Bandenmitglieder sehen, die Drogen verkaufen, dann sagen wir nur zu ihnen: ›He, Jungs, wir stehen hier, weil ihr die Atmosphäre mit eurer Gewalt zu sehr aufheizt. Chillt mal ein bisschen.‹ Sie wissen, dass wir recht haben«, sagt Perez.

»In der traditionellen Seuchenbekämpfung haben wir es häufig mit Krankheiten wie H1N1 zu tun, gegen die es noch keine wirksamen Medikamente gibt«, so Gary Slutkin.»Solange das so ist, versuchen wir in der frühen Phase des Kampfes gegen eine Pandemie, bestimmte Verhaltensweisen zu fördern, um die Ansteckungsgefahr zu reduzieren. Und wenn wir dann einen Impfstoff oder ein Antibiotikum haben, versuchen wir, es sofort den Leuten zugänglich zu machen, die am meisten gefährdet sind. Diese Strategie beruht auf dem Wissen um die spezifischen Eigenschaften eines Virus und seine Übertragung – im Fall von H1N1 erfolgt diese über Tröpfcheninfektion. Die Krankheit wird nicht von ›schlechten‹ Menschen übertragen, sondern über die Luft.«

An dieser Stelle macht er eine kurze Denkpause, bevor er weiterspricht. Er ist dabei, sich auf unbekanntes Terrain zu begeben.

»Und Gewalt wird durch Gedanken übertragen.«

Für Slutkin »gleicht« Gewalt nicht nur einer Krankheit im metaphorischen Sinne. Gewalt *ist* eine Krankheit, nur dass sie nicht durch Keime übertragen wird, sondern durch Gedanken, Entscheidungen und Ansichten – über das Wesen und die Akzeptanz von Gewalt und über die Erwartungen der eigenen Peergroup – sowie durch den Grad der eigenen Zuversicht beziehungsweise Hoffnungslosigkeit in Bezug auf die Zukunft. Sie springt von einem Gehirn aufs andere über – nur wird sie nicht durch Bakterien übertragen, sondern durch Nachahmung.

Und sie ist extrem ansteckend.

Sehr häufig ist die Gewalt, mit der es die »Interrupter« und Streetworker von Ceasefire zu tun haben, nicht emotional, sondern eine kalkulierte Notwendigkeit: ein Mittel, mit dem man verhindert, dass der eigene Status auf der Straße infrage gestellt wird. Hinter der Gewalt steckt nicht Aggressivität oder Rachedurst, sondern die Angst davor, wie man vom sozialen Umfeld wahrgenommen werden wird, wenn man *nicht* auf eine vermeintliche – oder auch nur drohende – Beleidigung reagiert.

Diese Tatsache liefert den Streetworkern genau den Ansatzpunkt, auf den die »Interrupter« oft angewiesen sind, um einen Konflikt zu entschärfen, ehe er sich tödlich zuspitzt. Entgegen dem herrschenden Vorurteil von wütenden Gangmitgliedern, die völlig außer Kontrolle geraten, so Frank Perez, würden die meisten Klienten von Ceasefire »nicht nur bereitwillig ins Büro kommen, wenn wir sie einbestellen, sondern oft selbst darum bitten, dass wir vermittelnd eingreifen«.

Warum lassen sich diese gefährdeten Männer freiwillig »babysitten«, während sie ein wenig »abkühlen«?

»Meistens wollen sie die Tat gar nicht begehen«, erklärt Perez, »aber sie müssen ihr Gesicht wahren. Dadurch, dass es Ceasefire gibt, können sie ihren Freunden erzählen: ›Ach, weißt du, Frank hat's mir ausgeredet. Ich hätt's durchgezogen, wenn Frank es mir nicht ausgeredet hätte.‹ Und dann sagen die Freunde: ›Ja, Mann, darin ist Frank echt gut.‹ Und keiner verliert sein Gesicht.«

Perez vergleicht das mit einem Kampf auf dem Bolzplatz: Man gerät sich mit einem anderen in die Haare und verabredet sich zu einer bestimmten Zeit zum Kampf. Wenn der Zeitpunkt näher rückt, bekommt man immer mehr Angst, aber jetzt gibt es kein Zurück mehr. »Man will schließlich nicht als Feigling dastehen.« Also geht man auf den Bolzplatz, alle anderen Kindern feuern einen an, und man hat keine Chance, sich zu drücken.

Ceasefire eröffnet den Männern einen Ausweg, mit dem alle leben können.

Wenn Ceasefire nicht gewesen wäre, hätt ich's durchgezogen, ich schwör's dir.

3. Schritt: Die Normen verändern

Albany Park, Chicago: Tio Hardiman parkt seinen Wagen auf der West Sunnyside Avenue, neben einer stetig anwachsenden Gruppe von Trauernden. Einige Frauen trocknen ihre Tränen mit zusammengeknüllten Papiertaschentüchern. Auf dem Gehweg sitzen Männer auf Klappstühlen. Ihr Blick wandert immer wieder zu einer improvisierten Gedenkstätte unter einem Baum.

»Wir werden Dich nie vergessen.«

»Für meine liebe Angie.«

»Ruhe in Frieden, meine Kleine.«

Es ist eine Versammlung zu Ehren der 19-jährigen Angelina Escobar, die zusammen mit ihrem Freund Alex Santiago in ihrer Wohnung erschossen wurde. Hardiman glaubt nicht, dass die Morde in unmittelbarem Zusammenhang mit der Gewalt zwischen den Gangs der Chicagoer West und South Side stehen. Trotzdem ist er gekommen, um als Vertreter von Ceasefire Solidarität und Unterstützung im Kampf gegen die Gewalt zu demonstrieren.

Hardiman wendet sich an die Frauen, die Tante und weitere Verwandte der Toten, die neben der Gedenkstätte voller Blumen und handgeschriebener Karten stehen.

»Mein Name ist Tio Hardiman, ich komme im Namen von Ceasefire, um Ihnen unsere Anteilnahme zu zeigen.«

Ein Slogan, den man im Umfeld von Ceasefire häufig hört, lautet: »Glaubwürdige Botschaften von glaubwürdigen Überbringern.« Hardiman verteilt Ceasefire-Kärtchen an die wachsende Trauergemeinde. Die Botschaft darauf besteht aus lediglich zwei Wörtern: »Nicht schießen.«

»Wir haben kein Interesse daran, den Drogenkonsum, den Drogenhandel und so weiter zu bekämpfen«, sagt Hardiman. »Hinter unserer Botschaft kann jeder stehen: Schluss mit dem Morden. Darauf können sich alle einigen. Deshalb kann Ceasefire auf der Straße so glaubwürdig auftreten.«

Hardiman deutet auf einige Mitarbeiter des Ceasefire-Büros in Albany Park, die sich solidarisch unter die Trauernden gemischt haben. Wenig später trifft ein Partner von Ceasefire aus der Kirche ein, Pfarrer Robin Hood von der Straßenmission in Englewood. Er stellt sich vor die Gruppe und breitet die Arme aus.

»Ein weiterer Akt sinnloser Gewalt erschüttert unsere Gemeinden. Ich weiß nicht viel über Angelina Escobar, aber ich weiß, dass sie jemandes Enkelin, Nichte, Tochter und Freundin war.«

Eine nach dem anderen treten die Trauernden vor und sprechen über Angelina Escobar, eine junge Frau, die zur falschen Zeit am falschen Ort war und unschuldig Opfer einer Gewalttat wurde. Als der letzte Trauernde gesprochen hat, wiederholt der Pfarrer beschwörend den ersten Satz seiner Ansprache: »Ein weiterer Akt sinnloser Gewalt erschüttert unsere Gemeinden.« Schließlich stimmt er einen Sprechchor an, in den alle Versammelten einfallen: »Schluss mit der Schießerei! Schluss mit der Gewalt! Schluss mit dem Morden! Waffenruhe! Waffenruhe! Waffenruhe!« Die Worte hallen durch die Straßen. Diese vielfach wiederholte, öffentliche Proklamation einer einfachen, »glaubwürdigen Botschaft von einem glaubwürdigen Überbringer« erinnert an die »dritte Seite« von William Ury, dient sie doch dazu, eine neue Norm bekannt zu machen und zu verankern: Schießen ist inakzeptabel. Die Gemeinschaft appelliert an die Gemeinschaft und gibt ihr Feedback, welches Verhalten angemessen ist.

Wie man am Beispiel der gesellschaftlichen Toleranz gegenüber Rauchern sieht, ist es ein langwieriger Prozess, eine Norm zu verändern. Damit das Team von Ceasefire Erfolg hat, wird es alle Möglichkeiten ausschöpfen müssen, die Öffentlichkeit anzusprechen, von nächtlichen Grill-Partys und Straßenmärschen bis hin zu persönlichen Gesprächen an der Haustür und Dutzenden anderer gemeinschaftsstärkender Rituale, die erst noch ersonnen werden müssen. Notwendig sind ständige Wiederholung, echtes, authentisches Engagement, ausdauernder Einsatz und das Aushalten unvermeidlicher Rückschläge. Und um sicherzustellen, dass die Gewalt niemals zurückkommt, werden die Leute von Ceasefire diesen Normen auch dann immer wieder Nachdruck verleihen müssen, wenn in einem Viertel schon lange kein Schuss mehr gefallen ist.

Verhaltensänderungen sind niemals leicht zu bewerkstelligen. Neue Forschungsergebnisse deuten jedoch darauf hin, dass sich neue Normen im sozialen Netz einer Stadt oder eines Viertels auf ganz ähnliche Weise ausbreiten wie die durch Nachahmung übertragene Krankheit Gewalt.

Auf der Grundlage von Daten der Framingham-Herz-Studie, einer Langzeitstudie an Einwohnern von Framingham im Bundesstaat Massachusetts, die seit 1948 läuft, hat ein Forschungsteam der Harvard University unter der Leitung der Biophysikerin Allison Hill kürzlich nachgewiesen, dass sich positive und negative Gefühle im sozialen Netzwerk einer Stadt über lange Zeiträume hinweg ausbreiten wie Infektionskrankheiten.[10] Für jeden »zufriedenen« Menschen, den Sie kennen, so das Ergebnis der Auswertung, steigt die Wahrscheinlichkeit, dass Sie selbst ein zufriedener Mensch sind, um 2 Prozent. Allerdings: Mit jedem »unzufriedenen« Menschen, den Sie kennen, steigen Ihre Chancen, selbst unzufrieden zu sein, leider um 4 Prozent. Die negativen Auswirkungen, die der Umgang mit unglücklichen Menschen auf Ihre Gemütsverfassung hat, wiegen mit anderen Worten doppelt so schwer wie die positiven Auswirkungen des Umgangs mit glücklichen Menschen. Interessanterweise ist eine »Ansteckung« mit Glück der Studie zufolge allerdings dauerhafter – sie hält doppelt so lange an (zehn Jahre) wie eine Ansteckung mit Unzufriedenheit.

Für Ceasefire bedeuten solche Forschungsergebnisse nicht nur, dass das Verändern von Normen möglich ist, sondern dass die Bewohner eines Viertels, die sie indirekt erreichen, mindestens genauso wichtig sind wie jene, die sie direkt erreichen. Wenn Gewalt eine Krankheit ist, die durch Gedanken übertragen wird, dann kann sie vielleicht auch durch Gedanken geheilt werden.

Doch schon jetzt ist Ceasefire im Hinblick auf die Minderung der Gewalt mit Schusswaffen eines der erfolgreichsten Projekte aller Zeiten. Im Jahr 2000 zum Beispiel führte der Ansatz von Ceasefire im schlimmsten Polizeibezirk Chicagos – dem 11. Polizeibezirk im Viertel West Garfield – zu einem Rückgang der Schießereien um 67 Prozent, und das innerhalb eines Jahres. Als sie daraufhin mehr Mittel erhielten, dehnten sie ihren Ansatz auf drei weitere Stadtviertel aus. Indem sie das zur Verfügung stehende Geld gleichmäßig verteilten, erreichten sie in allen drei Vierteln einen Rückgang um 33 bis 45 Prozent. Als Mittel für ein fünftes Viertel bewilligt wurden, sank die Anzahl der Schießereien auch dort um 45 Prozent. Ceasefire weitete die Bemühungen auf 15 und schließlich 25 Viertel aus, und schon bald konnten sie in all diesen Vierteln positive Rückkopplungseffekte feststellen.[11] Insgesamt hat Ceasefire bis heute in sämtlichen Vierteln der Chicagoer West und South Side einen Rückgang der Schießereien um 40 Prozent erreicht.[12]

Dieser durchschlagende Erfolg geht auf die Streetworker und »Interrupter« zurück, die funktionieren wie die Makrophagen eines Immunsystems, indem sie ständig auf der Hut sind, Bedrohungen »im Keim« ersticken und verhindern, dass die Gewaltepidemie sich nicht im gesamten »Substrat« der Gemeinschaft ausbreitet.

Interventionen wie die von Ceasefire sind niemals statisch. Sie sind ein langfristiger Ansatz, der die Akzeptanz und Unterstützung der Gemeinschaft voraussetzt und ständige Wachsamkeit erfordert. Wenn man sie jedoch richtig anpackt, kann durch solche Interventionen etwas ungemein Wichtiges entstehen, das über den speziellen Kontext der Gewalt hinausweist: ein starkes, latentes soziales Netz.

Wie wir im nächsten Kapitel sehen werden, kann ein solches Netz dann von Führungspersönlichkeiten mit ganz bestimmten Fähigkeiten dazu genutzt werden, die Segnungen von gezielt entwickelten Interventionen für die verschiedensten Interessengruppen fruchtbar zu machen.

8. Vermittelnde Führungspersönlichkeiten

Als wir im Zuge der Recherchen für dieses Buch die ganze Welt bereisten, war eine unserer überraschendsten – und überraschend durchgängigen – Erkenntnisse, welche wichtige Funktion für die Resilienz einer Gemeinschaft einer bestimmten Art der Führungspersönlichkeit zukommt. Das entsprach gar nicht unserer Absicht, schließlich hatten wir nicht vorgehabt, ein Buch mit dem Titel »Sieben Wege zur resilienten Persönlichkeit« zu schreiben. Doch überall dort, wo wir auf Gemeinschaften stießen, die sich angesichts widriger Umstände dynamisch neu zu organisieren vermochten, begegnete uns in unterschiedlichen Erscheinungsformen (jung und alt, reich und arm, männlich und weiblich) immer wieder der gleiche Persönlichkeitstyp. Diese Führungspersönlichkeiten erwiesen sich als verblüffend geschickt, wenn es darum ging, unterschiedliche Interessengruppen und Institutionen unter einen Hut zu bringen und in Beziehungen und Transaktionen zwischen verschiedenen politischen, ökonomischen und gesellschaftlichen Ebenen zu vermitteln.

Diese Persönlichkeiten passten nicht zu konventionellen Vorstellungen davon, wie ein Anführer auszusehen habe: Sie waren keine visionären CEOs mit kantigem Kinn, keine führungsstarken, durchgestylten Politiker, aber auch keine einfachen Leute von der

Straße. Vielmehr waren sie Vertreter einer wenig beachteten dritten Kategorie, Anführer »aus der Mitte heraus«, die sowohl nach oben als auch nach unten bestens vernetzt waren, mühelos zwischen unterschiedlichen Organisationsebenen hin und her wechselten, Gruppen einbanden, die von anderen meist übersehen wurden, und zwischen den unterschiedlichen Interessengruppen *vermittelten*. Die Autorität dieser »vermittelnden Führungspersönlichkeiten« wurzelte nicht nur in ihrer formellen Machtposition, sondern in ihrem informellen Status innerhalb der Kultur. (Denken Sie an Josh Nesbit und Patrick Meier vom Unternehmen 4636, Tio Hardiman von Ceasefire oder Willie Smits in Indonesien.) Wie wir am Beispiel des Inselstaates Palau sehen werden, kann es in schwierigen Zeiten einen großen Unterschied machen, wenn eine solche vermittelnde Führungspersönlichkeit die Zukunft einer Gemeinschaft mitbestimmt.

Von Palau lernen[1]

Auf dem Weg zum Inselstaat Palau flogen wir zunächst von New York nach Honolulu, wo wir unsere Uhren um fünf Stunden zurückstellen mussten. Dort nahmen wir einen Flug nach Guam, in ein weit westlich von Hawaii gelegenes, nicht inkorporiertes Außengebiet der USA. Da wir unterwegs die internationale Datumsgrenze passierten, waren wir nun statt fünf Stunden zurück 20 Stunden voraus. Dann warteten wir zwischen japanischen Rucsacktouristen und Tauchabenteurern auf die Maschine, die einmal täglich von Guam zum mikronesischen Archipel Palau fliegt.

Als wir am Ende unserer Reise in diesem so herrlich gelegenen Ökosystem ankamen, hatten wir unterwegs gestern, heute und morgen besucht – ein Verschwimmen von Vergangenheit, Gegenwart und Zukunft, das dem Ziel unserer Reise, wie wir bald erfahren sollten, in ganz besonderer Weise angemessen war.

Palau ist ein aus 340 Inseln bestehender Archipel im Pazifischen Ozean, knapp 1000 Kilometer östlich der Philippinen. Im Süden konzentrieren sich die berühmten Rock Islands, eine Ansammlung von faszinierenden Felsenatollen, die aus dem Meer hervorlugen wie saftig grün überwucherte Kressetiere. Umgeben ist der Archipel von einem Korallenriff, das eine bis zu 20 Kilometer breite, an manchen Stellen sehr seichte, an anderen aber bis zu 40 Meter tiefe Lagune formt. In Palau fließen drei große Meeresströmungen zusammen, weshalb man hier das ganze Spektrum an Meeresbewohnern des Indischen und Pazifischen Ozeans vorfindet. Durch den fast acht Kilometer tiefen Palaugraben entstehen Auftriebsströmungen, die die seichtere Lagune mit nährstoffreichem Wasser versorgen.

Die Folge dieser Meeresströme ist eine erstaunliche Vielfalt an Lebensformen. Auf dem Archipel wachsen 700 Korallenarten, viermal so viele wie in der Karibik.

All das macht Palau zu einem sogenannten Biodiversitäts-Hotspot und sichert der Inselgruppe einen Ehrenplatz als eines von sieben Unterwasser-Weltwundern neben dem Great Barrier Reef. Kein Wunder, dass die Fischer von Palau zu den kenntnisreichsten der Welt gezählt werden.

Bis zum Beginn des 20. Jahrhunderts orientierten sich die Fischer an einem uralten Naturschutzethos, bei dem die Erhaltung des Riffs und der Lagune im Mittelpunkt stand. Die einzelnen Dorfgemeinschaften wachten über die Fischgründe; wer nicht zum Dorf gehörte, durfte ohne Erlaubnis nicht fischen. Die entsprechenden Regeln wurden von den Dorfhäuptlingen aufgestellt, eine Funktion, die an die nächste Generation weitervererbt wurde. Durch diese traditionelle Wirtschaftsweise lebten die Palauer in einem Zustand der sogenannten »subsistence affluence« [zu dt.

etwa: »Reichtum auf Subsistenzniveau«]: Die Inselkultur legte großen Wert auf soziale Stabilität, Nachbarschaftshilfe und familiäre Herkunft, während die Anhäufung materieller Güter wenig bis keinen Statusgewinn mit sich brachte.

Während des 18. und 19. Jahrhunderts gehörte Palau erst zu Spanien und dann zum Deutschen Reich; ein winziger, übersehener Inselstaat, in dem weitgehend alles beim Alten blieb. Als die Inseln nach dem Ersten Weltkrieg jedoch Japan zugesprochen wurden, begann die traditionelle Kultur in Palau zu bröckeln. Die Japaner integrierten Palau mit allen Konsequenzen in ihr Kolonialreich. Plötzlich verwandelte sich die Hauptstadt Koror von einem Fischerdorf, in dem Subsistenzwirtschaft betrieben wurde, zu einem hoch entwickelten Vorposten Tokios. Neben sorgfältig getrimmten Grünanlagen entstanden moderne Häuser mit Glasfenstern und Schindeldächern, und die Hauptstraße von Koror umwehte zusehends eine Aura von strenger japanischer Ordnung. Durch den Zuzug zahlreicher Japaner waren die einheimischen Palauer in den 1930er Jahren eine Minderheit im eigenen Land.

Mit der neuen japanischen Kultur wurde auch ein neues Wirtschaftssystem importiert: Mit den Japanern kamen neue Netze, motorisierte Boote und andere Hilfsmittel ins Land, die die Fangmengen der Fischer deutlich erhöhten. Die Zeiten, in denen Fische an Nachbardörfer abgegeben wurden, waren vorbei. Fisch galt fortan als wichtiger Vermögenswert, den man kauft und verkauft. In Palau etablierte sich die Marktwirtschaft.

Als die Inseln nach dem Zweiten Weltkrieg zum Treuhandgebiet der Vereinigten Staaten wurden, beschleunigte sich diese Entwicklung. Der Forscher Robert Johannes verbrachte Anfang der 1970er Jahre 16 Monate mit palauischen Fischern. In seiner bahnbrechenden Ethnografie *Words of the Lagoon* dokumentierte er die Erinnerung der Älteren an die Veränderungen in der Fischerkultur:

> Zusehends sah er [der palauische Fischer] sich gedrängt, mit anderen
> Fischern um Geld zu wetteifern und damit um Fisch. Er wandte sich
> ab vom Palmblätternetz, das den Einsatz von einem Dutzend oder
> mehr Männern erforderte, die zusammenarbeiteten und den Fang
> unter sich aufteilten, und verwendete stattdessen das importierte *ke-
> sokes*-Netz, das er allein bedienen konnte.[2]

Die amerikanische Verwaltung förderte nicht nur markt- und
wettbewerbsorientiertes Verhalten und die entsprechenden Technologien, sie setzte auch eine demokratische, zentralisierte Regierung ein. Im Jahr 1955 wurde ein Parlament eingerichtet, in dem
gewählte Vertreter aus den einzelnen Gemeinden saßen. Im Zuge
dieses Übergangs schwand der Einfluss der Dorfhäuptlinge und
damit auch ihre Bedeutung für den Schutz der Fischgründe. Stattdessen förderten in Amerika ausgebildete Verwaltungsangestellte
Prinzipien wie Privateigentum, Wettbewerb und Eigeninteresse.
Die Fixierung auf den »Fortschritt« bot wenig Anreize, für die
Einhaltung von Naturschutzgesetzen zu sorgen: Wie schwer wog
schon der Verlust von ein paar Fischen gegenüber der Moderni-
sierung?

Ein entscheidender Wendepunkt war das Jahr 1959, als sich in
Guam ein Exportmarkt auftat und die amerikanische Regierung
den Fischern in Palau Kredite für die Anschaffung von größeren
und effizienteren Booten anbot. Da sie unter Druck standen, die
Kredite zurückzuzahlen, waren die Fischer mehr denn je auf gute
Fangergebnisse angewiesen. Insofern überrascht es wenig, dass
sich Fischer auf den wichtigsten Inseln, in den dicht besiedelten
Gebieten wie Koror und Ngeremlengui, bald mit abnehmenden
Beständen konfrontiert sahen. In vergangenen Jahrhunderten wären in einer solchen Situation uralte Schutzmechanismen in Kraft
getreten, damit die Bestände sich erholen können – zum Beispiel
die Einrichtung von Schutzgebieten, in denen die Fische unge-

stört laichen können –, aber in den 1960er und 1970er Jahren hatten die Fischer an derlei kein Interesse. Stattdessen machten sich die Vertreter der betroffenen Gebiete an die Ausarbeitung von Gesetzen, die althergebrachte Lagunen- und Riffgesetze außer Kraft setzen sollten. Sie wollten Zugang zu sämtlichen Fischgründen der Insel.

Gleichzeitig veränderten andere Entwicklungen Palau von Grund auf. Im Lauf der 1970er Jahre kehrten immer mehr junge Leute ihrem Dorf den Rücken und zogen nach Koror, wo es attraktive Arbeitsplätze im Staatsdienst gab – mit Gehältern, die auf dem vergleichsweise überhöhten Tarif für Staatsbeamte auf dem amerikanischen Kontinent beruhten. Dieser Trend zur Urbanisierung entfaltete zunehmend eine Sogwirkung: Im Jahr 1980 lebten mehr als 60 Prozent der Palauer in der Hauptstadt. Entsprechend hoch war dort die Arbeitslosigkeit. Selbst wer Arbeit hatte, konnte sich kaum ein Fischerboot leisten.

Innerhalb einer einzigen Generation waren in Palau, einer Inselgruppe, die zu den artenreichsten Meeresökosystemen der Erde zählt, aus Dorfbewohnern Stadtbewohner geworden, die unterbeschäftigt, verschuldet und zu arm waren, um ihre eigenen Fische zu essen. Die Bevölkerungsmehrheit lebte von aus Japan importierten Dosenmakrelen.[3]

Der Wandel Palaus von einer traditionellen, autarken Gesellschaft zu einem Teilnehmer an der Weltwirtschaft hatte – wie viele solcher Umwälzungen – zwei Seiten. Die marktorientierte, demokratische Regierung brachte natürlich Freiheiten und Chancen mit sich, aber auch eine Mischung neuer Anreize und Abhängigkeiten, die zu einer Aushöhlung kultureller Institutionen, Normen und Tabus führten. Damit wollen wir weder das präkoloniale Palau als Paradies auf Erden darstellen, noch wollen wir leugnen, dass die Moderne voller Segnungen ist. Wie alle Gesellschaften dieser Art hat Palau die Schwelle zur Moderne, teils aus eigenem Antrieb, teils aufgrund verführerischer Versprechen und äußerer Zwänge, unumkehrbar überschritten, und niemand außer den Palauern selbst hat das Recht, Kosten und Nutzen abzuwägen. Eines jedoch ist unbestreitbar, bei all den enormen Vorteilen, die mit der weltweiten Verflechtung einhergehen: Der Modernisierungsprozess hat auch kulturelle Brüche mit sich gebracht, die traditionelle Institutionen beschädigt, gemeinsame Werte untergraben und die Beziehung zwischen der Nation und ihrem außergewöhnlichen Naturerbe gefährdet haben.

Die plötzliche Verflochtenheit Palaus mit der Weltwirtschaft illustriert, ähnlich wie das derzeitige Schicksal der Orang-Utans in Borneo, welche Spannungen auftreten können, wenn Kräfte, die unterschiedlichen »Zeittakten« folgen, auf ein komplexes soziales und ökologisches System einwirken.

Stellen Sie sich vor, wie lange eine einzelne Transaktion auf dem palauischen Markt dauert – der Verkauf eines Fisches zum Beispiel nimmt vielleicht 30 Sekunden in Anspruch. Denken Sie demgegenüber an die gesellschaftlichen und politischen Rahmenbedingungen, die dafür verantwortlich sind, auf welche Weise jener Fisch im Netz eines Fischers landet. Die Schaffung eines solchen kulturellen Systems erfolgt über Jahrzehnte und Generationen hinweg. Aber wählen wir einen noch weiteren Blickwinkel und betrachten wir die ökologischen und geologischen Dimensionen. Wie viele Jahrtausende müssen verstreichen, bis ein Ökosystem eine solche Artenvielfalt ausgebildet hat, dass jede Fischart eine Nahrungsgrundlage hat? Und wie viele Jahrtausende werden vergehen, bis diese Vielfalt wiederhergestellt ist, wenn sie einmal zerstört ist?

Ohne kompensatorische Mechanismen – wie jenen, die Willie Smits im Samboja Lestari entwickelt – können sich schnell entfaltende Prozesse (wie Verkaufstransaktionen) in Kombination mit sehr langsamen Prozessen (wie der Erholung eines Ökosystems) die Adaptionsfähigkeit des Gesamtsystems aushöhlen. Letztlich können die Scherkräfte einen Zusammenbruch des Systems bewirken. Das präkoloniale Palau war ein Archipel ohne nennenswerte ökonomische Verflechtungen mit der Außenwelt. Zumindest flossen zwischen der Inselgruppe und dem Rest der Welt keine großen Materialströme. Der Zeittakt der Gesellschaft war langsam und vergleichsweise stabil, wobei die sozialen und ökologischen Systeme eng aufeinander abgestimmt waren, sodass zuverlässige Rückkopplungsschleifen fundierte Entscheidungen zur Erhaltung der Umwelt ermöglichten. Als jedoch neue Abhängigkeiten von der Außenwelt geschaffen wurden, folgten die Wirtschaft und das Wertesystem Palaus einem neuen Zeittakt.

Wie kann ein winziger Inselstaat wie Palau solche dramatischen Verschiebungen der Prioritäten und Werte überstehen? Wenn die Globalisierung ein immer dichteres, weltumspannendes Netz der Abhängigkeiten schafft – und den Zeittakt ökologischer Systeme von Geschwindigkeit und Rhythmus menschlicher Gesellschaften entkoppelt –, wie können wir dann wieder ein Ohr für das Feedback entwickeln, das die Natur uns gibt?

Palau brauchte eine Strategie, um sich zwischen Tradition und Moderne, schnell und langsam, lokal und global einen eigenen Weg zu suchen – um seine tief verwurzelten Traditionen wiederzubeleben und zwischen ihnen und den neuen Zwängen der Globalisierung Brücken zu schlagen. Heute ist Palau auf dem besten Weg, mithilfe einer vermittelnden Führungspersönlichkeit ein gesundes Gleichgewicht zu finden.

Noah und die *Bul*

Als die Bürger von Palau sich 1978 in einer Volksabstimmung für die Unabhängigkeit entschieden, folgte für die Regierung der Inseln eine Zeit aufregender Veränderungen. In dieser Übergangsphase auf dem Weg zur Unabhängigkeit übernahm in der Abteilung für natürliche Ressourcen ein junger gebürtiger Palauer die Leitung des Bereichs Fischwirtschaft. Noah Idechong, damals noch keine dreißig, verkörperte in Palau eine neue Politikergeneration. Er hatte zwar am Pacific College in Hawaii Betriebswirtschaft studiert, war aber in einem kleinen Fischerdorf an der Ostküste einer palauischen Insel geboren und aufgewachsen. Durch sein Studium in Hawaii war er sich der Bedeutung kluger Führung bewusst. Gleichzeitig hatte er jedoch Respekt vor dem rasch verlorengehenden tradierten Wissen und dem unschätzbaren Wert des »Instinkts« eines Fischers.

Die engeren wirtschaftlichen Kontakte zu Japan nach der Entscheidung für die Unabhängigkeit brachten erste Touristen nach Palau. Als Tauchparadies war Palau seit Langem bekannt – aufgrund der steil abfallenden Küsten und wechselnden Strömungen gilt Palau als eines der besten Tauchreviere der Welt –, aber jenseits der Tauchclubs hatte kaum jemand von dieser Inselgruppe auch nur gehört. Dann wurde 1985 an einem der einsamen, unberührten palauischen Strände ein Fünfsternehotel eröffnet. Die Kunde verbreitete sich rasch, und zum ersten Mal in seiner Geschichte sah Palau sich mit einem beträchtlichen Strom von Touristen konfrontiert.

Der Konflikt zwischen Tauchtouristen und Fischern ließ nicht lange auf sich warten. Die besten Fischfanggründe waren nicht selten auch die beliebtesten Tauchgebiete, und so rivalisierten Fischer mit Tauchern aus aller Welt um die begehrtesten Plätze. Die Voraussetzungen, mit denen die zwei Gruppen in den Konflikt gingen, waren grundverschieden. Die Taucher – die in der Mehrzahl ökologisch dachten und nur vorübergehend in Palau waren – wollten die Artenvielfalt der Riffe erhalten, während die Fischer von Anfang an misstrauisch gegenüber diesen Fremden waren, die auf der Insel ihre eigenen Interessen verfolgten und für die finanzielle Nöte der Einheimischen offenbar wenig Verständnis hatten.

Zunächst schien der Konflikt sich abzukühlen und in einen »Kalten Krieg« zu münden. Doch als einige Fischer zur Steigerung ihres Fangs Dynamit einsetzten, kam es zur Eskalation. Beide Gruppen beschwerten sich bei Noah Idechong. Damit wurde dessen Aufgabe deutlich komplizierter: Plötzlich war er nicht nur für die Sicherung der Fischbestände zuständig, sondern für die Wahrung des gesellschaftlichen Friedens.

»Bis dahin hatten wir uns nur mit Fischfang beschäftigt«, so Idechong. »Wir hatten uns nie Gedanken über Fragen wie Interessenausgleich und Nachhaltigkeit gemacht. Das einzige Konzept, das wir kannten, war der höchstmögliche Dauerertrag. So hat man in der Vergangenheit Fischgründe eben gemanagt. Ich war immer davon ausgegangen, dass wir Teil dieser Vergangenheit waren.«

Im verzweifelten Bemühen, die zunehmenden Konflikte einzudämmen, wandte sich Idechong an seine Leute in der Abteilung Meeresressourcen. »Wir hatten niemanden. Wir hatten keine Wissenschaftler, keine Beamten, niemanden. Das Einzige, womit unsere Leute sich auskannten, war, wie man Fische und Fischer fängt. Daraufhin bin ich ganz anders an die Sache herangegangen. Wir mussten einen Weg finden, Leute mit unterschiedlicher Ausbildung in das Management der Fischgründe einzubeziehen.«

Idechong beschloss, den Konflikt in zwei Schritten zu entschärfen. Zunächst wollte er den Dialog mit den Fischern suchen. Er hoffte sie davon überzeugen zu können, mit den Tauchern zusam menzuarbeiten und den wirtschaftlichen Schwerpunkt der Insel zu verlagern, weg vom Fischfang und hin zu einer umweltverträglichen Form des Tourismus. In der zweiten Phase wollte er auf die Taucher und andere Vertreter der Tourismuswirtschaft zugehen und mit ihnen zusammen ein Konzept für eine »Umweltabgabe« entwickeln, eine Art Touristensteuer, die den Palauern zugutekommen und sie dafür belohnen sollte, dass sie ihre Umweltschutzziele erreichten.

Wenn diese ehrgeizige Strategie funktionieren sollte, musste Idechong zunächst die althergebrachten Mechanismen zum Erhalt der Umwelt wiederbeleben. Er dachte, er müsse lediglich mit den Häuptlingen reden und sie bitten, ihre Verfügungsgewalt über ihre jeweiligen Riffsysteme wieder geltend zu machen. Doch als er das Gespräch mit den Dorfhäuptlingen suchte, hörte er immer wieder die gleiche Klage:»Die Zentralregierung hat uns diese Verfügungsgewalt genommen.«

Diese Antwort überraschte Idechong. Die Macht der Häuptlinge war zweifellos geschrumpft, aber die traditionellen Maßnahmen zur Erhaltung der Lagune und der Riffe waren niemals offiziell abgeschafft worden. Der Machtverlust der Häuptlinge ging nicht auf konkrete Gesetze zurück, sondern auf eine Art erlernte Hilflosigkeit auf Seiten der traditionellen Anführer. Durch die alle Lebensbereiche erfassenden Marktkräfte, die zu einer zunehmenden Konzentration von Ressourcen und Einflussmöglichkeiten bei der Nationalregierung in Koror führten, war der Eindruck entstanden, dass *alle* Macht und sämtliche Ressourcen in der Hauptstadt lägen. Die traditionellen Anführer waren zwar offiziell nach wie vor anerkannt, de facto aber nicht mehr als Galionsfiguren. Mangels konkreter Befugnisse wurden die Dorfhäuptlinge als drolliges, allem Einfluss beraubtes Relikt wahrgenommen.

Doch auch die neue Regierung war mit ihren Versuchen gescheitert, das Land und die Ökosysteme zu schützen. Wenn es für Palau irgendeine Hoffnung geben sollte, die lebenswichtigen Ressourcen zu erhalten, erkannte Idechong, so würden beide Gewalten – die traditionelle und die jetzige – zusammenarbeiten müssen. »Ich ging zurück ins Parlament und sagte: ›Wir haben keinen Plan, kein Geld, keine Lösungsansätze, keine Wissenschaftler, nichts‹«, so Idechong. »›Wenn wir etwas erreichen wollen, werden wir lokale, palauische Lösungsansätze entwickeln müssen.‹«

Eine der drastischsten Maßnahmen zum Schutz der Natur in Palau ist eine sogenannte *Bul*, ein für einen bestimmten Zeitraum geltendes Fischfangmoratorium, durch das die Fische in Ruhe laichen und sich wieder vermehren können. Idechong war überzeugt, dass es nur mit diesem drastischen Mittel möglich war, den Niedergang der Fischbestände aufzuhalten und eine Win-win-Situation für Fischer und Taucher herzustellen. Er wusste aber auch, dass die weitgehend machtlosen Häuptlinge kaum das Risiko einer weiteren Demütigung eingehen würden. Also machte er ihnen einen ungewöhnlichen Vorschlag: Er bot an, die einzelnen Dörfer in rechtlichen Fragen zu beraten und sie durch die Untiefen der ihnen oft fremden Sprache der offiziellen Regierung zu lotsen.

Als die Häuptlinge diesem Plan zustimmten, verbrachte Idechong mehrere Monate damit, die palauische Verfassung mit den althergebrachten Gesetzen zu vergleichen. Die Zentralregierung, stellte er dabei fest, hatte den Häuptlingen zwar das Recht entzogen, Geldstrafen zu erheben, aber was die *Bul* betraf, gab es im palauischen Recht viele Grauzonen.

»Da ging mir ein Licht auf. Ich sagte: ›Verhängt ihr die *Bul*, und wenn irgendetwas schiefgeht, unterstütze ich euch auf der rechtlichen Seite.‹ Es war keine perfekte Lösung, aber wir hatten keine andere Wahl.«

Die erste *Bul* wurde in den frühen 1990er Jahren für mehrere, auf verschiedene Inseln verstreute Gebiete erlassen. Es dauerte nicht lange, bis die Häuptlinge von Dörfern im Norden von Palau über Schwierigkeiten berichteten, ihrer Autorität Geltung zu verschaffen. Idechong wurde klar, dass er auf allen Ebenen, von der lokalen bis zur nationalen, Gesetze anschieben musste, um die traditionellen Maßnahmen »widerzuspiegeln« und sie rechtlich zu untermauern.

»Dieses Widerspiegeln war ein wichtiger Puzzlestein«, sagt Idechong. »Wir beriefen uns auf traditionelle Maßnahmen und Befugnisse und gleichzeitig auf offizielle, rechtlich abgesicherte Befugnisse. Und wenn wir auf nationaler Ebene eine *Bul* verhängen, dann spiegeln wir das mit einer lokalen Initiative auf der Ebene der Dörfer wider. Auf diese Weise gehen wir die Durchsetzung der Schutzzone aus mehreren Richtungen an.«

Es funktionierte. Das erste »Spiegelgesetz« von Noah Idechong, das für den Norden Palaus erlassen wurde, war so erfolgreich, dass die Lokalverwaltung und die Dorfhäuptlinge gemeinsam darauf hinarbeiteten, das ganze Gebiet dauerhaft unter Schutz zu stellen, Fischfangquoten einzuführen und das Ganze mit einer Informationskampagne zu flankieren.

Sooft eine *Bul* verordnet wurde, sorgte Idechong fortan für die Verabschiedung eines lokalen Gesetzes, mit der die Einrichtung der Schutzzone für drei Jahre rechtlich bindend wurde, und spiegelte so das drei Jahre währende Fischfangmoratorium der *Bul* wider. Nach mehr als zehn Jahren des Dialogs mit lokalen Fischern und Dorfhäuptlingen gelang es Idechong 1994, ein ganzes Netzwerk von traditionellen Schutzgebieten rings um Palau mit einem nationalen Meeresschutzgesetz »widerzuspiegeln«.

Der nächste Schritt war, die Fischer zur Zusammenarbeit mit den Tauchern zu bewegen, und so eine anpassungsfähige, ökonomisch tragfähige Tourismusindustrie zu schaffen. Idechong nutzte seine Glaubwürdigkeit, um den Menschen vor Ort zu erklären, welche Vorteile es mit sich bringt, wenn mehr Touristen nach Palau kommen. »Ich sagte, nehmen wir einen Fisch namens Herman. Wenn ihr ihn fangt und auf dem Markt verkauft, bekommt ihr vielleicht 70 Dollar dafür. Wenn aber Touristen kommen und ihn immer wieder anschauen, könnt ihr viel mehr Geld mit ihm verdienen. Ich zeigte ihnen, wie wir die Differenz berechnen, indem wir von der Anzahl der Tauchgänge an einem bestimmten Tauchplatz ausgehen und dann den Wert des Fisches in einem bestimmten Jahr extrapolieren. Der Wert des Touristenfisches ist immer um ein Vielfaches höher. Als die Fischer das begriffen, waren sie dabei. Sie wollten Bootsbetreiber und Fremdenführer werden, weil ihnen klar wurde, dass der Tourismus ganz konkrete Vorteile hat.«

Die letzte Phase in Idechongs Strategie verlangte den Tauchern und anderen Touristen etwas ab, die nach Palau kamen. Er überzeugte das Parlament, von Touristen eine »Umweltabgabe« zu erheben, damit genügend Geld zur Verfügung stand, die Meeresschutzgebiete zu überwachen.

»Hat man früher ein Schutzgebiet eingerichtet, dann hat das Dorf unmittelbar davon profitiert. Heutzutage fragen die Leute in den Dörfern: ›Was haben wir davon?‹ Die Vorteile liegen ganz bei der Zentralregierung, weil sie ihre Arten- und Umweltschutzziele erreichen kann, während die Dorfbewohner die ganze Arbeit machen. Die beschweren sich, dass vom sauberen Wasser die Tourismusindustrie profitiert, dass die Polizei sich einzig um die Sicherheit der Touristen kümmert, dass die ganze Infrastruktur ausschließlich für die Touristen ausgelegt ist. Deshalb sage ich: Sorgen wir dafür, dass ein Teil des Geldes, das die Touristen da lassen, direkt an die Dörfer fließt. Das ist kein Almosen, sondern der handfeste Gewinn ihrer Bemühungen.«

Dank des unermüdlichen Einsatzes von Noah Idechong ist die Abgabe mittlerweile offiziell eingeführt und stößt bei Einheimischen wie Touristen auf positive Resonanz. Im Jahr 2012 erwartet der Finanzminister aus der Umweltabgabe Einnahmen in Höhe von 1,5 Millionen Dollar – für ein Land von der Größe Palaus eine erkleckliche Summe –, die unmittelbar den Bemühungen der Dörfer vor Ort zugute kommen sollen. »Seit das Geld fließt, höre ich kein Murren mehr. Den Leuten ist klar, wozu das alles gut ist, und sowohl die Touristen als auch die Einheimischen sehen die Vorteile. Wir haben ein transparentes System geschaffen, bei dem für alle durchschaubar ist, wer wie profitiert.«

Eine vergrößerte Sippe

Im Jahr 1994 räumte Noah Idechong seinen Posten in der Fischereibehörde und wurde Vorsitzender der gemeinnützigen Umweltschutzorganisation Palau Conservation Society. Wenn er für eine Organisation arbeitete, die von der Regierung unabhängig war, so sein Kalkül, würde er die Dorfbewohner leichter davon überzeugen können, ihn dabei zu unterstützen, die vom Meeresschutzgesetz erfassten Gebiete zu vergrößern und zu einem Netzwerk zu verbinden.

In dieser Phase schloss Idechong eine seiner wichtigsten strategischen Partnerschaften. Er fungierte fortan als Verbindungsglied zwischen westlichen Meeresbiologen und -ökologen, die nach Palau strömten, und den Dorfhäuptlingen und Fischern, mit denen er in der Palau Conservation Society zusammenarbeitete.

»Ich wusste, dass ich die richtigen Informationen, die richtigen Forschungsergebnisse brauchte«, sagt Idechong. »Aber ich wollte auch sichergehen, dass ich mit Wissenschaftlern zusammenarbeite, die sich nicht in unsere inneren Angelegenheiten einmischen.«

Bob Richmond, ein Meeresbiologe von der University of Hawaii, arbeitet seit fast 30 Jahren mit Idechong zusammen. In einem ihrer ersten Gespräche sagte Idechong frei heraus, was er von ihm wollte.

»Er sagte: ›Ich kann niemanden brauchen, der ankommt und den Palauern erzählt, was sie tun sollen‹«, erklärte uns Richmond. »Ein guter Partner ist für Noah ein Wissenschaftler, der absolut verlässliche Informationen liefert. Diese Informationen dann den Interessenvertretern zu vermitteln betrachtet er als seine eigene Aufgabe.«

Bei diesem Vermittlungsprozess strebt Idechong nicht nach möglichst guten Zahlen, sondern nach dem bestmöglichen Ergebnis. Richmond formuliert es so: »Viele Wissenschaftler und Forscher in meinem Fach und in der Regierung zählen die Anzahl der Workshops, die Zahl der Teilnehmer und die Anzahl der erstellten Plakate. Idechong dagegen interessiert sich für das, was in den Riffen passiert: Erholen sich die Fischbestände? Kommen die Korallen zurück? Ist das Ökosystem resilient gegenüber menschenverursachten und natürlichen Stressfaktoren?«

Im Jahr 2005 wandte Richmond sich an Idechong und die Palau Conservation Society, weil er mit Mitteln aus einem Forschungsstipendium das Beziehungsgeflecht zwischen Mensch und Natur in einem palauischen Wassereinzugsgebiet untersuchen wollte. Die Ergebnisse, so Richmond, könnten sich für die Dorfgemeinschaften, mit denen Idechongs Organisation zusammenarbeitete, als nützlich erweisen.

Als Richmond und sein Forschungsteam mögliche Orte für die Studie zu sondieren begannen, schaltete Idechong sich ein.

»Er sagte, wir sollten einen Ort aussuchen, der möglichst gute Ergebnisse im Hinblick auf Umweltschutzbemühungen liefert«, erklärt Richmond. »Anstatt uns den Ort nach rein wissenschaftlichen Kriterien aussuchen zu lassen, wählte er ein Wassereinzugsgebiet, das die wichtigste Trinkwasserquelle von Koror darstellte. Es war ein Gebiet mit Mangrovenwäldern, die mit zunehmendem Tempo abgeholzt wurden, um Bauland zu gewinnen – mit verheerenden Folgen für die Riffe. Idechong glaubte, dass Daten aus diesem Wassereinzugsgebiet das Verhalten der Menschen am ehesten beeinflussen und sie von der Einrichtung eines Schutzgebiets überzeugen könnten.«

Richmond und seine Leute gingen im betreffenden Wassereinzugsgebiet von Tür zu Tür, und dank der Beratung durch Idechong brachten sie alle Mitglieder des Dorfes dazu, die Studie zu unterstützen.

Dann bestand Idechong darauf, für die Überwachung der in der Studie benutzten Instrumente und Geräte Fischer vor Ort anzustellen. Zunächst dachte Richmond, Idechong habe Angst, die Geräte könnten gestohlen werden, doch dieser belehrte ihn eines Besseren.

»Er wollte seine Augen und Ohren ständig im Wasser haben. Er wollte, dass seine Leute mit den Fischern ein Bier trinken gehen und täglich Informationen über kleine Details sammeln, wie ›Ach, heute hat es geregnet‹ oder ›Ich war in dem und dem Gebiet und hab auch keinen einzigen Fisch gesehen‹.«

Seine Rechnung ging auf. Als es für Richmond und seine Kollegen an der Zeit war, den Dorfbewohnern ihre gesammelten Daten zu präsentieren, waren die Fischer mit dem Projekt bereits bestens vertraut und auf die neuesten Nachrichten gespannt.

»Sie wussten schon alles! Sie wussten über sämtliche von uns gesammelten Daten Bescheid, obwohl wir nie ein Wort darüber verloren hatten. Am Tag der Präsentation hörten sie überhaupt nichts Neues, weil sie in unsere Arbeit und Ergebnisse längst eingeweiht waren. Das war ja das Brillante an Noahs Ansatz: Er sorgte dafür, dass alle Informationen frei zugänglich waren.«

Nachdem Richmond und seine Kollegen den Dorfbewohnern ihre Daten erläutert hatten, bedeutete ihnen Idechong, sie sollten von nun an ganz hinten sitzen und praktisch unsichtbar sein. »Wir hatten nur eine unterstützende Rolle«, so Richmond.

Zwei junge Palauer, Yimnang Golbuu und Steven Victor, beides Schützlinge von Idechong, die in Richmonds Labor auf Hawaii promovierten, präsentierten den Dorfhäuptlingen nun, was sie über das Wassereinzugsgebiet herausgefunden hatten.

»Wir saßen also im traditionellen Versammlungshaus des Dorfes und schauten uns diese PowerPoint-Präsentation an. Wir Ausländer hielten uns alle ganz ruhig und respektvoll im Hintergrund. Noah legte Wert darauf, bei den Fischern zu sitzen, seinen Leuten, und die Häuptlinge saßen ganz vorn. Und dann hörten wir alle zu, während zwei palauische Doktoranden ihren Landsleuten einen Vortrag mit einer palauischen PowerPoint-Präsentation hielten.«

Was dann geschah, so Richmond, versetze ihn noch heute in Erstaunen. Es sei eine echte Offenbarung für seine Arbeit als Wissenschaftler und Forscher gewesen.

»Nach der Präsentation haben die Häuptlinge Yimnang und Steven mit großem Respekt behandelt. Man merkte es an ihrer Körpersprache und am Ton: ›Könntest du das noch mal erklären‹, ›Das habe ich nicht ganz verstanden ...‹ Aber dann änderte sich plötzlich etwas. Die Stimmung wurde hitziger. Die Dorfhäuptlinge sprachen nun in einem schärferen Ton, fast so, als würden sie die jungen Wissenschaftler zurechtweisen.«

Richmond suchte Blickkontakt zu Idechong. »Ist alles in Ordnung?«, signalisierte er mit fragender Miene.

Idechong antwortete mit einem Zwinkern. Er nickte, lehnte sich zurück und sah einfach zu.

»Als wir danach hinausgingen, sagte ich zu Noah: ›Was zum Teufel ist da am Schluss passiert? Das war doch keine Unterhaltung von Gleich zu Gleich. Es klang, als müssten sie sich eine Strafpredigt anhören.‹«

In der hierarchischen Kultur von Palau, erklärte ihm Idechong, war es wichtig, dass der Informationsaustausch zwischen den Ältesten und den jungen Wissenschaftlern auf Gegenseitigkeit beruhte. Im Grunde hätten die Häuptlinge gesagt:»Ihr Jungs seid als westliche Wissenschaftler zu uns gekommen und habt uns wirklich beeindruckt. Ihr habt gute Informationen geliefert, und wir sind stolz auf eure Arbeit. Aber jede gute Palauer weiß, dass Ablagerungen an Land anders bezeichnet werden als Ablagerungen im Wasser.«

Die Botschaft, so Idechong, sei gewesen:»Ihr Jungs seid zu uns gekommen und habt uns einige ziemlich interessante Dinge aus eurer wissenschaftlichen Ausbildung beigebracht, und jetzt ist es unsere Pflicht, euch beizubringen, wie ihr bessere Palauer werden könnt.«

Richmond und sein Team wurden Zeugen eines auf Gegenseitigkeit ausgelegten sozialen Umgangs, wie er für die traditionelle Kultur der pazifischen Inseln charakteristisch ist. Informationen zu erhalten, ohne sich dafür zu revanchieren, gilt als unhöflich. Für Richmond klang es so, als würden die Dorfhäuptlinge die jungen Wissenschaftler maßregeln, aber in Wirklichkeit brachten sie ihre Dankbarkeit zum Ausdruck, indem sie etwas zurückgaben. Es sind solche kulturellen Feinheiten, die in Ermangelung einer vermittelnden Führungspersönlichkeit oft verloren gehen.

Letztlich sei es dieser Informationsaustausch, der die Einrichtung der Schutzzone besiegelt habe, erklärte Idechong Richmond.

»Das Witzige war«, erinnert sich Richmond, »dass mein Kollege, ein genialer Ersteller von Modellen, der damals dabei war, im Vorfeld ein Riesentheater machte, warum wir da überhaupt hingingen. Er sagte ständig: ›Was sollen wir bei dieser Versammlung?

Springt da etwa eine Publikation für uns raus? Wozu der Aufwand?‹ Und wir sagten immer nur: ›Halt den Mund und wart's ab.‹ Nach der Versammlung hat er sich gar nicht mehr eingekriegt. Er sagte: ›Auf einer wissenschaftlichen Präsentation vor Interessenvertretern habe ich noch nie so eine Dynamik erlebt.‹«

Als es darum ging, die Studie in konkrete Politik umzusetzen, machte sich Idechongs geschicktes Taktieren bezahlt. Sechs Wochen nach der Präsentation wandten sich die traditionellen Volksvertreter an die gewählten und forderten ein Moratorium für die Bautätigkeit im Wassereinzugsgebiet. Keine sechs Monate nach der Präsentation war dieses Moratorium in Kraft, und es behielt mehrere Jahre Gültigkeit. Dadurch gewann Idechong genügend Zeit, auf regionaler und nationaler Ebene Gesetze einzubringen, die einen dauerhaften Schutz der küstennahen Mangrovenwälder sicherstellten. Als das Moratorium auslief, waren die Mangrovengebiete als »Meeresschutzgebiet« unter staatlichem Schutz. Ihre Erhaltung war damit sowohl in der Sprache der Tradition als auch in der Sprache des Gesetzes festgeschrieben.

Heute ist Noah Idechong in Palau ein erfahrener Staatsmann. Wir trafen uns mit ihm zum Frühstück im Penthouse Hotel, einem seiner vielen Stammcafés in Koror. Die dunkle Haarmähne und das neugierige Funkeln in seinen Augen sind geblieben, aber dieser Tage ist Idechong zu beschäftigt, um lange Hof zu halten. Anfang des Jahrtausends kehrte er in die Politik zurück und wurde zum Präsidenten des palauischen Nationalkongresses gewählt (der sich aus dem Repräsentantenhaus und dem Senat zusammensetzt). Seit er in der Legislative tätig ist, setzt Idechong sich unermüdlich für seine Umweltschutzziele ein, auf nationaler wie auf internationaler Ebene. Den damaligen Präsidenten Tommy Remengesau überredete er dazu, zum ersten Mal in seinem Leben einen Tauchgang zu absolvieren. Für Remengesau war es eine einschneidende Erfahrung. Fortan machte er den Umweltschutz zum zentralen Thema seiner Amtszeit. Das »Shark Finning«, das Abschneiden der Flossen lebender Haie, wurde ebenso verboten wie die Grundschleppnetzfischerei und der Handel mit lebenden Rifffischen. Außerdem unterstützte er Idechongs Plan eines Netzwerks von Meeresschutzgebieten und sicherte seine langfristige finanzielle Nachhaltigkeit.

Heute teilt Idechong seine Zeit zwischen Palau und den anderen mikronesischen Inselstaaten auf, um seinen erfolgreichen Ansatz auf andere Bereiche zu übertragen und weiter zu verbreiten. Er wirbt für seine Initiative »Micronesia Challenge« (derzufolge sich alle mikronesischen Staaten verpflichten sollen, bis 2020 mindestens 30 Prozent der küstennahen Meeresressourcen und 20 Prozent der Ressourcen an Land wirksam zu schützen) und verhandelt mit lokalen und internationalen Umweltschutzorganisationen wie Nature Conservancy, Conservation International und Global Environment Facility über finanzielle Unterstützung. Darüber hinaus macht er die *Bul* und sein Konzept der integrativen Führung auch bei den Vereinten Nationen bekannt.

»Andere Leute bieten fertige Lösungen«, so Idechong bei unserem Treffen. »Ich biete Gespräche. Wenn ich mit Menschen arbeite, diskutieren wir endlos. Danach lasse ich ihnen Zeit zum Nachdenken, und dann diskutieren wir noch ein bisschen weiter. Ich unterstütze und leite sie in ihrem Denken, aber es ist ein offener Prozess. Es gibt kein im Voraus festgelegtes Ziel.«

Idechong hat diesen Ansatz entwickelt, nachdem er jahrelang verfolgt hat, wie Organisationen von außen nach Palau kamen und schnelle Lösungen in Form von Verbesserungen der Infrastruktur oder öffentlichen Bauprojekten versprachen.

»Das Geld für das Projekt wird bewilligt, und dann, wenn es fertiggestellt ist, brechen alle ihre Zelte ab und verschwinden wieder. Von derartigen Geschichten habe ich mich mehr und mehr verabschiedet. Ich gehe Partnerschaften auf Lebenszeit ein.«

Der Wissenschaftler und Naturschützer Michael Guilbeaux arbeitet seit vielen Jahren mit Idechong zusammen und betrachtet ihn als Kollegen und Mentor gleichermaßen, als seinen »palauischen Vater«, wie er sagt.

»Noah ist gegenüber Ideen aus der Wissenschaft extrem aufgeschlossen, aber er möchte sie in einer Weise umsetzen, die für Palau angemessen ist. Er begegnet der Wissenschaft mit einer gesunden Skepsis. Was können wir angesichts des Klimawandels und der anderen globalen Probleme schon ausrichten? Noah glaubt, dass die Wissenschaft schnell an ihre Grenzen stößt, wenn es um soziale Systeme geht. Wissenschaftler können das alles zu Tode analysieren, aber letztlich müssen die Palauer sich an die Arbeit machen und die Probleme anpacken.«

Und worin bestehe diese Arbeit?, wollten wir von ihm wissen.

»Die Arbeit besteht darin, die Anpassungsfähigkeit zu erhöhen. Das ist das Einzige, woran wir arbeiten können.«

Um die Anpassungsfähigkeit zu steigern, musste Noah Idechong versuchen, Althergebrachtes und Zeitgenössisches, Wissenschaft und Gesellschaft, Ökologie und Ökonomie, formelle politische Autorität und informelle Führung in Einklang zu bringen. Das gelang ihm, indem er das wichtigste Werkzeug aller vermittelnden Führungspersönlichkeiten einsetzte: Er vermittelte zwischen Organisationen, Interessengruppen und Kräften, die innerhalb eines Systems auf unterschiedlichen Ebenen und in unterschiedlichen Zeittakten wirkten.

Vermittelnde Führungspersönlichkeiten setzen sich über Hierarchien nicht hinweg; sie sind sich ihrer Bedeutung bewusst und respektieren sie. Aus ihrer Position zwischen den einzelnen Interessengruppen heraus knüpfen vermittelnde Führungspersönlichkeiten vielmehr soziale Netzwerke, die hierarchische Machtstrukturen ergänzen. Diese zusätzlichen Verbindungen beruhen auf einem Geist des gegenseitigen Respekts und des Vertrauens und sorgen dafür, dass im Fall eines Problems alle Teile des sozialen Systems betroffen sind, miteinander in Verbindung stehen und sich austauschen können.

Ein Netzwerk knüpfen

Die Kunst, die Idechong mit so scheinbarer Leichtigkeit beherrscht, bezeichnet man auch als »Network Weaving«. Geprägt haben den Begriff die Wissenschaftler Valdis Krebs und June Holley im Rahmen ihrer Forschung zu sozialen Netzwerken. Grundlage waren ihre umfangreichen Studien, die sie in ländlichen Gegenden von Ohio zu der Frage betrieben haben, was die Resilienz einer Gemeinschaft stärkt.[4] Idechong war sich dessen vielleicht nicht bewusst, aber er demonstrierte mit seiner Arbeit mehrere zentrale Prinzipien des »Netzwerkknüpfens«.

Krebs und Holley beschreiben bei der Entstehung eines resilienten Netzwerks vier Phasen. Zunächst schließen sich Individuen und Organisationen mit gemeinsamen Interessen, Werten und Zielen, meist aus eigenem Antrieb, zu kleinen, autonomen Gruppen zusammen. Im Fall von Palau wären das zum Beispiel die engen Bande zwischen den Fischern oder zwischen den Tauchern. Diese Gruppen dienen dazu, Interessenpolitik zu betreiben, und wenn der Grad der Verflechtung an dieser Stelle endet, kann es sein, dass diese Gruppen einander feindselig gegenüberstehen und das soziale Gefüge schwach und für Störungen anfällig bleibt.

In der zweiten, zielgerichteteren Phase des Aufbaus eines Netzwerks stellen vermittelnde Führungspersönlichkeiten wie Idechong

Verbindungen zwischen vielen verschiedenen Interessengruppen her, indem sie ein System aus »Naben« und »Speichen« schaffen, in dem sie selbst die erste Nabe sind. Voraussetzung dafür ist meist eine Mischung aus Charisma und Geschick sowie ein Gespür für das Überbrücken von Unterschieden. In dieser zweiten Phase verwenden vermittelnde Führungspersönlichkeiten einen Großteil ihrer Zeit darauf, mehr über die einzelnen Teile des Netzwerks in Erfahrung zu bringen und herauszufinden, welches Wissen und welche Bedürfnisse bei den einzelnen Knotenpunkten vorhanden sind. Entscheidend sind in dieser Phase Authentizität und ein Ethos der Großzügigkeit, denn in diesem Stadium hat das Netzwerk nur eine Schwachstelle – die Führungspersönlichkeit selbst. Doch mit der richtigen Einstellung kann die Führungspersönlichkeit sich einen Ruf als Brückenbauer erwerben und das Netzwerk allmählich eine immer größere Anziehungskraft entwickeln. Die anfänglichen Bemühungen Idechongs, Taucher und Fischer an einen Tisch zu bringen, entsprechen in etwa dieser zweiten Phase.

In der dritten Phase macht die vermittelnde Führungspersönlichkeit sich daran, die »Löcher« in ihrem Netzwerk zu »stopfen«, indem sie Brücken zwischen einzelnen Interessengruppen baut, für die sie bislang der einzige Kontakt zum Netzwerk war. Auf diese Weise entsteht nach und nach ein engmaschiges soziales Netzwerk mit zahlreichen Naben.

Angesichts der Vielzahl der Beziehungen, die zu diesem Zeitpunkt entstanden sind, bauen die besten Netzwerkarchitekten nicht nur Brücken, sondern bringen ihren Kontakten bei, wie sie ihrerseits Brückenbauer werden. »Diese Wandlung vom Brückenbauer zum Vermittler ist enorm wichtig«, sagt Valdis Krebs. »Bleibt sie aus, dann kann der Netzwerk-Architekt im Zentrum von der Anzahl der Kontakte schnell überfordert sein, und das Wachstum und die Effizienz des Netzwerks verlangsamt sich dramatisch – oder ist sogar rückläufig.« An diesem Punkt muss die vermittelnde Führungspersönlichkeit rasch von direkter auf indirekte Führung umschalten und überall in der Gemeinschaft neue Netzwerk-Architekten aufbauen.

Gelingt dies, so entsteht ein Netzwerk mit vielen Naben und einer neuen Dynamik, die auf dem Potenzial schwacher, indirekter Kontakte fußt, vor allem *zwischen* den Naben des sozialen Netzwerks. Diese Kontakte sind wichtige Brücken zwischen Gruppen mit unterschiedlichen Sichtweisen oder Spezialkenntnissen, und sie können sich auch zu starken Verbindungen weiterentwickeln und die Naben enger miteinander verzahnen. Ein Beispiel für diese Phase des Netzwerkknüpfens sind Idechongs Bemühungen, direkte, unmittelbare Kontakte herzustellen, etwa zwischen dem Forscherteam um Bob Richmond und den palauischen Fischern.

Die letzte Phase, das eigentliche Ziel, bezeichnen Krebs und Holley in ihrem Modell als »zentral-peripheres« soziales Netzwerk. In einem solchen höchst stabilen und zugleich höchst resilienten Netzwerk, dessen Aufbau in der Regel Jahre in Anspruch nimmt, ist ein Kern von eng verknüpften Naben im Zentrum des sozialen Gefüges über schwache Kontakte mit einer Konstellation von Menschen und Ressourcen an der Peripherie verbunden. Das ermöglicht eine effiziente, natürliche Arbeitsteilung: Die Peripherie streckt ihre Fühler aus, und im Zentrum wird das dabei Entdeckte, soweit als sinnvoll erachtet, umgesetzt. »Die Peripherie ermöglicht es, auf neue Ideen und Informationen von außen *zuzugreifen*«, so Krebs, »während das Zentrum dafür zuständig ist, entsprechend zu *handeln*.« Indem er gut funktionierende Zentren in ganz Mikronesien miteinander in Kontakt bringt, damit sie voneinander lernen können, arbeitet Idechong heute am Aufbau eben eines solchen »zentral-peripheren« Modells.

Natürlich ist das Knüpfen von Netzwerken nicht der Stein der Weisen. Die gesteigerte Anpassungsfähigkeit, an der vermittelnde

Führungspersönlichkeiten arbeiten, kommt nicht nur ihnen zugute, sondern der ganzen Gemeinschaft, und es ist keineswegs ausgemacht, dass sie im Fall einer Katastrophe ausreicht. Auch verschwindet durch den Aufbau eines Netzwerks nicht der Wettbewerb innerhalb einer Gemeinschaft. Es wird immer Menschen und Organisationen geben, die gegensätzliche Ziele verfolgen, und vermittelnde Führungspersönlichkeiten können nicht einfach so tun, als ob es diese Gegensätze nicht gäbe. Sie können lediglich innerhalb dieses wettbewerbsorientierten Umfelds nach Möglichkeiten zur Zusammenarbeit suchen.

»In einem gesunden Netzwerk arbeiten Sie in Bereichen mit Gemeinsamkeiten zusammen, während Sie in Bereichen mit Unterschieden konkurrieren«, so Krebs. Zur Veranschaulichung erzählt er das Gleichnis von den Marmeladengläsern: »Stellen Sie sich vor, in einem Dorf wohnen zwei Frauen, die beide Marmelade verkaufen – die eine setzt auf Bio-Produkte, die andere auf exotische Geschmacksrichtungen. Die beiden Frauen sind Konkurrentinnen, und der neokonservativen Wirtschaftstheorie zufolge sollten sie in einen schonungslosen Wettbewerb eintreten. Aber da sie auch Nachbarn und Mitglieder derselben Dorfgemeinschaft sind, brauchen sie ein Verhältnis, das das soziale Netzwerk nicht gefährdet. Vielleicht gibt es Möglichkeiten, in bestimmten Bereichen miteinander zu kooperieren, zum Beispiel indem sie ihre Marmeladengläser gemeinsam einkaufen und so ihre Kosten senken. Damit wäre die Konkurrenzsituation nicht aus der Welt geschafft, aber es würde die Chance einer weniger eng definierten Beziehung mit einem Hauch von Gegenseitigkeit mit sich bringen. Oft ist es so, dass man zuerst die Marmeladengläser finden muss, ehe man sich ans Knüpfen eines Netzwerks machen kann.«

Wie man sieht, müssen vermittelnde Führungspersönlichkeiten in unterschiedlichen Phasen Brückenbauer, Vermittler, Lehrer, Verhaltensökonomen und Sozialwissenschaftler sein. Sie müssen diese Funktionen ehrlich, transparent, großzügig und engagiert ausfüllen sowie die Grundprinzipien des Knüpfens von Netzwerken beachten: Bau dir ein Netzwerk auf, bevor du es brauchst. Bau direkte Verbindungen auf, damit das Netzwerk flexibel bleibt und in kürzester Zeit reagieren kann, aber nicht so viele, dass das Netzwerk an zu vielen Verbindungen erstickt. Und das Wichtigste: Schaffe das richtige Umfeld, hab Vertrauen in die Teilnehmer und wisse, wann es Zeit ist, die Dinge laufen zu lassen.

9. Resilienz auf den Punkt gebracht

Auf unserer Reise zu den Mustern der Resilienz haben wir eine Vielzahl von Ländern, wissenschaftlichen Disziplinen, Lebensbereichen und Ideen gestreift. Wir haben eine Reihe von Gründen kennengelernt, weshalb Systeme anfällig werden und scheitern. Wir haben gesehen, wie ihre Verflochtenheit zu Rückkopplungsschleifen führen kann, was ihre Resilienz (oft unbemerkt) entweder stärkt oder aushöhlt. Wir haben untersucht, inwieweit Strategien für mehr Resilienz von einem Bereich auf einen anderen übertragbar sind. Und wir haben Einblicke bekommen, wie Individuen, Gruppen und Gemeinschaften ihre Resilienz erhöhen können, indem sie versuchen, sich in puncto Vernetztheit, Kooperation und Diversifizierung in einer »gemäßigten Zone« zu bewegen.

Wie so oft gilt es auch auf dem Weg zur Resilienz, die goldene Mitte zu finden: vernetzt zu sein, aber nicht zu vernetzt; diversifiziert, aber nicht zu diversifiziert; sich mit anderen Systemen koppeln zu können, wenn es von Vorteil ist, sich aber auch von ihnen abkoppeln zu können, wenn es nur Nachteile bringt. Insgesamt ergibt sich so ein Bild der »strategischen Geschmeidigkeit«, einer Haltung, die bewusst die Mitte zwischen Flexibilität (der Strategien, Strukturen und Handlungen) und Festgelegtheit (der Werte und Ziele) sucht.

Das Problem besteht darin, dass viele Aspekte, die ein bestimmtes System resilienter machen, leider kontextabhängig sind. Ein Ansatz, der in dem einen Unternehmen unter bestimmten Umständen mehr Resilienz zur Folge hat, macht ein anderes möglicherweise anfälliger. (Man beachte den Komparativ: Es gibt in Sachen Resilienz kein Schwarz und kein Weiß, nur ein Mehr oder Weniger.) Jede »resiliente« Lösung ist auf ein einzigartiges Umfeld zugeschnitten und nicht unbedingt ein sicheres Erfolgsrezept für andere.

Aber wie überträgt man diese Prinzipien dann auf die Praxis?

Von wunden Punkten, kritischen Schwellen und Rückkopplungsschleifen

Es gibt zwar kein Patentrezept, das von situativen Umständen unabhängig wäre, doch der Ausgangspunkt jedes Versuchs, ein System resilienter zu machen, ist die kontinuierliche, umfassende und ehrliche Analyse seiner wunden Punkte, kritischen Schwellen und Rückkopplungsschleifen. Dazu müssen wir das System in seiner Ganzheit erfassen, potenzielle Schwachstellen identifizieren, den Verlauf von Rückkopplungsschleifen feststellen, seine kritischen Schwellen ermitteln und möglichst genau verstehen, welche Folgen es hat, wenn diese Schwellen überschritten werden. Das setzt auf unserer Seite eine erhöhte Achtsamkeit voraus – wir müssen lernen, die Welt unvoreingenommen wahrzunehmen, wie sie wirklich ist. Und das gilt nicht nur für Menschen, sondern auch für Unternehmen und Gemeinschaften.

Wie wir gesehen haben, können wunde Punkte viele Formen annehmen, von chronischen, langfristigen Problemen wie anhaltender Armut über die Erosion sozialer Mobilität oder die erhöhte Anfälligkeit für Umwelteinflüsse bis hin zur Gefährdung der Infrastruktur oder der Lieferkette durch extreme Wetterereignisse. Wunde Punkte können entstehen, wenn in einer Unternehmenskultur die Risikotoleranz ganz allmählich auf ein inakzeptables Niveau ansteigt, wenn die Unternehmensführung immer ineffektiver wird, wenn der Verlust kognitiver Vielfalt zu Gruppendenken führt oder wenn der Rückgang der Artenvielfalt ein Ökosystem zerrüttet. Wunde Punkte können durch unglaublich komplexe gordische Knoten bedingt sein, die Systeme manchmal aneinander fesseln, wie im Fall der Tortilla-Unruhen, oder dadurch, dass ein System unfähig zur Kooperation ist, wenn es darauf ankommt. In Unternehmen und Gemeinschaften kann es zu wunden Punkten kommen, wenn unter den Angestellten oder den Mitgliedern einer Gemeinschaft ein Mangel an Vertrauen oder tief sitzende Widerstände gegen Veränderungen herrschen oder wenn es zu einer langsamen Erosion der psychischen Resilienz kommt. Und auch Dinge, die an sich gar nichts Negatives sind, können sich zu wunden Punkten entwickeln, wie das Klammern an Subventionen oder eine Produktionsweise, die hochprofitabel, aber völlig undiversifiziert ist.

Jede Kultur hat ihre eigenen wunden Punkte. Viele Bürger der weltweit reichsten Staaten, vor allem die US-Amerikaner, hatten das Glück, ein Zeitalter zu erleben, das sich gegen Krisen und Katastrophen weitgehend immun wähnte. Im Laufe dieses »Urlaubs von der Geschichte« haben sich viele daran gewöhnt, in einem effizienten, aber anfälligen System zu leben. In einer Welt, in der die Folgen unseres Handelns vorübergehend ausgesetzt waren, schien die allmähliche Erosion und die abnehmende Elastizität der politischen, finanziellen, sozioökonomischen und ökologischen Systeme kaum eine Rolle zu spielen. Jetzt, da ein neues, wechselhafteres Kapitel aufgeschlagen wurde, haben sich diese ausgehöhlten Systeme urplötzlich von Motoren der Resilienz in Quellen der Anfälligkeit verwandelt.

Jeder dieser wunden Punkte ist anders und erfordert eine andere Reaktion, aber sie haben alle den gleichen Effekt: Sie nagen an der Anpassungsfähigkeit eines Systems, sodass es zusehends stabil, aber anfällig wird, also mit vorhersehbaren Störungen fertigwerden kann, angesichts unerwarteter Probleme jedoch zu kollabieren droht.

Trotzdem verfügen überraschend wenige Städte und Unternehmen über Mechanismen, um ergebnisoffen und proaktiv über ihre wunden Punkte und über mögliche Gefahren nachzudenken. Das muss sich ändern. Es ist heute undenkbar, dass ein Unternehmen von nennenswerter Größe nicht ständig seine finanziellen Risiken und seine Lieferkette im Blick hat. In naher Zukunft wird es ebenso undenkbar sein, nicht auf ein größeres Spektrum potenzieller Gefahren zu achten – von Umweltfaktoren wie drohenden Gefahren im Bereich CO_2, Wasser, Energie und Klima über interne kulturelle Faktoren wie dem Grad der Kooperation und des Vertrauens bis hin zu sozialen Faktoren wie der Gesundheit und dem Wohlbefinden der Menschen, die in einem Unternehmen arbeiten.

Allerdings darf man dabei nicht vergessen, dass die Suche nach wunden Punkten keine Garantie dafür ist, sie auch zu finden und aus der Welt zu schaffen. Überraschungen wird es immer geben, aber die Suche nach ihren möglichen Quellen ist der erste Schritt zu einer offenen, flexiblen Haltung, die Voraussetzung für resiliente Lösungsansätze ist.

Das bedeutet nicht, dass das Streben nach mehr Resilienz sich in Risikomanagement erschöpft. Vielmehr wird es in den kommenden Jahrzehnten selbst ein wichtiger Motor für Innovationen werden. Die Entwicklung neuer Technologien und Dienstleistungen, die Unternehmen unabhängiger von knapper werdenden Ressourcen machen oder Kunden dabei helfen, mit unvorhersehbaren Problemen zurechtzukommen, wird zu einem wichtigen, milliarden-, vielleicht sogar billionenschweren Geschäftszweig heranwachsen.

Ein Beispiel für eine solche Resilienzstrategie mit großem wirtschaftlichem Potenzial ist »Kilimo Salama«, ein im ländlichen Kenia entwickeltes Mikroversicherungsprogramm für Bauern. Kilimo Salama (Suaheli für »sichere Landwirtschaft«) ist ein Gemeinschaftsprojekt der Syngenta-Stiftung für nachhaltige Landwirtschaft, der Versicherungsgesellschaft UAP Insurance und des kenianischen Mobilfunkbetreibers Safaricom, das zehntausende Kleinbauern, die zum Teil weniger als einen halben Hektar Mais anbauen, gegen Unwetterereignisse wie Dürren oder ungewöhnlich heftige Niederschläge versichert – Unwetterereignisse, deren Häufigkeit mit dem fortschreitenden Klimawandel voraussichtlich zunehmen wird.[1]

Viele Kunden von Kilimo Salama sind Bauern, die ausschließlich oder überwiegend für den Eigenbedarf anbauen. Ihre Arbeitskosten sind sehr niedrig, aber ihre Anpassungsfähigkeit an Unwetterereignisse ist gleich null: Eine Dürre zum falschen Zeitpunkt kann für sie katastrophale Folgen haben. Um dieses Risiko zu verringern, können Bauern für jeden Sack Saatgut, den sie kaufen, für 5 Prozent des Kaufpreises bei Kilimo Salama einen Mini-Versicherungsvertrag abschließen.[2] Abgewickelt wird das über »M-Pesa«, ein mobiles Bezahlsystem, das Bauern in ganz Kenia über ihr Mobiltelefon nutzen können.

Hat sich ein Bauer registriert, so verfolgt Kilimo Salama mithilfe von im ganzen Land verteilten, solarbetriebenen Funk-Wetterstationen die klimatischen Bedingungen in der Gegend des betreffenden Bauernhofes während der Wachstumsperiode. Wenn es zu viel, zu wenig oder zur falschen Zeit regnet, wird dem Bauern über Mobiltelefon automatisch ein Geldbetrag in Höhe der Kosten für das Saatgut gutgeschrieben.

Dieses System ist in vielerlei Hinsicht innovativ: Erstens entfällt durch die automatischen Wettersensoren einer der teuersten Posten im Versicherungsgeschäft, nämlich die Einzelfallprüfung, ob ein bestimmter Bauernhof von einem unerwünschten Ereignis tatsächlich betroffen ist.

»Bauernhöfe vor Ort zu überprüfen ist sinnvoll, wenn es um große Höfe geht, weil man die Kosten der Anfahrt auf die Police umlegen kann«, so Rose Goslinga, die Gründerin von Kilimo Salama. »Aber bei kleinen Höfen mit einem halben Hektar Anbaufläche rechnet sich das einfach nicht – und das ist einer der Hauptgründe, weshalb es solche Versicherungen bislang nicht gab. Indem wir Funk-Wettersensoren einsetzen, müssen wir zu den Höfen gar nicht hinfahren. Dadurch sieht die Rechnung ganz anders aus.«

Und da die Wettersensoren direkt mit den M-Pesa-Konten der Kunden verbunden sind, entfällt auch das aufwändige Geltendmachen von Ansprüchen: Wenn das Wetter schlecht ist, erhalten die Bauern über ein System, das sie kennen und dem sie vertrauen, automatisch eine Auszahlung, und das viel schneller, als wenn man einen Schadensregulierer einschalten würde. Ein weiterer Vorteil ist, dass die von den Sensoren gesammelten Daten ausgewertet werden, um Trends des Regionalklimas zu erfassen. In einer positiven Rückkopplungsschleife fließen die Ergebnisse in Form von gezielten, zeitnahen SMS zurück an die Bauern und helfen diesen dabei, in »guten« Jahren bessere Erträge zu erzielen.

Mikroversicherungen sind nicht nur ein Schutz gegen Ernteausfall, sondern ermöglichen es Bauern auch, Investitionen zu tätigen und abzusichern, die ihnen sonst zu riskant wären. Als Beispiel nennt Rose Goslinga einen Bauern, der eine teure Maissorte mit höherem Ertrag nur deshalb ausprobiert hat, weil er sie über Kilimo Salama versichern konnte. Er steigerte seinen Ertrag um 150 Prozent.[3]

Nicht weniger wichtig für den Erfolg des Programms waren andere, weniger technische Innovationen. Bei der Entwicklung von Kilimo Salama mussten Rose Goslinga und ihre Kollegen neue

Wege finden, um mithilfe neuer technischer Möglichkeiten neue Kunden zu erreichen, die eigene Absicherung (bis hinauf zu den Rückversicherern, die Versicherungen versichern) entsprechend anzupassen sowie – nicht zuletzt – skeptische Bauern von dem Modell zu überzeugen.

Die so entstandene Dienstleistung ist nicht nur ein wichtiger Baustein für mehr Resilienz angesichts zukünftiger Klimaschwankungen, sondern auch ein wichtiger Baustein für die Zukunft der globalen Versicherungswirtschaft. Das MicroInsurance Centre schätzt die Zielgruppe für Mikroversicherungsprodukte aller Art auf mindestens eine Milliarde Menschen, von denen derzeit weniger als 3 Prozent versichert sind.[4] Angesichts solcher Aussichten ist es nur eine Frage der Zeit, bis das Modell von Kilimo Salama exportiert wird, und zwar nicht nur in andere Entwicklungsländer, sondern – in Umkehrung gängiger Vorurteile über die Richtung des Innovationsflusses – auch in Industrieländer. Im laufenden Jahrhundert wird Resilienz nicht nur ein hohes gesellschaftliches Gut sein, sondern weltweit wirtschaftliche Chancen eröffnen, bei denen die Industrieländer ebenso viel zu lernen wie zu lehren haben.

Das Zauberwort heißt Adhokratie

Überall dort, wo man soziale Resilienz findet, ist das selten das alleinige Verdienst großer, formeller Institutionen. Wie wir in diesem Buch immer wieder gesehen haben, handelt es sich meist vielmehr um den Erfolg einer bunten Mischung aus staatlichen und privaten Organisationen, informellen sozialen Netzwerken, Behörden, Einzelpersonen, gesellschaftlichen Vordenkern und technischen Plattformen, die auf höchst provisorische, spontane und selbstorganisierte Weise miteinander kooperieren. Da jede

Katastrophe und jede Situation einzigartig ist, können die Akteure nicht auf ein vorgefertigtes »Organigramm« zurückgreifen – vielmehr ist es eine ihrer ersten Aufgaben, ein solches zu erstellen. Diese Art der Organisation hat einen Namen, den in den 1970er Jahren als Erste der Zukunftsforscher Alvin Toffler und der Managementtheoretiker Henry Mintzberg populär gemacht haben: die *Adhokratie*.[5] Charakterisiert ist sie durch die informellen Rollen von Teammitgliedern, die Abkehr von der Fokussierung auf »standardisierte Abläufe«, ein hohes Maß an Improvisation, schnelle Zyklen, selektive Dezentralisierung, die zentrale Rolle von spezialisierten Teams und eine generelle Abneigung gegen Bürokratie. Im digitalen Zeitalter kann eine Adhokratie nach dem Plug-and-play-Prinzip entstehen, wie aus Legosteinen, und deshalb passt sie so gut für flüchtige, sich ständig verändernde Situationen, in denen man nicht weiß, was man als Nächstes brauchen wird. Wenn Adhokratie ein Musikgenre wäre, dann Jazz.

Eine erfolgreiche Adhokratie war beispielsweise der Grundstein für den Erfolg des Unternehmens 4636 in Haiti, einer Gemeinschaftsanstrengung Dutzender selbstorganisierter Beteiligter – von Einzelpersonen wie freiwilligen Helfern bis hin zu großen Organisationen wie dem Internationalen Roten Kreuz oder den US-Marines –, die nichts weiter miteinander verband als ein gemeinsames Ziel und gute Software. Auf einer Adhokratie beruht auch der Erfolg der »Violence Interrupter« von Ceasefire, die es schaffen, zur rechten Zeit die richtigen Menschen und Ressourcen zusammenzubringen, um nach einer Schießerei zu verhindern, dass die Gewalt eskaliert. In diesen wie in vielen anderen Fällen ist die resiliente Reaktion eine improvisierte und vorläufige, und sie orientiert sich in ihrem Tempo an den konkreten Umständen.

Im weiteren Sinne drehen sich alle in diesem Buch vorgestellten Erkenntnisse und Strategien um Adhokratie. Ob es um die Erweiterung der kognitiven Vielfalt eines Teams geht, wie bei Greg Fontenot und den Absolventen der Red Team University, oder um die Verflechtung unterschiedlicher sozialer Netzwerke, wie Noah Idechong auf Palau es tut; ob es darum geht, verfeindete Völker zusammenzubringen, wie William Ury und seine Kollegen es mit dem Abrahamsweg versuchen, um die Taktik des Ausschwärmens des al-Qaida-Ablegers AQAP oder um einen von eBay inspirierten Ansatz für komplexe militärische Operationen wie bei John Arquilla; ob das Ziel wie beim WIR die Schaffung einer Komplementärwährung ist oder wie bei Elissa Epel und ihren Kollegen die Stärkung der Anpassungsfähigkeit von Individuen durch Achtsamkeitstraining – letztlich tragen sie alle dazu bei, dass eine Adhokratie entstehen und sich entfalten kann, wo es nötig ist.

Das Gleiche gilt auch umgekehrt: Wenn Systeme strukturell zu eng verflochten sind, wie im Fall der Bankenkrise von 2008, wenn die Entscheidung über die Reaktionen auf eine Krise nicht von einer breiten Mehrheit der tatsächlich Betroffenen getragen wird, wie in der Liberty Street 33, oder wenn Interventionen den Menschen bürokratisch aufgepfropft und nicht gemeinsam mit ihnen entwickelt werden, dann hat die Adhokratie keinen Raum, in dem sie sich entfalten könnte.

Damit wollen wir gar nicht bestreiten, dass formelle Institutionen für die Stärkung der Resilienz eine wichtige Rolle spielen. Aber wenn wir uns zu sehr auf Institutionen konzentrieren und sie im Falle einer Krise als die einzigen relevanten Akteure betrachten, macht uns das für improvisierte, erfolgreiche Ansätze wie die hier beschriebenen blind, sodass sie möglicherweise schon im Keim erstickt werden. Doch egal, ob es um internationale Entwicklungspolitik, Diplomatie oder Katastrophenhilfe geht – leider richtet sich unser Blick für gewöhnlich instinktiv auf die Bürokratie, nicht von ihr weg. Wir brauchen einen Ansatz, der diese »Kompetenzzentren« ergänzt und die Zwischenräume ausfüllt, in denen Ideen für mehr Resilienz (und soziale Innovationen) so häufig wachsen und gedeihen. Genau das ist es, was resiliente Organisationen und vermittelnde Führungspersönlichkeiten bewerkstelligen: Sie bieten Menschen die Chance, das Netzwerk, die Erlaubnis und die Ermutigung, sich in diesen Zwischenräumen zu treffen. An die Stelle traditioneller Führungsstrukturen muss unter solchen Umständen eine Strategie der *Lenkung* und *Koordinierung* treten.

Die Macht der Daten

Das Lebenselixier von Adhokratien sind Daten. Und durch einen unglaublich glücklichen Zufall erleben wir derzeit die Geburtsstunde einer »Adhokratie der Daten«, einer weltumspannenden Revolution, die Organisationen zum ersten Mal in der Geschichte die Möglichkeit eröffnet, über weit verstreute Sensoren in *Echtzeit* Informationen über die aktuelle Leistungsfähigkeit zahlreicher unverzichtbarer Systeme zu erheben und auszuwerten. Solche frei zugänglichen Daten werden in den kommenden Jahren bei der Entwicklung von Strategien für mehr Resilienz eine entscheidende Rolle spielen.

Ein hervorragendes Beispiel dafür ist FLOW, eine leistungsfähige neue Plattform, die von Water for People entwickelt wurde, einer auf den Bereich Wasser und Hygiene spezialisierten, internationalen Organisation, und die dazu dient, den langfristigen Erfolg von Projekten zur Verbesserung der Wasserqualität und der Hygiene zu messen.[6]

»Derzeit feiern wir zurecht den Tag, an dem ein Dorf zum *ersten* Mal Zugang zu Wasser bekommt«, sagt Ned Breslin, der CEO von Water for People, der viele Jahre Erfahrung mit Wasserprojekten auf der ganzen Welt hat. »Aber viele Wasser- und Hygienebehörden tun so, als wäre der Fall damit erledigt. Dabei ist das nur der Anfang. Weil sie schlecht geplant sind und sich vor Ort niemand verantwortlich fühlt, sind bis zu 60 Prozent der Wasserprojekte in Afrika und Asien defekt oder aufgegeben. Ich bin beim Graben neuer Brunnen immer wieder auf alte Anlagen gestoßen, die gerade mal fünf oder zehn Jahre alt waren.«

Um diesem Problem zu begegnen, hat Water for People FLOW (Field Level Operations Watch) entwickelt, eine Software, die es den Mitarbeitern von Water for People ermöglicht, den Zustand von Brunnen mithilfe ihrer Mobiltelefone zu kartieren – eine Art Ushahidi für die Wasserversorgung. Das System bietet auf einen Blick Informationen zu tausenden von gesundheits- und hygienerelevanten Einrichtungen in einer Region – nicht nur zu der Frage, wie gut sie funktionieren, sondern auch zu ihrer Akzeptanz und zum Engagement der Menschen vor Ort. Für Bemühungen zur Steigerung der Wasserqualität und Hygiene ist das ein völlig neues Niveau der Transparenz, Effizienz, Verantwortlichkeit und Resilienz. Viele Wasserprojekte hätten sich in der Vergangenheit vielleicht anders entwickelt, wenn es eine solche Plattform gegeben hätte. Auch die Situation in New Orleans nach dem Hurrikan Katrina.

Durch die Auswertung des »Datenausstoßes« von Plattformen wie FLOW und Ushahidi können wir – oft innerhalb von Minuten statt Monaten – viel darüber lernen, wo sich in einem System Schwachstellen abzeichnen und wo Interventionen fehlschlagen. Wenn man diese Daten (unter Wahrung der Privatsphäre und Anonymität) allgemein zugänglich macht, kann man immer neue Korrelationen herstellen und so zu sehr viel wertvolleren Ergebnissen kommen, die weit über das hinausgehen, was eine Einzelorganisation realistischerweise erheben kann. Und das wiederum erleichtert es, erste, schwache Anzeichen einer bevorstehenden Krise von schlichtem Hintergrundrauschen zu unterscheiden, sodass mehr Zeit bleibt, entsprechend zu reagieren.

In Zukunft werden diese Daten in zunehmendem Maße ausge-klügelte, lernfähige Algorithmen füttern, die uns nicht nur dabei helfen können, *aktuell* auftretende, schwache Signale wahrzuneh-men, sondern auch Prognosen ermöglichen, wo *zukünftige* Schwachstellen liegen könnten, sodass wir nicht nur schneller re-agieren, sondern vorausschauend agieren können.

Genau diese Theorie liegt der Initiative »EpidemicIQ« zugrun-de, die durch das Sammeln und Korrelieren von *Milliarden* von Datenschnipseln aus sozialen Netzwerken die Entstehung von weltweiten Epidemien schon im Ansatz erkennen möchte.[7] Das System überwacht in Echtzeit in tausenden Sprachen verfasste Tweets, Facebook-Einträge, SMS-Nachrichten, Blogeinträge, Be-richte auf lokalen Nachrichtenseiten und so weiter auf der ganzen Welt. Dieser gigantische Datenberg wird von einem raffinierten, intelligenten System verarbeitet und durchkämmt, das möglicher-weise relevante Berichte von irrelevanten trennt. Sobald ein po-tenzieller »Treffer« ausgemacht wurde, wird er zur Überprüfung an Menschen gesandt, zum Beispiel, so die geniale Idee, an Leute, die auf Facebook das Videospiel »FarmVille« spielen. (Wenn sie verifizieren, ob ein bestimmter Post tatsächlich mit dem Ausbruch einer Krankheit zusammenhängt, erhalten die Spieler im Gegen-zug einen virtuellen Bonus.) Die bestätigten Treffer landen dann bei einem Pool von Experten, die sie mithilfe von bewährten epi-demiologischen Modellen analysieren. Es handelt sich also um eine spezielle Form der Adhokratie: eine intelligente Software, Laien und ausgewiesene Experten arbeiten Hand in Hand daran, die digitalen Nadeln in einem riesigen digitalen Heuhaufen zu finden.

Und dabei sind sie ziemlich erfolgreich. Während eines Ebola-ausbruchs in Uganda registrierte EpidemicIQ Krankheitsfälle fünf Tage schneller als das US-amerikanische Gesundheitsministeri-um und acht Tage schneller als die Weltgesundheitsorganisation.[8]

Doch die eigentliche Hoffnung, die sich mit derartigen Systemen verbindet, richtet sich auf Informationen darüber, wo eine Krankheit als Nächstes auftreten könnte – und zwar, *bevor* es so weit ist. In Verbindung mit Daten über Migrationsbewegungen von Menschen und Tieren, Transportsysteme, Handelsnetze und zahllose weitere Variablen könnte man eine sich schnell ausbreitende Seuche in Zukunft vielleicht aufhalten, indem man ganz gezielt einzelne Gebiete von verschiedenen globalen Systemen abkoppelt, ohne eine Massenpanik auszulösen. Wie nützlich wäre ein vergleichbares System aus *finanziellen* Sensoren in der nächsten Wirtschaftskrise für die Leute in den Regulierungsbehörden wie Andrew Haldane!

Solche Hoffnungen gehörten zu den wichtigsten Gründen, weshalb globale Organisationen wie die UN und die Weltbank sich verpflichtet haben, die Daten über ihre weltweiten Entwicklungsprogramme frei zugänglich zu machen. Dadurch ist es nämlich möglich, beispielsweise die Auswirkungen von Nahrungsmittellieferungen der UN mit der Wasserqualität von Brunnen zu korrelieren, die Water for People gegraben hat, oder mit den Entwicklungsprogrammen der Weltbank. Aus ähnlichen Beweggründen haben auch global operierende Konzerne wie Nike, General Electric oder IBM Daten aus zahlreichen Unternehmensfeldern offen gelegt. Sie setzen darauf, dass der Wert eines tieferen Verständnisses, wie sie als Unternehmen mit wichtigen globalen Trends in Beziehung stehen, die durch mehr Transparenz entstehenden Wettbewerbsnachteile mehr als aufwiegen wird.

Derartige Ansätze sind auch eine gute Möglichkeit, Stadtverwaltungen und informelle Netzwerke von Bürgern besser zu verzahnen, um die Resilienz einer Stadt zu stärken. So versucht die Initiative »Open311«, eine standardisierte Schnittstelle zum Bürgerinformationsdienst einzurichten, der in vielen US-amerikanischen Städten wie etwa New York unter der Telefonnummer 311 erreichbar ist. Über diese Schnittstelle könnten die Bürger dann zum Beispiel Schlaglöcher melden und eine SMS-Nachricht erhalten, wenn es ausgebessert ist, oder eine Route für den Weg zur Arbeit zusammenstellen, auf der es möglichst wenig Schlaglöcher gibt.[9] Ein solches Portal könnte für viel mehr benutzt werden als nur für Berichte darüber, dass etwas kaputt ist. Man könnte darüber auch Daten sammeln, wie Anwohner subjektiv die Sicherheit und Lebensqualität in ihrem Viertel einschätzen. Oder welche Vorschläge sie für ein unbebautes Grundstück haben. Oder man könnte darüber im Fall einer Katastrophe freiwillige Helfer dorthin dirigieren, wo sie am dringendsten gebraucht werden.

Solche Ansätze erhöhen die Resilienz einer Stadt, indem sie Bürgern Möglichkeiten an die Hand geben, sich mit anderen zusammenzutun, fantasievolle Vorschläge einzubringen und Kontakt zu den Behörden aufzunehmen. Dadurch dehnen sie die Möglichkeiten informeller Führung weit über das Maß dessen aus, was man mit formeller politischer Autorität allein erreichen könnte, und der Schlüssel dazu ist einmal mehr die Adhokratie. Für Organisationen aller Art ist das eine wichtige Lektion: Wenn eine Organisation es sich zur dringlichen Aufgabe macht, Daten zu sammeln, abzugleichen, aufzubereiten und allgemein zugänglich zu machen, so stärkt das ihre Resilienz.

Das heißt natürlich nicht, dass die freie Verfügbarkeit so vieler Daten nicht auch Nachteile hat und Risiken birgt. Man kann sich die Korrelation von Daten zunutze machen, um Probleme frühzeitig zu erkennen und Unheil abzuwenden; das gleiche Verfahren kann jedoch auch eingesetzt werden, um Unheil zu stiften. Für manche Regierungen – und zwar nicht nur für Despoten und Diktatoren – ist die Versuchung, ihren Bürgern nachzuspionieren, bereits heute unwiderstehlich, und nicht selten werden dabei Bürgerrechte missachtet. Und die neuen technischen Möglichkeiten werden nicht nur von Staaten eifrig genutzt, sondern auch von

Kriminellen und Terroristen. Nachdem die mexikanischen Drogenkartelle die traditionellen Medien durch die Ermordung von Journalisten, die über ihre Machenschaften berichtet hatten, erfolgreich zum Schweigen gebracht hatten, deckten sie als Nächstes die Identität von Bloggern und Nutzern sozialer Netzwerke auf. Vor Kurzem hängten sie an einer Brücke mehrere verstümmelte Leichen auf und dazu das Schild: »Nehmt euch in Acht. So ergeht es einem, wenn man wirres Zeug im Internet postet.«

Und es gibt weitere beunruhigende Entwicklungen. So waren beim im 2. Kapitel erwähnten Terroranschlag in Mumbai die Terroristen vor Ort via Satellitentelefon in ständigem Kontakt mit einem weit entfernt sitzenden Koordinator. Dieser recherchierte im Internet die Identitäten von Geiseln; stellte sich heraus, dass es sich bei einer Geisel um einen Amerikaner oder einen Juden handelte, wurde er von seinen Komplizen erschossen. Außerdem pervertierten die Terroristen eine weitere Methode, die uns vom Unternehmen 4636 vertraut ist: Der Koordinator durchforstete die Tweets der verängstigten Bevölkerung und nutzte diese Informationen, um seine Komplizen auf dem Laufenden zu halten und die Anzahl der Opfer zu maximieren – diese frei verfügbaren Daten erwiesen sich für die Terroristen als derart wertvoll, dass die Stadtverwaltung von Bombay die Bürgerschaft aufforderte, von weiteren Tweets über den Terrorangriff abzusehen.

Auf diese Herausforderungen gibt es keine einfachen Antworten. »Crisis Mapping«-Experten, die auf dem Gebiet der Katastrophenbekämpfung engagiert sind, diskutieren über Möglichkeiten, die Sicherheit zu erhöhen, einen Verhaltenskodex aufzustellen und gemeinsame Prinzipien zu formulieren. Doch wird es stets ein Spannungsfeld zwischen derlei Maßnahmen und der Notwendigkeit geben, dass derartige Plattformen möglichst zugänglich sind und möglichst viele Menschen zum Mitmachen animieren. Letztlich geht es, wie so oft in der modernen Informationsgesell-

schaft unserer Tage, um eine Abwägung: Die Risiken des Miss-
brauchs sind zwar nicht von der Hand zu weisen, doch im Großen
und Ganzen werden sie vom Nutzen eindeutig in den Schatten
gestellt.

Planspiele für die Zukunft

Doch selbst wenn ihr solche Daten zur Verfügung stehen, kann
man von einer intakten Gemeinschaft unmöglich erwarten, dass
sie sämtliche überraschenden, nichtlinearen Reaktionen vorhersehen kann, die Systeme im Krisenfall aufweisen. Schließlich gelingt das nicht einmal Experten. Notwendig ist es deshalb, über
mögliche, wahrscheinliche und wünschenswerte zukünftige Entwicklungen und deren Folgen umfassend nachzudenken. Und
auch in diesem Bereich gibt es vielversprechende neue Werkzeuge
und Technologien, die Städten und Unternehmen dabei helfen,
kritische Schwellen zu erkennen, die Folgen einer Krise durchzu-
spielen, ehe es dazu kommt, und dadurch fundiertere Entscheidungen zu treffen.

Ein richtungsweisendes Beispiel dafür ist »Marine InVEST«,
eine Plattform für das Durchspielen unterschiedlicher Szenarien,
die von einem Konsortium namens Natural Capital Project entwickelt wurde.[10] Die Software Marine InVEST ist gewissermaßen
eine ökologisch ausgerichtete Mischung aus Google Maps und
dem Computerspiel SimCity, die küstennahe Städte in die Lage
versetzt, sich einen umfassenden Überblick über die vielen Wech-
selwirkungen zwischen Festland und Meer in ihrer Region zu verschaffen. Dabei tragen Ökologen in eine geografische Karte des
Küstengebietes wissenschaftlich fundierte Modelle der Artenvielfalt und -verteilung sowie der verschiedenen Nutzungen des Ökosystems durch Fischer, Industrie, Schifffahrt, Tourismus und so

weiter ein. Die so entstandene Karte zeigt auf, wie hoch der wahre finanzielle Wert der aktuellen Nutzung des Meeres ist, und veranschaulicht, wie verschiedene Aktivitäten sich gegenseitig begrenzen und beeinflussen. Außerdem vermittelt sie zwischen den verschiedenen »Währungen«, in denen der Wert des Systems gemessen wird, und bringt den »Wechselkurs« zwischen Dollar, Fischbeständen, Artenvielfalt, Urlaubern, Länge der geschützten Küstenabschnitte und so weiter ans Licht.

Viele Verbindungen zwischen diesen Systemen sind mehrdimensionaler Natur. Die Einführung von Netzgehegen für die Fischzucht mag den Gewinn einer ortsansässigen Firma steigern, aber sie wirkt sich auch auf die wilden Fischbestände aus, denn solche Netzgehege sind eine ideale Brutstätte für Parasiten, die dann auch wild lebende Arten befallen. Außerdem können Netzgehege zu einer Verschlechterung der Wasserqualität führen, was wiederum nicht ohne Folgen dafür bleibt, welche Küstenabschnitte als Erholungsgebiet genutzt werden können.

Indem Marine InVEST solche Zusammenhänge sichtbar macht, können Küstengemeinden plausible Antworten auf aktuelle »Was wäre, wenn«-Fragen geben, wie: Welche Folgen hätte eine Intensivierung des Fischfangs für nicht befischte Arten? Wie würde sich der Bau einer Kraftwerks zur Nutzung der Meeresenergie auf Erholungsgebiete und Tourismus auswirken? Wie hoch sind die langfristigen Kosten, wenn man einen bestimmten Teil der Küste unter Schutz stellt – und wie hoch ist der Nutzen, nicht nur in Dollar, sondern auch für die Artenvielfalt? Wie viele zusätzliche Belastungen kann das System verkraften, ohne dass eine kritische Schwelle erreicht wird?

Die Antworten auf diese Fragen helfen der Gemeinde – ganz im Sinne des ökosystembasierten Fischereimanagements –, im Rahmen eines ganzheitlichen Ansatzes die konkurrierenden wirtschaftlichen, ökologischen und sozialen Interessen gegeneinander abzuwägen und gleichzeitig zu vermeiden, dass das System eine kritische Schwelle überschreitet und in einen weniger wünschenswerten Zustand umschlägt.

Die Festlegung auf einen bestimmten Ansatz ist keine leichte Aufgabe, da *einige* Interessengruppen (wie im richtigen Leben) in bestimmten Punkten zwangsläufig das Nachsehen haben: Es wird *weniger* Fisch gefangen werden, oder es werden *weniger* Touristen unterkommen, als *möglich* wäre. Jeder Plan erfordert Kompromisse, und die Menschen davon zu überzeugen, sich mit weniger als 100 Prozent zufriedenzugeben, ist kein Softwareproblem, sondern ein politisches Problem.

Das Team von Marine InVEST arbeitet daher eng mit der jeweiligen Gemeinde zusammen, um einen Konsens über die Ziele, Kompromisse und Kosten eines bestimmten Szenarios herzustellen. »Ohne diesen Dialog sind die Ergebnisse wertlos«, so Anne Guerry, eine am Projekt beteiligte Wissenschaftlerin. »Andererseits verleiht es dem Dialog eine ganz andere Qualität, wenn die Mitglieder der Gemeinde konkrete Szenarien vor sich haben. Dadurch können Interessenvertreter eine bestimmte Variante durchspielen, die Vorteile und Risiken eines Szenarios abwägen und die Gefahr eines möglichen Scheiterns diskutieren, ohne dass das Ganze reale negative Folgen hätte.«

Dieses »Spiel mit ernstem Hintergrund« erinnert ein wenig an die Red Team University, ermuntert es doch die Mitglieder einer Gemeinde, die komplexen, nicht offensichtlichen Folgen zweiter und dritter Ordnung zu bedenken, die mit bestimmten Handlungsalternativen verbunden sind. Oftmals werden dadurch nicht nur die Auswirkungen eines Szenarios deutlich, sondern auch das Verhältnis zwischen den Interessenvertretern. »In gewisser Weise sind die engeren Kontakte und der Prozess des Dialogs das eigentliche Ergebnis unserer Softwaresimulationen«, so Anne Guerry, und verweist damit auf eine Parallele zur Arbeit von Noah

Idechong auf Palau. »Mit jeder Gesprächsrunde mit Nichtwissen-schaftlern werden die Modelle besser – und auch die Beziehungen der Teilnehmer untereinander.«

Selbst eine so ausgefeilte Software wie Marine InVEST kann unmöglich alle denkbaren Quellen oder Folgen von Störungen er-fassen. Es wird immer Überraschungen geben, und niemand kann die Menschen dazu zwingen, die »richtigen« Entscheidungen zu treffen. Trotzdem stärkt es die Resilienz einer Gemeinde, wenn ihre Mitglieder gemeinsam die Auswirkungen verschiedener Sze-narien durchspielen, denn eine Gemeinde, die gelernt hat, über *eine* bestimmte Störung zu diskutieren, ist besser darauf vorberei-tet, mit *jeder* möglichen Störung fertig zu werden.

Von resilienten Orten lernen

Es ist uns wichtig, noch einmal zu betonen, dass sich auf den Weg zu mehr Resilienz zu machen nicht bedeutet, Störungen ein für alle Mal auszuschließen. Künstlich in die Länge gezogene Stabili-tät kann wie erwähnt sogar ein Zeichen von Anfälligkeit sein: ein Hinweis darauf, dass ein System zu viele Ressourcen ansammelt, wie ein Wald, in dem längst mal wieder ein Brand angezeigt wäre. Gelegentliche Störungen sind für jedes System wichtige Chancen, etwas *dazuzulernen*, weil sie ein Schlaglicht auf potenziell proble-matische wunde Punkte werfen, ohne dass das System komplett in einen weniger wünschenswerten Zustand umschlägt. Außerdem dienen sie (um es mit Joseph Schumpeter zu sagen) als Mechanis-men der »schöpferischen Zerstörung«, die den Weg für neue An-sätze frei machen – sei es in unserem politischen System, unseren Wohnorten, unseren Ökosystemen, unserer Infrastruktur oder unserer Volkswirtschaft. Regelmäßige moderate Störungen ver-größern darüber hinaus die innere Vielfalt eines Systems – und

sorgen so dafür, dass immer irgendein Teilsystem wächst und gedeiht, heranreift und schließlich abstirbt und dem Ganzen als
Dünger dient.

Im Lauf der Zeit prägt dieser chaotische Kreislauf die Kultur
resilienter Orte und Gemeinschaften sowie die Überzeugungen
und Werte der Menschen, die dort leben. Vielleicht ist das ein
Grund, weshalb man soziale Resilienz so häufig an Orten antrifft,
die in der Vergangenheit große Herausforderungen bewältigen
mussten, wie die amerikanische Golfküste, die Chicagoer South
Side oder Detroit. Durch die allzu regelmäßige, schmerzliche Erfahrung von Störungen ist dort ein tief verwurzelter kultureller
Erfahrungsschatz der Resilienz entstanden.

Und genau das ist die Moral der letzten Geschichte in diesem
Buch. Sie handelt von der Hancock Bank und ihrem bemerkens-
werten Umgang mit dem Hurrikan Katrina.

Dank einer Kultur der umfassenden Vorbereitung auf mögliche
Katastrophen schaffte es diese in Gulfport, Mississippi, ansässige
Bank mit 112-jähriger Tradition, dass ihre wichtigsten Computer-
systeme schon drei Tage, nachdem der Sturm über ihre 17-stöcki-
ge Zentrale hinweggefegt war, wieder einsatzbereit waren.[11]

Doch vor Ort schien das im Chaos nach dem Sturm kaum eine
Rolle zu spielen. Neunzig der 103 Filialen waren entweder komplett zerstört oder schwer beschädigt, die gesamte Region war
ohne Strom, Polizei und Feuerwehr hatten mit der Bergung von
Opfern alle Hände voll zu tun und konnten nicht für die Sicherheit der Banken sorgen, und viele Kunden hatten alles verloren,
einschließlich ihrer Pässe und Scheckbücher. Inmitten dieses
Chaos konnten die Mitarbeiter der Hancock Bank nicht einmal
verifizieren, dass jemand überhaupt Kunde der Bank war, geschweige denn, wie viel Geld jemand auf dem Konto hatte. Doch
da Kreditkartenlesegeräte vorerst nicht funktionierten, brauchten
die Bürger dringender Bargeld als jemals zuvor, und die Geldauto-

maten von Hancock und anderen Banken waren allesamt unbrauchbar.

Was also war zu tun?

Auf dem Höhepunkt der Katastrophe kramten die Manager der Bank die mehr als hundert Jahre alte Gründungssatzung des Instituts hervor und stellten fest, dass darin ausschließlich vom Dienst am Kunden und am Gemeinwohl die Rede war.

Das Wort »Profit« kam dort nirgends vor.

Daraufhin taten die Manager der Hancock Bank etwas Bemerkenswertes: Sie vergrößerten die Sippe. Während der Sturm sich allmählich legte, stellten sich Hancock-Angestellte mit Klapptischen, unter einer Plane oder in einem Wohnwagen vor 40 Filialen, die ohne Stromversorgung waren, und zahlten *jedem*, der ein Blatt Papier mit Name, Adresse und Sozialversicherungsnummer unterschrieb, 200 Dollar in bar aus. Nicht nur Hancock-Kunden, sondern jedem. Keinen Pass? Kein Problem. Ein Großteil dieses Geldes stammte aus Casinos und musste vor der Auszahlung buchstäblich einer »Geldwäsche« unterzogen und »gebügelt« werden.[12]

Bis zu dem Zeitpunkt, als das Schlimmste vorbei war, hatte das Unternehmen den Bürgern von Gulfport – egal, ob sie Kunden waren oder nicht – mehr als 42 *Millionen* Dollar ausbezahlt und hatte als Nachweis nichts weiter als Schuldscheine in Form von Post-it-Zetteln. In einer Zeit, in der ein monatelanger Stillstand unabwendbar schien, konnte so die lokale Wirtschaft am Laufen gehalten werden.

Für die Hancock Bank zahlte sich dieser unglaubliche Vertrauensvorschuss aus. Innerhalb weniger Monate wurden bei Hancock 13 000 neue Konten eröffnet, die Einlagen stiegen um 1,5 Milliarden Dollar. Nach drei Jahren waren bis auf 200 000 Dollar fast alle 200-Dollar-Kredite zurückgezahlt – 99,5 Prozent.[13]

Die Grundlage für diesen beeindruckenden Erfolg war die klare gemeinsame Vision, dass eine Bank in erster Linie eine gesellschaftliche Institution mit langfristigen Zielen ist und erst in zweiter Linie ein auf kurzfristige Gewinne erpichtes Unternehmen. Die Bank war auf Katastrophen zweifellos vorbereitet, doch niemand hatte ernsthaft in Erwägung gezogen, in 200-Dollar-Portionen mehrere Millionen Dollar an Unbekannte zu verteilen. Diese Fähigkeit, wie ein Fledermausfisch oder das WIR in einen völlig neuen Verhaltensmodus umzuschalten, durch den die Regeln des geschäftlichen Alltags ausgesetzt waren und die Bank und die Stadt wiederhergestellt werden konnten, beruhte auf ausführlichen Planspielen, in denen sich die Hancock Bank auf zukünftige Katastrophen vorbereitet hatte, auf starken, gemeinsamen sozialen Werten, auf ihrem Vertrauen in die Bürger der Stadt und auf einer starken Adhokratie aus Angestellten und Interessengruppen.

Und keine Aufsichtsbehörde musste den Managern sagen, was zu tun ist.

In vielen Geschichten dieses Buches haben wir gesehen, dass Resilienz in der Regel aus dem Zusammenspiel eines ganzes Bündels von Faktoren entsteht: den richtigen Systemen und Strukturen, den richtigen Technologien und Informationen, den richtigen Ansätzen zur Stärkung einer Gemeinschaft sowie den richtigen Werten und Denkgewohnheiten.

Kommen diese Faktoren zusammen, ob im Kleinen oder im Großen, so tragen sie reiche Frucht. Nachbarn, die sich zusammentun, um auf einer Brachfläche gemeinsam einen Garten anzulegen, unternehmen damit zum Beispiel einen wichtigen Schritt gegen den Verfall ihres Stadtviertels und hin zu mehr Ernährungssicherheit und gesunden Lebensmitteln. Sie schlagen damit mehrere Fliegen mit einer Klappe, denn sie sparen Geld, haben Bewegung an der frischen Luft und entziehen der Atmosphäre ein wenig Kohlendioxid. Ganz nebenbei stärken sie auch ihr Bewusstsein von der eigenen Unabhängigkeit und Anpassungsfähigkeit, und sie knüpfen ein Netz von Beziehungen, das ihr Stadtviertel resilienter gegen zukünftige Krisen macht.

Sogar unsere *Gedanken* spielen in diesem Zusammenhang eine Rolle, und zwar nicht nur für unsere eigene Resilienz, sondern auch für die Resilienz anderer. Die Arbeiten von Wissenschaftlern wie Richard Davidson, Elissa Epel, Clifford Saron, Amishi Jha und anderen zeigen Wege auf, wie wir unsere Resilienz stärken können, indem wir meditieren und den tieferen Sinn in unserem Leben entdecken. Und wie wir von Gary Slutkin gelernt haben, können solche Denkgewohnheiten *ansteckend* sein – zum Besseren oder zum Schlechteren. Zusammengenommen ergeben diese Ansätze die ersten Glieder einer Kette, über die Ihre individuelle Resilienz mit der Ihres sozialen Umfelds, Ihres Freundeskreises, der Stadt, in der Sie leben und arbeiten, und letztlich mit der ganzen Welt in Beziehung steht. Wovon *Sie* überzeugt sind, welche Denkgewohnheiten *Sie* pflegen und wie *Sie* auf Störungen reagieren, hat einen nachhaltigen Einfluss auf das Ganze. Resilienz hat eine enorme Strahlkraft.

Der Weg hin zu mehr Resilienz ist die große moralische Aufgabe unserer Zeit. Resilienz ist der Maßstab, mit dem wir unsere Beziehungen zu unseren Mitmenschen, unserem sozialen Umfeld, unseren Institutionen und unserer Erde messen müssen. Dabei dürfen wir jedoch nicht vergessen, dass es auf diesem Weg keinen Zielstrich gibt und auch keine Ideallinie. Auch wenn es manchmal schwer auszuhalten ist: Die Resilienz eines Systems ist immer eine provisorische, und die daraus resultierende Notwendigkeit, ganzheitlich und langfristig zu denken und Abstriche bei der Effizienz zu machen, stellt uns vor große politische Herausforderungen. Viele Bemühungen werden scheitern, und selbst außerordentlich erfolgreiche Ansätze hin zu mehr Resilienz werden im Lauf der Zeit unwirksam, weil jedes System ständig neuen Kräften der Veränderungen ausgesetzt ist. Resilienz erfordert, dass wir uns tagtäglich neu für sie entscheiden und einsetzen. Mit Bemühungen um mehr Resilienz können wir uns niemals Sicherheit erkaufen, sondern immer nur ein wenig Zeit.

Jeder Tag bringt neue Chancen mit sich.

Danksagung

Unabhängig davon, wie viele Autoren auf dem Cover stehen, haben an der Entstehung jedes Buches viele fleißige Hände mitgewirkt. Wir möchten allen danken, die dieses Projekt möglich gemacht haben, allen voran unseren Ehepartnern Jennifer Carlson und Bryan Mealer, die uns nicht nur beim Schreiben unterstützt, sondern sich auch um unsere Sprösslinge gekümmert haben. Unsere Agentin Zoë Pagnamenta hat sich nachdrücklich für dieses Projekt engagiert und es auf dem Weg zu seiner Fertigstellung ebenso geschickt wie liebenswürdig durch so manche Untiefe gelotst. Das Rechercheteam um Mishka Vance, Michael Brady, Andrea Jones-Rooy, Mirela Iverac und Jonathan Thong hat uns geholfen, uns einen Überblick über die aktuelle Forschung zu verschaffen. Dank Dominick Anfuso von Free Press und Hillary Redmon haben wir die Ziellinie erreicht. Andrew dankt außerdem seinen Kollegen bei PopTech, vor allem Leetha Filderman, die den Laden zusammengehalten hat, wenn Andrew mal wieder eine durchtippte Nacht hinter sich hatte.

Ein besonderer Dank all den wunderbaren Menschen, die mit ihrer Arbeit und ihren Büchern die hier vorgestellten Gedanken direkt (und ebenso häufig indirekt) inspiriert haben, allen voran Buzz Holling, Brian Walker, Johan Rockström, John Doyle, George Sugihara, Simon Levin, Robert May, Andy Haldane, David

Bellwood, Bernard Lietaer, John Arquilla, Sarah Fortune, Massoud Amin, Dan Nocera, Geoffrey West, Willie Smits, George Bonanno, Richard Davidson, Clifford Saron, Amishi Jha, Robert Axelrod, Frans de Waal, William Ury, Hijazi Eed, Frederic Masson, Josh Weiss und die Leute vom Abrahamspfad in Palästina, Patrick Meier, Josh Nesbit, Rob Munro, Sinan Aral, Greg Fontenot, Kevin Dunbar, Gary Slutkin und allen anderen bei Ceasefire, Noah Idechong, Valdis Krebs, Rose Goslinga, Ned Breslin, Rod Salm und den auf der ganzen Welt verstreuten Wissenschaftlern von Reef Resilience, Charles Allen und den leider bereits verstorbenen Pam Dashiell, sowie Anne Guerry, David Rand und Robert Kirkpatrick. Ein besonderes Dankeschön auch an Janet Ginsburg, die viele durchdachte Kommentare zum Manuskript abgab. Viele bemerkenswerte Organisationen haben unser Denken zutiefst beeinflusst: das Stockholm Resilience Centre, die Resilience Alliance, das Community and Regional Resilience Insitute, Frances Westley und das Institute for Social Innovation and Resilience an der University of Waterloo und viele andere. Auf dem Gebiet der Resilienz forschen einige der faszinierendsten und inspirierendsten Wissenschaftler, denen wir je begegnet sind, und es war uns eine Ehre, von ihnen zu lernen und sie Ihnen vorzustellen.

Und schließlich ein Dank von Ann Marie für den Iced Coffee »Toddy Style« im Café Regular in Park Slope. Andrew dankt den Leuten vom Café Nero Doro in Brooklyn, dass sie ihn oft stundenlang verwöhnt und mit ausreichend Koffein-Nachschub verhindert haben, dass er über seinem Laptop einschläft.

Von den Autoren geschätzte Organisationen

Die Erforschung der Resilienz hat gerade erst begonnen, und jeden Tag werden wichtige Fortschritte erzielt. Hier einige Organisationen, die auf diesem Gebiet führend sind:

– die **Resilience Alliance**:
www.resalliance.org

– das **Stockholm Resilience Centre:**
www.stockholmresilience.org

– das **Community and Regional Resilience Institute (CARRI):**
www.resilientus.org

– das **Transition Network:**
www.transitionnetwork.org

– **Doors of Perception:**
www.doorsofperception.com

– **EcoTrust:**
www.ecotrust.org

– der **Abrahamspfad:**
www.abrahampath.org

– **Ushahidi**:
www.ushahidi.org

– **PopTech:**
www.poptech.org

Anmerkungen

Einleitung:
Warum Resilienz so wichtig ist

1 James McKinley Jr., »Cost of Corn Soars, Forcing Mexico to Set Price Limits«, *New York Times*, 19. Januar 2007, http://www. nytimes.com/2007/01/ 19/world/americas/19tortillas.html [14.01.2012].

2 »Mexicans stage tortilla protest«, *BBC News*, 01. Februar 2007, http://news.bbc.co.uk/2/hi/6319093.stm [14.01.2012].

3 Ioan Grillo, »75,000 Protest Tortilla Prices in Mexico«, *The Washington Post*, 01. Februar 2007, http://www.washingtonpost.com/wp-dyn/content/article/2007/02/01/AR2007020100210_pf.html [14.01.2012].

4 Robert L. Bamberger und Lawrence Kumins, »Oil and Gas: Supply Issues After Katrina and Rita«, *Congressional Research Service*, 03. Oktober 2005, http://assets.opencrs.com/rpts/RS22233_20051003.pdf [14.01.2012].

5 Elliot Blair Smith, »Katrina cripples 95% of gulf's oil production«, *USA Today*, 30. August 2005, http://www.usatoday.com/money/industries/energy/2005-08-30-katrina2-refinery-usat_x.htm [14.01.2012].

6 Kent Bernhard Jr., »Pump prices jump across U. S. after Katrina«, *MSNBC.com*, 01. September 2005, http://www.msnbc.msn.com/

id/9146363/ns/business-local_business/t/pump-prices-jump-across-us-after-katrina/#.TtCVsqNWqUc [14.01.2012].

7   Timothy A. Wise, *Agricultural Dumping Under NAFTA: Estimating the Costs of U.S. Agricultural Policies to Mexican Producers*, (Woodrow Wilson International Center for Scholars, Dezember 2009), S. 4.

8   »Fighting FTAs: An International Strategy Workshop«, S. 71, http://www.bilaterals.org/IMG/pdf/fightingFTA-en-Hi-2-h-fourteen-years-nafta-tortilla-crisis.pdf [14.01.2012].

9   Laura Carlsen, »Behind Latin America's Food Crisis«, *WorldPress. org*, 20. Mai 2008, http://www.worldpress.org/Americas/3152.cfm [14.01.2012].

10 Walden Bello, »Manufacturing a Food Crisis«, *The Nation*, 08. Juni 2008, http://www.thenation.com/article/manufacturing-food-crisis [14.01.2012].

11 »China Emerges as the Second Largest U.S. Agricultural Export Market«, USDA Foreign Agriculture Service, 20. Dezember 2010, http://www.fas.usda.gov/China%20Import122010.pdf [14.01.2012].

12 Miguel Llanos, »2011 already costliest year for natural disasters«, MSNBC.com, 12. Juli 2011, http://today.msnbc.msn.com/id/43727793/ns/world_news-world_environment#.TtxX5eNWqUc [14.01.2012].

13 Eine prägnante Erklärung dieses Konzeptes finden Sie unter http://www.youtube.com/watch?v=tXLMeL5nVQk [14.01.2012].

14 C. S. Holling, »Resilience and stability of ecological systems«, *Annual Review of Ecological Systems* 4 (1973), S. 1–24. Siehe auch B. Beisner, D. Haydon und K. Cuddington, »Alternative stable states in ecology«, *Frontiers in Ecology and the Environment* 1 (7/2003), S. 376–382.

15 Resilienzforscher sprechen in diesem Zusammenhang meist von »Attraktionsbecken« (*basins of attraction*), vgl. Marten Scheffer

u. a., »Catastrophic shifts in ecosystems«, *Nature* 413 (2001),
S. 591–596. doi:10.1038/35098000.

16 Johan Rockström u. a., »A safe operating space for humanity«,
Nature 461 (2009), S. 472–475. doi:10.1038/461472a.

17 U. S. Geological Survey: Twitter Earthquake Detector (TED),
http://recovery.doi.gov/press/us-geological-survey-twitter-earth-
quake-detector-ted.

18 Nathan Eagle, »Engineering a Common Good: Fair Use of Aggre-
gated, Anonymized Behavioral Data«, im Druck.

19 Nathan Eagle u. a., »Community Computing: Comparisons between Rural and Urban Societies using Mobile Phone Data«, *IEEE
Social Computing* (2009), S. 144–150, sowie persönliche Korrespondenz mit Nathan Eagle.

20 Alexandra Alter, »Yet Another ›Footprint‹ to Worry About: Water«,
Wall Street Journal, 17. Februar 2009. Siehe auch die Rede von
Lorrie Vogel auf der PopTech-Konferenz 2009, http://poptech.org/
popcasts/lorrie_vogel_pioneering_designs. [22.01.2012].

21 Falls sich das für Sie nach der »schöpferischen Zerstörung« Joseph
Schumpeters anhört, so ist das kein Zufall, stand diese doch Pate.
Einen guten Überblick bieten Brian Walker und David Salt,
»Resilience Thinking: What a Resilient World Might Look Like«,
Sockeye Magazine, Herbst 2007.

22 Siehe dazu die Website der Bewegung, www.transitionnetwork.org,
sowie Rob Hopkins, *The Transition Companion: Making Your
Community More Resilient in Uncertain Times*, London 2011.

1. Stabil, aber anfällig

1 Näheres zu diesem Gedankenexperiment bei J. M. Carlson und John
Doyle, »Highly Optimized Tolerance: Robustness and Design in
Complex Systems«, *Physical Review Letters* 84 (2000), S. 2529–2532.

2 Einen guten Überblick bietet John Doyle, »The Architecture of Robust, Evolvable Networks: Organization, Layering, Protocols, Optimization, and Control«, Forschungsbericht für das Lee Center for Advanced Networking, http://leecenter.caltech.edu/booklet. html [14.01.2012].

3 Mehr Details bei John Doyle u. a., »The ›robust yet fragile‹ nature of the Internet«, *Proceedings of the National Academy of Sciences* (2005) 102(41), S. 14497–14502.

4 Ashley Frantz, »Assange's ›poison pill‹ file impossible to stop, expert says«, *CNN.com*, 08. Dezember 2010, http://articles.cnn.com/2010-12-08/us/wikileaks.poison.pill_1_julian-assange-wikileaks-key-encryption [14.01.2012].

5 John Leyden, »Anonymous attacks PayPal in ›Operation Avenge Assange‹«, *The Register*, 06. Dezember 2010, http://www.theregister.co.uk/2010/12/06/anonymous_launches_pro_wikileaks_campaign [14.01.2012].

6 Richard W. Zabel u. a., »Ecologically Sustainable Yield«, *American Scientist*, (März/April 2003), S. 150-157.

7 L. S. Kaufman, »Effects of Hurricane Allen on Reef Fish Assemblages near Discovery Bay, Jamaica«, *Coral Reefs* 2 (1983), S. 43–47. Siehe auch J. D. Woodley u. a., »Hurricane Allens Impact on Jamaican Coral Reefs«, *Science* 214, (1981), S. 749–755.

8 Office of National Marine Sanctuaries, National Oceanic and Atmospheric Administration, http://sanctuaries.noaa.gov/about/ecosystems/coralimpacts.html [14.01.2012].

9 Nancy Knowlton, »Sea urchin recovery from mass mortality: New hope for Caribbean coral reefs?«, *Proceedings of the National Academies of Science* 98 (9) (2001), S. 4822–4824.

10 Vgl. Trade Environment Database: »The California Sardine Industry«, http://www1.american.edu/TED/sardine.HTM [14.01.2012]. Siehe auch John Radovich, »The Collapse of the California Sardine Industry: What Have We Learned?«, in:

Resource Management and Environmental Uncertainty, New York 1981.

11 Paul Raeburn, »Using Chaos Theory to Revitalize Fisheries«, *Scientific American*, Februar 2009. Siehe auch C. H. Hsieh u. a., »Fishing elevates variability in the abundance of exploited species«, *Nature* 443 (2006), S. 859–862. doi:10.1038/nature05232.

12 Boris Worm u. a., »Rebuilding Global Fisheries«, *Science* 325 (2009), S. 578–585.

13 Boris Worm u. a. »Impacts of biodiversity loss on ocean ecosystem services«, *Science* 314 (2006), S. 787–790.

14 a. a. O.

15 James Sanchirico, Martin D. Smith und Douglas W. Lipton, »An Approach to Ecosystem-Based Fishery Management«, Resources for the Future Discussion Paper, DP-06-40 (2006), http://www.rff. org/Documents/RFF-DP-06-40.pdf [14.01.2012]., sowie http:// www.rff.org/Publications/Resources/Pages/Managing-fish-portfolios.aspx [14.01.2012].

16 Vgl. Robert M. May, Simon A. Levin und George Sugihara, »Ecology for Bankers«, *Nature* 451 (2008), S. 893–895.

17 Kimmo Soramäki u. a., »The Topology of Interbank Payment Flows«, Staff Report der Federal Reserve Bank of New York Nr. 243, März 2006.

18 Vgl. die nach Kalenderjahren aufgeschlüsselten Zahlen des Fedwire Funds Service, http://www.federalreserve.gov/paymentsystems/ fedfunds_ann.htm [14.01.2012].

19 Soramäki u. a., »The Topology of Interbank Payment Flows«.

20 a. a. O.

21 Andrew Haldane, »Rethinking the Financial Network«, Rede vor der Financial Student Association in Amsterdam, April 2009, http://www.bankofengland.co.uk/publications/speeches/2009/ speech386.pdf [14.01.2012].

22 a. a. O.

23   International Swaps and Derivatives Association, http://www.isda. org/uploadfiles/_docs/ISDA_Brochure_2011.pdf [14.01.2012].

24   David Bellwood, Terry Hughes und Andrew Hoey, »Sleeping Functional Group Drives Coral-Reef Recovery«, *Current Biology* 16 (2006), S. 2434–2439.

25   Peter Temin und Gianni Toniolo, *The World Economy between the Wars*, Oxford 2008, S. 96.

26   Vgl. http://www.digitalhistory.uh.edu/database/article_display. cfm?HHID =462 [14.01.2012].

27   Vgl. Themenseite der *New York Times* zur Weltwirtschaftskrise, http://topics.nytimes.com/top/reference/timestopics/subjects/g/ great_depression_1930s/index.html [14.01.2012].

28   Tobias Studer, »WIR and the Swiss National Economy«, übers. v. Philip H. Beard, WIR Bank, Basel, http://www.atcoop.com/WIR_ and_the_Swiss_National_Economy.pdf [14.01.2012].

29   James P. Stodder, »*Reciprocal Exchange Networks: Implications for Macroeconomic Stability*«, Tagungsbericht IEEE EMS, 2000, http:// ssrn.com/abstract=224418 [14.01.2012].

2. Abwarten, Vermehren, Ausschwärmen

1   *Inspire*, Nr. 3, November 2010, http://www.slideshare.net/yaken0/ inspire-issue-3 [14.01.2012].

2   Scott Shane und Souad Mekhennet, »Imam's Path From Condemning Terror to Preaching Jihad«, *The New York Times,* 09. Mai 2010, A1.

3   *Inspire*, Nr. 7.

4   »UPS cargo plane crashes in Dubai, killing two«, *BBC News*, 03. September 2010, http://www.bbc.co.uk/news/world-middle-east-11183476 [14.01.2012].

5   »Bomb was designed to explode on cargo plane – UK PM«,
    30. Oktober 2010, http://www.bbc.co.uk/news/world-us-cana-
    da-11657486 [14.01.2012].

6   »French Minister Says Yemen Bomb Detected 17 Minutes Before
    Exploding«, *Voice of America*, 04. November 2010, http://www.
    voanews.com/english/news/europe/French-Minister-Yemen-
    Bomb-Detected-17-Minutes-before-Exploding-106689223.html
    [14.01.2012].

7   *Inspire,* Nr. 15.

8   Caroline Gammell, »Christmas bomb plot: nine men remanded
    over plan to ›blow up Big Ben and Westminster Abbey‹«, *The Tele-
    graph*, 27. Dezember 2010, http://www.telegraph.co.uk/news/uk-
    news/terrorism-in-the-uk/8227193/Christmas-bomb-plot-nine-
    men-remanded-over-plan-to-blow-up-Big-Ben-and-Westminster-
    Abbey.html [14.01.2012].

9   John Arquilla und David Ronfeldt (Hg.), *Networks and Netwars:
    The Future of Terror, Crime, and Militancy*, RAND Monograph
    Report, Kalifornien 2001.

10 Informationen zur Tuberkulose der Weltgesundheitsorganisation,
    November 2010, http://www.who.int/mediacentre/factsheets/fs104/
    en/index.html [14.01.2012].

11 »2010/2011 Tuberculosis Global Facts« der WHO, http://www.who.
    int/tb/publications/2010/factsheet_tb_2010_rev21feb11.pdf
    [14.01.2012].

12 Informationen der WHO (siehe Anm. 11).

13 E-Mail-Austausch mit Sarah Fortune.

14 Partners in Health: »Tuberculosis and MDR-TB«, http://www.pih.
    org/pages/tuberculosis-and-mdr-tb [14.01.2012].

15 Vgl. »Greatest Engineering Achievements of the 20th Century« der
    National Academy of Engineering, http://www.greatachievements.
    org [14.01.2012].

16 »The Emerging Smart Grid«, Global Environment Fund/Center for

Smart Energy 2005, S. 1, http://www.smartgridnews.com/artman/ uploads/1/sgnr_2007_0801.pdf [14.01.2012].

17 a. a. O.

18 a. a. O.

19 »Final Report on the August 14, 2003 Blackout in the United States and Canada: Causes and Recommendations«, North American Electric Reliability Corporation (NERC), Bericht der Kommission zum Stromausfall in den USA und in Kanada, http://www.nerc. com/filez/blackout.html [14.01.2012].

20 http://en.wikipedia.org/wiki/Northeast_blackout_of_2003 [14.01.2012].

21 http://www.semp.us/publications/biot_reader.php?BiotID=391 [14.01.2012].

22 »Blackout Stalls Economy, Transportation, Public Services«, *Fox News*, 15. August 2003, http://www.foxnews.com/story/0,2933,94795,00.html [14.01.2012].

23 http://www.illinoislighting.org/loss.html [14.01.2012].

24 Massoud Amin und Phillip F. Schewe, »Preventing Blackouts«, *Scientific American* 296 (2007), S. 60–67.

25 a. a. O.

26 Kim Zetter, »H(ackers)$_2$O: Attack on City Water Station Destroys Pump«, *Wired.com*, 18. November 2011, http://www.wired.com/ threatlevel/2011/11/hackers-destroy-water-pump [14.01.2012].

27 Bart Tichelman, »Using a Smart Grid to Address Our Aging Infrastructure«, *Utility Automation & Engineering T&D*, 01. Oktober 2007, S. 56.

28 Martin LaMonica, »Cisco: Smart grid will eclipse size of Internet«, CNET News, 18. Mai 2009, http://news.cnet.com/8301-11128_3-10241102-54.html [14.01.2012].

29 »Sustain the Mission Project: Casualty Factors for Fuel and Water Resupply Convoys«, Army Environmental Policy Institute, September 2009, S. i.

30 Bryant Jordan, »Gas Costs $400 a Gallon in Afghanistan«, Military.
   com, 20. Oktober 2009, http://www.military.com/news/article/
   gas-costs-400-a-gallon-in-afghanistan.html [14.01.2012].

31 Vgl. »Marine Corps Expeditionary Energy«, http://www.marines.
   mil/community/Pages/ExpeditionaryEnergy.aspx [14.01.2012].

32 Rick Maze, »›NetZero‹ aims to cut greenhouse gases on bases«, 12.
   Juli 2011, http://www.marinecorpstimes.com/news/2011/07/milita-
   ry-energy-defense-department-bases-071211w/ [14.01.2012].

33 Kris Osborn, »Army evaluating transportable solar-powered tents«,
   08. Dezember 2010, http://www.army.mil/article/49138/army-
   evaluating-transportable-solar-powered-tents [14.01.2012].

34 »Solar Energy Powers Marines on Battlefield«, Pressemitteilung des
   Office of Naval Research, 07. Dezember 2009, http://www.onr.navy.
   mil/en/Media-Center/Press-Releases/2009/Greens-Solar-Energy-
   Marines.aspx [14.01.2012].

35 Wayne Arden und John Fox, »Producing and Using Biodiesel in
   Afghanistan«, Juni 2010, http://www.biodieselinafghanistan.org/
   uploads/AFGH-PAPR-20100609-EXEC.pdf [14.01.2012].

36 »Smart Grid Facts« der Energy Future Coalition, http://www.
   energyfuturecoalition.org/files/webfmuploads/Transmission%20
   Smart%20Grid%20Fact%20Sheet%2002.20.09.pdf [14.01.2012].

37 Amy J. C. Cuddy und Kyle T. Doherty, »OPOWER: Increasing
   Energy Efficiency through Normative Influence«, Harvard Business
   School Case Study N2-911-016, 03. November 2010.

38 Robert B. Cialdini, »Don't Throw in the Towel: Use Social Influence
   Research«, *Association for Psychological Science Observer*, April
   2005, http://www.psychologicalscience.org/observer/getArticle.
   cfm?id=1762 [14.01.2012].

39 Michael Watts, »The neighbourhood energy revolution«, *Wired.
   com*, August 2011, http://www.wired.co.uk/magazine/archi-
   ve/2011/08/features/the-neighbourhood-energy-revolution
   [14.01.2012].

40 Leslie Brooks Suzukamo, »Minnesota gets A+ for energy report cards«, *St. Paul Pioneer Press*, 13. August 2011, A12.

41 »Opower to Save One Terawatt Hour of Energy by 2012«, Pressemitteilung vom 15. Juni 2011, http://opower.com/company/news-press/press_releases/25 [14.01.2012].

3. Zusammenballung als Erfolgsrezept

1 United Nations Population Division, »An Overview of Urbanization, Internal Migration, Population Distribution and Development in the World«, Vortrag anlässlich einer Expertentagung der Vereinten Nationen zu den Themen Bevölkerungsverteilung, Urbanisierung, Binnenmigration und Entwicklung, New York, 21.–23. Januar 2008.

2 The Brookings Institute, »State of Metropolitan America: On the Front Lines of Demographic Transformation«, Metropolitan Policy Program des Brookings Institutes, 2010.

3 Geoffrey B. West, James H. Brown und Brian J. Enquist, »A General Model for the Origin of Allometric Scaling Laws in Biology«, *Science* 4 (1997), S. 122–126.

4 Luis M. A. Bettencourt, José Lobo, Dirk Helbing, Christian Kühnert und Geoffrey B. West, »Growth, Innovation, Scaling and the Pace of Life in Cities«, *PNAS* 17 (2007), S. 7301–7306.

5 »Primates in Peril: The World's 25 Most Endangered Primates«, *Primate Conservation* 24 (2009), S. 1–57.

6 S. A. Wich u. a., »Distribution and conservation status of the orang-utan (Pongo spp.) on Borneo and Sumatra: How many remain?«, *Oryx* 42 (2008), S. 329–339.

7 C. Nellemann., L. Miles, B. P. Kaltenborn, M. Virtue und H. Ahlenius (Hg.), »The Last Stand of the Orangutan«, United Nations Environment Programme, 2007.

8   Vgl. http://www.brot-fuer-die-welt.de/downloads/fachinformatio-
    nen/analyse_20_palmoel.pdf [15.01.2012].

9   »The other oil spill«, *The Economist*, 24. Juni 2010, http://www.
    economist.com/node/16423833 [14.01.2012].

10 Elizabeth Rosenthal, »Once a Dream Fuel, Palm Oil May Be an
    Eco-Nightmare«, *New York Times,* 31. Januar 2007 [14.01.2012].

11 »Envisat focuses on carbon-rich peat swamp forest fires«, Website
    der Europäischen Weltraumorganisation, http://www.esa.int/
    esaCP/SEMRA7YO4HD_index_0.html [14.01.2012].

12 »How the Palm Oil Industry is Cooking the Climate«, Bericht der
    Umweltschutzorganisation Greenpeace, 08. November 2007, http://
    www.greenpeace.org/usa/en/media-center/reports/how-the-palm-
    oil-industry-is-c/ [14.01.2012].

13 E. Purwanto, G. A. Limberg, »Global Aspirations to Local Actions:
    Can Orangutans Save Tropical Rainforest?«, (Vortrag anlässlich der
    12. Konferenz der International Association for the Study of the
    Commons, Cheltenham, England, 14.–18. Juli 2008).

14 »Ashoka: Willie Smits Profile Page«, http://ashoka.org/fellow/
    willie-smits [14.01.2012].

15 Jane Braxton Little, »Regrowing Borneo, Tree by Tree«, *Scientific
    American Earth 3.0,* Bd. 18, Nummer 5 (2008), S. 64–71.

16 Vgl. »Steaming Ahead«, Video über Masarang, eine von Smits'
    Stiftungen, die beim BBC World Challenge 2007 für gemeinnützige
    Organisationen in die Endrunde kam, http://www.youtube.com/
    watch?v=3_jyN_ASKDE [14.01.2012].

17 a. a. O.

18 Näheres zu diesem Thema in der Online-Diskussion zwischen dem
    Umweltschützer Erik Meijaard und Willie Smits auf der Website
    ConservationBytes, http://conservationbytes.com/2009/07/25/
    ray-of-conservation-light-for-borneo [14.01.2012].

19 Detaillierte Informationen zur Kritik von Wissenschaftlern bietet
    Little, »Regrowing Borneo, Tree by Tree« (Anm. 15).

4. Die resiliente Persönlichkeit

1 Anna Freud und Sophie Dann, »Gemeinschaftsleben im frühen
Kindesalter«, in: Freud/Burlingham u. a., *Heimatlose Kinder*,
Frankfurt am Main 1971 (zuerst 1951), S. 169, hier zit. n.
Christel Hopf, *Frühe Bindungen und Sozialisation*, München
2005.

2 Freud/Dann, »Gemeinschaftsleben im frühen Kindesalter«, in:
Freud/Burlingham u. a., *Heimatlose Kinder*, Frankfurt am Main
1971, S. 165–220.

3 Sarah Moskovitz, »Longitudinal Follow-up of Child Survivors of
the Holocaust«, *Journal of the American Academy of Child
Psychiatry*, Bd. 24, Nummer 4, (1985), S. 402.

4 a. a. O., S. 404.

5 Norman Garmezy, Eliot H. Rodnick, »Premorbid adjustment and
performance in schizophrenia: Implications for interpreting hete-
rogeneity in schizophrenia«, *Journal of Nervous and Mental Disease,* Bd. 129 (1959), S. 450–466.

6 Norman Garmezy, »Vulnerability Research and the Issue of
Primary Prevention«, *American Journal of Orthopsychiatry* 41
(1971), S. 101–116.

7 Elwyn James Anthony, »Risk, vulnerability, and resilience: An
overview«, *The Invulnerable Child,* New York 1987, S. 3–48;
C. Kauffman, H. Grunebaum, B. Cohler u. a., »Superkids: Compe-
tent Children of Psychotic Mothers«, *American Journal of Psychiatry* 136 (1979), S. 1398–1402; E. E. Werner, Ruth S. Smith, *Vulnerab-
le but Invincible: A Longitudinal Study of Resilient Children and
Youth*, New York 1982.

8 Ann S. Masten, »Ordinary Magic: Resilience Processes in Development«, *American Psychologist* 56 (2001), S. 227–238.

9 Eine eingehende Auseinandersetzung mit diesen Ergebnissen
findet sich neben den wissenschaftlichen Arbeiten von George

Bonanno auch in seinem Buch *The Other Side of Sadness,* New York 2009, S. 1–231.

10 Sigmund Freud, *Trauer und Melancholie,* 1916.

11 Eric Lindemann, »Symptomatology and Management of Acute Grief«, *American Journal of Psychiatry* 101 (1944), S. 1141–1148.

12 Elisabeth Kübler-Ross, *Interviews mit Sterbenden,* Stuttgart 1971.

13 Zur CLOC-Studie siehe: »Changing Lives of Older Couples: A Multi-Wave Prospective Study of Bereavement«, http://www.cloc. isr.umich.edu [14.01.2012].

14 K. Boerner u. a., »Resilient or At-Risk? A 4-Year Study of Older Adults Who Initially Showed High or Low Distress Following Conjugal Loss«, *Journal of Gerontology: Psychological Sciences* 60B (2005), S. 67–73.

15 G. A. Bonanno, C. Rennicke und S. Dekel, »Self-Enhancement Among High-Exposure Survivors of the September 11th Terrorist Attack: Resilience or Social Maladjustment?«, *Journal of Personality and Social Psychology* 88, Nr. 6 (2005), S. 984–998.

16 G. A. Bonanno u. a., »Psychological Resilience After Disaster: New York City in the Aftermath of the September 11th Terrorist Attack«, *Psychological Science* 17, S. 181–186; G. A. Bonanno u. a., »What Predicts Resilience After Disaster? The Role of Demographics, Resources, and Life Stress«, *Journal of Consulting and Clinical Psychology* 75, S. 671–682; G. A. Bonanno u. a., »Psychological Resilience and Dysfunction Among Hospitalized Survivors of the SARS Epidemic in Hong Kong: A Latent Class Approach«, *Health Psychology* 27 (2008), S. 659–667.

17 J. H. Block, J. Block, »The role of ego-control and ego-resiliency in the organization of behavior«, *Development of cognition, affect, and social relations: Minnesota Symposia on Child Psychology,* Bd. 13 (1980), S. 39–101.

18 S. C. Kobasa, »Stressful life events, personality, and health – Inquiry into hardiness«, *Journal of Personality and Social Psychology* 37 (1979), S. 1–11.

19 Kenneth I. Pargament, *The psychology of religion and coping. Theory, research, practice*, New York 1997.

20 Clifford Geertz, »Religion als kulturelles System«, in: Ders., *Dichte Beschreibung. Beiträge zum Verstehen kultureller Systeme*, Frankfurt am Main 1987, S. 71f.

21 E. Fuentes-Afflick, N. A. Hessol, E. J. Pérez-Stable, »Testing the epidemiologic paradox of low birth weight in Latinos«, *Arch Pediatric Adolescent Medicine* 153 (1999), S. 147–53; J. B. Gould, A. Madan, C. Qin, G. Chavez, »Perinatal Outcomes in Two Dissimilar Immigrant Populations in the United States: A Dual Epidemiological Paradox«, *Pediatrics* 111 (2003), S. 676–682.

22 E. E. Werner und R. S. Smith, *Journeys from Childhood to Midlife: Risk, Resilience and Recovery*, Syracuse (NY) 2001.

23 S. M. Nettles, W. Mucherah, D. S. Jones, »Understanding Resilience: The Role of Social Resources«, *Journal of Education for Students Placed at Risk* 5 (2000), S. 47–60.

24 S. D. Pressman, S. Cohen, G. E. Miller, A. Barkin, B. Rabin, J. J. Treanor, »Loneliness, Social Network Size, and Immune Response to Influenza Vaccination in College Freshmen«, *Health Psychology*, Bd. 24 (2005), S. 297–306.

25 A. M. Stranahan, D. Khalil und E. Gould, »Social isolation delays the positive effects of running on adult neurogenesis«, *Nature Neuroscience* 9 (2006), S. 526–533.

26 Dunedin Multidisciplinary Health & Development Research Unit, http://dunedinstudy.otago.ac.nz/about-us/how-we-began/history-of-the-study [14.01.2012].

27 Avshalom Caspi u. a., »Influence of Life Stress on Depression: Moderation by a Polymorphism in the 5-HTT Gene«, *Science* 301 (2003), S. 386–389.

28 J. C. Carroll u. a., »Effects of mild early life stress on abnormal emotion-related behaviors in 5-HTT knockout mice«, *Behavioral Genetics* 37 (2007), S. 214–222.

29 S. J. Suomi, »Risk, Resilience, and Gene X Environment Interactions in Rhesus Monkeys«, *Annals of New York Academy of Sciences,* Bd. 1094 (2006), S. 52–62.

30 Srijan Sen, Margit Burmeister und Debashis Ghosh, »Meta-analysis of the association between a serotonin transporter promoter polymorphism (5-HTTLPR) and anxiety-related personality traits«. *American Journal of Medical Genetics Part B* (2004), S. 85–89. doi:10.1002/ajmg.b.20158

31 Elaine Fox, Anna Ridgewell und Chris Ashwin, »Looking on the bright side: biased attention and the human sertonin transporter gene«, *Proceedings of the Royal Society B.* (März 2009), S. 1747–1751, doi:10.1098/rspb.2008.1788; Jan-Emmanuel De Neve, »Functional Polymorphism (5-HTTLPR) in the Serotonin Transporter Gene is Associated with Subjective Well-Being: Evidence from a U. S. Nationally Representative Sample«, *Journal of Human Genetics* (2011), S. 456–459.

32 A. Lutz, L. L. Greischar, N. B. Rawlings, M. Ricard, R. J. Davidson, »Long-term meditators self-induce high-amplitude gamma synchrony during mental practice«, *Proceedings of the National Academy of Sciences* 101 (2004), S. 16369–16373.

33 R. Davidson und A. Lutz, »Buddha's Brain: Neuroplasticity and Meditation«, *IEEE Signal Process Magazine* 25 (2008), S. 174–176.

34 E. Maguire u. a., »Navigation-related structural change in the hippocampi of taxi drivers«, *PNAS Website* (1999), http://www.pnas.org/content/97/8/4398.full [14.01.2012].

35 C. Gaser und G. Schlaug, »Brain Structures Differ between Musicians and Non-Musicians«, *The Journal of Neuroscience* 23, (2003), S. 9240–9245.

36 S. Lazar, u. a., »Mindfulness Practice Leads to Increases in Regional Brain Gray Matter Density«, *Psychiatry Research: Neuroimaging* 191 (2011), S. 36–43.

37 Zitiert nach: »Meditation Experience is Associated with Increased Cortical Thickness«, *NeuroReport* Bd. 16, Nr. 17 (2005), S. 1893–1897.

38 E. Epel u. a., »Accelerated Telomere Shortening in Responses to Life Stress«, *PNAS* 101 (2004), S. 17312–17315.

39 T. Jacobs u. a., »Intense Meditation Training, Immune Cell Telomerase Activity, and Psychological Mediators«, *Psychoneuroendocrinology* 36 (2011), S. 664–681.

40 R. Kalisch u. a., »Anxiety Reduction through Detachment: Subjective, Physiological, and Neural Effects«, *Journal of Cognitive Neuroscience* 17 (2005), S. 874–883.

41 E. A. Stanley u. a., »Mindfulness-based Mind Fitness Training: A Case Study of a High-Stress Predeployment Military Cohort«, *Cognitive and Behavioral Practice* 18 (2011), S. 566–576; E. A. Stanley und A. P. Jha, »Mind fitness: Improving operational effectiveness and building warrior resilience«, *Joint Force Quarterly* 55 (2009), S. 144–151.

5. Kooperieren, wenn es darauf ankommt

1 H. H. Dale, »On Some Physiological Actions of Ergot«, *Journal of Physiology* 34 (1906), S. 163–206.

2 V. du Vigneaud, C. Ressler u. a., »The Synthesis of Oxytocin1«, *Journal of the American Chemical Society* 76 (1954), S. 3115–3121.

3 Andrew Ross Sorkin, »Lehman Files for Bankruptcy; Merrill is Sold«, *The New York Times*, 14. September 2011, http://www.nytimes.com/2008/09/15/business/15lehman.html?pagewanted=1&sq=lehman%20brothers%20

collapse&st=cse&scp=1; [14.01.2012]; Deborah Solomon, Dennis
K. Berman, Susanne Craig und Carrick Mollenkamp, »Ultimatum
by Paulson Sparked Frantic End«, *The Wall Street Journal,*
15. September 2008, http://online.wsj.com/article/
SB122143670579134187.html [14.01.2012].

4 Joshua Zumbrun, »Greenspan Says Crisis ›By Far‹ Worst, Recovery
Uneven«, *Bloomberg,* 23. Februar 2010, http://www.bloomberg.
com/apps/news?pid=newsarchive&sid=a1aLQ51QXlDA&pos=3
[14.01.2012].

5 Jenny Anderson und Andrew Ross Sorkin, »Lehman Said to
be Looking for a Buyer as Pressure Builds«, *New York Times,*
10. September 2008, http://www.nytimes.com/2008/09/11/
business/11lehman.html?_r=1&hp&oref=slogin [14.01.2012].

6 Suzanne McGee, *Chasing Goldman Sachs: How the Masters of the
Universe Melted Wall Street,* New York 2011, S. 354.

7 Solomon u. a., »Ultimatum by Paulson«.

8 a. a. O.

9 Paul J. Zak, R. Kurzban u. a., »The Neurobiology of Trust«, *Annals
of the New York Academy of Sciences* 1032 (2004), S. 224–227.;
M. Kosfeld, M. Heinrichs u. a., »Oxytocin increases trust in hu-
mans«, *Nature* 435 (2005), S. 673–676; Paul J. Zak, »The Neurobiology of Trust«, *Scientific American,* Juni 2008, S. 88.

10 Kosfeld/Heinrichs, »Oxytocin«.

11 Kosfeld/Heinrichs, »Oxytocin«, S. 673.

12 A. C. Grayling, »Beware the Destructive Nature of Greed«,
New Scientist, 5. November 2008.

13 Zak, »The Neurobiology of Trust«.

14 David Cho und Neil Irwin, »No Bailout: Fed Made New Policy
Clear in One Dramatic Weekend«, *The Washington Post,* 26. September 2008, http://www.washingtonpost.com/wp-dyn/content/
article/2008/09/15/AR2008091503312.
html?sid=ST2008091503351&s_pos= [14.01.2012].

15 Patrick Rizzo und Joe Bel Bruno, »Financial Crisis as Dow Drops 504 Points«, *The Associated Press,* 15. September 2008, http://www. seattlepi.com/business/article/Financial-crisis-as-Dow-drops-504-points-1285321.php#page-1 [14.01.2012].

16 W. D. Hamilton,«The genetical evolution of social behaviour I«, *Journal of Theoretical Biology* 7(1964), S. 1–16.

17 R. L. Trivers, »The evolution of reciprocal altruism«, *Quarterly Review of Biology* 46 (1971), S. 35–57.

18 R. Axelrod, *The Evolution of Cooperation,* New York 1985, S. 3–27.

19 S. Brosnan und F. de Waal, »Monkeys Reject Unequal Pay«, *Nature* 425 (2003), S. 297–299.

20 F. de Waal, »Frans de Waal Answers Your Primate Questions«, *The Freakonomics Blog,* 07. Mai 2008, http://www.freakonomics. com/2008/05/07/frans-de-waal-answers-your-primate-questions [14.01.2012].

21 Deborah Solomon, Dennis K. Berman, Susanne Craig und Carrick Mollenkamp, »Ultimatum by Paulson Sparked Frantic End«, *The Wall Street Journal,* 15. September 2008, http://online.wsj.com/ article/SB122143670579134187.html [14.01.2012].

22 a. a. O.

23 K. W. De Dreu, L. L. Greer u. a., »Oxytocin promotes human eth-nocentrism«, *PNAS* (2011), http://www.pnas.org/content/ear-ly/2011/01/06/1015316108.full.pdf [14.01.2012].

24 M. Sherif, O. J. Harvey, B. J. White, W. R. Hood, C. W. Sherif, *Inter-group Conflict and Cooperation: The Robbers Cave Experiment«,* Nor-man (OK) 1961.

25 S. Rytina und D. L. Morgan, »The Arithmetic of Social Relations: The Interplay of Category and Network«, *The American Journal of Sociology* 88 (1982), S. 88–113.

26 E. O. Wilson, *Biologie als Schicksal. Die soziobiologischen Grundla-gen menschlichen Verhaltens,* Frankfurt am Main 1980, S. 155.

27 a. a. O.

28 S. C. Wright u. a., »The extended contact effect: Knowledge of cross-group friendships and prejudice«, *Journal of Personality and Social Psychology* 73 (1997), S. 73–90; siehe auch »The Interpersonal Relationships Lab at SUNY Stony Brook«, http://www.psychology.stonybrook.edu/aronlab- [14.01.2012].

29 Benedict Carey, »Tolerance Over Race Can Spread, Studies Find«, *The New York Times*, 06. November 2008, http://www.nytimes.com/2008/11/07/us/07race.html?scp=2&sq=%22art%20aron%22&st=cse [14.01.2012].

30 »Some positive feedback«, *The Mission 4636 Blog*, 10. Februar 2010, http://www.mission4636.org/some-positive-feedback [14.01.2012].

31 Ryan Ferrier, »Crowdsourcing the Haiti Relief: One year later«, *The CrowdFlower Blog*, 11. Januar 2011, http://blog.crowdflower.com/2011/01/crowdsourcing-the-haiti-relief-one-year-later/ [14.01.2012].

32 M. S. Granovetter, »The Strength of Weak Ties«, *The American Journal of Sociology* 78 (1973), S. 1360–1380.

33 S. Aral und M. V. Alstyne, »Networks, Information and Brokerage: The Diversity-Bandwidth Trade-off«, 15. April 2010, http://www.uvm.edu/~pdodds/files/papers/others/2010/aral2010a.pdf [15.01.2012].

6. Kognitive Vielfalt

1 Zitiert nach John Adams, *Risk*, London 1995, S. 113.

2 D. Albury und J. Schwartz, *Partial Progress*, London 1982, S. 9–24.

3 S. Peltzman, »The effects of automobile safety regulation«, *Journal of Political Economy* 83 (1975), S. 677–726.

4 J. Adams, »The efficacy of seatbelt legislation: A comparative study of road accident fatality statistics from 18 countries«, Department of Geography, University College London (1981).

5 J. Adams, »Seat Belts-Blood on my hands?«, Blogeintrag auf der Website von John Adams, 05. März 2008, http://www.john-adams. co.uk/2008/03/05/seat-belts---blood-on-my-hands [14.01.2012].

6 B. A. Morrongiello, B. Walpole und J. Lasenby, »Understanding children's injury-risk behavior: Wearing safety gear can lead to increased risk taking«, *Accident Analysis & Prevention* 39 (2007), S. 618–623.

7 M. Cassell u. a., »Risk compensation: The Achilles' Heel of Innovations in HIV Prevention«, *BMJ* 332 (2006), S. 332.

8 »Climber 9-1-1«, *Northwest Mountaineering Journal, http://*www. mountaineers.org/nwmj/10/101_Rescue2.html [14.01.2012].

9 V. Napier, »Risk Homeostasis: A Case Study of the Adoption of a Safety Innovation on the Level of Perceived Risk«, http://www. vicnapier.com/MyArticles/Parachutes_Skydiving/skydivers_ risktaking_behavior.htm [14.01.2012].

10 Vgl. J. Adams, *Risk*, sowie G. J. S. Wilde, »Critical Issues in Risk Homeostasis Theory«, *Risk Analysis* 2 (1982), S. 249–258.

11 J. Adams, *Risk*, S. 15.

12 G. J. S. Wilde, *Target Risk: Dealing with the danger of death, disease and damage in everyday decisions*, Toronto 1994, Kapitel 7.1.

13 W. K. Viscusi, »Consumer Behavior and the Safety Effects of Product Safety Regulation«, *Journal of Law and Economics* 28 (1985), S. 527–553.

14 Zitiert nach einer Rede anlässlich einer Konferenz der National Petrochemical and Refiners Association in San Antonio am 19. März 2007.

15 Jad Mouawad, »For BP, a History of Spills and Safety Lapses«, *The New York Times*, 08. Mai 2010, http://www.nytimes. com/2010/05/09/business/09bp.html?pagewanted=all [14.01.2012].

16 Scott Bronstein und Wayne Drash, »Rig survivors: BP Ordered shortcut on day of the blast«, Website von CNN, 08. Juni 2010, http://articles.cnn.com/2010-06-08/us/oil.rig.warning.signs_1_rig-transocean-bp?_s=PM:US [14.01.2012].

17 Vgl. Conservativehome.blogs.com, 03. Juni 2010, http://conservativehome.blogs.com/platform/2010/06/oberon-houston-.html [14.01.2012].

18 J. M. Farrell und A. Hoon, »What's Your Company's Risk Culture?«, National Association of Corporate Directors, 15. April 2009, http://www.kpmg.com/MT/en/IssuesAndInsights/ArticlesPublications/Documents/Risk-culture.pdf [14.01.2012].

19 François Jullien, *Über die Wirksamkeit*, Berlin 1999.

20 Scott Page, *The Difference. How the Power of Diversity Creates Better Groups, Firms, Schools and Societies*, Princeton 2007, S. 197–239.

21 K. Dunbar, »How scientists really reason: Scientific reasoning in real-world laboratories«, R. J. Sternberg, J. Davidson (Hg.), *Mechanisms of insight*, Cambridge (MA) 1995, S. 365–395.

22 Dunbar behandelt Informationen zu Laboren und Personal vertraulich, um den Ruf der Betroffenen nicht zu gefährden. Auf seinen Wunsch haben auch wir die Beschreibungen möglichst allgemein gehalten.

23 S. Aral und M. V. Alstyne, »Networks, Information and Brokerage: The Diversity-Bandwidth Trade-off«, 15. April 2010, http://www.uvm.edu/~pdodds/files/papers/others/2010/aral2010a.pdf [15.01.2012].

24 P. Wason, »On the failure to eliminate hypotheses in a conceptual task«, *Quarterly Journal of Experimental Psychology (Psychology Press)* 12 (1960), S. 129–140.

25 H. L. LaMarre u. a., »The Irony of Satire: Political Ideology and the Motivation to See What You Want to See in The Colbert Report«, *The International Journal of Press/Politics* 14 (2009), S. 212–231.

7. Was Gemeinschaften
krisenfest macht

1 Bob McCarty, »2008: Chicago Murders Total Tops U.S. Soldier
   Deaths in Iraq«, 05.01.2009, http://www.nowpublic.com/world/
   2008-chicago-murders-total-tops-u-s-soldier-deaths-iraq
   [29.02.2012].

2 Center for Disease Control, »Pneumocystis pneumonia – Los
   Angeles«, *Morbidity and Mortality Weekly Report*, 1981, S. 250–252,
   siehe: http://www.cdc.gov/mmwr/preview/mmwrhtml/lmrk077.
   htm [29.02.2012]

3 Sharon Block, »25 Years of AIDS. June 5, 1981–June 5, 2006«,
   Website des University of California San Francisco Hospitals,
   05.06.2006, http://www.ucsf.edu/news/2006/06/6955/25-years-
   aids-june-5-1981-june-5-2006 [29.02.2012].

4 a. a. O.

5 I. Rosenstock, V. Strecher und M. Becker, »The Health Belief Model
   and HIV risk behavior change«, in: R. J. DiClemente und J. L. Pe-
   terson (Hg.), *Preventing AIDS. Theories and methods of behavioral
   interventions*, New York 1994, S. 5–24.

6 M. Fishbein und S. E. Middlestadt, »Using the theory of reasoned
   action as a framework for understanding and changing AIDS-rela-
   ted behaviors«, in: V. M. Mays, G. W. Albee und S. F. Schneider
   (Hg.), *Primary prevention of AIDS. Psychological approaches*,
   London 1989, S. 93–110.

7 M. J. VanLandingham u. a., »Two views of risky sexual practices
   among Northern Thai males. The Health Belief Model and the Theory of Reasoned Action«, in: *Journal of Health and Social Behavior*
   36 (1995), S. 195–212.

8 S. E. Middlestadt und M. Fishbein, »Factors influencing experi-
   enced and inexperienced college women's intentions to tell their
   partners to use condoms«, Vortrag auf der Internationalen AIDS-

Konferenz an der University of Illinois in Champaign-Urbana, 20.–23.06.1990.

9   Pam Belluck, »End of a Ghetto«, *The New York Times,* 06.09.1998, http://www.nytimes.com/1998/09/06/us/end-of-a-ghetto-a-special-report-razing-the-slums-to-rescue-the-residents. html?pagewanted=all&src=pm [29.02.2012].

10 *A. L. Hill, D. G. Rand, M. A. Nowak und N. A. Christakis, »Emotions as infectious diseases in a large social network. The SISa model«, Pro-ceedings for the Royal Society Biological Sciences, im Druck, online veröffentlicht am 07.07.2010,* http://rspb.royalsocietypublishing.org/ content/early/2010/07/03/rspb.2010.1217 *[29.02.2012].*

11 Ceasefire Evaluation Report, Institute for Policy Research der Northwestern University, 2008, siehe: http://www.ipr.northwestern. edu/publications/ceasefire.html [29.02.2012].

12 vgl. Website von Ceasefire unter »Data and Research«: http:// ceasefirechicago.org/data-research [29.02.2012].

8. Vermittelnde Führungspersönlichkeiten

1   Hilfreich für das Verständnis der Geschichte der Fischerkultur von Palau war die detaillierte Ethnografie von Robert Earle Johannes, *Words of the Lagoon. Fishing and Marine Lore in the Palau District of Micronesia*, Berkeley 1981.

2   Johannes, *Words of the Lagoon*, S. 68f.

3   Johannes, *Words of the Lagoon*, S. 70f.

4   V. Kerbs und J. Holley, »Building Smart Communities through Network Weaving« (2002–2006), sowie »Building Sustainable Communities through Network Building« (2002), vgl. http://www. orgnet.com/cases.html [04.12.2011].

9. Resilienz auf den Punkt gebracht

1 vgl. Fact sheet: Kilimo Salama, http://www.syngentafoundation. org/__temp/Kilimo_Salama_Fact_sheet_FINAL.pdf [29.02.2012].

2 a. a. O.

3 Rose Goslinga, Rede anlässlich der PopTech-Konferenz 2011, http://poptech.org/popcasts/rose_goslinga_farmer_microinsurance [29.02.2012].

4 Jim Roth, Michael J. McCord und Dominic Liber, *The Landscape of Microinsurance in the World's Poorest 100 Countries*, The MicroInsurance Center, http://www.microinsurancecentre.org/resources/ documents.html [29.02.2012].

5 vgl. Alvin Toffler, *Future Shock*, New York 1970, sowie Henry Mintzberg, *The Structuring of Organizations. A Synthesis of the Research*, Englewood Cliffs (NJ) 1979.

6 vgl. http://www.waterforpeople.org/programs/field-level-opera-tions-watch.html [29.02.2012].

7 vgl. http://epidemiciq.com [29.02.2012].

8 Persönliche Korrespondenz mit Robert Munro, dem Technischen Leiter von EpidemicIQ.

9 vgl. http://www.open311.org [29.02.2012].

10 vgl. http://www.naturalcapitalproject.org/marine/MarineInVEST_Apr2010.pdf [29.02.2012].

11 James Pat Smith, *Leadership and Mission in Resilient Organizations. Hancock Bank as a Case Study*, Community and Regional Resilience Institute, http://www.resilientus.org/library/GP_Resilience_Essay_Hancock_Bank_Final_8409_1249429792.pdf [29.02.2012].

12 Ken Belson, »After Hurricane Katrina, a Bank Turns to Money Laundering«, *New York Times*, 29.09.2005, http://www.nytimes. com/2005/09/29/business/29hancock.html [29.02.2012].

13 Smith, *Leadership and Mission*, S. 3.

Register

Abhängigkeiten 13, 32, 62

Abkoppelung 21, 23

Abrahamsweg 216f., 220, 333

Achtsamkeit 170f., 179, 183

Achtsamkeitsmeditation (-training) 172, 180, 182

Adhokratie 331–334, 346

Altruismus, reziproker 202

Anfälligkeit 32, 44f., 49, 57, 77, 120

Anonymous 43

Anpassungsfähigkeit 23, 31f., 45, 272, 322, 328

Stärkung der A. 18f.

Anpassungszyklus 30

Antizyklen 74, 76, 288

Arengapalme 142–145

Armut 155

Artenvielfalt 49, 52, 56, 77, 340f.

Aufmerksamkeit 170

–, gerichtete 171

Ausbreitung der Gewalt stoppen 283–289

Ausschwärmen 87, 92

Bankencrash 63–69, 333

Bekannte 239ff.

Beobachten, offenes 171

Bestätigung, soziale 114f., 117

Bestätigungstendenz 268ff.

Bindungen, starke/schwache 238–241

Biodiversität 129, 300

Biokraftstoff 10ff., 134, 145

Brückenbauer 26, 321, 323

Buddhismus 171

Ceasefire 273, 275ff., 283, 285ff., 290–297

Chromosomen 177

Clearinghäuser 65ff.

Cloud Computing 23

Crisis Mapping 226, 229

Daten 20, 41, 67, 330, 334–339
  Echtzeit- 21, 112, 334
  -erhebung 64, 116
Dauerertrag, höchstmöglicher
  51f., 57, 198f., 307
Deepwater Horizon (BP) 252–255
Defektion 202–205, 211, 224
Denkgewohnheiten 25f., 167
Denkweisen verändern 289–293
Dezentralisierung 118f.
Diversifizierung 21, 23, 25, 62,
  325
Diversity Prediction Theorem 263
Dynamik 78f.

Ego-Kontrolle 163, 179
Ego-Resilienz 163
Eigen- und Fremdgruppen
  210–214, 224
Eindämmung von Gewalt
  273–283, 283–297
Epidemien 68
Erdbeben in Haiti 222–238

Fedwire 59, 65, 77
Feedback-Mechanismen 19ff., 23
Finanzkrise, weltweite 13, 56, 62f.
Finanzsystem, weltweites 46, 57ff.,
  62ff.
Finanzwirtschaft, ökologische 56
Fischbestände 50ff., 300–303,
  306f., 313, 340

Fischereimanagement,
  ökosystembasiertes 52f., 64,
  67, 77, 199, 341
Fledermausfische 72f.
Forstwirtschaft 129, 150
Freisetzungsphase 30
Freunde 239f.
Führung, situativ angepasste 26
Führungspersönlichkeit 26, 150,
  242, 297f.
  –, vermittelnde 299, 305,
  319–323, 334
Führungsstruktur 84

Ganzheitlichkeit 28
Gastfreundschaft 218f.
Gefangenendilemma 199ff., 202f.
Gemeinschaften 26, 183, 272, 323
Gene 167ff., 177
Gesellschaft 14
  -politik 27
Globalisierung 32, 305
Grenzen des Planeten 18
Gruppendenken 256ff., 270
Güte und Mitgefühl 172, 174

Hancock Bank und Hurrikan
  Katrina 344ff.
Homöostase 250f., 270
Homophilie, soziale 239
Hurrikan Katrina 10, 28, 31, 344
  und die Hancock Bank 344ff.

Immunsystem 43f.
Innovationen 126f., 239, 247, 333
Inseldenken 257
Internet 41–45

Kenia nach den Wahlen 2007
    224ff.
Kilimo Salama 329ff.
Klimawandel 33, 103
Kohorte, resiliente 161f.
Komplementärwährung 74f.
Komplexität 13, 29, 32, 40, 44, 57,
    64, 77, 100, 149
Konsolidierungsphase 30
Kontrolle, geteilte 118
Konzentration 118
Kooperation 25f., 28, 165, 183,
    201–206, 211, 214, 325
Korallenriff 19, 46, 47ff., 70–74,
    300, 307
Korrekturmechanismen 21, 23
Krisenanfälligkeit 37ff.
Krisenfestigkeit 37ff.

Lehman Brothers 186f., 189f., 195,
    197, 210
Liberty Street 33 185–198, 208,
    220, 245, 333
Loslassen, Technik des L. 180f.

Meditation 171, 175f., 178f.
    –, mitfühlende 172, 174

Mega-Cluster 38
Mikronetze 108ff.
Mikroversicherungsprogramm
    329ff.
Misstrauen 195f.
Modularität 22f.

Naben und Speichen 65f., 321f.
Nachhaltigkeit 34, 36, 307
Nahrungsgeflecht 58
Netzwerke 26, 31, 58, 84f., 93f.,
    118f., 127
    –, biologische 122
    –, soziale 165f., 238f., 286,
    296, 320f.
    Aufbau eines N. 320–324
    Mikro- 108ff.
    Strom- 98ff.
    Terror- 79, 86, 88
Neuorganisation 30
Neuroplastizität 175, 177
Normen verändern 282,
    293–297

Ökologie 13, 16, 19, 30
Ökosystem 52, 54, 63, 76, 135,
    304, 313, 340
    -indikatoren 53
Operation Blutsturz 80–88
Orang-Utans 128–150
Oxytocin 184, 193ff., 210

Palau 299–319

Palmöl 133f.

Planspiele für die Zukunft 340ff.

Portfolio-Konzept 54f., 263

PowerShade 110

Prinzip der schmalen Taille 107,
111, 118

Propriozeption 105f., 275

Red Team University 256–271,
333, 342

Regenwald, tropischer 130f., 133,
135
Abholzung 131f., 136
Wiederaufforstung 137f., 148

Reichtum auf Subsistenzniveau
301

Religiosität 164f.

Resilienz 14, 77
– von Menschen 25
– von Systemen 25
–, psychologische 156, 161
–, soziale 272
Definition 16
Ego- 163
Muster der R. 19–24, 37
Stärkung der R. 16f., 21, 28

Risiko 248f.
-analysen 57
-homöostase 250
-kompensation 249
-kultur 252–256
-management 62f., 328
-minderung 32, 35, 55, 135,
148
-thermostat 251f.

Rückkoppelungsschleifen 24, 31,
57, 77, 114, 163, 214, 242,
251, 297, 305, 325f.

Samboja Lestari 137–143, 145,
147ff.

Scheitern 27

Schizophrenie 155

Schutzmechanismen gegen Stress
162

Schwachstellen, potenzielle 326f.

Schwarm (-bildung) 23, 79, 118,
241

Seite, dritte 216f., 220f., 245, 295

Sippe 196, 203, 209, 211, 213, 220,
239ff., 245

Skalengesetze, universelle 123ff.

Soziologie 16, 239

Spaziergang 213, 215

Städte 14, 19, 119f., 124fff.
– im Dschungel 128–150

Stoffwechsel (-rate) 121ff.

Streetworker 275ff., 285, 287ff.,
297

Stresstest für Banken 69, 77

Stromnetz, amerikanisches 96f.,
100ff., 104ff.
–, intelligentes 111f., 117

Ausfall 99f.

Entwicklung 108f.

Stromversorgung 22, 97

Stromzähler, intelligente 112f.

Super-Spreader 68

Synchronismus 61f.

Systeme, komplexe 31, 61

Warnsignale 61

Systeme, perfekte 24, 40

Systeme, politische 13

Systeme, resiliente 21f.

Ausfälle 24

Strukturmerkmale 22, 117

Systeme, stabile, aber anfällige 39ff., 44ff., 49, 57, 63

TBC 88–92

TIT FOR TAT 199, 204–207, 211f.

TIT FOR TWO TATS 206f.

Tortilla-Unruhen 9ff., 28

Tourismus 306, 308ff., 311f., 340f.

Transition Towns 33

Trauer (-arbeit) 157ff.

Traumata 151, 156, 169, 183

Treibhausgase 134

Tuberkulose 88–92

Unbeständigkeit 13, 34

Unternehmen 14, 18, 27, 29f., 58, 84, 128, 209

Unternehmen 4636   222–238, 241f., 332

Urbanisierung 13, 120

Ushahidi 225–231, 236f., 241–244

Verhalten 116, 295

Verhaltensgenetik 167ff.

Verhaltensveränderung 295

Verlangsamung, kritische 61

Vertrauen 25f., 61f., 183, 193, 239, 320, 324

Vertrauensspaziergang 213, 215, 217

Vertrauensspiel 193ff.

Vielfalt 23, 25, 28, 76f., 127, 256, –, kognitive 263f., 266f.

Violence Interruptur 285–289, 332

Volkswirtschaft 14, 19

Wachstum 30, 123, 125f.

Wikileaks 43

WIR 74ff., 333

Zähigkeit 163

Zuckerpalme 142–145, 147

Zusammenballung 23, 118f., 127

Personen

Adams, John 248f.

Amin, Massoud 104, 112, 275

Aral, Sinan 239f., 266

Aron, Arthur und Elaine 213, 218

Arquilla, John 84–87, 93, 95, 258, 333

Axelrod, Robert 199, 201–205, 207

Bellwood, David 69f., 72f.

Bettencourt, Luis 124

Bonanno, George 157, 159ff., 167, 172, 183

Booth, Bill 249

Brosnan, Sarah 207f.

Brown, Jim 122

Caspi, Avshalom 167f.

Castera, Jean-Marc 231f., 241

Cialdini, Robert 114ff., 282

Clark, Craig 237

Clark, Karon 273–277

Cohen, Sheldon 166

Dale, Henry 184, 193

Dann, Sophie 153

Davidson, Richard 172f., 175, 180, 347

Davy, Humphry 247

Doyle, John 39, 43

Dreu, K. W. de 210

Dunbar, Kevin 264f., 267

Enquist, Brian 122

Epel, Elissa 178, 180, 333, 347

Fontenot, Greg 256–260, 263, 333f.

Fortune, Sarah 90, 92

Freud, Anna 153

Freud, Sigmund 157f.

Friedman, Milton 209

Fuld, Richard 186

Garmezy, Norman 155

Geertz, Clifford 164

Geithner, Timothy 187f.

Goslinga, Rose 330

Gould, Elisabeth 166

Granovetter, Mark 239f.

Grayling, A. C. 195

Greenspan, Alan 186

Guerry, Anne 342

Guilbeaux, Michael 319

Haldane, Andrew 63ff., 68, 337

Hall, Steve 261

Hamilton, William 210

Hardiman, Tio 285f., 293f., 299
Hayward, Tony 253
Holley, June 320, 322
Holling, C. S. 30
Houston, Oberon 254f.

Idechong, Noah 306–315, 333

Jacobs, Jane 127
Jacobs, Tonya 178, 180
Jha, Amishi 182, 347
Johannes, Robert 301
Jullien, François 260

Kalisch, Raffael 180
Khalil, David 166
Krebs, Valdis 320, 322
Kübler-Ross, Elisabeth 158

LaMarre, Heather 269
Laskey, Alex 114, 116
Lazar, Sara 176f., 180
Levin, Simon 57f., 61ff.
Lietaer, Bernard 74, 76
Lindemann, Erich 158
Lipton, Douglas 55
Lobo, José 124
Lovins, Amory 139

Masten, Ann 156
May, Robert 57
McDonough, William 187

Meier, Patrick 223, 226, 228f., 241f., 299
Merritt, Carolyn 253
Mintzberg, Henry 332
Mofitt, Terrie 167f.
Morgan, David L. 211
Moskovitz, Susan 153
Munro, Robert 234f., 242

Nesbit, Josh 230f., 234f., 237, 241f., 299

Page, Scott 263
Pargament, Kenneth 163
Paulson, Henry 185, 187f., 197, 221
Peltzman, Sam 248
Perez, Frank 289–293
Pressman, Sarah 166

Quintana, Elena 283ff., 289

Rand, David 207
Rapoport, Anatol 204
Rasmussen, Eric 232
Ratina, Steve 211
Revette, Dewey 254
Ricard, Matthieu 174, 181
Richmond, Bob 313–316
Rockström, Johan 18
Ronfeldt, David 84

Saron, Clifford 178ff., 347

Schewe, Phillip 101

Sewell, Rosalind 222ff., 242

Sherif, Muzafer 210

Slutkin, Gary 278–281, 291f., 347

Smith, Adam 208

Smith, Martin 55

Smith, Ruth 165

Smits, Willie 128–150, 220, 299

Stodder, James 75f.

Stranahan, Alexis 166

Sugihara, George 50ff., 57f., 61ff.

Tada, Nicholás di 232

Toffler, Alvin 332

Ury, William 215ff., 220, 241, 295, 333

Verner, Willoughby 246

Viscusi, Kip 251

Waal, Frans de 207f.

Wason, Peter 268

Werner, Emmy 165

West, Geoffrey 121, 123f., 126f., 255

Wilde, Gerald 249, 252

Wilkinson, Jim 197

Wilson, Edward O. 212

Worm, Boris 52

Yates, Dan 114, 116

Zak, Paul 193, 195, 214